Johnson-Jahrbuch
Band 2/1995

Johnson-Jahrbuch
Band 2/1995

Herausgegeben von
Ulrich Fries und Holger Helbig

Vandenhoeck & Ruprecht

Redaktion: Holger Helbig

Umschlagbild: Andreas Lemberg, Uwe Johnson IX, Öl auf Leinwand

Die Deutsche Bibliothek – CIP-Einheitsaufnahme

Johnson-Jahrbuch. –
Göttingen: Vandenhoeck und Ruprecht.
Erscheint jährl. – Beitr. teilw. dt., teilw. engl. –
Aufnahme nach Bd. 1. 1994
ISSN 0945-9227

Bd. 1. 1994 –

ISBN 3-525-20901-0

© 1995, Vandenhoeck & Ruprecht in Göttingen. – Printed in Germany. Alle Rechte vorbehalten. Das Werk einschließlich seiner Teile ist urheberrechtlich geschützt. Jede Verwertung außerhalb der engen Grenzen des Urheberrechtsgesetzes ist ohne Zustimmung des Verlages unzulässig und strafbar. Das gilt insbesondere für Vervielfältigungen, Übersetzungen, Mikroverfilmungen und die Einspeicherung und Verarbeitung in elektronischen Systemen.
Satz: Competext, Heidenrod
Druck und Bindung: Hubert & Co., Göttingen

IN MEMORIAM

Helen Wolff

(1906–1994)

Inhalt

Vorwort 11

Günter Grass
Nachruf auf Helen Wolff 13

Helen Wolff
Ich war für ihn »die alte Dame«. Ulrich Fries und Holger
Helbig sprachen mit Helen Wolff über Uwe Johnson . . . 19

Aufsätze

Eberhard Fahlke
»This smile: a hidden interest in a project«.
Uwe Johnson und seine amerikanische Verlegerin Helen Wolff . 50

Hans-Jürgen Klug
Uwe Johnson. Ein Güstrower auf Zeit 67

Irmgard Müller
Anniversaries – Das kürzere Jahr. Zur amerikanischen
Übersetzung der *Jahrestage* 78

Annekatrin Klaus
Marjorie zum Beispiel 109

Holger Helbig
In einem anderen Sinn Geschichte. Erzählen und Historie
in Uwe Johnsons *Jahrestagen* 119

Horst Turk
Gewärtigen oder Erinnern? Zum Experiment der *Jahrestage* . . 134

Colin Riordan
»... was ich im Gedächtnis ertrage«. Die Metaphorik der *Jahrestage* . 155

Uwe Neumann
»Diese Richtung interessiert mich nicht«. Uwe Johnson
und der *Nouveau Roman* 176

Ulrich Fries
Überlegungen zu Johnsons zweitem Buch.
Politischer Hintergrund und epische Verarbeitung. 206

Uwe Grüning
Zur Verlorenheit der Figuren bei Uwe Johnson 230

Peter Horst Neumann
Trauer als Text. *Eine Reise nach Klagenfurt* und Uwe Johnsons
Nekrologe auf Günter Eich und Hannah Arendt 240

Kleine Beiträge

Rudolf Heym und *Matias Mieth*
Hier irrte der Meister. Beiläufige Kritteleien zur
Widerspiegelung der Geschichte der Deutschen Reichsbahn
im ehemaligen Bezirk Magdeburg bei Uwe Johnson 253

Alfons Kaiser
Der 16. Januar 1967 oder Können wir uns auf Johnson verlassen?. 256

Friedrich Denk
Uwe Johnsons letzter Text 259

Kritik

Annekatrin Klaus
Wohin geht Undine? Zu: Wolfgang Paulsen, Uwe Johnson.
Undine geht: Die Hintergründe seines Romanwerks. . . . 263

Thomas Schmidt
Kalender und Identität. Zu: D.G. Bond, German History and
German Identity: Uwe Johnson's *Jahrestage* 277

Holger Helbig
Vertane Versuche. Zu: Wolfgang Strehlow, Ästhetik des
Widerspruchs 295

Inhalt

Jens Brachmann
Die Hoffnung ist tot. Es lebe die Hoffnung?
Ergebnisse eines Uwe Johnson-Symposions 307

Ina Krüger
Zum Internationalen Uwe-Johnson-Symposium
in Neubrandenburg 316

The Sheerness Project. Eine Ankündigung 324

Abbildungsnachweis

Abb. S. 64: Buchreport Nr. 16, 11. April 1980.
Abb. S. 255: Foto: Propp (Halle/S.), Privatbesitz.

Johnsons Werke werden wie folgt abgekürzt:

IB	Ingrid Babendererde	JT	Jahrestage
MJ	Mutmassungen über Jakob	BU	Begleitumstände
DBA	Das dritte Buch über Achim	KP	Karsch, und andere Prosa
ZA	Zwei Ansichten	BS	Berliner Sachen

Vorwort

1994 war ein Johnson-Jahr. Uwe Johnson und sein Werk waren Gegenstand zahlreicher Veröffentlichungen und Mittelpunkt einer Reihe von Veranstaltungen. In London und Neubrandenburg fanden Tagungen statt, auf denen die Johnson-Forschung unterschiedlichste Interpretationen und neue Zugänge zum Werk vorstellte, in Frankfurt am Main richtete Siegfried Unseld eine Matinee zu Ehren eines seiner bedeutendsten Autoren aus, die Güstrower Bibliothek erhielt den Namen Uwe Johnsons. Wenn auch diese und andere Veranstaltungen den Anlaß nutzten, den Johnsons 60. Geburtstag und sein 10. Todestag boten, das große Interesse der Öffentlichkeit ist ohne die geschichtliche Entwicklung Deutschlands kaum verständlich. In diesen Zusammenhang gehört auch das Erscheinen der ersten beiden Bücher über das Leben Uwe Johnsons.

Die Tagungen werden im Überblick besprochen, zudem enthält der zweite Band des *Johnson-Jahrbuchs* bereits einen Teil der Beiträge der Londoner Veranstaltung, die unter dem Titel »*... und hätte England nie verlassen*« stattfand. Aufgrund der Reaktionen auf den ersten Band und des Bemühens um angemessene Aktualität haben wir die Rubrik *Kleine Beiträge* eingerichtet. Sie soll Raum für mitteilenswerte Details oder bemerkenswerte Funde bieten und steht nicht nur dem wissenschaftlichen Publikum offen.

Der vorliegende Band des *Johnson-Jahrbuchs* ist dem Andenken Helen Wolffs gewidmet. Sie war nicht nur eine bemerkenswerte und liebenswürdige Persönlichkeit, sondern auch eine Verlegerin mit nicht zu überschätzenden Verdiensten um die deutsche Literatur. Uwe Johnson hat ihr und Peter Suhrkamp die *Jahrestage* zugeeignet, und einiges spricht dafür, daß sein bedeutendster Roman nicht ohne ihre Hilfe zustande gekommen wäre.

Für die freundliche Gewährung der Rechte zum Abdruck des Nachrufs von Günter Grass danken wir ihm und dem Steidl Verlag, Göttingen; dem Suhrkamp Verlag, Frankfurt am Main, für die Möglichkeit, unveröffentlichte Briefe bzw. Teile davon drucken zu dürfen. Diese Unterstützung hat es ermöglicht, die Persönlichkeit Helen Wolffs in verschiedenen Beiträgen noch einmal sichtbar werden zu lassen. Wir danken ebenfalls den Inhabern der Bildrechte, Herrn Propp, Halle, und dem Buchreport, Dortmund.

Günter Grass

*Nachruf auf Helen Wolff**

Ihr Tod hat alles verändert, mehr als zu sagen ist. Und was gesagt werden kann, steht nun auf einem anderen Blatt; denn eigentlich hatte ich Helen Wolff heiter, mit einem alle Feierlichkeit wegräumenden Wort begrüßen wollen: Liebe Helene, wie gut, daß Du da bist.

Als mich die Deutsche Akademie für Sprache und Dichtung bat, zur Verleihung des Friedrich-Gundolf-Preises eine Laudatio zu halten, fiel mir zur Preisträgerin weit mehr ein, als eine kurze Rede bändigen könnte. Allenfalls bereitete mir der Nimbus des Namens Gundolf einen nicht gelinden, eher einen lähmenden Schrecken. Etwas Hohepriesterliches ging von ihm aus, etwas, das mir unwirklich und entrückt zu sein schien. Diese Distanz war nicht zu überbrücken, ich konnte nur, außer Unwissenheit, Respekt bezeugen; denn schnell Angelesenes wollte ich weder der Preisträgerin noch dem zur Feierstunde versammelten Publikum zumuten.

Dann holte mich die traurige Nachricht ein. Letzte Gewißheit. Der Verlust. Und doch ist mir immer noch so, als könnte ich zu Dir, liebe Helen, die in meinen geheimsten und monologischen Zwiegesprächen immer als Helene angerufen wird, direkt, vom Freund zur Freundin, als Autor zur Verlegerin sprechen und so tun, als sei nichts geschehen, als dürfe weiterhin Rat eingeholt, der nächste Brief erhofft werden, als erlaube Dein ungeduldiges Warten aufs nächste Manuskript beliebig viele Vertröstungen.

* Vorgetragen in Leipzig am 30. 4. 1994. Copyright 1994 by Steidl Verlag Göttingen.

Welch eine Verlegerin! Wo hat es das jemals gegeben: So viel episch andauernde Liebe zu Autoren, so viel Nachsicht mit chronisch egozentrischen Urhebern, so viel verläßliche Kritik, die nichts besser, aber manches genauer wissen wollte, so viel Gastlichkeit und wohnlich einladender Hintergrund, der den oft genug sich selbst erschöpfenden, an der Bühnenrampe turnenden Schriftstellern Zuflucht und mehr als einen Drink geboten hat.

Wenn ich in meinem Nachruf hier lobrede, ist mir bewußt, daß ich stellvertretend für viele Autoren spreche, unter ihnen zwei, denen Vergleichbares eingefallen wäre; denn Max Frisch und Uwe Johnson waren gleich mir Zöglinge der Wolffschen Zucht- und Pflegeanstalt. Sie kannte uns bis in letzte Verliese und Hinterhältigkeiten hinein. Ihr war nichts vorzumachen. Bei ihr verlegt, das hieß, bei ihr aufgehoben zu sein, auch über Durststrecken hinweg.

Wir Autoren wußten und haben es uns oft genug bestätigt, daß wir – bei aller uns nachgesagten Eigenleistung – vor allem Helen Wolff unsere literarische Präsenz in Amerika zu verdanken hatten. Sie hat uns, dem Wortsinn nach, betreut. Vergleichbare Dankbarkeit mögen die Übersetzer empfunden haben, denen ihr kritischer Rat oder Einspruch bis hin zu den Fahnenkorrekturen gewiß blieb. Ralph Manheim, mein Übersetzer, konnte ein Lied davon singen, ein vielstrophiges, denn seit *Grimms Märchen* – noch zu Kurt Wolffs Lebzeiten – ist er der strengsten Disziplinierung unterworfen gewesen.

Kurt Wolff. Welch ein Verleger! Und welch eine Verlegerin, die sich von seinem Schatten nie lösen wollte, die keine Eigenständigkeit betonen mußte, die vielmehr ihr Herkommen – und sei es beiseite gesprochen – durch rückversichernden Kommentar belegte. Ich erinnere Sätze wie: »Kurt hätte in diesem Fall so entschieden ...« oder: »Kurt wäre hier anderer Meinung gewesen ...«.

Helen und Kurt Wolff Books über Jahrzehnte hinweg. Das war ein Gütesiegel. Diese Buchreihe ist ein Begriff. Wie Frisch und Johnson war ich stolz, mit meinen Büchern in diese Reihe aufgenommen zu sein. Dafür waren wir dankbar; denn bei allem Selbstbewußtsein der genannten Autoren soll festgehalten und daran erinnert werden: ohne die Verlegerin Helen Wolff hätte die erzählende deutschsprachige Literatur in Amerika nur minimale Chancen gehabt. Sie hat die Brücke gebaut. Sie hat keine Mühe gescheut, selbst schwierigste Texte – ich denke an Schädlichs *Versuchte Nähe* – den Lesern von New York bis San Francisco nahezubringen. Uwe Johnsons *Jahrestage* waren ihr jedes Risiko wert. Selbst wenn, was zu hoffen ist, ihre Arbeit fortgesetzt wird, bleibt sie ohne

Nachfolge; denn nach Helen Wolffs Tod ist zu befürchten, daß auch in diesem literarischen Bereich die Zukunft entweder dem schnellen Geschäft oder dem amerikanischen Selbstgenügen gehören wird.

So will es mir, aus europäischer Sicht, vorkommen, als sei Amerika ohne Helen verarmt. Plötzlich ist da nichts mehr. Der Brückenpfeiler ist weg. Gewiß spricht aus dieser Sicht panischer Schrecken, doch auch die Erkenntnis, wieviel die Autoren meiner Generation den deutschen Emigranten verdanken. Sie, die aus Deutschland vertrieben wurden, haben mehr für uns getan als zu erwarten, zu erhoffen war. Sie, die in Amerika blieben, bewahrten uns vor provinzieller Verengung, sie machten uns weltoffen. Diese Gewißheit habe ich seit meinen frühen *Blechtrommel*-Jahren. Im Januar 1960 wurde der junge Autor nach Zürich in ein Hotel gebeten, dessen großbürgerlicher Glanz beklemmend, womöglich bedrückend gewirkt hätte, wenn nicht Kurt und Helen Wolff mit souveräner Geste den geballten Pomp relativiert und alles ganz leicht gemacht hätten. Kaum war mein Drink bestellt – ich glaube, es war eine Bloody Mary –, überraschte mich das Ehepaar Wolff mit der von Kurt gestellten Frage: »Könnten Sie sich vorstellen, daß Ihr jüngst erschienener Roman *Die Blechtrommel* in Amerika Leser findet?«

Ich antwortete wahrheitsgemäß mit nein, wollte aber mein Nein beweiskräftig untermauern und gab zu, daß mich die inzwischen erwiesene Tatsache, sogar in Bayern Leser gefunden zu haben, einigermaßen überrascht hätte. Um mich deutlicher zu machen, wies ich darauf hin, daß alles was Oskar Matzerath angehe, in entlegener baltischer Region spiele, sich weitgehend und penetrant auf Danzig, genauer gesagt, auf einen unansehnlichen Vorort namens Langfuhr beschränke, daß man dort stubenwarm breit und bedrohlich gemütlich spreche und außerdem immerfort von Kaschuben, einer schwindenden Minderheit, die Rede sei; dort rieche es nach Provinz.

Danach sprach Kurt Wolff als Autorität. Sein Beschluß stehe fest. Das Buch werde in Amerika erscheinen. Meine Erklärung habe überzeugend gewirkt, obgleich sie sich aufs Abraten versteift hätte. Er wisse, daß sich alle große Literatur auf die Provinz konzentrierte, sich in ihr verkrieche, ohne dabei provinziell zu werden; und deshalb sei sie weltweit verständlich. Helen stimmte dem zu, indem sie zugleich Fragen zu Schwierigkeiten stellte, die sich beim Übertragen von Dialekt und Jargon ergeben könnten: »Sagen Sie mir bitte, was genau ist Glumse?«

So kam es, daß zwei Jahre später *Die Blechtrommel* in der Übersetzung von Ralph Manheim den amerikanischen Lesern zugemutet wurde; offenbar sind die kaschubischen Kartoffeläcker und der miefige Vorort

Langfuhr den Texanern ähnlich zugänglich gewesen wie zuvor den Bayern. Der Sprung übers große Wasser war, dank verlegerischer Weitsicht, geglückt.

Bald danach wechselten Helen und Kurt Wolff von Random zu dem Verlagshaus Harcourt Brace Jovanovich. Ich ging mit ihnen. Als Kurt Wolff während eines Besuches in Deutschland tödlich verunglückte, setzt Helen Wolff ihres Mannes Arbeit fort. Ihre verlegerische Sorgfalt war schon zuvor Grundlage meines Vertrauens gewesen. Von Buch zu Buch haben wir uns begleitet. Ihrem prüfenden Blick mußte jede Übersetzung standhalten. Ihrer Beharrlichkeit und Autorität – zum Beispiel dem Verlagseigner Jovanovich gegenüber – konnte Uwe Johnson, wie schon gesagt, die Vermittlung seiner Bücher verdanken. Und sie hat dafür gesorgt, daß er vom Riverside Drive aus auf sein verlorengegangenes Mecklenburg zurückschauen konnte. In einem Brief an den Literaturwissenschaftler Roland Berbig schreibt sie aus Hanover/New Hampshire am 6. Juni 1991: »... Sehr stark empfand ich, bei ihm und bei seiner Frau, Heimweh nach der Landschaft der verlorenen Heimat, die er mit so viel geographischer Akribie beschrieb, Wind und Wellen eingeschlossen. Daß er sich, unwiederbringlich, exilieren mußte, als Unschuldiger den Kriminellen weichen, war ein ewiger Stachel.«

So zerbrechlich Helen Wolff wirkte, von ihr ging jene Kraft aus, die über Jahrzehnte hinweg, gepaart mit verlegerischem Mut, dafür gebürgt hat, daß die Reihe *Helen and Kurt Wolff Books* kein Ende fand, selbst nicht in krisenhaften Zeiten, an denen es nicht gefehlt hat: überall verschwanden wohlbekannte Verlage, selbstredend nach den Regeln der Freien Marktwirtschaft.

Helen überstand alles. In Macedonien geboren, in Österreich aufgewachsen und dennoch mit preußischer Haltung, allerdings wie aus einer von Fontane geleiteten Schule, so hat sie, von fragiler Gestalt, leise, aber bestimmt den verlegerischen Kurs ihres Mannes, der ihr Kurs war, auch bei stürmischer Wetter- und Börsenlage bestimmt. Wer wie ich Gelegenheit gehabt hat, als Gast des Verlages bei jeder Veröffentlichung seiner Bücher dabei gewesen zu sein, der wurde einem zwar anstrengenden, doch merkwürdigerweise gleichwohl belebenden Programm unterworfen. Jedenfalls konnte er sicher sein, fachlich qualifizierten Kritikern konfrontiert zu werden; mir wurde wiederholt die Möglichkeit geboten, mich beim Umgang mit amerikanischer Literaturkritik von der deutschen zu erholen. Ich lernte professionelle Qualität und leidenschaftliche Sachlichkeit kennen, Verlagsmitarbeiter, die nicht nur eine schreibtischgebundene Existenz führten, den Wechsel von Tempo und Muße, und während zeitlich terminierter Gespräche saß ich Literaturkritikern gegenüber, die tatsächlich gelesen hatten und sich deshalb nicht in verquaster Rhetorik gefallen mußten.

Über all dem wachte anwesend oder per Distanz Helen Wolff. Sie sorgte dafür, daß der europäische Autor keiner die Moral untergrabenden Langeweile anheimfallen konnte und schützte ihn zugleich vor dem Geschwindigkeitsrausch des ihm ungewohnten amerikanischen Tempos. Bei ihr lernte ich Hannah Arendt kennen. Gespräche an ihrem Tisch verliefen nie beliebig. Nie blieb sie ihren Gästen, als Referenz oder Zugabe, eine gehörige Portion Bestätigung schuldig. Die Verlegerin Helen Wolff ist sich immer bewußt gewesen, daß es die Autoren sind, die die Substanz eines Verlages ausmachen. Sie wußte, daß ein noch so schönes und vielstöckig auf modernsten Stand gebrachtes Verlagshaus ein leeres Gehäuse ist, wenn sich der Verleger und seine Mitarbeiter nicht täglich der Priorität der Autoren versichern. So selbstbewußt nahm sie eine vermittelnd dienende Position ein. Manch deutscher Verleger und manche Verlegerin könnten sich an Helen Wolff ein Beispiel nehmen; zumindest fänden sie Gelegenheit, des Ausmaßes ihrer Selbstherrlichkeit gewahr zu werden.

Die Büchermacherin und Briefstellerin. Über viele Jahre hinweg haben wir einander Nachricht gegeben. Ach, liebe Helene, wie wird mir das fehlen. Meinen langwierigen Arbeitsexzessen bist Du eine geduldige Zuhörerin gewesen. Meine Kinder in ihrer Vielzahl waren Dir oft übersichtlicher als mir. Gelegentlich und nur abschnittsweise erlaubten wir der amerikanischen und der deutschen Politik, unsere Briefe ein wenig einzutrüben; Du warst radikal und konservativ zugleich. Wir sorgten uns in Gesprächen wie in Briefen gemeinsam um Uwe Johnson, dem nicht mehr zu helfen war. Unser Briefwechsel überlebte diverse Präsidenten und Kanzler. Ironisch und aus hellwacher Erinnerung hast Du die deutschen Anfälligkeiten kommentiert. Und von Zeit zu Zeit sind uns dahergeplauderte Briefe gelungen; Fontane ließ grüßen.

Mein Nachruf, der eigentlich eine Laudatio sein sollte, schließt mit Dank. Als ich mir noch aus Anlaß einer gewünschten Lobpreisung Gedanken machte, wurde mir bewußt, daß Helen Wolffs Wiedersehen mit der Stadt Leipzig ein langes Stück Geschichte, eine sehr deutsche, also weitläufige Geschichte beschließen würde. Vor zwei Jahren erhielt ich von ihr einen Brief, in dem sie bedauerte, nicht zur Buchmesse kommen zu können – »Ich fühle mich dem Messe-Betrieb nicht gewachsen, besonders in einem mir unvertrauten Leipzig ...«.

Heute hätte Helen Wolff hier sein wollen, in einer Stadt, in der vor wenigen Jahren viele Tausend Menschen den damals Regierenden zugerufen haben: Wir sind das Volk! – Wenig später tauschte man ein Wörtchen aus, wohl in der Hoffnung, daß »ein Volk« zu sein, mehr zähle und gewichtiger sei als nur »das Volk«. Wie gerne hätten wir Helen Wolff, über alle Eiertänze deutscher Selbstfindung hinweg, hier, in Leipzig begrüßt. Wie gerne hätte ich ihr gedankt, der Freundin, der Verlegerin. Sie fehlt mir.

Günter Grass, Niedstr. 13, 12159 Berlin

Helen Wolff

Ich war für ihn »die alte Dame«

Ulrich Fries und Holger Helbig
sprachen mit Helen Wolff über Uwe Johnson

JJ: Lassen Sie uns mit der Frage nach dem Memorial Day beginnen. Ist er gestern gewesen, oder wird er erst heute gefeiert?[1]

HW: Heute ist Memorial Day.

JJ: Wir haben in den Zeitungen nach einer Erwähnung gesucht, besonders natürlich in der *New York Times*, aber bisher umsonst. Laut den *Jahrestagen* hätte nämlich gestern der Memorial Day sein müssen.

HW: Ich weiß nicht, ob der Feiertag geschwankt hat oder ob das ein *moveable feast* ist oder nicht. Ich glaube, man versucht ihn immer so zu legen, daß man *le pont* hat, wie die Franzosen sagen, also ein langes Wochenende.

JJ: Das lange Wochenende erklärt es, so kommt Gesine zu Ferien auf dem Lande.

HW: So steht es auch im Roman ... Er war ja sehr penibel mit seinen Daten und Angaben, was ich gar nicht bin. Man stellt sich schwer vor, daß er einen Fehler gemacht hat.

---

1 Das Gespräch fand am 31. Juni 1993 in Hanover, New Hampshire, statt. Man unterscheidet zwischen dem *Traditional Memorial Day* (30. Juni) und dem *Memorial Day*, der als Feiertag verschoben werden kann.

JJ: An einigen Stellen hat der vermeintliche Fehler auch eine Bedeutung. Dann ist es sozusagen nicht umsonst, daß der Tag nicht stimmt.

HW: Ja, wo ist dein linkes Ohr? – Er hatte Freude an der Komplikation.

JJ: Wir haben, nicht zufällig, eine solche Stelle parat. Sie sollen, nach den Aufzeichnungen Johnsons, mit ihm zusammen bei einem Vortrag von Hannah Arendt über Walter Benjamin gewesen sein, am 16. Januar 1967. Dieses Datum ist mit einer sehr auffälligen Stelle im Roman verbunden, es tritt nämlich ein Schriftsteller namens Uwe Johnson auf. Er tut dies aber nicht in einem Vortrag über Benjamin, sondern auf dem *Jewish American Congress*, der eigentlich *American Jewish Congress* heißt. Dieser Fehler, die Verdrehung des Namens, ist sozusagen ein Hinweis, daß an dieser Stelle etwas nicht stimmt. Er hält vor diesem Kongreß einen Vortrag und wird niedergebrüllt.

HW: Es gab da einen Kongreß, der, glaube ich, im Waldorf Astoria stattgefunden hat. Das ist korrekt, gelt? Johnson war der einzige Nicht-Jüdische auf diesem Podium. Und hat sich sichtlich nicht sehr, wie sagt man ...

JJ: Nicht sehr wohlgefühlt?

HW: Er hat sich nicht sehr wohlgefühlt bei dieser Sache. Außerdem, glaube ich, hat er gar keinen Vortrag gehalten, sondern Fragen beantwortet. Auch die Susan Sontag war dort, es war ein Gremium jüdischer Intellektueller, und man hatte ihn dazu eingeladen. Ich glaube, er war sogar der einzige Ausländer.

JJ: Waren Sie dabei?

HW: Ich war in dem Auditorium, ja.

JJ: Irgendetwas kann hier aber nicht stimmen. Denn das kann sich kaum an diesem Tag ereignet haben. Am 16. Januar '67 wird Johnson wohl nicht auf einem solchen Kongreß gewesen sein.

HW: An welchem Tag dann, kann man das feststellen?

JJ: Vielleicht, wir wissen es nicht genau. Eigentlich warten wir die Biographie ab, dort könnte es stehen. Die Information stammt nämlich aus einem Aufsatz von Bernd Neumann, der an der Johnson-Biographie schreibt. Es ist nur bekannt, was Johnson an dem Tag tatsächlich getan hat, nämlich durch diesen Vortrag, den Hannah Arendt gehalten hat. Das hat Johnson festgehalten. Er konnte also zu diesem Zeitpunkt unmöglich vor dem *Jewish American Congress* sprechen.

HW: Bernd Neumann, der war natürlich auch mit mir in Kontakt. Er war hier. Er hat sehr vorgefaßte Meinungen. Oft hat man das Gefühl, die Leute gehen schon mit einer Hypothese heran und suchen dann alles in der Figur, das diese Hypothese bestätigt und gehen dabei an der Wahrheit sehr oft vorbei. – Aber er war dort, das war im Waldorf Astoria, ich sehe ihn vor meinem geistigen Auge. Ich kann Ihnen nur nicht mehr sagen, in welchem Jahr das war, noch an welchem Tag.[2]

JJ: Wir werden versuchen, das im Archiv herauszufinden. Waren Sie auch bei Hannah Arendts Vortrag über Walter Benjamin dabei?

HW: Ja. Das war im Goethehaus.

JJ: Im Goethehaus, aha. Und dieser Goethehaus-Vortrag der ist ...

HW: Aber ich will Ihnen was sagen: Der *Congress* war am Nachmittag, der war nicht am Abend.

JJ: Also könnte es derselbe Tag gewesen sein! Das wäre sehr interessant.

HW: Es ist durchaus möglich, daß die beiden Veranstaltungen am selben Tag gewesen sind. Das sind so Sachen. Der *Congress* war am Nachmittag, ich erinnere mich daran, daß er noch bei Tageslicht stattfand.

JJ: Das ist eine wichtige Stelle. Es ist das einzige Mal im Roman, daß Johnson selber als Figur auftritt und auch Uwe Johnson heißt, wogegen ja sonst immer vom Genossen Schriftsteller die Rede ist. Abgesehen von dem berühmten Dialog mit Gesine, der bis zum Überdruß zitiert worden ist. Von daher ist es natürlich für jede biographische Interpretation wichtig zu klären, ob das auch stimmt, was da erzählt wird.

2 Vgl. dazu den Beitrag von Alfons Kaiser in diesem Band.

HW: Die Frage, ob auch stimmt, was da erzählt wird. Das verstehe ich; aber Sie sind natürlich vom Datum fasziniert gewesen.

JJ: Ja, weil ich auch beim Schreiben meiner Arbeit immer das Gefühl hatte, ich müßte dieses Datum prüfen. Ich habe das aber nicht getan und als es dann im Druck war, war mir unwohl dabei. Als Bernd Neumann vor kurzem in einem Aufsatz an dem vermeintlichen Fehler gezeigt hat, wie wichtig Benjamin für Johnson ist, hatte ich gleich ein schlechtes Gewissen: das hättest du prüfen müssen. Und wenn Sie jetzt sagen, Nachmittag und Abend ...

HW: Ich weiß, diese Versammlung war am Nachmittag. Und die Veranstaltungen im Goethehaus waren immer abends, die fingen um acht Uhr abends an.

JJ: Können Sie sich an Gespräche über Walter Benjamin erinnern, die Hannah Arendt mit Uwe Johnson geführt hat?

HW: Dazu wüßte ich Ihnen nichts zu sagen, da habe ich keine Erinnerung. Sie haben sich sicher nachher noch darüber unterhalten, und Uwe war natürlich an Benjamin interessiert. Er hat wahrscheinlich auch manches von ihm gelernt und übernommen. Die waren sich ja geistig gar nicht so unverwandt.

JJ: Inwiefern würden Sie sagen, daß sich die beiden ähnlich waren oder verwandt?

HW: In ihrer Komplikation. In ihrer Art, die Dinge eben von vielen Seiten zu beleuchten, und nicht direkt auf sie zuzugehen. Das hat der Benjamin auch.

JJ: Haben Sie Benjamin hier auch in Ihrem Programm gehabt?

HW: Ja, wir haben mit der Hannah Arendt zusammen zwei Bände herausgegeben. Die ersten, glaube ich.

JJ: War das in Anlehnung an die ersten beiden Bände, die Adorno herausgegeben hatte?

HW: Ja. Wir nannten sie Illuminationen, *Illuminations*. Ich glaube, die Hannah hat die Auswahl getroffen, unter dem Gesichtspunkt, was für den englisch-amerikanischen Leser relativ gut zugänglich ist. Dann haben wir auch verschiedene Dinge auszuwählen gehabt. Die *Berliner Kindheit* existiert ja zum Beispiel in zwei Fassungen. Wir haben immer versucht, diejenige auszuwählen, welche die unmittelbare ist. Man mußte sich entscheiden, bei einigen Texten gab es auch Überschneidungen.

JJ: Wann haben sich Johnson und Arendt getroffen, in welchem Jahr haben Sie die beiden denn zusammengebracht? Johnson hat die erste Einladung zu Arendt und Blücher im Juni 1966 festgehalten.

HW: Wenn er 1966 aufgeschrieben hat, dann stimmt es sicher. Er hat ja, im Gegensatz zu mir, penibelst Buch geführt über jedes Ereignis in seinem Leben.

Ich habe versucht, Uwe mit denjenigen meiner Freunde, die zu ihm zu passen schienen, bekannt zu machen. Denn meine Hauptaufgabe bei Uwe lag ja darin, seinen Horizont nach Möglichkeit zu erweitern. Dazu eignete sich natürlich jemand wie Hannah Arendt ganz besonders. Er war auch interessiert, außerordentlich interessiert, an jüdischen Menschen, an der ganzen jüdischen intellektuellen Welt, weil er die ja nicht kannte. Er hat mir immer erzählt, daß er in einer judenreinen Umgebung aufgewachsen ist. Als der Krieg zu Ende war, war er 11 Jahre alt, da hatten die Deutschen schon gründlich aufgeräumt gehabt in seiner Gegend. Schauen Sie mich nicht so böse an, es ist wirklich so gewesen.

JJ: Nicht böse, betroffen.

HW: Das hat ihn alles außerordentlich beschäftigt, man spürt das auch in seinen Büchern, besonders in den *Jahrestagen*. Es lag ihm viel daran, mit Überlebenden in Kontakt zu kommen, um ein Gefühl für sie zu bekommen. Und dafür war Hannah Arendt besonders geeignet, denn sie war völlig vorurteilslos, und sie war mit einem nicht-jüdischen Mann verheiratet. Das machte es auch für den Uwe etwas leichter. Zudem kamen sie aus demselben geographischen Milieu. Hannah kam ja aus Königsberg. Die beiden haben sich sozusagen auch auf dem norddeutschen Boden gefunden. Hannah hatte sofort eine starke und positive Beziehung zu ihm. Das einzige Problem für sie war – sein Alkoholkonsum hat ihr Schwierigkeiten bereitet. Sie sind sich dann so nahe gekommen, daß er auch bei ihr gewohnt hat, das wissen Sie ja.

JJ: Am Riverside Drive.

HW: Als er später nach New York kam, hatte ich die Idee, er könne ihr Biograph werden. Weil sie eben doch sehr viel miteinander gesprochen haben. Die anderen Menschen, die über sie geschrieben hatten, kannten sie entweder nur in einer Beziehung von Studentin zu Professorin, wie Elisabeth Bruehl, die eine Biographie geschrieben hat, oder aber sie waren zwar von Kindheit an mit Hannah befreundet, aber doch nicht ganz auf Uwes Niveau.

JJ: Wir haben uns vorhin gerade über die geplante Arendt-Biographie von Elsbieta Ettinger unterhalten ...

HW: Ah, ja, ich kenne die Frau. Sie war hier, und hat mich auch interviewt, sie hat Hannah aber nicht persönlich gekannt. Aber sie ist als Biographin recht bekannt ...

JJ: Sie hat die Rosa-Luxemburg-Biographie geschrieben.

HW: Ja eben, Rosa Luxemburg. Und weil Hannah ja sehr von Rosa Luxemburg beeindruckt war und auch über sie geschrieben hat, einen Essay, da hat die Nachlaßverwalterin Hannah Arendts, Lotte Köhler, ihr dann die Möglichkeit gegeben, Einsicht in die Papiere zu nehmen.

JJ: Wollte Hannah Arendt nicht auch etwas über Uwe Johnson schreiben?

HW: Sie wollte eine Besprechung der *Jahrestage* für den *New Yorker* schreiben, das hatte sie vor. Dazu kam es durch Ihren plötzlichen Tod dann nicht. Sie hatte immer das Gefühl, er sei nicht genügend erkannt in seiner Bedeutung, und daß sie fast eine Verpflichtung habe, dazu zu helfen. Sie glaubte das am besten tun zu können, wenn sie für den *New Yorker*, der alles druckte, was Hannah vorschlug, etwas schrieb und es da publizierte.

JJ: Es war ja auch einmal eine sehr schöne Studie über *Ihr* Leben im *New Yorker*, die habe ich, glaube ich, vor sieben oder acht Jahren gelesen. Ein sehr langes und umfängliches Porträt.

HW: Sehr eingehend, ja. Es war von einem Buchkritiker der *New York Times*, Herbert Mitgang. Der hat mich ganz gut gekannt, denn ich habe viel Kontakt ihm gehabt, wenn es um Buchbesprechungen ging. Ich habe mich immer bemüht, Menschen zusammenzubringen, also ihm nicht nur die Bücher zu schicken, sondern ihn auch – er war sehr europäisch interessiert – mit den Autoren bekanntzumachen. Damit die Arbeit ein bißchen lebendiger wurde, damit dahinter ein Gesicht stand.

JJ: Waren sich Hannah Arendt und Uwe Johnson in politischen Fragen einig? Gab es Diskussionen über ausgesprochen politische Themen? Als Johnson zum ersten Mal in die USA gekommen ist, vertrat er wohl noch eine deutlich linke Position.

HW: Ich kann mich nicht erinnern, daß sie sich politisch irgendwie in den Haaren gelegen haben. – Die Hannah war ja auch nicht gerade rechts. – Das Gefühl habe ich eigentlich nie gehabt. Wenn ich das Gefühl gehabt hätte, wäre er kein geeigneter Biograph gewesen, wenn sie da gegeneinander gestoßen wären. Auf dem Gebiet haben sie eine Verständigungsmöglichkeit gefunden. Sie lehnten beide den Totalitarismus ab. Auf dieser Grundlage *they were o.k.*

JJ: Das scheint wohl auch die Grundlage für die Zusammenarbeit mit Margret Boveri gewesen zu sein.

HW: Frau Boveri, die war doch eher Zentrum.

JJ: Und trotzdem hat er sie sehr bewundert, und es hat keine politischen Probleme gegeben.

HW: Ich glaube, wenn der Uwe einmal eine Persönlichkeit akzeptiert hatte, in ihrer moralischen Substanz, dann war das andere für ihn gar nicht so wichtig. Die ethische Einstellung war ihm wichtig. Und Hannah war ja ein Mensch von außerordentlicher Anziehungskraft durch ihre Wärme und ihre hohe Intelligenz, die so selten mit Wärme verbunden ist. Sie war gar nicht zynisch.

JJ: Wie war das Verhältnis von Uwe Johnson zu Blücher? Sind die beiden gut miteinander ausgekommen?

HW: Da war gar kein Problem. Sie dürfen nicht vergessen, er war noch schwerhöriger als ich und hat sich in Folge dessen oft, wenn Hannah Gäste hatte, auch zurückgezogen, weil ihn das sehr stark und sichtbar irritiert hat. Weil er nicht folgen konnte. Und auch aus einem anderen

Grund. Er hat das Gefühl gehabt, daß sowieso die Hannah für die Leute anziehender war, magnetisch anziehend. Was natürlich verstärkt wurde durch das Nicht-Verstehen. Und dann dürfen Sie auch nicht vergessen, er ist viel früher gestorben als seine Frau. Sie hat ihn lange überlebt, und zu der Zeit, als Uwe bei ihr Hausgast war, da war er ja schon nicht mehr am Leben. Sonst hätte sie gar nicht den Platz gehabt, als Gastzimmer hat sie sein Zimmer benützt.

JJ: Woran lag es, daß Hannah Arendt mit ihrem Porträt in den *Jahrestagen* unzufrieden war?

HW: Er hat sie so als die Gräfin dargestellt, das machte sie ungehalten. Sie wollte nicht, daß er sie so sichtbar da hineinarbeitet. Ich glaube, darüber gibt es auch Korrespondenzen. Ich erinnere mich, daß es da eine vorübergehende Gereiztheit gab, über die er sehr unglücklich war. Denn er dachte, es sei doch nichts Ehrenrühriges.

JJ: Hat er sie denn erst mit Namen reingenommen und später ...

HW: Nein, nein. Aber sie fand es zu leicht erkennbar. Irgendwie hat sie ihm etwas krummgenommen.

JJ: Umgekehrt konnte Uwe Johnson ja auch sehr leicht an einem bestimmten Punkt einhaken und etwas krummnehmen.

HW: Er war empfindlich. Und er hat sich mit reifen Leuten etwas angelegt.

JJ: Mit Enzensberger muß er sich auch sehr ...

HW: Bei Enzensberger hatte er folgende Einstellung: Er hat immer geradezu eine Verachtung für Leute gehabt, die etwas in irgendeiner Form manifestieren, ohne dabei etwas zu riskieren. – Ich habe immer das Gefühl, ich wiederhole mich, weil diese Dinge schon oft besprochen worden sind. – Bei allen diesen Dingen, wo man nicht zumindest Gefängnis riskierte, aber sich dann etwas darauf zu Gute tat, da wurde er sehr abschätzig. Er sagte, es ist sehr leicht für diese Leute, gegen den Vietnam-Krieg zu protestieren, was riskieren sie? Das Risiko hat er wahrscheinlich immer noch so gesehen wie in seiner Primanerzeit. Weil eben die Leute damals tatsächlich ins Zuchthaus gekommen sind für unbegrenzte Zeit. Ein solches Risiko einzugehen, war für ihn die Form zu protestieren. Daran sehen Sie wieder seinen ethischen Fanatismus.

JJ: Aber den hat er ja auch selber eingelöst, damals. Er hat ja nicht nur seinen Studienplatz riskiert, unter den damaligen Umständen eine wesentliche Entscheidung für jemanden mit seinen Fähigkeiten.

HW: Ja, absolut. Er war ein Wahrheitsfanatiker. Es war ihm absolut gegen die Natur, daß er nun, nach der Nazizeit, von der er plötzlich begriffen hatte, daß die Menschen belogen worden sind, daß er nun in der Schulzeit – daß es jetzt nur *mutatis mutandis* genau dasselbe war. Da hat er sich natürlich mit der Hannah sehr gut verstanden, denn die hat ja auch die Parallele gezogen zwischen Kommunismus und Nationalsozialismus.

JJ: Noch einmal zu den Porträts in den *Jahrestagen*. Sie werden nicht nur eingangs des Romans bedankt, sondern treten sozusagen auch darin auf.

HW: Ich war für ihn »die alte Dame«, so nannte er mich immer.

JJ: Eine alte Dame, die die Welt kennt.

HW: Ich weiß noch ganz genau, wie es zu diesem Satz gekommen ist. Das war, als er eine Wohnung suchte in New York, um seine Frau und das Kind herüberkommen zu lassen. Er fand auch etwas passendes, aber es wohnte noch jemand darin.

JJ: Die zwei Skandinavierinnen.

HW: Sie wissen das alles?

JJ: Nein, wir ahnen es eher. Die beiden Skandinavierinnen kommen ja auch im Roman vor.

HW: Aha. Es war so: Er kam zu mir und sagte, er hätte die ideale Wohnung gefunden. Aber er fürchtete, er würde sie nicht bekommen, weil er eben ein Ausländer sei und keine Garantie anbieten könne. Die beiden Frauen wollten ausziehen, sie hatten aber keine Garantie, daß er die Miete bezahlt. Und da hab' ich die Damen angerufen und gesagt: »Ich bin eine alte Frau, die die Welt kennt und ich will Ihnen sagen, es ist der zuverlässigste Mensch auf Erden, dem können sie absolut vertrauen ...« –

und so weiter. Daher kommt diese »alte Dame, die die Welt kennt«. Das hat ihn sehr amüsiert, daß ich gesagt habe, ich kenne die Welt. Ich mußte mich ja auch irgendwie legitimieren. Das scheint am Telefon überzeugend gewirkt zu haben, denn er bekam die Wohnung. Und für diese kleinen Hilfen war er dann immer sehr dankbar.

JJ: In New York eine Wohnung zu besorgen ist ja keine kleine Hilfe.

HW: Das war damals etwas leichter. Aber auch nicht ohne Schwierigkeiten. Vor allen Dingen: Es kommt da einer in dieser merkwürdig aussehenden schwarzen Lederjacke, die beiden wußten nicht recht, was sie daraus machen sollten. Ich habe ihnen dann erklärt, daß er ein berühmter Autor sei.

JJ: Und Sie haben ihm auch die Stelle im Verlag beschafft.

HW: Na ja, das steht alles in den *Begleitumständen*. Als er zuerst mit dieser Frage kam, wollte er einfach gerne nach New York, für eine Weile. Er war ja immer nur auf kurzen Studienreisen dort gewesen, geschickt, ›um Kultur auszutauschen‹. Er brauchte eigentlich nur zu sagen, Nord, Süd, Ost, West, nichts wäre leichter gewesen, als ihm eine Stelle zu beschaffen als *writer in residence*. Als ich ihm das gesagt habe, hat er mir sehr brüsk und schroff geantwortet. »Ich gehe nicht in das akademische Ghetto«, hat er gesagt. »Und ich will einen normalen Arbeitstag von 9 bis 17 Uhr haben, in einem normalen Büro, wo niemand weiß, daß ich ein Schriftsteller bin. Sonst werden sie ja Angst haben, daß sie in meine Bücher kommen und werden sich zurückhalten oder verstellen. Ich will ganz einfach ein Arbeitskollege sein.«
 Es ist mir dann gelungen, Jovanovic dazu zu bringen, ihm diese Position in der Schulbücherabteilung zu verschaffen. Man kam dort gar nicht auf den Gedanken, ein Schriftsteller würde sich für die Schulabteilung interessieren. Da hat er dann also wirklich inkognito ein Jahr lang gearbeitet. Das einzige, was er den anderen voraus hatte, war ein Zimmer mit Fenster. Das entsprach an sich nicht seiner Position. Normalerweise hätte er ein fensterloses Kabuff gehabt. Das erwähnt er später auch.

JJ: Aber das ging nur für ein Jahr?

HW: Das lief ein Jahr. In dem einem Jahr hatte er natürlich Notizen gesammelt, aber er hatte nicht die Möglichkeit zu arbeiten. Er sagte mir, er würde sehr gerne noch etwas länger bleiben, aber das mußte neu finanziert werden.

JJ: Die Rockefeller Foundation?

HW: Rockefeller. Hannah war befreundet mit einem Mann, der in der Stiftung Einfluß hatte, ein Mann namens Gerald Freund. Durch den hat sie dann dieses Stipendium für ihn bekommen. Und wir haben ihm auch einen bedeutenden Vorschuß gegeben auf dieses Buch. Wir haben die Weltrechte. Suhrkamp mußte die Rechte von uns erwerben, weil wir das Buch unter Kontrakt haben.

JJ: Suhrkamp hat also nur die Rechte für Deutschland gekauft?

HW: Ja, sie mußten sie von uns erwerben.

JJ: Für immer, oder für eine bestimmte Zeit?

HW: Verträge für eine bestimmte Zeit werden nur dann geschlossen, wenn die Autoren persönlich darauf bestehen. Das hat der Uwe nicht getan.

JJ: Uwe Johnson hat Siegfried Unseld ja immer sehr hoch angerechnet, daß er ihn gefördert und unterstützt hat.

HW: Ja, das hat er. Auch mit Recht. Das muß ich sagen, obwohl ich mit Siegfried Unseld nicht hundertprozentig harmonisch stehe ... Er hat sich dem Uwe gegenüber tadellos verhalten, kein Zweifel, er hat ihn wirklich gestützt.

JJ: Erkennen Sie von den Geschichten oder Episoden, die Sie Uwe Johnson erzählt haben, in den *Jahrestagen* etwas wieder? Also Material, von dem man genau sagen kann, das hat er da und dort gehört?

HW: Doch, gewisse Dinge schon. Erinnern Sie sich an die Szene, in der Gesine von ihrem Chef zu einem Baseballmatch mitgenommen wird? Da war ich dabei. Es ging darum, ihm zu zeigen, ›wie Amerikaner sind‹, wie amerikanische Volkserlebnisse stattfinden. Dieses Baseballmatch ist eine Gleichmachungssache. Da gehen eben der Chef der Firma und sein Chauffeur hin. Und der Chauffeur spielt auch eine Rolle. Und genauso hat es sich abgespielt, das ist fast wörtlich übernommen worden. Auch daß dann mittendrin, Sie erinnern sich, der Chef abgerufen und etwas besprechen muß. Das hat sich so abgespielt.

Dann ist da noch eine andere Stelle, eine Art Versammlung, *shareholder-meeting* nennen wir das hier. Eine Aktionärsversammlung. Er war zwar kein Aktionär, aber sehen Sie, das war eigentlich meine Funktion, in solchen Fällen dabei zu sein, ihm Material zu beschaffen. Damit er sieht, wie das so vor sich geht und ein Gefühl dafür bekommt, wie sich da ein Chef verhält, wenn er den Vertretern der Großaktionäre gegenübersitzt. – Erfinde ich das jetzt?

JJ: Es gibt ein *meeting*, auf dem wird Gesine zum Schluß ausgezeichnet.

HW: Das ist noch eine andere Sache. Da kommt noch ein zweiter Faktor hinzu. Gesine bekommt eine Medaille. Das hat sich alles im Verlag abgespielt, er hat die Szene nur in die Bank verlegt. Es ist sozusagen ein echtes Vorkommnis.

JJ: Der Eingang zu Bank, der Hintereingang, soll der Eingang des Verlages sein, durch den er immer gegangen ist.

HW: Die sehen alle gleich aus. Aber die speziellen Sachen, *the presidents' medal*, so hieß das, das war genauso, wie er es schildert. Bei all diesen Dingen mußte ich vorher immer anfragen, ob das auch genehm sei, wenn wir zusehen würden. Bei der Aktionärsversammlung waren tatsächlich nur Eingeladene oder Aktionäre zugelassen, da konnte nicht jeder hineinwandern.

Ich habe ihm manchmal etwas aus meinem Leben erzählt, das hat er verwendet. Ich weiß nicht, ob Sie sich an die Friseuse erinnern. Sie ist Italienerin und verläßt New York. Amerika wäre doch nicht das Wahre, hat sie zu mir gesagt; sie hat das italienisch ausgedrückt: »Da noi si ruba ma non si uccide per due dollari.« – In unserem Land stiehlt man, aber man bringt nicht für 2 Dollar um. – Er hat sich sehr oft solche kleinen Anekdoten oder Geschichten gemerkt.

JJ: Eberhard Fahlke, der Leiter des Johnson-Archivs, hat erzählt, Uwe Johnson habe sich bei Ihnen nach italienischen Restaurants und deren Verhältnis zur Mafia erkundigt. Erinnern Sie sich daran? Mir fiel dabei als erstes die Entführung von Karsch in New York ein.

HW: Das kann sein, denn wir hatten gerade um die Ecke ein Restaurant, das war berühmt dafür, ein Mafiatreffpunkt zu sein. Da sind wir auch ganz unschuldig hingegangen und es kann gut sein, daß wir da zusammen waren.

JJ: Aber daß er sich direkt danach bei Ihnen erkundigt hat, daran haben Sie keine Erinnerung? Die Episode, in der Karsch entführt wird, ist die Ihnen nicht auch ein bißchen abenteuerlich vorgekommen?

HW: In New York kommt einem gar nichts abenteuerlich vor, nein wirklich. Diese Dinge können glatt passieren und es ist wahr, das glaube ich buchstäblich. Einen Block entfernt von meiner Wohnung war ein solches Restaurant, das war sehr interessant. Mittags war es ganz harmlos, da war es ein *lunch-restaurant.* Aber einmal bin ich abends dagewesen und da waren, das sah man deutlich, Mafiafiguren dort. Und an diesem Abend wurden wir auch in den ersten Stock gesetzt, wo wir ganz alleine saßen. Wir wurden völlig abgesondert.

JJ: Das war, als Uwe Johnson bei Ihnen gewohnt hat, an der Upper Eastside?

HW: Er hat dort *gelebt,* nicht nur gewohnt. Sie wissen, was ich sagen will: Er kam ja immer wieder, durch seine Faszination von New York beeinflußt; unter irgendwelchen Vorwänden, die er für sich und andere erfunden hat, kam er wieder. Das brauche er für seine Arbeit, das müsse er also wiedersehen. Immer wieder hat er das gesagt, das brauche er jetzt – und dann kam er für eine oder zwei Wochen und wanderte durch New York. Diese Stadt bedeutete ihm viel. Diese Stadt, die nie schlief. Er war ja ein Nachtmensch.

JJ: Meinen Sie nicht auch, daß das Jüdische von New York zu dieser Faszination beigetragen hat?

HW: In diesem ausgesprochenen Sinne nicht. Er hat mir direkt gesagt, was ihm das bedeutet, daß da ein permanenter Pulsschlag zu spüren ist. Keine tote Stunde. Übrigens reagiert Günter Grass ähnlich. Wenn er in New York ist, ist er wie besoffen, verstehen Sie mich recht: er geht auch die ganze Nacht spazieren, weil ihn das so stimuliert. Eine Stadt, in der der Bus die ganze Nacht fährt, das muß man sich vorstellen, wie einen Körper, der nie schläft.

JJ: Uwe Johnson soll sich, wenn er außerhalb der Wohnung unterwegs war, beim Sammeln von Material etwa, anders gegeben haben als innerhalb seiner Wohnung. Michael Hamburger schreibt, daß er in der Familie, in seinen eigenen vier Wänden, zurückhaltender gewesen wäre.

HW: Ich fand das eigentlich nicht. Am häufigsten habe ich ihn mit Frau und Kind in dem New Yorker Haus aus dem Roman gesehen. Also in der Zeit, in der er Elisabeth noch völlig vertraut hat. Da war kein großer Unterschied zu spüren, ob er mit ihr oder ohne sie war. Einen Unterschied machte es erst nachher; ich muß immer von Uwe vorher und nachher sprechen. Nach seinen ›Entdeckungen‹, das ist ein ungeheurer Bruch gewesen. Und dann hing der Unterschied wohl auch vom Alkohol ab, den er zu sich genommen hatte. Tagsüber hat er Tee getrunken, in rauhen Mengen. Den trank er auch immer beim Schreiben, seine Frau mußte ihn ›zubereiten‹.

Das wurde später schlimmer, und ich glaube, das hing auch mit der Trennung von Elisabeth zusammen. Aber auch wenn er sehr viel getrunken hatte, war er noch luzid, und erst am vorgeschrittenen Abend wurde es dann so, daß es gar keinen Zweck mehr hatte, mit ihm zu sprechen. Er konnte auch aggressiv werden, das hat auch die Hannah erlebt. Ich habe mich dem entzogen, indem ich mich um zehn Uhr zurückgezogen habe und gesagt habe: »Diese Antiquität geht jetzt schlafen.«

Ja, er konnte sehr schwierig sein. Ich bin mir auch über vieles in seiner Biographie einfach nicht klar. Ich bin mir nicht klar darüber, was eigentlich zwischen ihm und Elisabeth vorgefallen ist, und was er da hineingeheimnist hat. Ob das alles stimmt, oder ob das nicht auch zum Teil Phantasien sind. Ich weiß es nicht.

JJ: Ohne die beiden gekannt zu haben, kann man sich nur schwer ein Bild machen, also auch kaum eine Meinung dazu haben – und schon gar kein Urteil.

HW: Nun will ich Ihnen unbedingt etwas sagen. Ich bin fest davon überzeugt, daß dieses unglückliche Wesen, die Katharina, seine Tochter ist. Es war einfach Schwachsinn von ihm, das Gegenteil zu behaupten, und sich gar so zu verhalten, als glaubte er, es sei nicht seine Tochter. Sie war ihm ungeheuer ähnlich, im Wesen und auch im Aussehen. Alle haben wir immer gesagt: Der gespuckte Uwe, eben weiblich.

JJ: Der was Uwe?

HW: Der gespuckte Uwe. Sie kennen den Ausdruck nicht? *Spitting image*, wie wir auf englisch sagen.

JJ: Haben Sie denn noch Kontakt zu Elisabeth Johnson?

HW: Ja, merkwürdigerweise. Ich habe im Laufe der Zeit zwei Briefe von ihr bekommen. Sie hat mir damals geschrieben, nachdem ich etwas über Günter Grass und Uwe Johnson in der *Süddeutschen Zeitung* veröffentlicht hatte. Der Günter war außer sich, weil sich der junge Piper ziemlich unverschämt über ihn geäußert hatte. Er hatte in etwa gesagt, Günter Grass entdecke sozusagen postum seine Zuneigung zu Johnson. Das ist nicht wörtlich zitiert. Günter hat mir damals davon geschrieben, und ich hatte das Gefühl, ich sollte das doch richtigstellen. Denn ich wußte, daß es nicht so gewesen ist. Und in diesem Artikel also hatte ich zum Schluß geschrieben, daß ich es erstaunlich finde, daß die Elisabeth nicht juristisch Protest eingelegt hat gegen den Diebstahl ihrer Aufzeichnungen. Sie erinnern sich, das war der Jens ...

JJ: Tilman Jens, eine unrühmliche Geschichte. Günter Grass hat ja damals im Grunde Siegfried Unseld vorgeworfen, er hätte dieses Buch bei Piper verhindern müssen ...

HW: Aber der Vorwurf war nicht korrekt. Im Falle Johnson kann man Unseld wirklich relativ wenig vorwerfen. Zudem, wo er das Johnson-Archiv mit der Frankfurter Universität arrangiert hat. Er hat sich wirklich sehr eingesetzt. Ich glaube, er hat ein wirkliches Gefühl für Johnson als Schriftsteller gehabt.
  Ich habe mich nach diesem Buch angelegt mit dem Sohn Piper. Und auf meinen Artikel hin hat mir Elisabeth geschrieben. Aber sie hat mich falsch zitiert, indem Sie gesagt hat, ich hätte geschrieben, sie sei eine merkwürdige Frau, während ich geschrieben hatte, sie sei eine bemerkenswerte Frau, das ist ein großer Unterschied. Es kam dann zu einem kleinen Briefwechsel zwischen uns, sie hat mir auch sein Testament geschickt. Sie wollte, daß ich wüßte, wie das Testament aussah.

JJ: Seitdem sie in Neubrandenburg ist, haben Sie keinen Kontakt mehr zu ihr?

HW: Hat sie mir aus Neubrandenburg geschrieben? Nein, ich habe schon längere Zeit nichts mehr von ihr gehört.

JJ: Von Ihrem Umzug konnte man im *Spiegel* lesen: ein Dementi war mit Elisabeth Johnson, Neubrandenburg, gezeichnet. Sie arbeitet dort als Lehrerin.

HW: Sie hat ja immer gearbeitet, in England, in Sheerness, war sie als Sozialarbeiterin tätig. Und zwar, glaube ich, in einem Hospital. Ich kenne jemanden in Sheerness, eine recht verrückte Engländerin, die von Zeit zu Zeit das Bedürfnis hat, lange Briefe zu schreiben. Das ist ein Ehepaar, mit dem die Johnsons befreundet waren, und zwar über das Kind. Die Dame schreibt mir von Zeit zu Zeit, und von ihr wußte ich, daß sie nach Ostdeutschland zurück ist. Aber sie ist auch eine merkwürdige Frau, sie ist nicht nur bemerkenswert. Ich hatte immer das Gefühl, sie sei noch stark von dieser kommunistischen Lebensform beeinflußt. Sie war viel kritischer gegenüber Amerika als er, das ist mir immer aufgefallen. Uwe hatte sich irgendwann wirklich von dieser ostdeutschen Welt losgesagt, von der dazugehörigen Regierung.
 Die Hauptursache für das Trinken war diese Trennung, die physische Trennung von dem, was er als Heimat empfunden hat. Ich glaube, das war das Schlimmste für ihn. Daß er da weg mußte, daß er da nicht schreiben durfte, daß eben ein Teil Deutschlands nicht erreichbar war. Denn er war ja so deutsch, wie man nur sein kann ...

JJ: Das betrifft wohl vor allem Mecklenburg. Schleswig-Holstein hat er in den *Jahrestagen* in einem Kapitel ein sehr schlechtes Denkmal gesetzt.

HW: Richtig, Mecklenburg war, was vor allem fehlte. Er hatte dieses schwerblütige Deutsche. Ach, der konnte sich nicht verpflanzen und das Allermerkwürdigste, das sage ich immer wieder, war diese sonderbare Beziehung zu New York. Als wäre das ein solches Gemisch ...

JJ: Als wäre New York dichter an Mecklenburg als Schleswig-Holstein.

HW: New York gehört niemandem und allen. Und dann eben das Gefühl, daß diese Stadt ununterbrochen lebendig ist, daß es da keine tote Stunde gibt. Daß man immer durch die Straße gehen kann, da sind Läden offen, Sie kennen das ja, vierundzwanzig Stunden lang, das ist eine Selbstverständlichkeit. Das alles hat ihm über sich selbst hinweggeholfen.

JJ: Gab es bestimmte Vorlieben, Plätze die er bevorzugt hat in New York? Die Grand Central Station soll einer seiner Lieblingsplätze gewesen sein, hat Michael Hamburger überliefert.

HW: Daß auch Grand Central dazu gehörte, könnte ich mir vorstellen. So speziell ist mir das nicht mehr in Erinnerung. Aber es gab diese irischen Bars, an der Third Avenue, die hat er dann frequentiert. Er war ja überhaupt ein Mann, der gerne in solche neutralen aber von Menschen doch angefüllten Plätze ging und dort wahrscheinlich lauschte und beobachtete.

JJ: Günter Grass hat kürzlich in einem schönen Interview berichtet, daß man sich manchmal von Johnson wirklich beobachtet fühlte. Er habe in einem privaten Gespräch den anderen mit Datum zitiert; Grass reagiert dann: Du wirst mich nicht dazu bringen, dauernd aufzupassen auf das, was ich jetzt sage.

HW: Ich habe Johnson durch Grass kennengelernt. Günter kam in die USA, und zusammen mit Jovanovich holte ich ihn vom Flugplatz ab. Darauf legte Günter immer großen Wert, daß er abgeholt wird. Neben ihm erschien dann, wir hatten gar keine Ahnung davon, der Uwe. Und der Günter fand es selbstverständlich, daß wir ihn mitnahmen und ihn sozusagen gleichberechtigt behandelten, was, glaube ich, Jovanovich etwas merkwürdig fand, denn er war gar nicht unser Autor damals. Johnson war der Autor eines anderen Verlags, *Grove Press*. Wir haben ihn einfach mitgenommen, auch zum Abendessen. Und da hatte ich eben dieses Gefühl, das ich schon mehrfach beschrieben habe, daß er so etwas von einem Stiefkind hatte neben dem Günter, und daß man nun alles tun müßte, um diesem Stiefkindeindruck entgegenzuwirken. Der Jovanovich hat sich mit Günter unterhalten, und ich habe mich ein bißchen um den Uwe gekümmert. Ohne daß ich je daran dachte, er könnte unser Autor werden, er hatte ja einen Verlag. Das hat ihn irgendwie beeindruckt. – Dann kam er und hat mir sein Manuskript gebracht.

JJ: Das *Dritte Buch* oder die *Jahrestage*?

HW: Nein, es waren die *Zwei Ansichten*. Er brachte sie noch im Manuskript, mit seinen Randbemerkungen. Kleinkariert mit einem sehr breiten Rand. Auf dem hat er dann immer seine Korrekturen angebracht. *Das Dritte Buch über Achim* haben wir dann zurückerworben. Es war schon übersetzt bei *Grove Press*, aber die Publikation hatte sich unendlich lange hingezogen. Er war auch mit der Übersetzung nicht hundertprozentig einverstanden, und dann haben wir es erworben.

JJ: Und die Übersetzung ist noch einmal überarbeitet worden von ihm.

HW: Ja, da haben wir zusammen dran gearbeitet.

JJ: Es ist kein Übersetzer angegeben in der amerikanischen Ausgabe.

HW: Weil die Übersetzerin sich geweigert hat. Sie wollte die Korrekturen nicht akzeptieren, sie war beleidigt. Und ich habe ihr noch gesagt, das ist ein Unsinn. Uwe konnte wirklich sehr gut englisch, er wußte, ob eine Nuance getroffen war oder nicht. Sie wissen, er hat ja selbst übersetzt. Sie hieß Ursule Molinari. Als sie sagte, sie wolle ihren Namen zurückziehen, haben wir es dann dabei gelassen. Es war im letzten Augenblick, er war sogar schon gesetzt.

JJ: Wie lange hat denn eine solche Korrektur gedauert?

HW: Das hat länger als einen Monat gedauert, etwa sechs Wochen. Sie müssen bedenken, es ist jedes Wort verglichen worden, und an manchen Worten haben wir dann eben auch lange getüftelt, ob sie auch wirklich diese Nuance treffen. In den *Zwei Ansichten* war er sehr viel klarer im Stil als beim *Achim*. Die Geschichte ist auch einfacher, sie ist nicht so verschachtelt, in den vielen Aspekten, die er den Dingen gibt. Aber ich habe den *Achim* besonders gerne, wahrscheinlich weil ich ihn so genau gelesen habe. Dann haßt man ein Buch oder man fühlt sich ihm doch sehr vertraut. Es ist für mich eins seiner wesentlichen Bücher und anscheinend ja auch ein sehr persönliches.

JJ: Ob er tatsächlich eine Vorliebe für das Radfahren hatte? Es ist doch auch viel Angelesenes in dem Buch.

HW: Er ist selbst viel radgefahren.

JJ: Aber zweifellos war es für sein Schreiben ein sehr wichtiges Buch. Viele Dinge, die sich im späteren Erzählen in anderer Gestalt wiederfinden, sind hier schon angelegt. Das Frage-Antwort-Spiel verwandelt sich ja später in den Dialog zwischen Gesine und Marie.

HW: Es ist eine Vorform. Ich muß Ihnen aber sagen, daß ich mich mit Marie nie ganz angefreundet habe.

JJ: Das geht anderen auch so. Marie wurde häufig kritisiert als frühreifes Kind, das Funktionen hat, die seinem Alter ...

HW: ... nicht angemessen sind, zu dem Alter nicht passen. Sie war sein Sprachrohr. Ich hatte den Eindruck, er würde in der Zukunft Marie wieder sehr stark in den Vordergrund stellen. Ich weiß noch, daß ich mit Max Frisch einmal darüber geredet habe und gesagt habe: »Das Kind Marie fängt an, mir fürchterlich zu werden.« Weil Marie ihn so sehr beschäftigt hat, und weil es für mich eigentlich immer eine Kunstfigur war. Im Gegensatz zu seinen anderen Figuren.

JJ: Obwohl Gesine für mich auch etwas ...

HW: ... auch etwas von einer Kunstfigur hat?

JJ: Es ist Gesines bewußtes moralisches Dasein. Sie achtet so angestrengt auf die deutsche Vergangenheit und das Leid ...

HW: Und auch auf die amerikanische Gegenwart.

JJ: Gehört das Wort Cydamonoe in diesen Zusammenhang? Die Eintragung vom 3. Juli? Es steht wohl für eine Kindermärchenwelt. Vielleicht wissen Sie etwas, das uns bei der Kommentierung dieser Stelle weiterhilft.

HW: Das ist etwas, das seine Tochter erfunden hat. Es ist tatsächlich passiert, er hat es mir einmal erzählt. Es ist ein Phantasiespiel gewesen, das er mit ihr gespielt hat. Ich mochte das gar nicht. Dieses Kapitel kam mir, wie schon gesagt, auch so unkindlich und unglaublich vor. Daher erinnere ich mich auch daran, daß wir darüber gesprochen haben.

JJ: Und was hat es mit Marjorie auf sich?

HW: Das weiß ich nicht. Es ist wahrscheinlich eine Person gewesen, die er gekannt hat. Die Amerikaner sind ja so; wenn sie sich öfter sehen, an der selben Ecke oder Bushaltestelle, dann sprechen sie einen an. Ich bin mehrfach auf der Straße angesprochen worden, das ist hier so der Ton, nachbarlicher Ton. Aber die Figur kann ich Ihnen nicht entschlüsseln.

JJ: Sie haben ja auch die Übersetzung der *Jahrestage* betreut und verfolgt. An der englischen Fassung ist einiges kritisiert worden ...

HW: ... und zwar merkwürdigerweise der Umstand, daß ziemlich viel, was sich auf den Vietnam-Krieg und auf die amerikanische Gegenwart bezogen hat, gestrichen worden sei. Es wurde behauptet, es sei gestrichen worden, was negativ für die Amerikaner klingen könnte.

Alle Streichungen gehen auf Uwe zurück. Was er aus dem Text herausgezogen hat, sind Passagen, von denen er annahm, sie seien für die Amerikaner uninteressant. Die wüßten ohnehin, was dort zu lesen ist. Damit haben sie gelebt, sie haben die *New York Times* gelesen. Von diesem Gesichtspunkt aus hat er einige Streichungen vorgenommen, auch die detaillierten Schilderungen der Untergrundbahn gehören dazu. Das ist für die hiesigen Leser uninteressant, für eine Übersetzung ist das Buch sowieso zu lang. Er hat gekürzt für Fremdsprachen. Wir wollten eine Grundfassung für weitere Übersetzungen erarbeiten, und das war die englische Fassung.

Es war ja unmöglich für jemand Außenstehenden, in diesem Roman zu kürzen, denn das Buch war ja *a work in progress*. Und nur der, der es selbst geschrieben hat, wußte, was für später wichtig ist. Stellen Sie sich vor, man kürzt etwas, das noch nicht abgeschlossen ist, weil man gar nicht wissen kann, wie es weitergeht. Es könnte ja die Vorform für etwas sein, was dann später wiederkommt. Er brachte den gekürzten Text dann übrigens in Frankfurt auf der Buchmesse zu mir.

JJ: Also gehen alle Kürzungen auf Johnson zurück?

HW: Die einzige Kürzung, die ich ihm vorgeschlagen habe, war Cydamonoe. Weil ich die Episode mißlungen fand. Sie überwucherte in der englischen Fassung, fast ungeheuerlich. Ohnehin ist ja dann der Roman länger geworden, als er es ursprünglich beabsichtigt hatte.

JJ: Den ersten englischen Band, der den beiden ersten deutschen Bänden entspricht, hat Leila Vennewitz übersetzt. Die wichtigsten Teile des damit zusammenhängenden Briefwechsels sind ja bereits veröffentlicht.

HW: Sie hat seine gekürzte Fassung übertragen und ihn auf viele kleine Dinge hingewiesen. Sie hat sehr aufmerksam gelesen und ihn darauf hingewiesen, wenn er etwas gestrichen hat oder vergessen hat zu streichen.

JJ: Aber den letzten Teil des zweiten Bandes hat sie doch nicht mehr übersetzt.

HW: Sie hat es abgelehnt, den zu übersetzen. Inzwischen war ja viel Zeit vergangen, sie hatte andere Bücher übertragen, andere Autoren. Und da entfernt man sich natürlich wieder von der Welt des Romans und seinen Eigenheiten. Den letzten deutschen Band hat Walter Arndt übersetzt. Wir haben ja anders getrennt in der Übersetzung, es sind zweimal sechs Monate. Und etwa die letzten drei hat Professor Walter Arndt übertragen. Er lebt übrigens hier in dieser Straße. Wir mußten beim Schluß des Romans vorsichtig sein, und darauf achten, daß der Ton und die Terminologie an die bereits fertige Übersetzung angeglichen werden. Trotz vieler Ermahnungen hat er das nicht getan. Er hat den ersten Band nicht gründlich genug studiert.

Wenn von dem Hotel die Rede ist, dann muß es eben Erbgroßherzog heißen. Er hat das anders übersetzt – und wir haben das hinterher alles in Ordnung gebracht, natürlich.

JJ: Wer ist in dem Fall »wir«? Sie und Uwe Johnson?

HW: Nein, der Uwe war schon tot. Das habe ich zusammen mit unserer *copy-editress* gemacht. Es gibt ja in jedem Verlag jemanden, der zum Schluß noch einmal ganz penibel liest, bevor es zum Satz geht. Und es war ein gewisses Problem, das zusammenzuschweißen. Wenn zwei verschiedene Übersetzer gearbeitet haben, ist es schwierig, denn man muß ja genau wissen, wie etwas im ersten Band übersetzt ist, wenn dasselbe im vierten Band noch einmal erwähnt wird.

JJ: Es ist ja im Grunde vom Duktus her auch nahezu unmöglich, es so fortzusetzen. Irmgard Müller hat sich die Übersetzung sehr genau angesehen. Sie hält den ersten Teil der Übersetzung für besser gelungen als den zweiten.

HW: Ja, da gibt es sicherlich Unterschiede. Das ist fast nicht zu vermeiden.

JJ: Es sind in beiden Teilen der englischen Fassung komplette Tage gestrichen worden. Eine mehr als frappierende Änderung bei einem Roman mit diesem Titel.

HW: *Jahrestage*, ja. Aber das störte Uwe nicht. Das war ihm dann auch, wie er mir sagte, gleichgültig. Die anderen Dinge waren doch wichtiger. Er wollte das Ganze etwas komprimieren. Er war ein ostdeutscher Schriftsteller, und der Roman war eben doch für diese Welt geschrieben. Manchmal hat er geseufzt, wenn er etwas gestrichen hat, und gesagt: »Wie schnell ist es gestrichen und wie lange hat es gedauert, es zu schreiben.« Das Streichen war ihm dann auch wieder schmerzlich, zweifellos. Aber es ist ja nicht gelungen, ihn hier wirklich durchzusetzen.

JJ: Dazu ist er wohl zu sehr der deutschen Sprache verhaftet. Allein der Kontrast des Mecklenburgischen Platt zum Hoch- und Johnsondeutschen verursacht eine Faszination, die sich in einer Übersetzung nicht erhalten läßt.

HW: Also das Platt konnte man ja nicht übersetzen. Walter Arndt hat versucht, ein englisches Platt zu erfinden. Es war völlig unverständlich, noch unverständlicher als das Original. Ich konnte auch auf den Uwe selbst zurückgreifen. Er hat gesagt: »Das kann man nicht übersetzen, das muß man einfach in normales Englisch bringen.« Versuchen Sie, Ludwig Thoma zu übersetzen, es geht nicht. Es gibt eben gewisse Grenzen. Wenn die Leute wirklich Uwe Johnson lesen wollen, müssen sie Deutsch lernen. Und Mecklenburger Platt.

JJ: Sie haben schon erwähnt, daß Johnson auch für das Englische ein gut entwickeltes Sprachempfinden hatte. Können Sie sich an bestimmte Vorlieben Johnsons in der englischsprachigen Literatur erinnern? Vom einschlägigen Faulkner einmal abgesehen. Hemingway wird in den *Jahrestagen* gewürdigt. In der Festschrift für seinen Freund Manfred Bierwisch zitiert er ein Gedicht von Robert Creeley. Dessen Texte waren zu dem Zeitpunkt aber kaum bekannt in Deutschland. Vermutlich kannte er sie von einer Tagung der Akademie oder aus der Gruppe 47.

HW: Solche ausgesprochenen Vorlieben fallen mir nicht ein. Sie dürfen eines nicht vergessen: wir haben uns ja fast immer mit seinen Vorhaben beschäftigt. Er war ja besetzt mit seinen Plänen, mit dem, was er sehen und hören wollte. Aber sein Sprachgefühl war wirklich erstaunlich. Er hat mir damals sehr geholfen bei der Übersetzung der *Drahtharfe* von Wolf Biermann, das wissen Sie schon.

JJ: Das haben Sie mir geschrieben.

HW: Ja, daran erinnere ich mich sehr lebhaft. Er hatte eine starke Beziehung zu den Biermannschen Texten. Gewisse Dinge hat er mir entschlüsselt, die eben spezifisch Ostdeutsch waren. »DAS VOLKSEIGENTUM WIRD STRENG BEWACHT! In der Nacht, in der Nacht, und besonders in der Nacht.« Aus der *Drahtharfe*; das ist ein sehr komisches Gedicht, das natürlich sehr doppeldeutig ist.

Er hat mir nur einmal etwas gebracht, von dem er sagte, das solltest du verlegen. Während das ja Grass durchaus gemacht hat. Uwe hat mir immer zugeredet, Walser zu publizieren. Das ist der einzige Autor, für den er sich eingesetzt hat. Und ich habe ihm immer gesagt, das ist zu deutsch. Das kommt hier nicht an. Dazu muß man natürlich sagen, daß er mit Autoren, die man bereits kannte, Bachmann und Frisch etwa, sehr vertraut war.

JJ: Walser hat Johnson ja mehrmals porträtiert in seinen Büchern, am interessantesten und wohl auch gewagtesten in der *Brandung*. Wobei ich mir nicht sicher bin, daß Walser mit dieser Deutung einverstanden wäre. Er hat es einmal als Monolog bezeichnet, also kein Porträt, sondern eher der Versuch eines Gespräches. Auch der *Brief an Lord Liszt* sei solch ein Versuch eines Gesprächs mit Johnson.

HW: Das kann durchaus sein. Sie haben ja an sich nicht schlecht gestanden.

Ich weiß natürlich auch viel über ihn von Max Frisch, der ja auch oft durch Johnson irritiert war. Das Irritieren entstand durch seine Kunst des Schweigens; wenn er nichts Besonderes zu sagen hatte, machte er den Mund nicht auf. Das hat dann etwas Lähmendes und Bedrückendes für die Menschen gehabt. Das ist ein Problem, das ich mit ihm nicht hatte, denn ich habe einfach keine Rücksicht darauf genommen. Ich habe munter geschwätzt, wenn er nicht geschwätzt hat, und das war wahrscheinlich die Grundlage unserer freundschaftlichen Beziehung. Ich kann mich auch nicht daran erinnern, daß wir uns ein einziges Mal irgendwie gestritten hätten.

JJ: Ich erinnere mich, daß er in unserem Gespräch damals auch sehr lange geschwiegen hat. Ich habe Johnson in Sheerness besucht, und wir haben eine ganze Stunde gesessen – in diesem Zimmer Parterre nach vorne, nicht wo das Bild von der Bachmann war –, und es war *absolute silence*. Ich mußte noch nicht gehen, aber es war so ein bißchen bedrückend, seine Ausstrahlung.

HW: So daß man besser ging, ja?

JJ: Ich bin nicht gegangen, aber ich wagte im Grunde auch nicht mehr frei irgend etwas zu fragen ...

HW: Ja, er konnte etwas Bedrohliches haben. Etwas Bedrohliches, als wäre er fähig, einen Gewaltakt zu begehen, auch wenn er den gar nicht im Kopfe hatte. Er wirkte bedrohlich auf Leute.

JJ: Ja, aber das wechselte auch sehr schnell. Ich war nun sehr lange da. Acht Stunden ist ja eine lange Zeit für zwei Leute, die sich vorher überhaupt nicht gekannt haben, und von denen der eine auch gar keinen Grund hat, sich mit dem anderen überhaupt abzugeben. Wir gingen pünktlich um sechs oder um halb sechs, ich weiß nicht mehr, welche Zeit es damals war, in das Pub und er hieß mich, mich hinten hinzusetzen. Er ging dann Bier holen. Und kam so ganz akribisch mit den beiden Biergläsern, die in England ja immer bis oben gefüllt werden. Er hat gesagt: »Ich hoffe, es ist Ihnen nicht unangenehm, ich habe sie eben als meinen *client* bezeichnet.« Er wurde gefragt, wer ich denn sei: »*He's a client of mine.*« Das gehörte zu seiner Art, dort zu sein.
    Und dann erzählte er, er sei in New York von drei Männern überfallen worden und sollte sein Geld rausrücken. Er hätte sie stattdessen nach seinem Hotel gefragt und ihnen bedeutet, er hätte kein Geld mehr, nicht einmal für das Hotel. Da haben die eben von ihm abgelassen. Und er fragte, ob das denn rechtens gewesen wäre, so wie er sich verhalten habe. Also in Wirklichkeit war die Frage wahrscheinlich subtiler. Aber in meiner Erinnerung fragt er das so. Und ich habe dann gesagt, na ja, eine Lüge war es so oder so, nicht? Darüber konnte er nachdenken. Er sagte nicht: Ja, es war aber notwendig, oder etwas in der Art, sondern darüber konnte er dann nachdenken.

HW: Ich habe mir nicht vorstellen können, daß sich irgendjemand an Uwe herantraut. Aber sie scheinen dann ja doch von ihm abgelassen zu haben.

JJ: Ja, aber durch das Gespräch.

HW: Durch das Gespräch, ja. Das kann ich mir wieder vorstellen, er hat wahrscheinlich keine Furcht gezeigt.
    Ist eigentlich eine Werkausgabe von Uwe Johnson geplant?

JJ: Früher oder später wird es bestimmt eine geben.

HW: Bei Frisch wurde die Werkausgabe noch zu Lebzeiten gemacht. Sie wollten, glaube ich, den Nobelpreis für ihn erzwingen, was bei Johnson ja wegfällt.

JJ: Es ist ja kein Geheimnis, daß Max Frisch schon damals ein wirtschaftlich sehr interessanter Autor für den Verlag war.

HW: Und Max Frisch war sehr generös. Er hat auch dem Uwe beigestanden bei seinem Hauskauf.

JJ: In Sheerness?

HW: Ja, in Sheerness. Zinslose Anleihen und solche Geschichten.

JJ: Er hatte ihm ja wohl auch das Loft in New York für ein Jahr ...

HW: Das hat er ihm für ein Jahr zur Verfügung gestellt. Dazu kam es dann nicht mehr. Das war der letzte Brief, den ich bekommen habe, den muß er geschrieben haben am Tag vor seinem Tod. Man weiß ja nicht ganz genau, wann er gestorben ist. Und da spricht er davon, und sagt: Es ist sonderbar, es ist das erste Mal, daß ich keine Vorfreude empfinde.

JJ: Von dem Brief ist wenig bekannt, wenn überhaupt. Siegfried Unseld hat einmal einen Brief an Sie erwähnt, in dem Johnson mitteilt, er könne das Loft von Max Frisch nutzen. Ist der Brief vor oder nach der Karte an die Deutsche Schule in London geschrieben worden?

HW: Er ist, glaube ich, vom 22. oder 23. Februar datiert. Den habe ich noch. Das kann ich für Sie nachschauen. Er hat mich so merkwürdig berührt, weil er sich doch nach New York sehnte, und da sagt er, daß er keine Vorfreude empfindet. Das war sehr merkwürdig.

JJ: Soll nicht der Text für Helene Ritzerfeld der letzte Brief gewesen sein?

HW: Also er hat an diesem Tag vielleicht mehr als einen Brief geschrieben. Ich weiß, es war im späten Februar. Wenn Sie einen Moment warten, will ich sehen, ob ich meine Hand darauf legen kann, das wird nur einen Augenblick dauern.

Hier ist er. Der Brief ist vom 22. Februar. Damals haben wir nach einem Übersetzer gesucht, nachdem die Leila Vennewitz nicht mehr wollte.

JJ: Gab es einen Wunsch von Uwe Johnson, jemand den er sich als Übersetzer vorstellte?

HW: Ich hatte Joel Agee vorgeschlagen, das ist der Sohn des berühmten Agee. Sein Vater war ein berühmter Filmkritiker. Er ist in Ostdeutschland zur Schule gegangen. Und von dem habe ich angenommen ... Er hat aber so ungeheure Forderungen gestellt, finanzieller Art.

JJ: Ja, das steht ja hier auch: 25.000 Dollar.

HW: Er wollte 25.000 Dollar haben für anderthalb Bände, und das meiste war ja schon übersetzt. Das hätte das Buch unglaublich verteuert. Er hat dann sowieso abgelehnt, wir haben es später noch einmal versucht.
Ist es nicht merkwürdig wie er sagt, er kann keine Vorfreude ...

JJ: Ja, aber der ganze Brief klingt eigentlich sehr ebenmäßig, der Satz fällt nicht besonders heraus. Und der Stil ist unverwechselbar. Schon wenn er sagt, 9.000 Dollar hätte ich noch, aber es sind eben keine 25.000.

HW: Ja, er hatte sich das alles schon überlegt, wie er hierher kommt, wie er es finanziert und all diese Dinge.

JJ: Was soll mit diesem Brief einmal geschehen? Wird der irgendwann ...

HW: Der wird wahrscheinlich einmal in ein Archiv kommen. Ich meine, ich möchte das nicht an das Johnson-Archiv geben, denn die haben den Durchschlag, sicher. Irgendwann muß ich einmal meine gesamte Korrespondenz mit bedeutenden Autoren ordnen. Da ist der Frisch, der Grass, das sind auch alles Dinge die über Jahrzehnte und Jahrzehnte gehen und zum großen Teil doch auch mit Arbeitsmethoden und dergleichen zusammenhängen. Und dann zum Teil auch eine echte Freundschaft.

JJ: Ja, doch wohl beides?

HW: Ja, das verknüpft sich.

JJ: Ist der von Grass, dieser Druck?

HW: Ja. Er hat mich besucht mit seiner Tochter, hat hier gewohnt, mal für ein Wochenende. Mit dem stehe ich sehr freundschaftlich. Stand ich mit Max Frisch auch.

JJ: Der Brief ist zumindest noch nach der Zusage an London geschrieben, hier steht: »Allerdings habe ich soeben nach meinen Plänen für dieses Jahr gefragt, zu verstehen gegeben, Abschluß eines Lebenslaufes für die Familie Gresspahl und Rückkehr zu den Flüssen Hudson, Hackensack und Connecticut.« Das ist die Auskunft, die er an die Londoner Schule geschrieben hat. Demzufolge ist dies später geschrieben worden. Und es ist das gleiche Datum, 22. Februar.

HW: Es war der letzte Brief, den ich von ihm bekommen habe. Ich habe ihn auch deswegen, anders als den Rest der Korrespondenz, besonders sorgfältig in meinem Falt-Kabinett aufbewahrt. Das ist für Sie ein merkwürdiges Gefühl, den in den Händen zu halten.

JJ: Allerdings. – »Deinen Nachbarn Fluß«, steht hier: Haben Sie auch ein besonderes Verhältnis zu Flüssen?

HW: Nein. Der Nachbarfluß direkt hier ist der Connecticut River. Er war ja hier bei mir. Sie dürfen nicht vergessen, er hat mich in diesem Haus besucht. Hier haben wir die letzte Arbeit an dem letzten Band der *Jahrestage* besprochen, die Streichungen und all diese Dinge ... Das ist für Sie ein merkwürdiger Eindruck, nicht wahr?

JJ: Der Brief übt dieselbe Faszination aus wie seine Prosa.

HW: Ja, er war ein guter Briefschreiber. Er schrieb einen Brief so, als würde er schon druckreif sein.

JJ: Es wird ja gerade bekannt, daß Uwe Johnson etliches von seinem Briefverkehr auch in seinen Romanen verwendet hat. Der Brief also als eine Art Werkstatt. Hatte er ein besonderes Verhältnis zum Briefeschreiben?

HW: Gar kein Zweifel. Er war ein guter Briefschreiber. Er hat die Briefe wirklich druckreif und im Stil seiner Bücher formuliert. Oft mußte man da lachen, wie identisch sein Schreiben als Briefschreiber und als Schriftsteller war. Im Laufe der Zeit werden die Korrespondenzen sicherlich veröffentlicht.

JJ: Sehr interessant wäre das zum Beispiel in dem Fall von Ingeborg Bachmann. Zu der Zeit, als Uwe Johnson an dem ersten Band der *Jahrestage* schrieb, hat sie an dem *Malina*-Roman gearbeitet. Und es sind deutlich parallele Überlegungen zu erkennen, bis hin zu einzelnen Sätzen.

HW: Das kommt vielleicht in der Korrespondenz zur Sprache. Aber Briefe sind oft eine heikle Sache. In meiner ganzen Korrespondenz mit Uwe ist nichts, was nicht ohne weiteres veröffentlicht werden kann.

JJ: Wir haben, kurz bevor wir geflogen sind, noch einmal mit dem Leiter des Archivs gesprochen, weil wir gern etwas von Johnsons Briefen im Jahrbuch veröffentlichen würden. Etwas, das die Interessen des Suhrkamp Verlags an einer Briefausgabe sozusagen nicht beschneidet.

HW: Was Uwes Briefe angeht, würde sich das sicherlich lohnen. Das wäre gut für das Interesse an dem Gesamtwerk.

JJ: Eine Frage noch nach dem Verhältnis zwischen Uwe Johnson und Günter Grass. Sie haben das vorhin ja schon einmal angesprochen, die unterschiedliche Popularität, der unterschiedliche Erfolg. War Johnson da ein bißchen eifersüchtig auf Grass?

HW: Das war er sicher. Er hat nicht nur das Gefühl gehabt, er hat es ausgesprochen: »Ich werde immer im Schatten von Günter Grass stehen, er ist mir stets im Wege.« Also es wurde immer, wenn von deutschen Schriftstellern die Rede war, der Günter zuerst genannt. Ich glaube, ich habe Ihnen das auch einmal geschrieben, wie das so war; es war irgendwie von Günter unendlich anständig gemeint, er hatte eine große Bewunderung für den Uwe. Er wollte ihn auch immer vorstellen, das hat aber den Uwe eigentlich ungeheuer gereizt. Er wollte das nicht einem anderen verdanken, oder von einem anderen auf ein Plateau gestellt werden, sondern er wollte selbständig sein, aber überall wo er hinkam ...

JJ: War Günter Grass schon da.

HW: War der schon da, oder hatte schon versucht, ihn zu fördern. Der Günter hat ja wirklich den Drang, andere zu fördern. Das ist sehr merkwürdig, ich glaube, das habe ich auch schon jemandem erzählt. Er kam zum Beispiel mit Schädlich. Er kam und erschien mit einem Schädlich-Aushängebogen und sagte, das mußt du veröffentlichen. Da blieb mir dann gar nichts anderes übrig. Und das war nicht einmal, das hat er mehrfach gemacht. Er hat sich immer für andere Leute eingesetzt, für Jurek Becker hat er sich ja enorm eingesetzt, und er hatte das Gefühl, er müsse seinen Einfluß *benevolently* gebrauchen. Und das ist dem Uwe enorm auf die Nerven gegangen. Das war eine komplizierte Beziehung. Am Anfang konnte man noch mit ihnen allen zusammensein, aber später mußte man sie alle separiert sehen. Da hatten sich Wagenbach und Günter und Uwe, alle hatten sie sich entzweit. Ich brauchte viel mehr Zeit für Berlin, weil ich sie alle einzeln sehen mußte.

JJ: In einem bestimmten Maße war Johnson also auch schlicht ehrgeizig.

HW: Er war ehrgeizig, oh ja. Er war nicht ohne Ehrgeiz, das kann man nicht sagen. Das sieht man auch an den *Begleitumständen*, finde ich. Er hatte ein sehr starkes Selbstgefühl, und er wollte wirken. Ich verstehe das auch, wenn Sie Schriftsteller sind, wollen Sie wirken, das gehört eigentlich zum Beruf. Wollen Sie Uwe den Ehrgeiz absprechen?

JJ: Nein, es hat nur den Anschein, als habe er sich um das Bild des nachdenklichen Beobachters bemüht, einer, der sich nicht immer äußern muß ...

HW: Da haben Sie ganz recht. Er wollte lieber unsichtbar sein, wollte lieber beobachten, als beobachtet werden, das schon. Das bedeutete aber nicht, daß er nicht auch Einfluß haben wollte, Anerkennung. Anerkennung wollte er durchaus.

JJ: Aus der Lektüre seiner Interviews und aus seinem ganzen Auftreten gewinnt man den Eindruck, er verdrängt das eher. Der Schriftsteller hat der Wahrheit zu dienen, seiner Thematik. Er schreibt es ›nur‹ auf. Daß dieser Schriftsteller auf weltliche Anerkennung bedacht ist, will nicht so recht ins Bild passen. Es ist klar, wenn man ein normales Menschenbild hat, aber es paßt nicht zu seinem Selbstverständnis vom Werk.

HW: Ja, warum hätte er sonst gesagt: Ich stehe immer im Schatten von Grass.

JJ: Ich widerspreche Ihnen auch nicht. Auch dieser Satz, ich bin der Photograph von Günter Grass – vielleicht ist es in diesem Fall besonders hart gewesen, weil sie sich am Anfang sehr oft getroffen haben ...

HW: Ja, sie lebten beide in Berlin. Der Günter hat ihn absolut als gleichgestellt betrachtet, also als bedeutenden deutschen Schriftsteller. Und das war auch so.

An meinem letzten Abend mit Max Frisch, wir waren miteinander im Restaurant, da hat er eigentlich nichts anderes getan, als sich wütend über Uwe zu äußern, aber wirklich wütend. Und zwar hat er ihm, das ist interessant, folgendes so wahnsinnig übelgenommen: Der Uwe hat Max unter dem Siegel strengster Verschwiegenheit die Geschichte mit Elisabeth erzählt, nicht wahr, daß er also plötzlich gemerkt habe, daß ... – und so weiter. Und Max war sehr verständnisvoll, denn er hatte ja auch unter gewissen Eheproblemen zu leiden, wie die Welt weiß. Er hat sich also sehr hineingesteigert in sein Mitgefühl, und vor allen Dingen hat er das mit der Diskretion absolut wörtlich genommen. Dann hat er festgestellt, daß Uwe das anderen Leuten auch erzählt hatte, vor allen Dingen hat er es Siegfried Unseld erzählt. Unseld hatte es mir unter dem Siegel der Verschwiegenheit mitgeteilt, und ich habe natürlich auch meinen Mund gehalten. Da war der Max sehr beleidigt, als er festgestellt hat, daß Johnson das, was er ihm unter dem Siegel der Verschwiegenheit mitgeteilt hatte, daß er das x-anderen Leuten auch erzählt hat. Gott weiß, was er da getrieben hat. Und ich habe mich mit dem Max nicht gerade gestritten, aber ich habe ihm gesagt: »Du mußt das begreifen, er ist ein Alkoholiker, da kommt das eben, er weiß wahrscheinlich gar nicht mehr, daß er es Dir schon erzählt hat. Er hat eben wahrscheinlich jedesmal das Gefühl, er erzählt es zum ersten Mal, er ist so davon erfüllt, er muß davon sprechen.« Das ging dem Max Frisch gar nicht ein, er sagte: »Er, dieser Wahrheitsfanatiker, der mich dann verrät.« Er hat als Verrat empfunden, daß er es noch anderen Leuten erzählt hat, außer ihm. Das ist sehr merkwürdig, Menschen sind ungeheuer merkwürdig. Und alles andere eher als konsistent – *consistent*.

JJ: Es entspricht doch eigentlich nicht Johnsons Gepflogenheiten, eine Geschichte mehrmals zu erzählen. Das ist doch eher untypisch, oder? Er hat doch seine Freundschaften sehr ernst genommen.

HW: Aber der Max hat ihm hoch angerechnet, daß, als Ingeborg Bachmann starb, der einzige, der ihn angerufen hätte, der Uwe gewesen ist. Er hat gesagt: »Das hab' ich ihm hoch angerechnet. Er hat gewußt, was das für mich bedeutet, und er hat den Mut gehabt, mich anzurufen.«

JJ: Das lassen wir als letzten Satz stehen. Wir danken herzlich für das lange Gespräch.

Eberhard Fahlke

»This smile: a hidden interest in a project«.
Uwe Johnson
und seine amerikanische Verlegerin Helen Wolff*

> In German, we would say that Helen is *vorbild,* which means an ideal figure. ›A Helen and Kurt Wolff Book‹ is a Légion d'Honneur for Harcourt Brace Jovanovich. To put it in another way ›A Helen and Kurt Wolff Book‹ has the same meaning as the phrase ›*Mis en bouteilles au château*‹ on the finest wine: bottled in the château.
>
> Max Frisch, 1982

Das Impressum »A Helen and Kurt Wolff Book«, das 1961 im New Yorker Verlagsimperium Harcourt, Brace & World aus der Taufe gehoben wird, erweist sich bereits nach kurzer Zeit als Gütesiegel für hervorragend übersetzte europäische Literatur in den Vereinigten Staaten. Kein Marketing-Stratege, kein Art Director trifft hier die Entscheidungen mit Blick auf Trends oder potentielle Bestseller. Die Entscheidungen trifft allein ein Verlegerehepaar aus zwei unterschiedlichen Generationen mit einer zusammengerechnet mehr als achtzigjährigen Verlagserfahrung. Nach dem Tod ihres Mannes bei einem Verkehrsunfall im Oktober 1963 führt Helen Wolff die Geschäfte weitere zwei Jahrzehnte alleinverantwortlich fort.

---

* Abdruck der Briefe und Ausschnitte von Briefen Uwe Johnsons mit freundlicher Genehmigung des Suhrkamp Verlags.

In Marbach am Neckar wollte Kurt Wolff das Deutsche Literaturarchiv besuchen, um die dort aufbewahrte Sammlung literarischer Dokumente aus den ersten Jahren seiner verlegerischen Arbeit einzusehen, als sich das Unglück ereignete. Gut fünfzig Jahre zuvor hatte seine Karriere als Verleger von der literarischen Öffentlichkeit nahezu unbemerkt in Leipzig begonnen. 1910 tritt er als stiller Teilhaber in den Ernst Rowohlt Verlag ein. Zwei Jahre später trennt er sich wieder von Rowohlt, um im Frühjahr 1913 seinen eigenen, den Kurt Wolff Verlag, in das Leipziger Handelsregister eintragen zu lassen. Noch im Gründungsjahr richtet er die Buchreihe *Der jüngste Tag. Neue Dichtungen* ein. »Gemeinsam ist diesen Arbeiten scharf unterschiedener Künstlernaturen eine rasende Lebensempfindung, welche mit bewußt neuen Mitteln gesteigerter Darstellung herausgebracht ist«,[1] heißt es ganz programmatisch in einer Verlagsankündigung von 1916. Auf diese Reihe gründet sich sein Ruf als risikofreudiger, ambitionierter literarischer Verleger. Dank eines Hinweises von Franz Werfel wird Kurt Wolff zum ersten Verleger Franz Kafkas. Bei ihm erscheinen alle zu Lebzeiten veröffentlichten Bücher Kafkas, allein drei davon zwischen 1913 und 1916 in der heute längst legendären Reihe *Der jüngste Tag*. Bis ins Jahr 1921 umfaßt die Bücherei insgesamt 86 ›Nummern‹. Seit dieser Zeit gilt Kurt Wolff als der Verleger des Expressionismus, eine Etikettierung, gegen die er sich zeitlebens so vehement wie vergeblich sperrt: »Seit 35 Jahren wehre ich mich gegen diese Abstempelung, im Gespräch mit Freunden und Feinden. Vergeblich. So möchte ich heute einmal publico aussprechen dürfen als mein Credo: Expressionismus wäre [die] Bezeichnung für ein Kollektiv. Ein Kollektiv bringt kein Gedicht, nicht einen Vers hervor. Die schöpferische Leistung ist immer individuell. Auf die *großen* schöpferischen Kräfte jener Jahre trifft das, was man als expressionistische Merkmale bezeichnet, nicht zu. Dichter und Schriftsteller von Rang, die ich stolz bin, damals verlegt zu haben, hatten mit dem Expressionismus *nichts* zu tun, auch wenn sie heute als Expressionisten ausgestellt und in den Literaturgeschichten klassifiziert werden.«[2] Exemplarisch verweist er auf die Eigenwilligkeit von Autoren seines Verlags wie Franz Kafka oder Georg Heym, Georg Trakl, Ernst Stadler, Franz Werfel, Ernst Blass, René

---

[1] Zitiert nach Zeller, Bernhard und Otten, Ellen (Hg.): Kurt Wolff. Briefwechsel eines Verlegers 1911–1963, Frankfurt am Main 1967, Abb. 28.
[2] Vgl. Zeller, Bernhard: Der Verleger Kurt Wolff, in: Zeller/Otten, Kurt Wolff (Anm. 1), S. XXVIf. (Hervorhebungen im Original; E. F.).

Schickele, Heinrich Mann und Karl Kraus, deren Besonderheiten er trefflich zu charakterisieren versteht. Doch all diese Hinweise und Bemühungen nützen wenig, für die Nachwelt bleibt Kurt Wolff *der* Verleger des literarischen Expressionismus.

Im Herbst 1919 verlegt er den Sitz des Verlags mit seinen sechzig Mitarbeitern von Leipzig nach München und weitet das Unternehmen zu einem Kunstbuchverlag aus. Bereits in den Zeiten der Währungsreform und noch mitten in der Wirtschaftskrise plant er allen verlegerischen Produktions- und Finanzierungsschwierigkeiten zum Trotz einen großen Kunstbuchverlag auf internationaler Basis. Mit der Gründung der »Pantheon Casa Editrice S.A.« geht 1924 in Florenz sein Wunschtraum tatsächlich in Erfüllung. Betreut von einem Kuratorium renommierter Kunsthistoriker aus verschiedenen Ländern erscheinen in diesem anspruchsvollen Gemeinschaftsunternehmen bis 1930 zwanzig vorbildlich ausgestattete Bände: eine neue große Bibliothek der Kunstgeschichte. Den Vertrieb der von Beginn an mehrsprachig konzipierten Werke übernimmt damals, das sei in diesem Kontext ausdrücklich vermerkt, das Verlagshaus Harcourt, Brace & World für Amerika.

Zunächst nicht im literarischen, sondern im Kunstbuch-Programm des Kurt Wolff Verlags mit seinen vielfältigen Übersetzungsproblemen versteht sich eine 1927 eingestellte Volontärin schnell unentbehrlich zu machen: Helene Mosel. 1906 in Üsküp, dem heutigen Skopje, als Tochter eines deutschen Vaters im Dienst des Siemens Konzerns und einer aus einer österreichisch-ungarischen Familie stammenden Mutter geboren, wächst sie in Mazedonien, Wien, Berlin und in Oberammergau mehrsprachig auf. Zu Hause spricht man Deutsch, Türkisch und Serbisch. Nach dem Krieg erhält die sprachbegabte höhere Tochter noch Privatunterricht in Englisch und Französisch. Ihre sprachliche Kompetenz, ihr sicheres Stilgefühl, ihre früh ausgeprägte leidenschaftliche Beschäftigung mit Literatur und eine ausgesprochene Begabung für alles Praktische erweisen sich als beste Voraussetzungen, Passion und Beruf in der täglichen Verlagsarbeit scheinbar mühelos miteinander zu vereinbaren. Früh schon hatte sie dank der großen Privatbibliothek ihrer Eltern Zugang zur Literatur gefunden; verstärkt wurde ihre Leseleidenschaft, wie sie später eingesteht, durch eine angeborene Gehbehinderung, die ihr nahezu jede sportliche Betätigung verwehrte.

Im Jahre 1930 gerät das lange Zeit so erfolgreiche Verlagsunternehmen in derartige wirtschaftliche Turbulenzen, daß sich Kurt Wolff gezwungen sieht, seine Verlagsrechte und -bestände zu verkaufen und den Verlag zu liquidieren. Mit der beruflichen Krise geht eine private einher; seine Ehe zerbricht. Im Jahre der Verlagsliquidation läßt er sich von seiner ersten Frau Elisabeth scheiden. Während der beiden folgenden Jahre ist Kurt Wolff viel auf Reisen. Unterwegs verhandelt er unter anderem über die Direktion eines Uraufführungstheaters, im Gespräch ist auch eine Rundfunkintendanz; alle Pläne aber scheitern an den politischen Ereignissen der Zeit. Am 2. März 1933, dem Vorabend seines 46. Geburtstags, emigriert Kurt Wolff nach England. Da seine Mutter eine Tochter der in Bonn alteingesessenen jüdischen Familie Marx ist, was ihn im Jargon der Nazis zum »Halbjuden« stempelt, wäre ein weiteres Verbleiben in Deutschland lebensgefährlich gewesen.

In London heiratet er am 27. März 1933 seine einstige Volontärin Helene Mosel. Ein Jahr später kommt ihr Sohn Christian in Nizza zur Welt. Die Flucht vor den Truppen und Verbündeten Hitlers führt die Familie von der Schweiz nach Italien, Frankreich und schließlich nach Spanien. Von dort aus gelingt endlich die Überfahrt ins Exil nach Amerika. Ende März 1941 trifft die Familie in New York ein. Hier wagt Kurt Wolff gemeinsam mit seiner Frau Helen einen beruflichen Neuanfang im alten Gewerbe. 1942 läßt er seinen neuen Verlag als »Pantheon Books Inc.« in das Handelsregister von New York eintragen; der Firmenname soll an das Florentiner Unternehmen von 1924 erinnern, dessen Signet er auch als neues Markenzeichen übernimmt. Den eigenen Namen wagt er diesem Verlag nicht mehr zu geben, denn seit dem Kriegseintritt Amerikas in den 2. Weltkrieg gilt selbst Kurt Wolff in den Vereinigten Staaten als »feindlicher Ausländer«.

Ihren ersten größeren kommerziellen Erfolg erreichen die Wolffs 1944 mit einer vollständigen Ausgabe von *Grimms Märchen* in revidierter Übersetzung, ihr größter verlegerischer und geschäftlicher Erfolg aber ist zweifellos *Doktor Schiwago* von Boris Pasternak im Jahre 1958. Ein Jahr später verlegen sie ihren Wohnsitz in die Schweiz. In Zürich wollen sie eine europäische Zweigstelle von Pantheon Books einrichten. Doch nach einjähriger Arbeit und einer Reihe von persönlichen Differenzen mit leitenden Angestellten ziehen sich Helen und Kurt Wolff nicht ohne Groll ganz aus der verlegerischen Arbeit zurück. Pantheon Books wird 1961 an Random House verkauft.

Von ihrer Leidenschaft, Bücher zu machen, aber können sich beide nicht lösen. Statt sich einen Altersruhesitz in Locarno einzurichten, folgen sie dem Angebot von William Jovanovich, dem Präsidenten von Harcourt, Brace & World, innerhalb des Konzerns unter eigenem Namen einen allein ihm unterstellten, selbständigen kleineren »Verlagsorganismus« einzurichten. Wieder in engster Zusammenarbeit mit seiner

Frau stellt sich der mittlerweile dreiundsiebzigjährige, herzkranke Kurt Wolff dieser letzten verlegerischen Herausforderung.

Sein Name bleibt allen Büchern eingeprägt, die Helen Wolff nach mehr als dreißigjähriger gemeinsamer Arbeit seit dem Unglück von 1963 allein zu produzieren hat. »Being a publisher is not a ›job‹ but a passion and obsession«, dieser Satz – ein Credo ihres Mannes aus einem seiner Briefe an Boris Pasternak – bestimmt auch ihre Einstellung zur eigenen Arbeit. Keiner hat das Verhältnis der beiden Wolffs zueinander genauer beschrieben als der Verleger selbst. Im Schlußabsatz eines Briefes an Boris Pasternak heißt es: »Ich sagte oben ›*meine* Gedanken, Sorgen, Wünsche‹ lesen Sie bitte ›*unsere*‹. Ihre Intuition hat Ihnen ja längst gesagt, daß Helene und ich ein WIR sind, eins im Beruf (den wir lieben), eins in unseren Gedanken, Sorgen und Wünschen, soweit das Menschen möglich ist. Wir haben Sie in unser Herz geschlossen, wir drücken Ihre liebe Hand.«[3]

Vom Tod ihres Mannes im Innersten getroffen, denkt Helen Wolff daran, ihren Beruf aufzugeben. Bei einem Besuch Berlins in Begleitung von William Jovanovich rät ihr Günter Grass, den sie ins Vertrauen zieht, das großzügige Angebot des Präsidenten anzunehmen und trotz ihrer tiefen Depression die Arbeit im Verlag fortzusetzen. Im Februar 1964 nimmt sie, assistiert von einem »manuscript editor« und einer Sekretärin, ihre Tätigkeit im New Yorker Verlagshaus wieder auf und stellt weiter Bücher her: 16 bis 20 Titel pro Jahr. Bücher von Autoren wie Italo Calvino, Leonardo Scascia, Umberto Eco, György Konrád, Amos Oz, Max Frisch, Günter Grass, Jurek Becker, Hans Joachim Schädlich und nicht zuletzt Uwe Johnson erscheinen unter ihrer sorfältigen Betreuung und Kontrolle. Mit der *Blechtrommel* hatte Kurt Wolff Anfang der sechziger Jahre Günter Grass für Pantheon Books gewinnen können; er gehört zur Gruppe jener Autoren, die schon Kurt Wolff auf dem Weg ins neue Verlagshaus die Treue hielten und jetzt bei Helen Wolff bleiben.

Das erste Zusammentreffen zwischen Uwe Johnson und seiner amerikanischen Verlegerin arrangiert Günter Grass reichlich unkonventionell. Er hatte den mit ihm befreundeten Nachbarn aus Berlin-Friedenau eingeladen, ihn auf auf einer dreiwöchigen Reise durch die Vereinigten Staaten zu begleiten. Anlaß bot die Verleihung der Würde eines Ehrendoktors an Günter Grass. Von Helen Wolff zu einem privaten Essen nach Hause eingeladen, bringt er Uwe Johnson einfach mit nach New York.

---

3 Brief von Kurt Wolff an Boris Pasternak vom 14. Dezember 1958, zitiert nach: Zeller/Otten, Kurt Wolff (Anm. 1), S. 482.

Ebenso umstandslos heißt die Hausherrin den ungebetenen Gast willkommen. In einem Brief an den Schriftsteller, Literaturkritiker und langjährigen Kulturkorrespondenten der *New York Times*, Herbert Mitgang, erinnert sich Uwe Johnson:

»She could have easily dismissed me in May 1965 when I first was presented to her in New York City. For I had just come along with one of her authors, Günter Grass, and by my own estimate I was not entitled to the dinner we nevertheless both were given. As it turned out that I too intended to use an unprinted manuscript on our lecture tour, she expressed an interest to look at it, whenever it suited me. This I took to be an act of courtesy, as she surely knew that a translation of my first book had been published in the U.S.A. by another firm and could not guess that I was unhappy with those people by now. So when I brought my *Two Views*, still in the German version, to Mrs. Wolff's apartment on Park Avenue on May 23, I was just looking forward to the opportunity to tell yet another Very Important Person that I would be glad to find some kind of job in San Francisco, Chicago or New York, and if it were for only one year, with the chance of finding out what fascinated me about this country. Mrs. Wolff smiled a bit absently, as if showing me the politeness of an American hostess. I should come to suspect this smile as signalling a hidden interest in a project.«[4]

Vier Tage später schickt Helen Wolff die ihr von Uwe Johnson noch unter dem Titel *Königskinder* ausgehändigte Kopie des Manuskripts wieder zurück. Den Titel *Königskinder* hatte er erst wenige Tage zuvor am 21. Mai 1965 auf Vorschlag von Günter Grass eingefügt. Beide hatten an diesem Tag, dem Berlin-Day, auf der Weltausstellung von New York, gemeinsam mit Karl Schiller, dem damaligen Wirtschaftssenator, für die Stadt geworben. »Am Berlin-Day gingen Grass und ich auf der Fifth Avenue uns die Füsse vertreten, mittags in den Scharen der Käufer und Esser. Während wir uns gegenseitig unserer Zufriedenheit versicherten wegen der nächsten Tage ohne Veranstaltung, machte er sich die Mühe über noch was nachzudenken und sagte, vor Grünlicht innehaltend: Wenn man einen frechen Titel wollte, könnte man es *Königskinder* nennen. Weniger was er frech nannte, eher das Saftige bestach mich, dann die Ironie, insbesondere der Genitiv, kurz die umgekehrte Be-

---

[4] Brief an Herbert Mitgang vom 8. Juli 1981 aus Sheerness-on-Sea.

schreibung der Geschichte.«[5] Im Suhrkamp Verlag war man zur gleichen Zeit gerade dabei, aus der besagten Geschichte unter dem Titel *Zwei Ansichten* ein Buch herzustellen; der Titel erschien Uwe Johnson damals in New York noch zu allgemein und abstrakt. In ihrem ersten Brief an Uwe Johnson dankt Helen Wolff dem Autor dafür, daß sie das Manuskript hat lesen dürfen. Ihr Resümee: Glücklich würde sie sich schätzen, könnte sie dieses Buch verlegen. Nach der Lektüre seiner *Königskinder* habe sie zum ersten Mal verstanden, was die so oft beschriebene und photographierte Berliner Mauer in den Menschen auszulösen vermöge.

»Es gibt Briefe, die man nicht diktieren kann (will?)«, mit diesem Satz Helen Wolffs vom 27. Mai 1965 beginnt ein Briefwechsel, der bald – wie der Auftakt es sogleich anbietet – über jene geschäftliche Korrespondenz weit hinausreicht, die zwischen Autor und Verlegerin unumgänglich ist. Ihr Briefwechsel bricht ab mit dem letzten Schreiben, das Uwe Johnson einen Tag vor seinem Tod an Helen Wolff richtet. Dazwischen liegen knapp zwanzig Jahre, in denen die Korrespondenz, die von Uwe Johnson aufbewahrt wurde, auf 231 Briefe und 11 Telegramme anwächst. Helen Wolff verhält sich dabei nicht wie eine Buchhalterin, die aufrechnet und erst schreibt, wenn ihr vorhergehender Brief beantwortet ist. Uwe Johnson indes vermerkt sich auf seinen Briefen wiederholt »telephonisch beantwortet«. Fast alle der 145 von Helen Wolff geschriebenen Briefe sind handschriftlich verfaßt, nur wenige, im »office« formulierte, sind Typoskripte. Uwe Johnsons 86 Briefe hingegen sind ausnahmslos mit der Maschine geschrieben. Manchmal werden nur Bücher bestellt, Rechnungen und Abrechnungen zugeschickt, Belege für Steuererklärungen erbeten oder Besuche angekündigt, dann wieder geht es um Übersetzungsprobleme, Kürzungen in den Texten, Auskünfte und Recherchen. Immer wieder aber wird von Leuten erzählt, die beiden vertraut sind, und jeder fragt nach dem Wohlergehen und den Arbeitserfolgen des anderen. Wiederholt kokettiert Helen Wolff dabei mit der Frage, ob sie denn den Abschluß der *Jahrestage* noch erleben werde; denn ganz ähnlich wie seinem deutschen Verleger hatte Uwe Johnson auch ihr wiederholt ein absehbares Ende in Aussicht gestellt. Schließlich stellt sie die Frage einfach nicht mehr.

Der Anfang ihrer Korrespondenz steht ganz im Zeichen der beiderseitigen Bemühungen, Uwe Johnson von Grove Press zu lösen, jenem Verlag, der eine Option für die englische Übersetzung von *Das dritte Buch über Achim* erworben hatte. Als das schließlich gelingt, läßt Helen Wolff

---

5 Brief an Walter Boehlich vom 16. Juni 1965 aus Berlin-Friedenau.

die Verträge für *Two Views* und *The Third Book about Achim* unverzüglich ausfertigen, glücklich darüber, den Abschluß geschafft zu haben. Über den Übersetzer will sie noch nachdenken; ihrer Meinung nach sollte es jemand sein, der zwischen den Zeilen zu lesen versteht. Trotz aller Sorgfalt bei der Auswahl der Übersetzer gibt es bei der Arbeit am *Dritten Buch über Achim* erhebliche Probleme, so daß Uwe Johnson und Helen Wolff schließlich gemeinsam die englische Fassung in ihre gültige Form bringen. Das nimmt mehr Zeit in Anspruch als erwartet und führt dazu, daß *Two Views* (1966) noch vor *The Third Book about Achim* (1967) als »Helen and Kurt Wolff Book« erscheinen kann.

Aus Uwe Johnsons Darstellung in den *Begleitumständen* ist uns bekannt, daß der zweijährige Aufenthalt der Familie Johnson in den USA allein Helen Wolff zu verdanken ist, sowohl das eine Jahr als Schulbuchlektor bei Harcourt, Brace & World wie auch das andere als Stipendiat der Rockefeller Foundation. Dem Korrespondenten der *New York Times*, Herbert Mitgang, gibt er für einen Artikel über Helen Wolff einige Hintergrundinformationen:

»In 1966, on the 21st of March she informed me that she had secured a job for me in New York City. On the 26th of April I reported to her in New York; on the 30th she summoned me to the first of countless working weekends. The view from her new apartment's window has ever since, for me, superimposed the roofs and gardens of Turtle Bay with the memory of her determination to satisfy three people with the state of manuscripts: the author, the translator, and Mrs. Helen Wolff, publisher.

When the year assigned for my job was up, I had to confide to her that I had found one of my characters in New York. There was the possibility to transfer this fictitious person into a novel, provided that I could watch conditions in New York for another year. Mrs. Wolff, hardly shaken, furnished me with the technical and financial foundations for such an undertaking within a week.

So it is Mrs. Wolff who allowed me to think of a book called *Anniversaries* that has become the center of my life with more than 1300 pages published in German and part of it in English by Helen and Kurt Wolff Books. It bears a dedication to her in both versions; if I am ever going to finish it, it will be because I promised her she would see the last page.

Thanks to Mrs. Wolff I could not only become familiar with the Upper West Side in New York to the point of writing about that area and its citizens, but also acquire the feeling of being at home in New York every time I come back there, and the conviction of belonging there (and homesickness in the bargain). This is another change in my life which would have hardly come about without Mrs. Wolff's readiness to assist any of her authors in getting what they think they want.

I am sure I have disappointed her as a business item; I did not hesitate when she used the privilege of her age and declared us friends. (There is an anecdote connected with her years, a saying of hers frequently quoted between the two of us; but as I am not sure that she wants it spread, would you ask her, please. She'll know what I am referring to.)[6] Since then, we have been each other's guests not only in New York, but in Germany and England too, and I always found it more convenient to tell this lady the truth she asked for, instead of even a white lie. As a matter of course, I cannot speak for other authors of Helen and Kurt Wolff Books, but I am confident that the two I know, Max Frisch und Günter Grass, are trusting her in the same way.«[7]

Mit ihrem ausgeprägten Sinn fürs Praktische und dank eines Geflechts persönlicher Beziehungen greift Helen Wolff bei vielen Gelegenheiten hilfreich ein, so gleich zu Beginn des Amerikaaufenthalts, als sich Visa und Arbeitserlaubnis verzögern und Uwe Johnson schon sein ganzes Projekt scheitern sieht. Sie ebnet die entscheidenden Wege. Einer Journalistin, die ein Interview mit Helen Wolff für *The New York Times Book Review* vorbereitet, schreibt Uwe Johnson:

»Whenever I needed something out of my way, Helen Wolff knew how to arrange it, and so one night two plainclothes policeman in an unmarked car had an uneasy time with a foreigner who could not even really tell them why he wanted to ride with them and what to show or to tell him. Or, when I had found an apartment for rent, five windows facing Riverside park and, in winter, the Hudson, I was quite ready to wait for the choice the leaving tenants would take among the ten or so interested parties. Helen Wolff picked up the phone and delivered a recommendation of me as a reliable client, just by assuring: I am an old woman, believe me,

---

6 Vermutlich hat Herbert Mitgang dieses anekdotische »Geheimnis« doch preisgegeben. Er zitiert Helen Wolff: »You can fall in love with people's minds the same way you can fall in love with people's bodies. Of course at my age it is safer to fall in love with people's minds. You know, I see myself mainly as a practical woman, not a great intellect or anything of that kind.« Vgl. Mitgang, Herbert: Imprint Helen Wolff, in: The New Yorker vom 2. August 1982, S. 44.

7 Brief an Herbert Mitgang vom 8. Juli 1981 aus Sheerness-on-Sea.

and I've seen the world –! which of course is not true, because she could not do what she does if she were old, and which is quite correct, because she has seen the world, by which I mean not just countries. Once she had sent me on the way, I could find the things I needed on my own. But she was there and waiting when I needed the acquaintance of real financial personalities who were actually residing on or near Wall Street; three days later I had a lunch with a living banker, and was invited by another a week afterwards.[8] After the agreed-upon year of the job was over Helen Wolff had somehow gathered that I found a possible book but also that my experiences with and of New York, as rich by quality and number they already were, did not yet suffice. After I admitted that she arranged for me to use an office room in her public house which I could use for writing or leave at my discretions, no questions asked, not even for rent (except whether I would be kind enough to accept an advance), and it was there on Third Avenue, corner of 47th Street, that I actually wrote the first forty pages of the thing the German version of which amounts to nearly 1,500 pages now and half of which, after poring over every line and almost every word, she is going to publish. The book would not have been possible without Helen Wolff, not even as a mere plan, and this is why it is dedicated to a German publisher, now dead, whose approval I once wanted to gain, and to Helen Wolff.«[9]

Im Januar 1970 hatte Uwe Johnson seiner amerikanischen Verlegerin den Wunsch angetragen, ihr die *Jahrestage. Aus dem Leben von Gesine Cresspahl* zu widmen. »Sie kennen nun genug von dem Buch, dass Sie beurteilen können, ob Sie es gewidmet kriegen wollen, einfach mit einem *Thank you, Helen*. Würden Sie einmal darüber nachdenken?«[10] Darüber brauche sie nicht nachzudenken. Von Uwe Johnson durch eine »dedication« ausgezeichnet zu werden, ehre und freue sie, antwortet Helen Wolff postwendend. Die Antwort aber stellt Uwe Johnson nicht zufrieden, er will es genauer wissen: »Es ist mir sehr recht, dass Sie die Widmung annehmen werden. Ist ihnen die Form *Thank you, Helen* aber nun auch genehm?

---

8 Die beiden von Helen Wolff vermittelten Gesprächspartner waren Amyas Ames von Kidder, Peabody & Co. Inc. und Everest St. Auban, Vizepräsident der Morgan Guaranty Trust Company, zuständig für das Finanzgeschäft mit osteuropäischen Ländern.
9 Brief an Linda Kuehl vom 12. September 1974 aus Frankfurt am Main, c/o Suhrkamp Verlag.
10 Brief an Helen Wolff vom 3. Januar 1970 aus Berlin-Friedenau.

Bitte sagen Sie, was Sie sich wünschen.«[11] Die Nachfrage bringt Helen Wolff in Verlegenheit. So wie Uwe Johnson die Widmung formulieren wolle, sei es ihr recht; aber verständlich wäre ihr auch, wenn er »second thoughts« haben sollte [wenn er es sich schließlich anders überlegte]. Uwe Johnson insistiert nicht länger; das Buch erhält die folgende Widmung:

> Peter Suhrkamp
> Helen Wolff
> sollen bedankt sein.

Auf der Suche nach einem Übersetzer – besser wäre, so ihre feste Überzeugung, eine Übersetzerin – schickt Helen Wolff im März 1970 erste anonyme Übersetzungsproben der *Anniversaries* nach Berlin. Uwe Johnson prüft, korrigiert und kommentiert sie ausführlich. In dem Begleitbrief der Rücksendung an Helen Wolff, heißt es unter dem eigens erstellten Briefkopf:

> UWE JOHNSON
> <u>Anstalt für grobe und feine Schreibarbeiten</u>
> Effekte garantiert. Termine vorbehalten.
>
> <u>Friedenau auf Berlin, den</u>   29. März 1970

»Im allgemeinen. Öfter hatte ich den Eindruck, dass die übersetzende Person, wenn sie schon den Inhalt eines Satzes verstanden hat, unbekümmert ist um sein inneres Funktionieren, sein Funktionieren mit den umgebenden Sätzen und schliesslich um den Rhythmus, den die Kunst dazugetan hat. Ein Beispiel ist der Satz, der auf Seite 3 unter meiner Umschrift beginnt.[12] Im Deutschen argumentiert diese Erinnerung gegen

---

11 Brief an Helen Wolff vom 1. Februar 1970 aus Berlin-Friedenau.
12 Die Textstelle lautet: »Abends ist der Strand hart von der Nässe, mit Poren gelöchert, und drückt den Muschelsplit schärfer gegen die Sohlen. Die auslaufenden Wellen schlagen ihr so hart gegen die Knöchel, daß sie sich oft verirrt. Im Stillstehen holt das Wasser ihr in zwei Anläufen den Grund unter den Füßen hervor, spült sie zu. Nach solchem Regen hat die Ostsee einen gelinden, fast gleichmäßigen Saum ans Land gewischt.« (Johnson, Uwe: Jahrestage. Aus dem Leben von Gesine Cresspahl, Bd. I-IV, Frankfurt am Main 1970–1983, S. 8.)
In der Probeübersetzung heißt es (Uwe Johnson hat die zu ersetzenden Wörter unterstrichen und seine Verbesserungsvorschläge maschinenschriftlich am Rande einge-

die im vorigen Satz aufgenommene Gegenwart. In diesem Englisch ist nicht viel mehr als ein beschreibendes Nacheinander erreicht. »Nach einem solchen Regen« wünschte ich mir also auch hier als Eröffnung. Zum anderen, mir ist nicht immer wohl, wenn Sätze gebrochen werden, die in sich einen geschlossenen Vorgang enthalten (die zusteigenden Fahrgäste auf Seite 6). Schliesslich im privaten Leben wäre eine Verwechslung von Pockennarben und Poren (Seite 3, zum Beispiel) schon gefährlich, wie viel mehr in einem Buch. Auf Seite 7 habe ich auf der zweiten Hälfte einen nicht mehr aufgeteilten, sondern kompletten Vorschlag gemacht, weil aus der ersten hervorging, dass der Übersetzer nicht New York kennt, und um Ihnen zu beweisen, dass ich fleissig war. In diesem verzeihenden Lichte bitte ich auch die Fehler zu betrachten, die nun wieder ich angestellt habe.«[13]

Das Beispiel kann nur einen kleinen Eindruck davon vermitteln, wie sorgfältig alle als »Helen und Kurt Wolff Book« erschienenen Werke Uwe Johnsons in Absprache mit dem Autor vorbereitet und erarbeitet wurden. Die vorliegende Übersetzungsprobe wird abgelehnt, nach weiteren Versuchen schließlich in Leila Vennewitz eine kongeniale Übersetzerin gefunden.[14]

Zweifellos die wichtigste Bekanntschaft, die Helen Wolff gleich zu Beginn des Amerikaaufenthalts Uwe Johnson vermittelt, ist die mit ihrer Freundin Hannah Arendt, die im gleichen Jahr, 1906, wie die Verlegerin geboren wurde. Beide verbindet seit Mitte der vierziger Jahre eine enge Freundschaft; sie hatten sich nicht in Deutschland, sondern erst im amerikanischen Exil kennengelernt. Damals arbeitete Hannah Arendt als Cheflektorin bei Schocken Books und war verantwortlich für die Publikation der *Tagebücher* von Franz Kafka. Zunächst war ihr Kurt Wolff als intimer Kenner der Werke Kafkas ein gesuchter Gesprächspartner. Bei

---

fügt; die Umstellung im letzten Satz ist handschriftlich vorgenommen): »In the evening the beach is hard <u>and damp</u> [the wet has made the beach] riddled with <u>pockmarks</u> [pores] from the rain. Broken shells are sharper underfoot. The waves as they die strike at her ankles with such force that she often <u>stumbles</u> [breaks (misses a) step]. When she stands still, the current drags the ground from beneath her feet, washes over them. [After a rain like this] The Baltic rubbed gently against the land after rain like this, leaving an almost even seam.«

13 Brief an Helen Wolff vom 29. März 1970 aus Berlin-Friedenau.
14 Vgl. hierzu: Auskünfte für eine Übersetzerin. Zum Briefwechsel zwischen Uwe Johnson und Leila Vennewitz, bearbeitet von Eberhard Fahlke und Jeremy Gaines, in: Eberhard Fahlke (Hg.), »Ich überlege mir die Geschichte ...«. Uwe Johnson im Gespräch, Frankfurt am Main 1988, S. 315-351.

ihm holte sich Hannah Arendt bald schon auch praktische Ratschläge in geschäftlichen Dingen, hatte sie doch bis dahin in verlags- und vertragstechnischen Angelegenheiten wenig Berufserfahrung gesammelt. In die Gespräche wurde Helen Wolff schnell einbezogen; aus diesen Anfängen entwickelte sich eine lebenslange Freundschaft. Anfang Mai 1974 erfährt Uwe Johnson von Helen Wolff, daß die auch ihm mittlerweile vertraute Hannah Arendt in Schottland einen Herzinfarkt erlitten hätte und dort einige Wochen in einem Krankenhaus, dem Woodend Hospital in Aberdeen, verbringen müsse. In ihrem Brief vom 6. Mai 1974 nennt Helen Wolff die Freundin, »Hannah, Graefin Seydlitz« und spielt damit auf eine von Uwe Johnson in den *Jahrestagen* erfundene Person, für deren Darstellung er sich einiges von Hannah Arendt »ausgeliehen« hatte. Das war ein Fehler, wie sich an der Antwort Uwe Johnson ablesen läßt, die er vier Tage später aus »Friedenau, Westberlin, Amerikanischer Sektor« nach New York schickt:

»Dear Helen,
ich bedanke mich für deinen Brief vom 4. [!] currentis und habe gestern gleich geschrieben an Hannah in ihrem Hospital Hölzernes Ende zu Aberdeen. Vielleicht aber kommt es nicht an, denn ich habe der Bezeichnung Scotland hinzugefügt, es sei in einem Great Britain gelegen. Als ob ich nicht wüsste, welche Vorbehalte man in Edinburgh gegen die Zentralregierung allein wegen der Hundesteuer unterhält! Bitte, wenn du etwas Neues von Hannahs Verfassung erfährst, würdest du mir das mitteilen?

Du setzt sie gleich mit Albert Gräfin Seydlitz, das hat mich etwas erschreckt. Es geschieht in einer Apposition, ein Scherz ist gemeint, dennoch muss ich sofort das humorlose Dementi wiederholen: wenn es Verbindungen gibt, funktionieren sie negativ. Einmal war geplant, gewisse kompetente Bemerkungen über die New York Times, New York City sowie auch die Welt einer Mrs. Arendt-Blücher zuzuschreiben, aber nur so, als wisse Mrs. Cresspahl von der Existenz dieser Lehrperson und beziehe solche Sentenzen in gedrucktem Zustand. Niemals jedoch sollte wechselseitige Bekanntschaft oder gar Mrs. Arendt-Blücher als persönliche Erscheinung mit Wohnsitz und Eigenarten angedeutet werden. Da Hannah schon nicht vorkommen wollte als Urheberin solcher Sprüche, so akademisch vernebelt, dass sie nahezu anonym dagestanden hätte, habe ich nicht nur augenblicklich den Namen geändert sondern auch den neuen versehen mit einer ganz anderen Existenz. Das lässt sich an Adresse, Gewohnheit, Herkunft etc.

der Mrs. Seydlitz oft genug in den *Jahrestagen* belegen. Dies hatte den ausdrücklichen Zweck, Hannah herauszuhalten aus dem Buch, jede Spur von ihr weg zu legen, da sie es nun einmal wünschte. Die Gräfin Seydlitz ist erfunden, und was immer sie zusammensetzt, von Hannah ist nichts dabei. Beschworen und unterzeichnet.

Wie es dir geht, sagst du nicht. Wir betrachten uns deshalb nun grade nicht aus dem Abonnement gestrichen sondern nehmen schlicht an, du lebest, wie wir das kennen, und es tue nicht weh. Ist es so, und bist du einverstanden?

Über uns wirst du von Max Frisch alles erfahren haben, nämlich dass kaum etwas zu sagen ist. Berlin im Ganzen, Friedenau als Dorf darin, nach wie vor stellt es uns einen perfekten Dienstleistungsbetrieb her, versorgt sind wir noch mit den Gesprächen der Nachbarn über Veränderungen in der Nachbarschaft; nur scheinen wir mit dieser Stadt nicht mehr im gleichen Atem und Schritt zu leben. Bei mir kann es wohl daran liegen, dass ich fast nur noch zwischen Wohnung und Büro auf der Strasse bin, wenige Schritte; das kann den Grund nicht alleine legen. In New York konnte Einer viel deutlicher, mehr durchdrungen am Leben sein oder doch so sich fühlen. Vielleicht aber war das ein Zustand, der ohnehin sich verweigert hätte als Wiederholung.

Du aber lebe gefälligst wohl, und lass dir dabei helfen.

Mit herzlichen Grüssen,

dein Uwe.«[15]

Max Frisch war erst Anfang der siebziger Jahre Autor Helen Wolffs bei Harcourt, Brace & World geworden; zuvor hatte Max Frisch, wie er sich erinnert, zwei andere Verleger in New York: »They were all right, but sometimes you are in the wrong church. Helen, Hannah Arendt, and I often spent time together, not on business terms but as social and intellectual friends. Eventually, Helen became my publisher for the States. I write in German. Since that is her language, she has a real understanding of German literature and is very careful first in choosing the translator and then in checking the translation. She provides more – a real spiritual companionship.«[16]

Zu Beginn der achtziger Jahre entdeckt Uwe Johnson Max Frisch auf einem Photo, das den Freund gemeinsam mit Helen Wolff in ihrem Verlagsbüro von Harcourt, Brace & Jovanovich zeigt. Damals ist es Helen

---

15 Brief an Helen Wolff vom 10. Mai 1974 aus Berlin-Friedenau.
16 Zitiert nach Mitgang, Imprint Helen Wolff (Anm. 6), S. 46.

»This smile ...«: Max Frisch und Helen Wolff im Verlag Harcourt, Brace Jovanovich in New York

Wolff gerade gelungen, die englische Fassung von *Der Mensch erscheint im Holozän* an den *The New Yorker* zu verkaufen. Die Wochenzeitschrift druckt den Text ohne jede Kürzung in einer Auflage von 400 000 Exemplaren ab, bevor das Buch als »Helen und Kurt Wolff Book« erscheint. Zu dem Photo schreibt Uwe Johnson an Helen Wolff: »Im *Buchreport* vom 11. April 1980 habe ich dich abgebildet gesehen, hinabblickend auf Max Frisch, der tiefer sitzt als du und einen ebenso gehorsamen wie treuherzigen Blick auf nun hinwiederum dich heftet. Das habe ich lange angesehen.

Weisst du eine Adresse für Max Frisch zwischen New Orleans und Montreal? Ich würde ihn gern schriftlich bitten um etwas Geschriebenes.«[17]

Im Herbst 1981 zieht Helen Wolff nach Hanover (New Hampshire) um, behält zwar noch für ein Jahr ihre New Yorker Wohnung, aber sie

---

17 Brief an Helen Wolff vom 21. Juni 1980 aus Sheerness-on-Sea.

reduziert mehr und mehr ihre Verlagsarbeit. Als sie am 17. April 1983 telephonisch von Uwe Johnson erfährt, er habe die *Jahrestage* beendet und Anfang Mai die erste Sendung vorfindet, macht sie sich sogleich an die Arbeit, den noch ausstehenden Band der *Anniversaries* zu verlegen. Sichtlich getroffen zeigt sie sich, als sie erfahren muß, daß Leila Vennewitz, mittlerweile auch über siebzig Jahre alt, aufgrund anderer Verpflichtungen und gesundheitlicher Probleme diese Übersetzungsarbeit nicht mehr übernehmen kann. Neue Probeübersetzungen werden angefordert, Namen gehandelt. Uwe Johnson bringt den Namen von Joel Agee, dem Stiefsohn von Bodo Uhse, ins Spiel. In der DDR aufgewachsen, dann wieder zurück nach Amerika gegangen, bringt er die besten Voraussetzungen mit, die anspruchsvolle Arbeit bewältigen zu können. Doch seine Honorarforderungen sind so hoch, daß Helen Wolff sie nicht erfüllen kann. Über ein halbes Jahr dauern schon die Bemühungen an, als Uwe Johnson am 22. Februar 1984 seinen letzten Brief an Helen Wolff schreibt:

»Dear Helen,
Gruss zuvor.
Bitte wolle mir nachsehen, dass ich mich des Schreibens von Briefen so lange enthalten habe. Wäre da etwas des Berichtens wert gewesen, du hättest es erfahren. Dein Schreibtisch liegt sechs Morgen in der Woche voll mit genug Post.
 Die Neuigkeiten von Joel Agee, sie sind betrübend. Denn ihm hatte ich zwar ungefähr, aber ernstlich zugetraut, mit den sachlichen und sprachlichen Schwierigkeiten der Nachkriegszeit fertig zu werden. Was seine Forderung von $ 25,000 angeht, so ist sie mir durch den Vergleich mit Mr. Manheims 12,000 immerhin erläutert. Ich würde noch zu bedenken geben wollen dass der *Butt* auftrat in einem anderen Finanzjahr; bescheide mich. Denn wenn er dir nun gegen den Strich geht, halte ich Deine Abkehr vom ihm für leider endgätig. Endgültig.
 Die alte Sorge erneuert: Wen nun?
 Was unser Wiedersehen angeht, so habe ich von Max Frisch eine Zusage mit Bedingungen, seine Wohnung in der Prince Street auf ein Jahr benützen zu dürfen, vom Juni oder Juli an. Inzwischen war die Stadt Köln so freundlich, mir ihren Preis zu verleihen, so dass in New York an die $ 9,000 auf mich warten. Leider keine 25,000, möchte ich da anmerken. Was ich für unmöglich gehalten hätte: es fehlt die Vorfreude. Allerdings habe ich soeben, nach meinen Plänen für dieses Jahr befragt, zu verstehen gegeben: Abschluss eines Lebenslaufes für die Familie Cresspahl

(1888–1978) und Rückkehr zu den Flüssen Hudson, Hackensack und Connecticut.
Connecticut means you, Helen. Deinen Nachbarn Fluss.
Am 28. September wird Siegfried Unseld sechzig. Ich teile dir das mit in einem Nebenbei, wie du wohl siehst.
Sei inzwischen herzlich gegrüsst.
Yours truly
Uwe«

Zu dem von Uwe Johnson erhofften Wiedersehen mit Helen Wolff kommt es nicht mehr.

Als die »Grande Dame of Letters«, wie sie von der *New York Times* genannt wurde, mit der »Publisher Citation« des amerikanischen P.E.N. für das Jahr 1977 ausgezeichnet wird, verweist sie in ihrer Dankesrede auf Kurt Wolff. Ihm gebühre diese Auszeichnung. Er habe ihr alle grundlegenden Kenntnisse für das Verlegen von Büchern beigebracht. »Kurt is the true recipient of this award. I am not in his shadow, as has sometimes been said, but in his light.«[18]

Am 28. März 1994 ist Helen Wolff in Hanover (New Hampshire) im Alter von 87 Jahren gestorben.

Dr. *Eberhard Fahlke*, Uwe Johnson Archiv an der Johann Wolfgang Goethe-Universität, Georg Voigt-Straße 10, 60325 Frankfurt am Main

18 Zitiert nach American PENewsletter, No. 36, February 1978, S. 2.

Hans-Jürgen Klug*

Uwe Johnson. Ein Güstrower auf Zeit

Gut ein Dutzend Jahre hat Uwe Johnson in Güstrow gelebt, als Schüler und als Student. An vier verschiedenen Stellen der nördlichen Außenbezirke hat er gewohnt, zunächst zusammen mit Mutter und Schwester, dann zur Untermiete allein, auch wenn seine eigentlichen Wohnorte die Universitätsstädte Rostock und Leipzig waren, ehe er – fünfundzwanzigjährig – die Stadt an der Nebel für immer verließ. Er »zog um« nach Berlin West, ging nach New York und nach Sheerness-on-Sea. Güstrow hat er bis zu seinem Tode nur noch ein-, zweimal wiedergesehen, als Mr. Johnson, der englische Touristen in die Barlach-Stadt begleitete. Vergessen hat er diese Stadt, in der er einmal zu Hause gewesen war, nie.

Er hat über die Stadt und ihre Menschen, über die Seen und Wälder um sie herum in seinem Werk immer wieder geschrieben, im letzten Band seiner *Jahrestage* ebenso wie in seinem Erstling *Ingrid Babendererde. Reifeprüfung 1953*. Dort geleitet er einmal seine Leser behutsam, fast vorsichtig vortastend an einen Ort, der für ihn wichtig war, zu einer Schule.

»Am südlichen Rand der Stadt hielt sich der dunkle grüne Bogen des alten Walls um die weite freie Fläche eines Platzes, auf dem der Dom breit und zuverlässig lagerte in seinem grossen ausgetrockneten Rot. Über die Bäume am Mittelschiff hob sich der Turm in den Himmel,

---

 * Der Autor unterrichtete im elften und zwölften Schuljahr Johnsons Klasse in Englisch.

seine groben Kanten zitterten im Licht. Die goldenen Ziffern und Zeiger auf der grossen schwarzen Uhrenplatte wiesen wenige Minuten vor ein Uhr.

Die Schulstrasse lief längs des Domplatzes neben niedrigen hitzeharten Häusern, überbrückte den hier ziemlich breiten Stadtgraben und hielt am Wall an vor einem tüchtigen ordentlichen Gebäude mit drei Fensterreihen übereinander und zwei leeren Fahnenstangen vor einem grossen Eingang. Der lange Streifen Sandsteins in dem endlosen tiefroten Gemäuer sagte dies sei die Gustav Adolf-Oberschule.«

Das stattliche Schulgebäude in Güstrow, Am Wall 6, stand, als es der vierzehnjährige Uwe Johnson im Herbst 1948 zum ersten Mal nach dem Krieg betrat, gerade vierzig Jahre an seinem Platz. Die Schule, mit der er hier einzog, blickte voller Stolz auf eine Geschichte von vierhundert Jahren zurück. Sie war das ehemalige Gymnasium, von dem Johnson später einmal sagte, daß es sein Vater für ihn, seinen Sohn, »gewünscht habe«.

1934 war diesem Realgymnasium der Name des niederdeutschen Dichters John Brinckman verliehen worden. Drei Jahre später wurde die Lehranstalt im Zuge der Vereinheitlichung des höheren Schulwesens zu einer »Oberschule für Jungen«. Nachdem sie 1939 aus organisatorischen Gründen auch die Schüler der traditionsreichen Domschule hatte aufnehmen müssen, von der das Realgymnasium 1840 getrennt worden war, gab es nun die »Vereinigte John-Brinckman- und Domschule«. Im Kriegswinter 1944/45 mußte das Schulgebäude geräumt werden. Die Folge waren Vor- und Nachmittagsunterricht, Kurzstunden und Unterrichtsausfall. Diese Ausquartierung fand 1948 ihr Ende. Da wurde das Gebäude, das nacheinander als Lazarett für Hitlerwehrmacht und Rote Armee hatte dienen müssen, saniert und wieder für den Schulbetrieb hergerichtet.

Nach Wiederaufnahme des Unterrichts erlebte die Schule eine einschneidende Veränderung, wenn auch nur für eine kurze Zeit: Zu den Klassen der Oberstufe wurden die Klassen der Grundschule hinzugenommen, so daß nun Schüler der Schuljahre eins bis zwölf unter einem Dach unterrichtet wurden. Mit der gleichzeitigen Umbenennung in »Vereinigte Grund- und Oberschule John Brinckman« sollte der Charakter der »Neuen Schule« unterstrichen und die als unzweckmäßig angesehene Bezeichnung »Domschule« gelöscht werden.

Johnson war in diesem Schulverbund mit über 650 Schülern nur bis 1950. Dann wurden die beiden Schulstufen wieder voneinander getrennt. Die Einheitsschule blieb jedoch im Prinzip erhalten. Den Namen, den die Schule nun bekam, »John-Brinckman-Oberschule«, behielt sie noch bis über Johnsons Abitur hinaus.

Kurz war in den ersten Nachkriegsjahren die Amtszeit der Direktoren an dieser Schule. Sechs Mal wechselten die Leiter, manchmal schon nach einem halben Jahr; nur einer von ihnen war in seiner Amtszeit gestorben. Auch von den elf Lehrern, die 1948 in Johnsons Klasse (9 A 2) ihren Unterricht begonnen hatten, waren im Abiturjahrgang 1952 nur noch zwei an der Schule; nur einer davon hatte Johnson vier Jahre hindurch ohne Unterbrechung unterrichtet. Ursachen für den Lehrerwechsel sind in den Klassenbüchern ebensowenig angegeben wie Auskünfte über das Ausscheiden von Schülern. Die Namen von Lehrern und von Schülern wurden lediglich durchgestrichen. Von den fünfunddreißig Schülerinnen und Schülern, die 1948 wie Johnson in die 9 A 2, die einzige Klasse mit Englisch und Latein, eintraten, erwarben 1952 elf zusammen mit fünf »Hinzugekommenen« das Reifezeugnis. Acht erhielten das Prädikat »Bestanden« und acht das Prädikat »Gut«. Mit »Gut« bestand auch Uwe Johnson das Abitur. Er hatte auf dem Abschlußzeugnis drei Einsen, in Deutsch, Englisch und Latein. In den Fächern Chemie, Erdkunde und Kunsterziehung waren seine Leistungen nur »genügend«. Das bestätigten ihm die vierzehn Mitglieder des Prüfungskollegiums am 25. Juni. Mit ihrer Unterschrift stimmten sie auch der »Allgemeinen Beurteilung« und der Einschätzung seiner »Gesellschaftlichen Tätigkeit« zu. Beide hatte Uwe Johnson für so bemerkenswert gehalten, daß er sie in den *Jahrestagen* seiner G.C., also Gesine Cresspahl, »zum Geschenk« machte. Verändert hat er bei der »Allgemeinen Beurteilung« – wohl aus stilistischen Gründen – die Formulierung »[...] mit großer Selbständigkeit und Gründlichkeit«. Statt dessen heißt es nun »[...] die selbständig und gründlich gearbeitet hat«. Bei der Beurteilung der »Gesellschaftlichen Tätigkeit« läßt er zwei Fakten aus: den Erwerb des Abzeichens für gutes Wissen und die »Mitarbeit an verschiedenen Aufgaben«. Alles andere überträgt er gewissenhaft, sowohl einen Interpunktionsfehler als auch die Registriernummer des Zeugnisformulars.

Nicht alle Veränderungen in unserer Stadt werden Uwe Johnson und seine Mitschüler so bewußt aufgenommen haben wie die hier vorgestellte Umbenennung ihrer Schule. Daß z.B. auch das Theater in Güstrow nacheinander verschiedene Namen führte, muß ihnen nicht unbedingt aufgefallen sein; noch weniger werden sie die »Zwänge« durchschaut haben, die den Namenswechsel bewirkt haben. Aber es war durchaus bedeutsam: »Stadttheater Güstrow«, »Stadttheater Güstrow, Landesbühne«, »Mecklenburgisches Landestheater, Volksbühne Güstrow«, »Landestheater in der Kongreßstadt Güstrow« (1951), »Theater der Kongreßstadt Güstrow« (1953), schließlich »Ernst-Barlach-Theater Güstrow« (1957). Mit der zuletzt genannten Bezeichnung mag sich mancher Güstrower sogar geschmeichelt gefühlt haben. Ob er auch bemerkt hat, daß die vorletzte Umbenennung indirekt das Werk des »Sachwalters« (Walter Ulbricht) war? Der hatte am 9. Juli 1952 auf der II. Parteikonferenz der SED die Richtung gewiesen. Dann folgte, wenige Tage später, die Volkskammer mit dem »Gesetz über die weitere Demokratisierung des Aufbaus und der Arbeitsweise der staatlichen Organe der DDR«. Ein Land Mecklenburg sollte es nun nicht mehr geben, statt dessen nur noch die Bezirke Schwerin, Rostock und Neubrandenburg. Das war der Beginn des »planmäßigen Aufbaus der Grundlagen des Sozialismus«.

In diesem Zusammenhang ist auch die Eröffnung der ersten zehnklassigen Zentralschule in der Wossidlo-Schule zu sehen. Die Umbenennung in »Wossidlo-Oberschule« ließ nicht lange auf sich warten, demzufolge auch nicht die ›Beförderung‹ der »Brinckman-Schule« in eine »Erweiterte Oberschule John Brinckman«. Uwe Johnson wird das im Nachhinein, nach seinem Abitur, registriert haben. Er hatte beide Schulen besucht, als sie noch den bescheideneren Namen hatten. Sie sind in seinen Werken »aufgehoben«: die Wossidlo-Schule (früher Hafenschule) als »Brückenschule« und die »Brinckman-Oberschule« als »Gustav Adolf-Oberschule« bzw. als »Fritz Reuter-Oberschule«.

Die Beschreibung der »Brinckman-Schule« mit ihren »drei Fensterreihen übereinander«, den langen Korridoren und den beiden imposanten Treppenaufgängen ist ebenso berühmt geworden wie das einprägsam gezeichnete Bild vom Klassenraum der 12 A und von der Aula. Das Klassenzimmer hatte an der Wand ein von den Schülern angebrachtes Goethewort: »Es genügt nicht zu wissen, man muss auch anwenden, es ist nicht genug zu wollen, man muss auch tun«. Daran erinnerte sich Johnson ebenso wie an den Blick durchs Fenster auf das »ausgetrocknete Rot des Domes«. »Die Aula stand im Gedächtnis als ein eichendunkler Raum, bis Mannshöhe eingefasst von Paneelen, mit Bänken so kräftig wie in einer Kirche, bedeckt von einer Platte aus hölzernen Kassetten.« Diese Aula spielt in Johnsons Romanen gleich zweimal eine Rolle. Beide Male wird da ein unrühmliches Kapitel aus der Schulgeschichte aufgeschlagen: Das eine behandelt die Verweisung der Schülerin Rehfelde von der Schule wegen ihrer Zugehörigkeit zur evangelischen Jungen Gemeinde. Das war eine Aktion, wie sie zur selben Zeit an vielen Oberschulen der DDR praktiziert wurde. Sie erhält bei Uwe Johnson in der Gustav Adolf-Oberschule von Gneez eine besondere Ausprägung durch die unerwartete Weigerung der Schülerin Ingrid Babendererde, sich öffentlich gegen die Junge Gemeinde zu stellen, und durch die mutige Parteinahme für ihre Mitschülerin Eva Mau. Die war wegen ihrer ›gewagten‹ eng anliegenden schwarzen Hosen mit grünen und roten Streifen (aus dem Westen) dem Lager des Klassenfeinds zugeordnet worden. Das andere Ereignis, für das dieselbe Aula den fiktiven Rahmen gab, geschah in Wirklichkeit am 29. September 1950 im großen Saal des Hotels Zachow, dem ehemaligen Hotel »Erbgroßherzog«. Dort wurden nicht wie in Johnsons *Jahrestagen* am 30. Oktober 1950 die Schüler Sieboldt und Gollantz der Fritz Reuter-Oberschule von Gneez angeklagt und verurteilt, sondern sechs Schüler einer elften Klasse der John-Brinckman-Oberschule in Güstrow. Sie hatten mit Flugblättern, auf denen FDJler im Blauhemd hinter Stacheldraht marschierten, gefragt, »Quo vadis, FDJ?«. Dafür wurden sie, wie die Landeszeitung schrieb, verurteilt als »Saboteure«, »Vaterlandsverräter«, »Volksschädlinge«, »Lumpen«, »Söldlinge des angloamerikanischen Imperialismus«, »Agenten des angloamerikanischen Spionagezentrums mit der hochtrabenden Bezeichnung ›Kampfgruppe gegen die Unmenschlichkeit‹«. Die Große Strafkammer des Landgerichts Schwerin berief sich auf den SMAD-Befehl 201 und verurteilte sie wegen »Verbreitung von Gerüchten, Vorbereitung von Verschwörung und des Krieges, Verbreitung von Boykotthetze, Völkerhaß und Störung der Blockpolitik« zu Zuchthausstrafen bis zu fünfzehn Jahren. Ob auch Uwe Johnson am Prozeß im Hotel Zachow teilnehmen mußte, ist nicht bekannt. Die Schilderung der Vorgänge in seinem späteren Werk ist aber erschütternd.

Das älteste Schulgebäude Güstrows, ja Mecklenburgs, hat Uwe Johnson nur beiläufig erwähnt und vom Prellstein an seiner Ecke gesprochen, an dem er abbiegen mußte, wenn er auf seinem Fahrrad zur Schule strebte, zusammen mit vielen »schleuniger« werdenden Fußgängern. Dieses Gebäude beherbergte einmal die erste und wohl auch die berühmteste höhere Schule der Stadt Güstrow und des Landes Mecklenburg. 1579 als zweigeschossiges, später aufgestocktes Schul- und Lehrerwohnhaus der »Fürstlichen Domschule« gebaut, beherrscht es mit seiner zwölffachsigen Längsfront noch heute den mit Linden bestandenen Domplatz als Gegenüber des Doms. Sein schöner Renaissancegiebel blickt ostwärts auf die Domstraße, die bei Johnson die »Grosse Strasse« heißt. Diese Domschule hat Johnson nie als Schüler besucht, wohl aber als Leser, denn hier war bis 1949 die Güstrower Volksbücherei untergebracht, ehe sie in das um die Mitte des vorigen Jahrhunderts erbaute klassizistische Gebäude an der Hansenstraße zog. Auch dieses Haus hat eine Schule beherbergt, das

Güstrower Realgymnasium. Als Johnson es kennenlernte, war es Güstrows »Haus der Kultur«. Dort gab es Konzert- und Vortragssäle, Ausstellungsräume, das Büro des »Kulturbunds zur demokratischen Erneuerung Deutschlands« und die erste Freihand-Bücherei, die Stadtbibliothek. In vielen Räumen fühlte sich Johnson zu Hause. Er las seit seinen ersten Schultagen viel, hatte sicher auch einige Bücher, doch holte er sich zu lesen, nicht nur, was er für die Schule brauchte, gern aus der öffentlichen Bibliothek. Eine Schülerbücherei gab es zu dieser Zeit bei »Brinckmans« noch nicht.

Von Zeit zu Zeit, zumal während der Wahlkampagnen, richtete sich im Haus der Kultur auch eines der zahlreichen Aufklärungslokale der Nationalen Front ein. Das machte hier wie überall auf sich aufmerksam durch ein übergroßes Plakat über dem Eingang. Johnson wurde einmal unter einem solchen Transparent fotografiert. Er stand damit aber nicht notwendig im Verdacht, in dem »Lokal« gewesen zu sein. Mit größerer Wahrscheinlichkeit war er in der Bibliothek oder im Kulturbund gewesen, die sich allenthalben großer Beliebtheit erfreuten.

Es ist leider nicht bekannt, ob Uwe Johnson als Vierzehnjähriger beispielsweise die Barlach-Ausstellung und den Lichtbildervortrag besuchte, die 1948 anläßlich Barlachs zehntem Todestag im Haus der Kultur veranstaltet wurden, wie es für einzelne seiner Mitschüler verbürgt ist. Eine Schülerveranstaltung war jedoch die viel gerühmte Aufführung von Barlachs Drama »Die Sündflut« am 26. August 1948. Johnson berichtet in den *Jahrestagen* von einer Aufführung, daß »viele Blicke auf [...] Lises schmerzlich-versonnene Innigkeit« gerichtet waren; »in der Pause wußte sie sich nicht zu fassen vor Kichern über Frau Landgerichtsrat Lindsetter, die eingeschlafen war«. Ob ihm da wohl eine Erinnerung an Unreife in seiner eigenen Schulzeit bewußt geworden war?

Als in Güstrow in den Folgejahren unter anderem Brechts »Mutter Courage und ihre Kinder« (22. 11. 1949) und Schillers »Räuber« (1.9.1951) gespielt wurden, mochte sich auch bei Johnson inzwischen Neugier in echtes Interesse verwandelt haben. Dazu dürften ein wenig auch seine Lehrer beigetragen haben, die beispielsweise für den Brecht-Vortrag im überfüllten Saal des Hauses der Kultur (13. 11. 1951) und für die Brecht-Ausstellung unter dem Motto »Glotzt nicht so romantisch!« gesorgt hatten.

Seine Lehrer waren an den Veranstaltungen im Haus der Kultur öfters selbst unmittelbar beteiligt, als Referenten, als Dirigenten, als Rezitatoren oder als Rezensenten. In besonders schöner Erinnerung ist bei allen

Beteiligten das Konzert vom 28. September 1951 geblieben. Da feierte der Güstrower Volkschor sein fünfjähriges Bestehen. Es dirigierte der Musiklehrer der Brinckman-Schule. Der unterstützte mit seinem Chor auch literarische Abende, die von zwei Deutschlehrern veranstaltet wurden, z.B. unter dem Motto »Humor und Liebe« in der Reihe »Das Schatzkästlein«.

Für Uwe Johnson war ein Besuch im Hause der Kultur oft etwas Besonderes. Hier fand er die Möglichkeit, mit bestimmten Lehrern und deren Angehörigen Kontakt zu bekommen und mit ihnen das Gehörte oder Gesehene mit ein paar Sätzen zu besprechen. Widerspruch lag ihm meist näher. Doch das Streiten hob er sich in der Regel auf, bis er seinen Partner oder seine Partnerin gelegentlich am Inselsee traf. Dort konnte es passieren, daß ihm einer seiner Deutschlehrer einmal einen Schüleraufsatz hinschob und auf sein Urteil wartete. Das war erfahrungsgemäß herablassend spöttisch. Gespräche über die Schule oder gar die Lehrer gab es nicht. Aber eine Diskussion über behandelte und nicht behandelte Literatur war denkbar. Ein Meinungsstreit über die Interpretation eines Gedichts Rainer Maria Rilkes war ebenso willkommen wie über H.A. Korffs »Geist der Goethezeit«. Auch ein Disput über den Freiheitsbegriff, ausgelöst durch Literatur, die zufällig beide Partner kannten, konnte durchaus für beide Teile von Nutzen sein. Da kam es in der Hitze des Gefechts auch schon einmal vor, daß Johnson mit seinem Kontrahenten nicht sonderlich taktvoll umging. Damit haben aber vor allem seine Mitschüler ihre Erfahrungen gemacht.

Auch über die Auswirkungen der großen Politik im kleinen Güstrow diskutierte er, sogar noch über die Schulzeit hinaus, mit seinen Lehrern. So war er zum Beispiel wie sie empört, als er erfuhr, daß das Haus der Kultur, das vom Rat der Stadt dem Kulturbund für zehn Jahre zur Nutzung übertragen worden war, von der Kreisleitung der SED kurzerhand in ein »Haus der Thälmann-Pioniere« umgewandelt werden sollte. Der Protest der Kulturbundleitung, zu der sieben Lehrer gehörten, war, wie zu erwarten, einmütig. Auch die Reaktion des Kreisschulrates war, wie zu erwarten: der Beschluß blieb bestehen, und die Lehrer wurden gerügt. (Daß einer der Betroffenen daraufhin seinen Antrag, Mitglied der SED zu werden, zurückzog, hat Uwe Johnson allerdings nie erfahren.)

Die Arbeit im Kulturbund kam deshalb nicht zum Erliegen. Viel von dem, was in der Leitung besprochen und beschlossen wurde, blieb Uwe Johnson ebenso verschlossen, berührte ihn auch wohl nur selten. Er war als einziger aus seiner Klasse Mitglied des Kulturbundes und interessierte sich für Kultur, nicht aber für Leitungsfragen dieser Organisation.

Höchstwahrscheinlich hat er bei gelegentlichen Besuchen im Büro des Kulturbundes Anfang 1952 dort die Barlach-Plastiken stehen sehen, die gerade von der großen Ausstellung der Akademie zu Berlin wieder nach Güstrow zurückgekommen waren. Daß der Kulturbund damit eine Barlach-Gedenkstätte ausstatten wollte, wußte Uwe Johnson sicher nicht. Zumindest wußte er nichts von den unendlichen Schwierigkeiten, die es zu überwinden galt, bis der entsprechende, schon am 1. Oktober 1949 gefaßte Ratsbeschluß endlich verwirklicht werden konnte. Es ist aber anzunehmen, daß er als Germanistik-Student der Universität Rostock auch die Formalismus-Diskussion gegen Barlach mit wachem Interesse verfolgt hat. Dort hatte sich jemand in der Ostseezeitung darüber empört, daß noch immer den Besuchern des Rostocker Museums Barlachs »Schlafendes Bauernpaar« zugemutet werde. Am selben Tag stand dagegen in der Schweriner Volkszeitung die dringende Bitte »Gedenkstätte nicht auflösen!«. Am 31. Oktober endlich konnte die Gedenkstätte in der Gertrudenkapelle eröffnet werden. Einer seiner Lehrer stand da neben Marga Böhmer, der Lebensgefährtin Ernst Barlachs, und hielt die Festansprache. Es ist nicht sicher, ob Uwe Johnson zu dieser Einweihung nach Güstrow gekommen war. Es ist aber bekannt, daß Barlachs »Schlafendes Bauernpaar« zu den Kunstwerken gehörte, die er sowohl in New York als auch in Sheerness-on-Sea in seiner Wohnung hatte; wann und wo er diese Plastik zum ersten Mal gesehen, wie er sie erworben hat, ist wohl nicht bekannt. Sein Verhältnis zu Barlach und zu seiner Kunst war lang andauernd und vielfältig. Schon als Zweiundzwanzigjähriger schrieb er über Barlachs Roman »Der gestohlene Mond« bei Hans Mayer in Leipzig seine Diplomarbeit. Sie wartet noch immer darauf, veröffentlicht zu werden.

Gelegentlich wird gefragt, welches Verhältnis Johnson zu Barlachs Güstrower Mal, dem Domengel, gehabt habe. Er hat ihn in den *Jahrestagen* nur einmal erwähnt. Da schreibt er über eine »Betriebsbesichtigung Barlach«, zu der eine Schulklasse im September 1951 geführt wird. Das ist Gesine Cresspahls Klasse. Johnson läßt sie sagen: »Hier vor den schwebenden Engel im Güstrower Dom, vor die Figur des Zweiflers, die junge Frau im schlimmen Jahr 1937, traten wir ein zweites Mal, wenn Bettina durch war mit ihrem ausdeutenden Sums um sie schweigend ansehen zu können.« Hier ist Johnson der Zeit ein wenig vorausgeeilt. Der »Zweifler« und »Das schlimme Jahr 1937« stehen erst seit 1953 in der Gertrudenkapelle, nicht im Dom. Der Schwebende kam im Sommer 1952 nach Güstrow, ein Zweitguß des Ehrenmals in der Kölner Antoniterkirche. Ihn hätte Gesine Cresspahl mit ihrer Klasse nicht vor 1953 sehen können.

Bis dahin lag er unter Segeltuch auf den Fliesen des Südschiffs, dann wurde der Streit mit Freunden Barlachs über den Ort der Aufhängung abgebrochen und ein Provisorium gewählt. Erst 1985, ein Jahr nach Johnsons Tod, war es möglich, den Schwebenden an den Platz zu bringen, den Barlach für ihn bestimmt hatte. Was aber den »ausdeutenden Sums« von Bettina, der »Fachkraft für Deutsch und Gegenwartskunde« betrifft, so muß nachgetragen werden, daß sie übereilt und bestimmt auch unvorsichtig über den Künstler Barlach geurteilt hatte. Nun mußte sie sich von einem Herrn Wilhelm Girnus belehren lassen. Von dem konnte sie im Januar 1952 in der »Täglichen Rundschau« und im »Neuen Deutschland« lesen, was er, ein »Formalismus-Experte«, über Barlach zu sagen wußte: Barlach sei ein »kosmopolitischer Volksfeind«, »ein im Grundzug rückwärts gewandter Künstler«.

Daß sich Bertolt Brecht und Arnold Zweig vehement gegen solche Verunglimpfung gewandt hatten, war zur fiktiven Bettina Selbich nicht gedrungen. Uwe Johnson wußte davon. Er hielt zum Barlach-Atelier-Gebäude, besonders zu Barlachs Nachlaßverwalter, Friedrich Schult, noch bis in die achtziger Jahre hinein Kontakt. Schult war für Johnson in vielfacher Hinsicht bedeutsam, nicht nur als einstiger Freund Barlachs, sondern auch als eigenständiger Künstler, dessen Lyrik und Prosa hoch geschätzt wurde. Barlach selbst hatte Gefallen daran und einige von Schults Gedichten in das siebzehnte Kapitel seines Romanfragments »Der gestohlene Mond« hineingenommen. Am 2. Mai 1945 war Schult beteiligt gewesen am Zustandekommen der kampflosen Übergabe der Stadt an die Rote Armee und hatte dann mitgearbeitet, das Leben langsam wieder in geordnete Bahnen zu lenken. Schult, ehemals Zeichenlehrer am Realgymnasium, hatte in den zwanziger Jahren mitgeholfen beim Aufbau des Güstrower Heimatmuseums, im Krieg dann dessen Auslagerung betrieben. Anfang der fünfziger Jahre beförderte er – nach längerem Bedenken – seine Wiedereröffnung. Schließlich war es Friedrich Schult, der 1952 den Transport des Schwebenden von Berlin West nach Güstrow begleitete.

Leute wie Schult gab es im Weltwinkel Güstrow mehrere. Einer von ihnen war Johnsons ehemaliger Lateinlehrer. Der hatte, wohl wegen geschwächter Gesundheit, seine Lehrtätigkeit vorzeitig aufgegeben. Ein halbes Jahr später half er aber schon wieder bei der Einrichtung des Museums, übersetzte lateinische Urkunden, schrieb die Geschichte der ehrwürdigen Domschule. Unbekümmert unterstützte er Güstrower Bürger, die sich unablässig darum mühten, das Güstrower Renaissance-Schloß nach einer eventuellen Restaurierung in ein Kulturzentrum umzuwandeln. Diese Pläne waren von kurzsichtigen Mitgliedern der Kreisleitung der SED schnell abgetan worden als »Hirngespinst einer Handvoll Intellektueller«. Johnson hat einen kleinen Teil zur endlichen Verwirklichung des Vorhabens beigetragen, u.a. beim großen Chortreffen auf dem Schloßhof, wo er rezitierte und die Conference machte. Daß dieses Chortreffen dort stattfinden durfte, war schon fast sensationell. Dieser Bereich des Kreisfeierabendheims war sonst beinahe so unzugänglich wie einst der Hof des berüchtigten Landarbeitshauses Güstrow. Was schließlich das Tor weit öffnete, am 2. Juli 1953, vierzehn Tage nach dem siebzehnten Juni, an dem auch in Güstrow Arbeiter demonstrierten, ist ungewiß. Vielleicht war es das 400. Jubiläum der alten Schule, vielleicht die günstige Gelegenheit, mit dieser Veranstaltung die 725-Jahrfeier der Stadt ›einzuläuten‹.

Wer weiß?

Es gab aber in diesen Tagen in Güstrow noch andere Ereignisse, die bei manchem für Aufsehen sorgten, nicht unbedingt auch bei Uwe Johnson. Da war die Eröffnung der Landes-Gehörlosenschule im September 1951 und im März 1952 die Grundsteinlegung für den Erweiterungsbau der Lehrerbildungsanstalt, der nachmaligen Pädagogischen Hochschule. Bei beiden Veranstaltungen traten Minister des Landes Mecklenburg auf den Plan, zum letzten Mal für beinahe vier Jahrzehnte. Bei beiden Veranstaltungen war Uwe Johnson zusammen mit dem Chor der Brinckman-Schule ›im Einsatz‹. Er zog sich aber (wie immer) so bald als möglich zurück. Wenige Tage danach hatte er ja die erste Arbeit für sein Abitur zu schreiben, den deutschen Aufsatz.

Zehn Jahre später könnte er an diese angespannte Zeit erinnert worden sein. Da hatte ihn die Oberprima eines westdeutschen Gymnasiums zu einer Lesung und zum Gespräch eingeladen. Zu den Gesprächsführern gehörte der Schüler Roland K., auch ein ehemaliger Güstrower. Die Stunden »mit Herrn Johnson« sind ihm bis heute unvergessen.

In dem Jahr, als Uwe Johnson den Internationalen Verlegerpreis, den Prix Formentor, zugesprochen erhielt, wurde in einer Güstrower Institutsbücherei sein Roman *Das dritte Buch über Achim* eingestellt und ›verwahrt‹. Es war das erste und blieb jahrzehntelang das einzige Johnson-Buch. Hinter vorgehaltener Hand ließ ein Güstrower Kritiker verlauten: »Er hat sich leergeschrieben.«

Am 18. Juni 1962 zog – zum wiederholten Male – in Güstrow die Stadt- und Kreisbibliothek um. Die von ihr bis dahin genutzten Räume wurden kurzfristig als Musterungslokal für die Durchsetzung der Allgemeinen Wehrpflicht gebraucht. Von jetzt ab arbeitete sie im Renaissance-

Schloß. Das war damals und noch für zehn Jahre eine große Baustelle. In diesen einzigartigen Räumen ist die Bibliothek bis auf den heutigen Tag geblieben.

An Uwe Johnsons sechzigstem Geburtstag, am 20. Juli 1994, erhielt sie den verpflichtenden Namen »Uwe-Johnson-Bibliothek«.

Dr. *Hans-Jürgen Klug*, Weinbergstr. 14, 18273 Güstrow

Irmgard Müller

Anniversaries – *Das kürzere Jahr*
Zur amerikanischen Übersetzung der *Jahrestage*

Anniversaries. From the Life of Gesine Cresspahl – der erste Band der englischen Übersetzung der *Jahrestage* erschien 1975 bei Harcourt Brace Jovanovich in New York, und schon der Titel weist auf die Schwierigkeiten beim Finden einer adäquaten Übertragung in eine fremde Sprache hin. Zwölf Jahre später, 1987, folgte der zweite Teil der Ausgabe, die das Jahr in je sechs Monate teilt.[1]

Ermöglicht hat diese Übersetzung Helen Wolff, die zusammen mit ihrem Mann Kurt Wolff unter eigenem Impressum bei Harcourt Brace & World, später Harcourt Brace Jovanovich, als co-publisher deutsche Schriftsteller wie Walter Benjamin, Heinrich Böll, Jurek Becker, Günter Grass und Martin Walser herausgegeben hat. Helen Wolff kannte Uwe Johnson seit 1965, als er in Begleitung von Günter Grass in New York eintraf und – schwarz bekleidet und schweigsam – ihre Neugier weckte.[2] Johnson stand damals noch bei dem Verlag Grove Press unter Kontrakt,[3] wandte sich aber, als es Unstimmigkeiten mit der amerikanischen Ausgabe von *Das dritte Buch über Achim* gab, hilfesuchend an Helen Wolff, so daß dank einer minutiösen Nachbearbeitung der Übersetzung, die sie

---

1 Johnson, Uwe: Anniversaries II. From the Life of Gesine Cresspahl, A Helen and Kurt Wolff Book, Harcourt Brace Jovanovich, New York 1987.

2 Vgl. Wolff, Helen: Ich war für ihn »die alte Dame«. Ulrich Fries und Holger Helbig sprachen mit Helen Wolff über Uwe Johnson, in diesem Band.

3 Ein Verlag, der in der angelsächsischen Welt u.a. wegen seiner erfolgreichen Prozesse um die Veröffentlichung von D.H. Lawrences *Lady Chatterley's Lover* und Henry Millers *The Tropic of Cancer* bekannt wurde.

zusammen mit Johnson vornahm, nicht nur die englische Übersetzung *The Third Book about Achim* (1967), sondern auch *Two Views* (1966) bei Harcourt, Brace & World herausgegeben wurden.[4]

Helen Wolff vermittelte Johnson für 1967 eine Arbeitserlaubnis und eine Arbeitsstelle als Schulbuchlektor in ihrem Verlag, half ihm bei lokalen Recherchen für die *Jahrestage*, seien es Informationen über das Bankwesen oder die Arbeit der Metropolitan Police, brachte ihn mit Hannah Arendt zusammen und setzte alle ihre Beziehungen ein, um für das Schreiben und die Veröffentlichungen Johnsons eine materielle Basis zu legen. Zum einen war sie nicht ohne Einfluß auf die Vergabe eines Stipendiums der Rockefeller Foundation, zum anderen gelang es ihr, über Inter Nationes, einer Organisation zur Förderung kultureller Beziehungen zwischen den Ländern, die Finanzierung für eine Übersetzung der *Jahrestage* zu sichern.

Sie kannte ihre amerikanischen Leser und das ihnen zumutbare Interesse für ein kleines Land im fernen Europa, so daß sie auf einer zweibändigen, radikal gekürzten Fassung bestand. Johnson hat selbst die 1880 deutschen Seiten auf 1146 amerikanische, allerdings um 3 Zeilen pro Seite längere, zusammengestrichen, indem er einzelne Wörter, Absätze, Episoden und vollständige Tage ausließ. Da die *Jahrestage* zu Beginn der amerikanischen Bearbeitung noch nicht abgeschlossen waren, konnte niemand außer dem Autor über die Kürzungen entscheiden, denn wer außer ihm sollte über den weiteren Entwurf, die Notwendigkeit einzelner Figuren und den Fortlauf der Handlungsstränge Bescheid wissen. Die der englischen Übersetzung vorangestellte Anmerkung »For all translations into foreign languages, the author prepared a cut version, on which this text is based« hält eindeutig den Urheber der Kürzungen fest. Mit Ausnahme einer Stelle ist nichts für den englischen Text verändert oder umgeschrieben worden, um die Schnittstellen der Streichungen zu glätten; die wenigen erklärenden Hinzufügungen in Band IV gehen auf den Übersetzer zurück.[5]

---

4 Vgl. Wolff, Helen: Gegenwärtige Erinnerungen, in: du. Die Zeitschrift der Kultur, 1992, Heft 10: Uwe Johnson, Jahrestage in Mecklenburg, S. 54f.; dies., Ich war für ihn »die alte Dame« (Anm. 2).

5 Der Inhalt des ausgelassenen Briefs Frederick Fleurys wird mit einem Satz recht summarisch zusammengefaßt (155f.; I, 110).

Alle in Klammern gesetzten Seitenzahlen beziehen sich auf folgende Ausgabe: Johnson, Uwe: Jahrestage. Aus dem Leben von Gesine Cresspahl, Band I-IV, Frankfurt am Main 1970–1983. Bezieht sich die Belegstelle auf den ganzen Tag, ist das Datum des Kalendertages angegeben. Die englischen Textstellen beziehen sich auf: Johnson, Uwe:

Aus einer Übersetzungsausschreibung für die *Jahrestage* wurde die in Vancouver lebende Engländerin Leila Vennewitz ausgewählt, von der schon Übersetzungen von Fritz Rudolf Fries, Alexander Kluge und Ernst Nolte vorlagen, die Arbeit an Heinrich Bölls *Gruppenbild mit Dame* wurde zwischen Band I und II der *Jahrestage* eingeschoben. Sie übersetzte den gesamten ersten Band der amerikanischen Ausgabe, der die deutschen Bände I und II bis zum 19. April 1968 umfaßt. 1987 folgte der zweite Teil der *Anniversaries*, der die Eintragungen vom 20. April 1968 bis zum 20. August 1968 enthält, die verbleibenden Tage des deutschen Bandes II und Band III sind noch Leila Vennewitzes Werk, an dem sie vom Sommer 1970 bis zum Oktober 1975 gearbeitet hatte. Für den deutschen Band IV hat sie – wohl aufgrund des großen zeitlichen Abstandes und anderer Aufträge – gebeten, abgelöst zu werden. Johnson hoffte, in dem amerikanischen Schriftsteller Joel Agee[6] seinen idealen Übersetzer für den 4. Band zu finden. Joel Agee hatte als Stiefsohn Bodo Uhses von 1948 bis 1960 eine zwar privilegierte, aber doch DDR-geprägte Kindheit und Jugend in Ostberlin erlebt, sprach deutsch und englisch als Muttersprachen, kannte New York und die DDR der fünfziger Jahre. Johnsons Wunsch scheiterte an der Honorarforderung von $ 25,000.[7] Prof. Walter Arndt hat die Arbeit zu Ende geführt.

Der folgende Textvergleich soll zuerst die inhaltlichen Differenzen, die sich aus den Kürzungen ergeben, deutlich machen, ehe in einem zweiten Schritt der Textkorpus der Übersetzung auf sprachliche Besonderheiten und deren Konsequenzen untersucht wird.

I. Was fehlt

1. Titel, Statistisches und fehlende Tage. In den amerikanischen Bänden ist Gesines Jahr auf zehn Monate geschrumpft. Damit geht ein prinzipielles Strukturelement des Werkes verloren, obwohl der englische Titel

---

Anniversaries. From the Life of Gesine Cresspahl, Volume I and II, New York 1975 and 1987 und führen zusätzlich in römischen Ziffern den jeweiligen Band an. – Alle Belegstellen sind Beispiele, keine vollständigen Auflistungen.

6 Sohn des Schriftstellers und Filmkritikers James Agee, von dem sich mehrere Bücher in Johnsons Besitz befanden.

7 »Die Katze Erinnerung«. Uwe Johnson – Eine Chronik in Briefen und Bildern, zusammengestellt von Eberhard Fahlke, Frankfurt am Main 1994, S. 312f.; vgl. auch Wolff, Ich war für ihn »die alte Dame« (Anm. 2).

die Einschränkung auf *memorial days*, auf Gedenktage, legitimiert. Das Wort »anniversaries« betont den Gedenk- und Wiederkehrcharakter der Tage, kann aber semantisch den Ablauf der Kalendertage eines Jahres nicht mit anklingen lassen, so daß die englische Überschrift sehr wohl erlaubt, Tage, die ›nur‹ Tage im Jahr sind, zu streichen. Johnson war der Erinnerungsaspekt offensichtlich wichtiger als der Kalenderablauf, denn als ihm Leila Vennewitz den Titel »Days of a Year« vorschlug, mit dem allein die Folge der Tage eines historischen Jahres erfaßt werden, antwortete er: »What my title ›Jahrestage‹ tries to convey is that every present day keeps, by way of memory, days or one day in the past; in this sense the 365 days in the book are a technicality. Would this be expressed in ›Days of the Year‹ also? As to me, I thought of this book always with the English *Anniversaries* and never doubted this would be its name in an English translation.«[8]

In der Übersetzung fehlen 62 Tage vollständig.[9] Ihre Auswahl unterscheidet sich in den inhaltlichen Kriterien nicht von denen der Streichungen innerhalb der einzelnen Tageseintragungen, denn bei weitem die meisten der entfallenen Tage, nämlich 37 komplette und zwei teilweise, betreffen die New Yorker Gegenwartserzählung, sechs ganze und zwei halbe enthalten nur *New York Times*-Zitate. Von der chronologischen Vergangenheitserzählung wird am wenigsten geopfert: acht vollständige und etwa die Hälfte von zwei weiteren Tagen. Ein fehlender Tag geht auf das Konto Helen Wolffs, die darauf drängte, Maries Fantasien über Cydamonoe zu streichen (3.7.1968).[10]

Es wäre noch genauer zu untersuchen, ob es sich bei jenen als verzichtbar erachteten Tagen ausschließlich um »reine« Kalendertage handelt, nicht um Tage mit anniversary-Charakter. Zumindest die auf den ersten Blick unerläßlichen Todestage, wie der 26.9. (Cresspahl – und Walter Benjamin), der 8.11. (Jakob), der 10.11. (Lisbeth) sind übernommen worden, Lisbeths Geburtstag mit der Rede auf ihren Tod und

---

8 Auskünfte für eine Übersetzerin, bearbeitet von Eberhard Fahlke und Jeremy Gaines, in: Eberhard Fahlke (Hg.), »Ich überlege mir die Geschichte ...«, Uwe Johnson im Gespräch, Frankfurt am Main 1988, S. 315-351, hier: S. 325f.
9 Folgende Tage fehlen: Band I: 30.8.1967, 24.9., 10.10., 12.11., 26.11., 3.12.; Band II: 29.12., 2.1.1968, 4.1., 5.1., 13.1., 24.1., 27.1., 4.2., 16.2, 17.2., 20.2., 13.3., 14.3., 16.3., 18.3., 22.3., 25.3., 3.4., 14.4.; Band III: 30.4., 1.5., 4.5., 8.5., 9.5., 12.5., 13.5., 16.5., 17.5., 19.5., 23.5., 24.5., 27.5., 31.5., 1.6., 2.6., 6.6., 10.6., 11.6.; Band IV: 21.6., 23.6., 26.6., 28.6., 1.7., 3.7., 4.7., 6.7., 9.7., 14.7., 16.7., 21.7., 24.7., 26.7., 29.7, 1.8., 9.8., 13.8.
10 Vgl. Wolff, Ich war für ihn »die alte Dame« (Anm. 2).

Maries Geburtstag allerdings nicht. Von den jüdischen Feiertagen entfällt nur das Freudenfest Purim am 13.3.68. Aufgrund der anderen Aufgliederung der Bände erübrigte sich auch der Anhang am Ende von Band II.

Läßt man den Inhalt außer acht und betrachtet nur die Häufigkeit der Kürzungen, fällt auf, daß der erste Band detaillierter bearbeitet wurde als die folgenden. Obwohl quantitativ nicht weniger gestrichen wurde, fehlen nur sechs vollständige Tageseintragungen. Dafür scheint Satz für Satz auf die Waage gelegt worden zu sein, denn von den 122 Kalendertagen blieben nur 33 unangetastet, es ist nicht ungewöhnlich, daß bis zu sechs separate Stellen innerhalb eines Tages herausgenommen sind, manche Auslassungen umfassen nur einzelne Sätze. Von den 122 Tagen des zweiten Bandes ist auf 19 ganz verzichtet worden, von den 60 Tagen des dritten Bandes ebenfalls auf 19, aber in diesen zwei Bänden wird selten mehr als eine Passage pro Tag von einer Streichung betroffen, die dann durchaus mehrere Seiten umfassen kann. Häufig sind mehrere aufeinanderfolgende Tage, bis zu sieben, unangetastet geblieben. Im vierten Band fehlen von den 62 Kalendertagen 18, hier sind, abgesehen vom 22. Juli 1968, selten mehr als zwei oder drei Absätze innerhalb eines Tages dem Rotstift zum Opfer gefallen.

Es scheint, daß nach der sorgfältigen, auf Einzelheiten achtenden Bearbeitung des ersten Bandes die Kriterien der Auswahl beibehalten und mit einem größeren Raster auf die folgenden Bände übertragen wurden.

Was bleibt in des Autors eigener Reader's Digest Version? Was bleibt, wenn auf mehr als 700 Seiten verzichtet werden muß, die für sich allein schon ein ansehnlich voluminöses Buch ergäben? Was muß bzw. möchte ein amerikanischer Leser wissen, der nichtsdestotrotz bereit ist, sich auf ein achteinhalb Zentimeter dickes Werk über deutsche Vergangenheit und nordamerikanische Gegenwart einzulassen? (Der Schutzumschlag des ersten Bandes führt ihn in die lokale Irre: Auf dunkelblauem Grund findet er den Titelkopf der *New York Times*, die Skyline von Manhattan und eine im Osten – der Halbinsel – aufgehende knallgelbe Sonne.)

2. Übersetzungen im deutschen Text. Entfallen konnten die wörtlichen bzw. fast wörtlichen vor- oder nachgestellten Übersetzungen der englischen Textstellen und Erklärungen englischer Begriffe, wie z.B. »slumming« (846f.).

3. *New York Times*. Marcel Reich-Ranicki hat zwar nicht Gesines fleißiges Studium der *New York Times*, wohl aber ihre Reise zum Verlagsort

bemängelt, da sie das Blatt doch auch an Düsseldorfer Kiosken hätte erhalten können.[11] Um so unsinniger wäre es, den US-Bürgern zuviel Abgeschriebenes aus ihrem Hausblatt vorzulegen. Da die aktuellen Informationen als Allgemeinwissen vorausgesetzt werden durften, konnte hier radikal gestrichen werden, wobei alle Themen bei den Zitaten und Berichten aus dieser Zeitung anteilig berücksichtigt worden sind. Es gibt kein politisches Gebiet, das nicht betroffen ist und keines, das ganz entfernt wurde. Trotzdem muß festgehalten werden, daß mit 41 Kürzungen über den Vietnamkrieg und 25 über die Ereignisse des Jahres 1968 in der Tschechoslowakei der damals gegenwärtige politische Hintergrund diesseits und jenseits des Atlantiks gehörig zusammengestrichen worden ist. Wegen der umfangreichen Reduzierung der Textstellen über den Vietnamkrieg, es handelt sich dabei vorwiegend um Artikel der *New York Times*, ist die englische Fassung wiederholt gescholten worden, Johnson, bzw. gar die Übersetzer, hätten den Amerikanern nicht zuviel Kritisches über ihre Außenpolitik zumuten wollen. Dagegen ist zu halten, daß die fehlenden Textstellen über Vietnam proportional sehr wohl im Gleichgewicht mit den anderen Auslassungen stehen, der südostasiatische Krieg nimmt bei der Zeitungslektüre immer noch den ersten Platz ein.

Erklärlich sind die 28 Auslassungen zum Thema Mafia und Verbrechen in New York (u.a. 48, 61, 116, 292, 316, 640, 1151-1154, 1537), Artikel über lokale Ereignisse (98, 165, 180, 267, 353) und Erläuterungen zur *New York Times* selbst (134, 27.1.1968, 937, 1025). Betroffen sind jedoch auch Nachrichten über alte und neue Nazis (36, 136, 1091), politische Vorgänge in der BRD und der DDR (240, 374, 1091, 1262f., 1349), das Verhalten der Sowjetunion gegenüber Dissidenten und Spionen (133, 152, 156, 213, 246, 296, 731), Studentenunruhen an der Columbia University (14.3., 8.5., 9.5.), in Westdeutschland (177) oder Warschau (878, 904), alle Bereiche müssen auf einige, aber nicht auf alle Erwähnungen verzichten.

Ähnlich wurde auch bei verschiedenen Persönlichkeiten proportional gespart.[12]

---

11 In Jürgen Miermeisters Fernsehfilm *Odyssee – Tod – Heimkehr*, ZDF.

12 Swetlana Allelujewa wurde allein im Band I achtmal seltener erwähnt, wie auch Che Guevara und Robert Kennedy (fünfmal), Eugene McCarthy (dreimal), Hans Magnus Enzensberger (zweimal). Kardinal Spellman, der Kinderarzt Spock und der Schriftsteller LeRoi Jones fielen ganz aus dem Buch, wie auch jene nur mehr oder weniger direkt mit der Handlung verknüpften Artikel über die Entrüstung der Witwe

4. Erklärungen zu amerikanischen Verhältnissen. Des weiteren konnte zumindest als Informationswert problemlos auf alle Ausführungen zur Geographie von New York und zur amerikanischen Lebensweise verzichtet werden, wie immer dieser Landeskunde-Teil auch mit den anderen Handlungssträngen verknüpft war.

An vielen Stellen ließen sich die Passagen herauslösen, ohne daß ein Bruch entstand, z.B. die Landschaftsschilderung auf der Reise nach Vermont (151f.), welche Geschäfte und Restaurants sich in der 96. Straße befinden (175), was eine amerikanische von einer deutschen Baustelle unterscheidet (421), die Wohn- und Lebensverhältnisse eines Hausmeisters (443) oder die Beschreibung des Bahnhofs Grand Central (1887) – abgesehen vom letzten Satz des Absatzes. Über die Häufigkeit und die Bedeutungen der Farbe Gelb ist man auch informiert (1690-1693), und die Preisliste bei Maxie's sagt ohne Angaben über die Höhe von Gesines Gehalt oder der Sozialunterstützung von Francines Mutter recht wenig aus (29.12.1967).[13]

Mit der Herausnahme der Schilderung der Untergrundbahn entfielen ganze Seiten (367-374, 381f., 950, 1227-1230), so wurden auch die Fahrten auf der South Ferry reduziert (91, 932f.), das Haus am Riverside Drive samt Lektion über die Cliff Dwellers (4.1.1968), der Park zwischen Straße und Hudson (1188-1191), die Aufschrift an der Feuertreppe (520) nicht beschrieben, vor gefälschten Fünfdollarscheinen wurde nicht mehr gewarnt (300).

Nicht immer bleibt der Einschnitt unsichtbar: Die erste Meldung vom gewaltsamen Tod zweier Hippies, darunter ein Mädchen aus wohlbehütetem bürgerlichen Elternhaus (157), war noch übernommen worden, die Umfrage der *New York Times* über die Hippies von Manhattan nicht mehr (165), aber mit dem Verzicht auf die Darstellung der Ahnungslosigkeit und des Unverständnisses der Eltern der Toten (180) geht auch die Verknüpfung mit Cresspahls Sorgen verloren, den keine innere Stimme vor Lisbeths Droge der Frömmigkeit warnte, und der sie auch nicht verstanden hätte, so wie den Eltern aus Connecticut unbegreiflich blieb, wie ihre Tochter solche Gesellschaft suchte und sich einem »Hexer« untertan fühlen konnte. Dem Beginn des Absatzes

---

Hemingways aufgrund der Veröffentlichung der Liebesbriefe ihres Mannes an eine andere Frau (210), über den Luxuszug »Zwanzigstes Jahrhundert« (405f.), den Ground Hog Day (669), die Blumen im Juli (1550), den verhafteten Stadtstreicher (1618) und die Sprengung der Leipziger Universitätskirche (1262).

13 Die vergleichende Statistik der gestiegenen Lebenshaltungskosten vom Frühjahr 1968 ist erhalten (1239; I, 266).

»Cresspahl suspected nothing« (I, 123) – »Cresspahl war nichts vermutend gewesen« (180) – fehlt zumindest *ein* Bezug.

Die nachweihnachtliche »kinderglut« wird den New Yorkern so bekannt wie lästig sein, jedoch fehlt nun über die deutsche Wortbedeutung, die vermutlich aufgrund der aufgehobenen Übersetzung schwer zu retten gewesen wäre, die unterschwellige Verbindung vom Kindermord in Bethlehem, an den der Holy Innocents' Day erinnert, zu Lisbeths versuchtem Sühneopfer.

Woher das kanadische Lumberjack kommt, ist bekannt und die Erklärung dazu vermeintlich unnötig (1714), aber welche politische Aussagen in der DDR mit der Kleiderordnung gemacht werden konnten und was für eine Charakterisierung mit »Lockenvitz did not wear a Canadianstyle jacket« (II, 535) ausgesprochen wird, bleibt nun unverständlich.

5. Gegenwartserzählung New York. Vornehmlich wurden Textstellen aus der Gegenwartshandlung in New York geopfert. Innerhalb dieses Erzählstranges könnte eine Vielzahl der Kürzungen als Wintermantelfutter,[14] wenn nicht gar als Speck auf dem Gerippe bezeichnet werden, auf das, wenn denn gestrichen werden mußte, ohne Verlust für das Verständnis des Folgenden oder Vorangegangenen, verzichtet werden konnte.

Was den Europäern als »typisch New York« zu demonstrieren war, wie z.B. die Kriminalität anhand des Einbruchs in der Wohnung am Riverside Drive (29.7.1968) und des versuchten Überfalls auf Maries Heimweg (213), war amerikanischen Großstädtern eine mögliche Alltäglichkeit. Darunter fiel auch der small talk auf der Party der Gräfin Seydlitz (16.3.1968) und der demonstrative Optimismus der vorhandenen oder nicht vorhandenen Marjorie (264f., 541-543), selbst wenn damit ein Kommentar zur Literaturgeschichte verloren ging.[15]

Vielfach wurde auf die Kommentierung der aktuellen Politik durch Nebenfiguren verzichtet, was die grundsätzlichen Aussagen kaum berührt, da sie diese nur verstärken oder variieren: Dr. Brewsters Karte aus Vietnam (627), Dr. F. Fleurys Brief, mit dem sowohl die Darstellung der Ölinteressen der USA in Südvietnam wie die der Johnsonschen ethischen

---

14 Vgl. JT, 144.
15 Vgl. Spaeth, Dietrich: Jahrestag mit Vexierbild oder Warum Marjorie rote Wangen bekam, in: Ulrich Fries/Holger Helbig (Hg.), Johnson-Jahrbuch Bd. 1, Göttingen 1994, S. 127-142.

Maximen unterbleibt (636-640), Amandas, Guaranis und Shuldiners Reaktionen auf Zeitungsfotos aus Saigon (695-698), ein Tschechisch-Unterricht bei Kreslil (1133-1135) samt der Beurteilung der Unruhen an der Columbia University entfallen.

Vor allem in Band III wurde auf die Gespräche zwischen Gesine und Marie verzichtet, in denen sie die Jerichow-Erzählung der Mutter[16] oder Problematisches aus ihrem New Yorker Leben kommentieren,[17] also nichts grundsätzlich Neues erzählen.

Auch wird den Hauptfiguren in der Übersetzung etwas weniger Bewunderung gezollt. So werden Gesines berufliche Fähigkeiten seltener hervorgehoben. Verschwunden ist das Loblied auf ihre Tippkünste (821), die ungewöhnliche Einladung zum Essen mit de Rosny und Kennicott samt den daraus resultierenden Garderobesorgen (1464-1473) wie auch ihre Auszeichnung durch die Bank (1561-1566). Auch D.E. büßt an Glanz ein. Es fehlt die bewundernde Beschreibung der Gastzimmer für Gesine und Marie in seinem Hause (269), seine Verbesserungsvorschläge für den Damenhaushalt (535), seine Wahl des Flughafenrestaurants für eine Verabredung – bei dessen anfänglicher Ausmalung man nicht umhin kann, an den Blick eines an Mitropa-Gaststätten gewöhnten Gastes zu denken (30.4.1968).

Verwunderlich ist die Streichung von Gesines letztem Schreiben an D.E., in dem sie ihr Zögern, sich für ein gemeinsames Leben zu entscheiden, in Überlegungen, ob und wieviel Charakterliches man in der menschlichen Physiognomie lesen kann, versteckt (14.3.1968).

Bemerkenswert ist, wie viele sich auf Gesine beziehende ›irreale‹ Textstellen verlorengegangen sind: ihre Fieberfantasien, die der Schilderung von Lisbeths Sterben folgen (750-753) einschließlich der Fortsetzung am übernächsten Tag, durch deren Streichung der Eintrag sehr eindrucksvoll mit Brüshavers Verhaftung endet (768), und aus dem Traum über ihren Tod der Abschnitt über die im Schattenriß des Taschentuchs erscheinenden Visionen (407f.). Alle drei Abschnitte verweisen darauf, wie außerordentlich intensiv Lisbeths Selbstmord auch noch die erwachsene Gesine berührt, so daß der Tod und dessen Folgen sie wiederholt aus ihrem Unterbewußtsein heraus verfolgen – und alle drei entfielen.

---

16 Über Jerichower Juden (1031), wie sich die Jerichower gegenüber ihrem Bürgermeister Cresspahl verhielten (1048), über Pontij (1065).

17 Maries Sammelbuch (687-689), ihre Sorgen um Francine (730-734), ihre Anstrengungen in der Schule (1023f.), Forderungen und Verhaltensweisen der protestierenden Studenten der Columbia University (1092-1096).

Weitere Episoden mögen sich nur deshalb angeboten haben, weil sie scheinbar leicht herauszulösen waren: das von Gesine besprochene Tonband über die Schwierigkeiten, richtig Almosen zu geben, eine Kürzung des Bettler-Motivs (18.3.1968), der Brief an Jonas Blach, der ohne den autobiographischen Hintergrund mysteriös bleiben mußte (1393, 1635-1644), und die für eine ins Ausland zu sendende Angestellte unwahrscheinliche Prozedur vor dem Lügendetektor (1517-1521).[18]

In zwei Fällen sind Löcher gerissen worden, da die Geschichten zwar episodisch erzählt werden, sich aber über einen längeren Zeitraum erstrecken. Maries Modell des großväterlichen Hauses am Ziegeleiweg wurde als Neujahrsgeschenk und als Ausstellungsstück auf dem Schulbasar gestrichen (538-540; 1109f.), die Ankündigung des Präsents aber als ein »secret« ist noch zu finden und wird nie eingelöst werden (520; I, 339). Da auf die erneute Vorstellung McIntyres als Barkeeper des Hotel Marseilles verzichtet (1880f.) und er zuletzt weit zurück auf S. 566 erwähnt wurde, seine Tätigkeit als Sprachlehrer aber erhalten blieb (II, 636) und der Zusatz »of the bar at the Hotel Marseilles« [sic!] (II, 636) mehrdeutig ist, liegen ihm nun die Eiswürfel als Trinkgeld erklärungsbedürftig in der Hand.

Unverständlich bleibt der Verzicht auf den 28. Juni 1968 – der Text der 2000 Worte. Ob eine Begründung dafür im Zusammenhang mit den weiteren Streichungen um die Prager Mission gesehen werden muß, ist fraglich.

Der keiner Zeitebene zuzurechnende fehlende Tag zum Thema »Wiederholung« ist gleichermaßen erstaunlich (25.3.1968), zumal es am Küchenschabentag noch ungekürzt krabbelt (5.3.1968). Because of the *German* cockroach?

6. Vergangenheitserzählung. Während die Darstellung des täglichen Arbeits- und Schullebens in New York mit sowohl typischen als auch zufälligen Ereignissen des Alltags und einer Auswahl von Zeitungsmeldungen illustriert wurde, mit Einzelheiten, die sich aufgrund ihres akzidentellen Charakters zumindest aus der Gegenwartshandlung abtrennen ließen, mußte die Entscheidung, was von der Vergangenheits-

---

18 Zu den Kürzungen des Gegenwartsstranges gehören ferner: die Lektion über tschechische Verbformen (304), die Busfahrt ins Lauenburgische (31.5.1968), Maries Aufsatznotizen über Robert Kennedy und seinen Mörder Sirhan Sirhan (6.6.1968), die Titelseite der amerikanischen Bildzeitung zum Kennedymord (1313), die Beschreibung einer Aktionärsversammlung (1155-1159), die Suche nach einem geeigneten Ferienlager für Marie (1406f.), die Reise nach Chicago (1806), der Abschied von Robinson (1886).

handlung zu entbehren war, viel schwieriger zu treffen gewesen sein, weil nur das für die Verflechtungen zwischen Personen und Geschichte Notwendige erzählt wurde.

Trotzdem ist eine nicht unwesentliche Menge von Details verschwunden, im allgemeinen jedoch kürzere Stellen als aus dem Jahre 1967/68. Auch hier könnte man in zur Not verzichtbaren »Speck« und wohl nur aus der Einsicht in die Notwendigkeit vorgenommene Streichungen unterscheiden. Wie beim Gegenwartsstrang sind es vorwiegend Nebenpersonen, deren Biographien gekürzt werden, aber auch in den die tragenden Figuren betreffenden Passagen werden Texte gestrichen. Eine weitere Anzahl von Auslassungen könnte unter der Überschrift »sehr spezifisch deutscher Bildungshintergrund« zusammengefaßt werden.[19]

Details. Als verzichtbares Fettgewebe könnten z.B. so verschiedenartige Stellen wie die Aufzählung der Filme, die Ende Oktober 1938 in Lübeck gezeigt wurden, gelten (710), der Exkurs über die Gneezer Stadtgeschichte (1435f.), ebenso die Verwandtschaftsbeziehungen zwischen den Wendisch-Burgern (272), zumal *Ingrid Babendererde* noch unübersetzt ist, die Erwähnung der unterdurchschnittlichen Babygröße von Maries Urgroßmutter (204), Anitas Lektion über die Arbeit der Köhler (610f.), die Liste der Haushälterinnen Cresspahls (853), die Gerüche auf Fischland (882), der Schwank von den zwei weltreisenden Fritzen aus Klütz (1511) und die Ausführungen über die Kunst des Dolmetschens (1858f.).

Fast erleichtert ist man, daß D.E. nun doch nicht 1966 auf Victoria Station bei der Auskunft erfragen will, wie Lisbeth Ende Januar 1933 nach Dover abgereist ist (331)[20] und Marie ihre Frage nach weiterer Verwandtschaft unterläßt (259).

Einzelheiten der Richmonder Lokalpolitik (191) und der Reparatur der klassizistischen Brücke (193) mögen marginal erscheinen, obwohl damit verlorengeht, wie Cresspahl sich auf Sachliches zurückzieht, da er

---

19 Diese Einteilungen sind nur als ein grobes Hilfsmittel zu verstehen, da sich ihre Grenzen überschneiden und manche Zuordnung willkürlich erscheinen mag. Auch läßt sich bei dem Begriff »Speck« der Gedanke nicht vermeiden, daß ein Körper ohne ein gewisses Maß an Fett ein wenig ansehnliches Gerippe oder Muskelpaket bleibt, so daß ein Unbehagen an den Unterteilungen betont werden muß.

20 Erfahren hätte er zumindest, daß Lisbeth auf dem falschen Bahnhof war. Um das Boot nach Hamburg zu erreichen, hätte sie von Liverpool Street Station nach Harwich fahren müssen. Die Züge von Victoria Station führen in den Südosten und die Fährlinien von Dover nach Calais, Boulogne und Oostende.

nicht über Lisbeth und sich schreiben kann. Als Gegenstück entfällt auch die Aussage über Lisbeths Unfähigkeit, dem Vater etwas über ihr Kind zu erzählen (354).

Daß Gesine ausgerechnet Edna St. Vincent Millays *Recuerdo* auswendig gelernt hat, mag den Zufall strapaziert haben, (zumal sich ein Auszug aus diesem Gedicht in Johnsons IAI Guide über New York findet), obwohl man lieber lernt, was man nicht muß, jedoch gehen mit dieser Episode auch Hinweise auf die Sippenhaft für die Lehrerin und mit dem anschließenden imaginären Gespräch die verräterischen Folgen einer richtig gesprochen Satzmelodie verloren (1454f.), überdies stehen die in einem ausgiebigen South Ferry Day erhaltenen zwei Zeilen des Refrains ohne die spätere Wiederaufnahme dort recht verloren (93; I, 68).

Wie sorgsam jedoch in den meisten Fällen die Schere angesetzt wurde, läßt sich am Lübecker Kino zeigen. Die Aufzählung der Filme aus der – vermutlich vierten – Oktoberwoche 1938 entfällt als Illustration, wie weit die Kinothemen vom Jerichower und deutschen Alltag entfernt waren (710), die Liste der dritten Woche des Oktobers 1938 bleibt, weil sie als Mittel der inneren Flucht, als »wasted hours« Gesines erklärt werden (686f.).

Episoden um Nebenfiguren. Verglichen mit der »massiven« deutschen Fassung können die im folgenden als Beispiele angeführten Auslassungen kaum anders als als eine Verarmung des Werkes angesehen werden, denn wenn die Auswahl auch vorwiegend auf episodische Erzählstücke fällt, so fehlt mit jedem doch ein oder mehrere Mosaikstein(e) im Bild des gesellschaftlichen und individuellen Unter- und Hinterbaus.

Ähnlich wie in der New-York-Handlung sind offensichtlich in erster Linie Nebenfiguren um Geschichten gebracht worden. Zwei Begräbnisse finden nicht mehr statt: Anna Niederdahls, und damit fehlt die Kurzfassung eines kargen Lebens und die Not und Findigkeit einer illegalen Partei (674-679), obwohl Cresspahls erste Begegnung mit der alten Frau im Zusammenhang mit seinen Kurierdiensten in Lübeck erhalten blieb, selbst einschließlich der ideologischen Streitfragen der SPD (I, 131-136). Ebenso Frau Kliefoths Beerdigung und da hineingebaut ein weiteres Lebensbild, das ihres Mannes samt seiner zwiespältigen Behandlung durch die Besatzungsmacht (1170-1178). Ohne Gesine Redebrechts Vita (26f.) bleibt ein anderes der Schicksale – mit Hilfe derer an Randfiguren Sozialgeschichte gelehrt wurde – unbekannt.[21]

21 Ebenso: Käthe Klupschs Verhaftung (1040) und Hanna Ohlerichs Ausbildungsmöglichkeiten (1236f.), des weiteren wer nun wirklich den Kranz der SA vom Krieger-

Da auch der tragische Lebensbericht von Hanna Ohlerichs Eltern aufgegeben wurde (994-997), ist nun völlig unerklärlich, wie und warum das Mädchen in Cresspahls Haus gekommen ist – oder ob überhaupt, sie ist plötzlich da: »Hanna Ohlerich still did not know why she had been sent away from home« (II, 146), denn daß von ihr mit »In the house two children were ill« (II, 142) die Rede war, kann nicht einmal erraten werden, und es würde auch nichts erhellen.

Wallschläger verliert seine ausführliche Vorstellung als Nachfolger im Amte Brüshavers (806-809), behält aber seine folgenden Erwähnungen (871, 999, 1598, 1777), so daß er unvermittelt als neuer Seelsorger auftritt und sein mehrmals angeführtes Attribut »that shining light of the Church« (II, 558) – »der Strahlende« (806, 1777) – unbegründet bleibt.

Susemihl verschwand ganz, oder fast, weder taucht der Kurier in Cresspahls Werkstatt auf (376f., 379), noch streitet er sich handgreiflich mit Cresspahl über die Parteilinie (389f.), dennoch erinnert sich Cresspahl an ihn: »He thought also of Perceval, T.P., whom he had lost in England, and of Manning Susemihl« (I, 476). Who is he?

Hauptpersonen. Auch die Hauptpersonen kommen nicht ungeschoren davon. Gesines Erinnerungen an die Gerüche und Kuchen vom Fischland mögen noch als verzichtbar erscheinen (882), aber andere Streichungen lassen merkliche Lücken. Ihr heimliches Hingezogensein zum großen »Bruder« Jakob und seine Versuche, den Vater zu ersetzen, werden reduziert (1234f., 1237-1239, 1254f., 1662f.). Mit dem Verzicht auf den Eintrag vom 13.8.1968 findet auch Jakobs Arbeitseinsatz in Ölmütz nicht mehr statt (1807-1812). Wenn unterschlagen wird, wie Papenbrock Vietsen verläßt und sich in Jerichow niederläßt (504), verringert man Einsicht in Lisbeths soziale Stellung und in ihr Selbstverständnis. Wenn ihre Hilflosigkeit vor der Vielzahl der englischen protestantischen Sekten und ihr Unbehagen bei der anglikanischen Kirche

---

denkmal entfernt hat (164), wie Leslie Danzmann unfreiwillig sowjetische Militärfilzstiefel eintauscht (1267-1279), de Catt als Gneezer Heimatdichter gelesen und geehrt wird (1459) und wie Fretwursts Karriere ein banales Ende als Fahrradwächter nimmt (1861). Jansens schwärmerische Hitlerverehrung wird beschnitten und damit etliche Gründe, warum Leute wie Cresspahl den Führer für einen hielten, »der ihnen die Tasche leerstahl« (668). Aus dem ersten Auftreten der frisch geschulten Bettina vor der 10 A ist die – unverständliche – Anspielung auf die Quittenmarmelade gestrichen (1647), gleichfalls der nicht weiter erklärte Sachverhalt um den für Ludwig Methfessel verräterischen Zigarrenstummel (1600). Die Episode um Bettina Selbichs skandalösen Aufenthalt vor einem Westberliner Schuhgeschäft wird um die nachfolgenden Überlegungen zu ihrer Person und Gründe für die zurückhaltende Reaktion der Fotobesitzer gekürzt (1661f.).

nicht gezeigt wird (129), fehlt zumindest ein Grund ihrer Flucht zurück nach Deutschland. Selbst den erhellenden Satz über ihre Angst vor den Schmerzen einer zu erwartenden Geburt (149) gibt es nur auf deutsch.

Und Mrs. Trowbridge und ihr Sohn mögen immer noch in den Midlands leben, ihr Ende wird nie vermeldet (1209), verbunden damit geht die Parallele der Schicksalsschläge für Cresspahl und Pontij verloren, beider Söhne von den Deutschen getötet, einer »nje daleko«, der andere »daleko«.

In dem dicht geflochtenen Netz zwischen den Zeitebenen müssen die Messerschnitte in der englischen Fassung lose Enden hängenlassen. In der Eintragung vom 13. Oktober 1967 schickt Cresspahl Wulff zwar noch einen Ausschnitt aus dem *News Chronicle* zu, aber der sich daraus entwickelnde Diskurs über den Gasangriff bei Langemarck und Erdamers Entrüstung über die Untergrabung der Heldenlegende fehlt (169-172), mit der Konsequenz, daß der aus der *New York Times* übernommene Bericht über einen Überfall mit Hilfe einer vermutlich aus besorgniserregenden Quellen stammenden Gassprühdose unverbunden folgt und zu einer falschen Schlußfolgerung führt, da er direkt an Wulffs Zweifel am Informationswert der Presse anno 1933 anschließt: »As far as the *Gneezer Tageblatt* was concerned, Peter believed the official announcement and half the local news« (I, 117). Der Bericht über den aktuellen Kriminalfall aber schließt mit dem Kommentar: »The New York *Times* implies a question« (I, 117), und zwar eine kritische, nach der illegalen Herkunft des Gases aus militärischen oder polizeilichen Vorräten.

Deutsche Geschichte, deutscher Bildungshintergrund. Bei den Einbußen innerhalb der unvermittelten Geschichtsdarstellung entsteht der Eindruck, als solle das Geschichtsbild vereinfacht werden, da vorwiegend Differenzierungen oder Beschreibungen von Möglichkeiten nicht beibehalten werden. Der Journalist Dewall kann die rosige Zukunft eines friedliebenden Deutschland nicht mehr ausmalen (191), Pfarrer Niemöllers nationalpatriotische Vergangenheit und seine anfänglich fragwürdige Haltung gegenüber den Juden wird nicht mehr mit Brüshavers Religionsauffassung (645f.) verglichen, die ungleichen Voraussetzungen der Parteien bei den Gemeindewahlen im September 1946 werden nicht mit Zahlen belegt (1393-1399), von der Darstellung der Bombardierung Lübecks fehlt das Gerede der Leute über abwegige Gründe für das Versagen der Luftabwehr (871), ebenso das spätere Gerücht, ob denn Jerichow zum Westen komme (1237f.).

Auch aus dem Leben der Jerichower zur Zeit der Neuen Zeit wurden Seiten geopfert. Da Frau Abs' Hoffnungen, auf einem Neubauernhof zu siedeln, ausbleiben, kann Edwin Hoernle nicht die Bodenreform erläutern (1197-1199); da die Kasernierung der Roten Armee nicht mehr erwähnt wird, kann die Jerichower weibliche Bevölkerung auch keine modischen Konsequenzen daraus ziehen, die rückwirkend Schlußfolgerungen auf das Verhalten der Befreier erlaubten (1277-1299).[22]

Einige Absätze sind sicher herausgefiltert worden, weil sie einen allzu deutschen Bildungshintergrund erforderten und nicht so eng mit Handlung und Personen des Romans verflochten waren, zumal anzunehmen war, daß sie einem breiten amerikanischen Publikum unverständlich bzw. weniger interessant sein müßten.

Daß dabei nicht zufällig, sondern nach Wichtigkeit gewählt wurde, läßt sich deutlich bei den literarischen Anspielungen und Nennungen zeigen: Bei Fontane z.B. wird auf das Zitat aus *Die schöne Rosamunde* (839) wie auch auf die zwei Zeilen aus *Archibald Douglas* (840) verzichtet, dem Kapitel über das Lesen des *Schach von Wuthenow* wird nicht ein Buchstabe entnommen (1694-1707).[23]

Außer dem versteckten Zitat aus *Herr Keuner in einer fremden Behausung* im Zusammenhang mit dem einen sicheren Unterschlupf suchenden jungen Israeli (449) und den Mayor Lindsay parodierenden Zeilen aus dem Mahagonnygesang Nr. 3 (453, 459) wurde von den zahlreichen direkten und indirekten Bezügen auf Brecht nichts gestrichen.

Von Hans Magnus Enzensberger entfiel der »Kleinkram«, der *New York Times*-Artikel als Vorankündigung des großen Auftritts (737f., 769) und seine Haltung zu den Notstandgesetzen (1340), aber der fast neunseitige Kommentar zu Enzensbergers Offenem Brief über Kuba bleibt, und zwar ungekürzt (794-803).[24]

Zu sehr ins deutsche Detail gingen die etymologische Deutung des Namens Cresspahl (1253) und die Varianten zur Abkürzung KZ (968),

---

22 Andere Passagen mögen als leicht herausmontierbar gegolten haben, aber die fehlenden Einzelheiten führen zu einer Reduktion im historischen Bild: die Anpassung des Lübecker General-Anzeigers (198), der erste Boykott jüdischer Geschäfte (350), die Kurzfassung des Kriegsverlaufs und die Tricks, mit denen sich die Jerichower einreden, daß es so schlecht nicht stehen könne (856-858). Feinheiten der sowjetischen Besatzungsbürokratie bleiben unübersetzt (1204-1206), wie auch die ideologischen Unzulänglichkeiten der Lehrer, mit denen sich anfänglich die antifaschistische Erziehung behelfen muß (1251-1253).

23 *John Maynard* wird weiterhin erwähnt (1451).

24 Weitere fehlende literarische Bezüge: Dos Passos (206), Wilhelm Buschs *Plisch und Plum* als Aufhänger für den Umgang mit unangenehmen Erinnerungen (229-235), Majakowski (1615), Lieder der Pionierorganisation (1620, 1622), Johannes R. Bechers Nationalhymne der DDR (1628), Fritz Reuter (1632), Günter Eich (1710).

Carola Nehers unbekanntes Schicksal (340) und die Besonderheiten der Altlutheraner. (Das Bedauern über den Verlust von Maries Erklärung einer DDR-Lebensweise »Weil ihr überall lügen mußtet, hast du deine Wahrheit an Brüshaver ausgelassen« [1605] muß man mit dem Zweifel beruhigen, ob sie als solche hätte gelesen werden können.)

Warum als Bettinas Beispiel für »unsterbliche« Symphonien Beethoven (1725) durch Schubert (II, 528) verdrängt wurde, Mozart blieb der Rang, war nicht rekonstruierbar – ein Versehen, ein Sturz vom Sockel sozialistischer Gnade?

7. Imaginäres. Ohne Zweifel ist von den imaginären Gesprächen und Monologen überproportional viel gestrichen worden, hier wird nicht nur eine spezifische Weise des Erzählens stark eingeschränkt, sondern auch Gesines enge Bindung an die Vergangenheit, der Einfluß bestimmter Personen und die mahnende Stimme ihres Gewissens abgeschwächt, jedoch sind die Stimmen nicht völlig verschwunden. Wenn ein Prinzip erkennbar wird, dann – in Band I ganz auffällig – daß nur wenige Zeilen umfassende Stellen im Gegensatz zu längeren bleiben, daß, wie bei den anderen Kürzungen, dort verzichtet wird, wo die Stimmen Ausmalungen, Variationen zum Thema liefern, ergänzende Informationen zu einer Figur bieten und daß ihr Auftreten, parallel zur deutschen Fassung, im späteren Teil des Werkes seltener wird.

Erhalten sind die Stimmen immer, von wenigen Ausnahmen abgesehen, wenn ihre Mitteilung für den Fortlauf der Geschichte, Geschichte im doppelten Sinne, gebraucht wird.

Ungekürzt sind die Kalendertage, in denen aus den Stimmen der Vergangenheit und den Mitteilungen der aktuellen Realität eine Art Fuge komponiert wurde. Der 3. September kontrastiert das Kennenlernen von Cresspahl und Lisbeth, ihre Pläne für Wohnort und Kinder mit Ilse Kochs Lebenslauf, ihrer Ehe und Schwangerschaft, und impliziert so schon 1931, was Lisbeth von Cresspahl verlangen wird, zumal sie Hitler als einer andern Nation zugehörig abtut (48-51). Am 19.9.1967 befragt eine Stimme Gesine nach ihren Gründen für die teuren privaten Erziehungsstätten für ihr Kind, eingeschobene Zeitungsmeldungen weisen auf eine von völlig anderen Gesetzen bestimmte Gesellschaft hin, die die Moral und Verhaltensregeln aus Maries Schulen als weltfremd und verlogen erscheinen lassen; solange täglich eine Liste gefallener Soldaten veröffentlicht wird, ist die Pflege durch den besten Privatarzt etwas Unsittliches (99-101).

Entbehrlich sind die Beschwernisse einer U-Bahn-Fahrt, womit ein ganzer Tag entfällt (27.5.1968). Die Vorankündigung Gronbergs (45), Cresspahls kontaktfreudige Aufforderung an ein Bismarckdenkmal (196), die Erinnerungen der Cousine aus Schleswig-Holstein (1862) sind folgenlos entfernbar, daß den amerikanischen Lesern der Hinweis auf des Genossen Stalins klassisches Englisch, was immer das gewesen ist, und seine Weisheit von den Ingenieuren der menschlichen Seele vorenthalten wird, ist bedauerlich, aber vielleicht verschmerzbar (777, 183).

Nebenfiguren. Auch in den imaginären Dialogen entfallen die Kursivstellen häufig, solange sie nur Zusätzliches zur Illustration einer Figur liefern, selbst wenn damit erklärende Umstände verlorengehen: Pius' Meldung zur Bewaffneten Volkspolizei muß ohne seine, vielleicht nur den Zeitgenossen nachvollziehbaren Überlegungen, unverständlich bleiben (1758f.). Und Jakobs und Gesines unterschiedliches Verständnis für Brüshaver hätte, stände es noch da, einiges über die Unmöglichkeit, sich allen gegenüber recht zu verhalten, erklärt (1402f.).

Zwischen Anita und Gesine fehlen drei kurz aufeinander folgende Gespräche (1611, 1613, 1615), im letzten schließt unmittelbar an die Mitteilung, daß Anita als Folge der Vergewaltigungen nie Kinder haben werde, das Ende von Majakowskis Gedicht *An Jessenin* an: »Sterben ist nicht schwer in diesem Leben« – das zu verlieren ist schade.[25]

Historisches. Wenn Einzelheiten zu Zeitumständen herausgenommen werden, geht es auf Kosten einer differenzierten historischen Darstellung, z.B. daß auch Nazis Prügel einstecken mußten (70), daß auch ein Tierarzt unter wirtschaftlich schlechten Zeiten leidet (711) und was man so alles aus den wechselnden Namen eines Hundes schließen kann (1849).

Zusammenfassungen. Ähnlich den kommentierenden Gesprächen zwischen Gesine und Marie wird in manchen der imaginären Gespräche das eben Erzählte aus einem anderen Blickwinkel besehen, bewertet oder zusammengefaßt. Auf Kosten einzelner neuer Informationen wurde so auf das Gespräch über Brüshavers Grabrede für Lisbeth (761) und Gesines Dialog mit Kliefoth über die Bestattung seiner Frau verzichtet (1177).[26]

Gelegentlich werden das Vorherige zusammenfassende niederdeutsche Redewendungen aufgegeben (377, 646, 771).

---

25 Außerdem entfallen die Schilderung, wie Hilde sich als Kind bedienen ließ (37), die Behauptung, daß Louise Utecht ein Schaf gewesen sei – eine Geschichte, die nie erzählt wird (33), die französische Angriffs- bzw. Verteidigungsrede des Ehemanns Fleury (155f.) und die Gründe für Kliefoths Absetzung als Schulleiter (1633f.).
26 Weitere Streichungen: S. 535, 951, 1026, 1496, 1590.

Auch mit dem Genossen Schriftsteller hat Gesine seltener Gelegenheit zu rechten. Zwar bekennt sie ihre Anwesenheit bei seinem Vortrag über die DDR (253) und lobt seine Reaktion auf das ihm nicht wohlgesinnte Publikum (255), aber sie darf nicht mehr über seine miserable englische Aussprache lästern (254), und zusammen mit dem vorhergehenden Absatz entfällt auch der imaginäre Dialog auf S. 257. Das vielzitierte Bekenntnis zum team work wurde übernommen, wobei die englische Version die Eindeutigkeit der Situation betont:

Who's telling this story, Gesine?
We both are. Surely that's obvious, Johnson. (I, 169)

Ebenso unverzichtbar war Gesines Bestehen auf der »Unentbehrlichkeit der Landschaft« der Kindheit für die Zeit ihres Todes (1822):

We don't care a hoot if you find this a bit overcharged, comrade writer! You are going to write this down! We are still able to withdraw from your book this very day. Up to you to figure out what kind of things we keep in mind in case of death. (II, 590)[27]

Prag. Bemerkenswert ist die Art der Kürzungen zum Thema Tschechoslowakei. In einem längeren Gespräch halten mehrere unbezeichnete Stimmen, die sie auf der South Ferry begleiten, Gesine ihre widersprüchliche Einstellung zu ihrem Arbeitsauftrag in Prag vor: »*Du tust etwas, und glaubst nicht daran*« und beurteilen ihn als »*eine Mission: Impossible*« – der kursive Teil dieses Tags ist vollständig gestrichen (619-622). Seit Ende April nehmen die imaginären Gespräche zu, die anhand unterschiedlicher Fakten oder Überlegungen Gesines Zweifel am Erfolg ihrer Prager Aufgabe zeigen. Drei Dialoge, die vermutlich auf Zeitungsmeldungen mit bedenklichen Nachrichten über die Vorgänge in und um die ČSSR beruhen, entfallen (1089f., 1110, 1616), des weiteren die Vorstellung, daß sie beruflich und materiell erpreßt werden könnte, gegen ihren Willen diesen Auftrag anzunehmen (1472), und ihre vergebliche Hoffnung, daß die Stimmen der Toten ihr in dieser Sache Rat wüßten (1582). Man könnte auch das Gedankenspiel über die Frauenkommune als mögliches Heim für Marie, sollte Gesine freiwillig oder unfreiwillig länger wegbleiben, dazurechnen (1256-1261). Selbst der 17. Mai 1968 wird übersprungen, an dem die Stimmen der Toten Gesine aus der Offenbarung der King James-Bibel vorlesen und sie den Filmtitel vom fünften Reiter als ein Symbol der Angst anfügt, nicht nur der Angst der

---

27 Weiterhin wurden die Kritik an Gesines business English (1039) und ihr Wunsch, der Genosse Schriftsteller möge öfter über Ginny Carpenter schreiben (1426-1428) ausgelassen.

Tschechen vor den Deutschen, sondern auch ihrer Angst vor der eigenen Zukunft.[28] Sollen durch diese ins Auge fallenden Auslassungen, die Gesines Zweifel an der Richtigkeit ihres Einsatzes zu bedenken geben, soll so die Fragwürdigkeit der Utopie heruntergespielt werden?

Fazit. Der Blick auf den verbliebenen Textkorpus macht deutlich, daß in der Zwangslage unumgänglicher Kürzungen die Entscheidung zugunsten der Familiengeschichte und scheinbar gegen die Zeitgeschichte fiel, so daß der Haupthandlungsstrang Jerichow am wenigsten beschädigt wurde. Schließlich gab die Geschichte einer Familie den Anlaß zum Erzählen, an der die Zeitgeschichte erkennbar werden sollte. Auf das Gegenwartsgeschehen in Amerika konnte auch deshalb eher verzichtet werden, da die aktuellen Informationen im allgemeinen Bewußtsein schon vorhanden waren und von einer geschichtlichen Dimension in diesem Sinne noch keine Rede sein konnte. Außerdem entfiel zwangsläufig die Notwendigkeit, dem deutschen Leser eine fremde Stadt nahezubringen. Insofern könnte sich die Leistung des Romans in der amerikanischen Fassung noch eher beweisen: ob selbst in dieser überwiegend in einem Handlungsstrang gekürzten Version die Parallelen zwischen Vergangenheit und Gegenwart gezogen werden und der Bezug zur moralischen Verantwortung des Einzelnen deutlich wird. Ein weiteres Prinzip der Kürzungen scheint der Verzicht auf Episodisches um Nebenfiguren zu sein, wenn damit wichtige Themen oder Motive wiederholt oder variiert werden, solange die grundsätzliche Aussage durch die Auslassung nicht gefährdet wird.

Kein Thema oder Motiv ist grundsätzlich gestrichen worden.

So einsichtig die Orientierung auf amerikanisches Verständnis und Wissensstand in diesem Fall ist, scheint es doch fraglich, ob diese Bearbeitung als Vorlage für Übersetzungen in andere Sprachen dienen sollte.[29]

---

28 Da nicht nur der 17., sondern auch der 9. Mai ausgelassen wird, an dem Gesine vom Film nacherzählt, was sie verstanden hat, verliert Mrs. Ferwalters ahnungsloser Vorschlag, sich zur Feier ihrer neuen US-Einbürgerungspapiere diesen Film anzusehen, seine ironische Bitterkeit.

29 Die französische Übersetzung hat den vollständigen Text zugrunde gelegt. Johnson, Uwe: Une année dans la vie de Gesine Cresspahl, übersetzt von Anne Gaudu, Éditions Gallimard, Paris 1975–1992.

II. Was übriggeblieben ist

Einen Roman mit zahlreichen englischen und niederdeutschen Textstellen und einem ausgeprägten Stil zu übersetzen, konfrontiert den Übersetzer mit grundsätzlichen Problemen.

Zudem brachte die langgestreckte Entstehungszeit den Nachteil zweier Übersetzer mit unausbleiblichen Unterschieden in der Arbeitsweise mit sich und demzufolge einen sichtlichen Einschnitt zwischen Band III und IV, an einer Stelle, an der ursprünglich kein neues Buch vorgesehen war.

Einige Lesehilfen sollten durch drucktechnische Änderungen gegeben werden: Wörtliche Rede erscheint immer in Anführungszeichen, lange Absätze werden ab und an in kürzere unterteilt, da können aus einem elf neue werden (210-212; I, 142-144), in Band IV wird das Verfahren auch ohne überzeugenden Grund umgedreht (z.B. mehrfach am 29.6.1968). Kommentierende ›asides‹ finden sich manchmal in Klammern oder Anführungszeichen wieder. Einige Zahlen wurden dem Landesbrauch angeglichen: Daß in New York Stockwerke amerikanisch gezählt werden, ist einzusehen, wenn das auch nicht konsequent gehandhabt wurde (I, 84), aber daß ein deutscher Englischlehrer die Größe seiner Schülerin in *Füßen* erinnert, ist außerordentlich (II, 642).

1. Besondere Schwierigkeiten. *Englisch*. Unvermeidlich mußte die Differenz der englischen Einschübe zu ihrer Umgebung verlorengehen und damit Lokalkolorit, Bedeutungsdifferenzierungen, ironische Untertöne und Wortspiele.

Wenn Lisbeth z.B. im August 1932 etwas über – ihr selbst nicht zugängliche – Geheimnisse auf Englisch schreibt, geschieht das nicht ohne Grund (775). Mr. Smiths vielsagend wortkarges Gespräch mit Cresspahl zu Lisbeths Beerdigung kann nicht anders als auf Englisch geführt werden, vor einem deutschsprachigen Hintergrund weist es auf die andere Lebensmöglichkeit (765) hin. Wenn Platt, Englisch und Hochdeutsch kurz aufeinanderfolgen, muß bei der Übertragung in eine Sprache mehr als Abwechslung verlorengehen, da jede Sprache ein ihr eigenes Ambiente trägt und der Wechsel vielseitig, z.B. für einen unangekündigten anderen Sprecher, genutzt werden kann.[30]

---

30 Das gilt selbst dann, wenn der Unterschied der Sprachebenen angedeutet und eine ideale Entsprechung für die Redewendung gefunden wird:

Der mähliche Lernprozeß des Kindes Marie, das sich anfangs weigert, die fremde Sprache zu verstehen und später die Mutter darin verbessert, ist so viel weniger anschaulich zu lesen, die englischen Zitate heben sich nicht mehr vom Kontext ab, und Slogans wie »Bugs Bunny for President« nehmen keine Sonderstellung mehr ein. Auch das mit offensichtlichem Vergnügen praktizierte Spiel, englische Idioms und Ausdrücke wörtlich ins Deutsche zu übertragen, ist nicht wiederholbar: Francine, »11 Jahre, gefärbt« (u.a. 772) wird ausgesprochen farblos »colored« und kann nicht den inneren Widerstand gegen die Rassenbezeichnung zeigen. Wenn Mrs. Ferwalter Marie mit »Sie ist eine Sport!« (48) lobt, fließt ihr ganzer Lebenslauf als tschechische Jüdin mit ein, die natürlich auch deutsch sprach, es aber inzwischen nicht mehr so sicher beherrscht, daß sie nicht gelegentlich aus dem Englischen rückübersetzt. »She is a sport!« (I, 35) kann nichts dergleichen.

»My Greek I don't know needs brushing up a bit« (I, 116) war der Ausgangspunkt und ist nur noch langweilig korrekt, da jedoch Wissen im Deutschen nicht wie ein Mantel behandelt wird, ist »Mein Griechisch [...] muß mal gebürstet werden« (168) so vergnüglich wie die Telefonnummer, die »sollte nur die Leine halten zur Praxis« (276), von der mit »to provide a line« (I, 183) nur eine Bedeutung erfaßt wird[31] und die das Am-Apparat-Bleiben versäumt.

Auch die Wortspielereien mit dem Gleichklang deutscher und englischer Phoneme konnten nicht übernommen werden.[32]

Platt. Ein weiteres unlösbares Problem stellten die Dialoge im Mecklenburger Platt dar. Johnson war sich klar, daß hierfür keine adäquate englische Parallele gefunden werden konnte und daß damit eine weitere sprachliche Schicht eingeebnet werden mußte.[33]

Beide Übersetzer haben versucht, durch Umgangssprache und besonders durch die für sie typischen Elisionen den gesprochenen Charakter

---

»Finnsti tau hüpsch? Even if I say so.
Mit achtzehn Jahren war sie Schnittlauch auf allen Suppen.« (775)
– »Think you're too pretty? If I say so myself.
At eighteen she was the cream in everyone's coffee.« (I, 504)

31 Warum das ursprüngliche ›idiom‹ nicht übernommen worden ist, bleibt unklar, zumal es in Verbindung mit »to Dr. Brewster's practice« das Wortspiel hätte retten können.

32 Z.B. S. 833, mit schlechtem Anschluß, da sich Gesines »See« auf die gestrichenen Sätze vom Kattdreier und Caterer beziehen.

33 Vgl. Wolff, Ich war für ihn »die alte Dame« (Anm. 2).

der Dialoge zu verdeutlichen, Leila Vennevitz hält das konsequent ein,[34] während Walter Arndt in Einzelfällen nach Varianten sucht: Um den Unterschied zwischen dem ortsfremden Schumann und den Jerichowern Wulff und Bienmüller herauszustellen, konstruiert er aus Elementen unterschiedlicher Dialekte eine künstliche Sprache: »Nah, they won't let me got there wid the Djeep. Orders from occupation forces, that be.« (II, 360)

Die Verneinung »nah«, der Ersatz des »th« durch »d« und die falsche Grammatik könnten einen amerikanischen Slang suggerieren, in jedem Fall einen ungebildeten Sprecher.

»Nah, that's for sure. I be the third as 'tis.« (II, 361) Hier wird ein amerikanischer Ausdruck mit der für das englische West Country typischen Grammatik, »I be« als Indikativ für »I am«, gemischt. So wird eher ein sozialer statt ein geographischer Unterschied betont, und weder macht das das Platt, noch gehören die drei unterschiedlichen gesellschaftlichen Schichten an, noch könnten Wulff und Bienmüller nicht korrekt sprechen!

Cresspahl, der sonst stets hoch- oder umgangssprachliches Englisch redet, scheint plötzlich aus Yorkshire zu kommen: »Jist summat folk say« (II, 452). Als Böttcher Cresspahl seine Serienfertigung von Wachtürmen für die Besatzungsmacht gesteht, enden beide das eingeschobene imaginäre Gespräch mit »I'truth not« (II, 434), eine Formulierung, die besonders aufgrund des ausgelassenen »n« heutigen Ohren nach Shakespeare oder gar nach Mittelalter klingt. Diese Wahl für das niederdeutsche »Ihrlich« (1568) ist um so verwunderlicher, als die vorhergehende Anspielung auf den 23. Psalm »denn Jakob war bei mir« (1568) nicht in der biblischen Sprache aufgenommen worden ist. An anderer Stelle wird, vermutlich um das sonst nie differenzierte »du« zu retten – was inhaltlich kaum zu begründen wäre –, das seit dem Ende des 16. Jahrhunderts nicht mehr gebräuchliche und heute als biblisch assoziierte »thou« eingesetzt: »Thou shall get out of here!« (II, 394) Vielleicht war der Zorn der Vierzehnjährigen wirklich biblisch, aber für »Du sast rut hier!« (1480) hätte »Get out of here!« völlig ausgereicht.

Einmal wird das Niederdeutsche übernommen,[35] da der deutsche Text die Übersetzung mitliefert, oder nur die Anrede »Fru« (durchgängig am

---

34 Eine geschickte Lösung findet sie für Lisbeths englische Brocken im Niederdeutschen, Anzeichen ihrer Eingewöhnung in England, indem sie die mundartlichen Wörter durch deutsche ersetzt und so das Gemisch erhalten kann (I, 123).

35 Nicht ganz korrekt: »Droeben sunt die Russen« (II, 362), obwohl Umlaute sonst gesetzt werden.

20.8.1968) oder als einzelnes Wort (»Kinnings« 1476) übergangen, obwohl sich dafür mehrere Entsprechungen hätten finden lassen müssen.

Andere Fremdsprachen. Mit den Bruchstücken aus anderen Fremdsprachen ist es den amerikanischen Lesern etwas leichter gemacht worden, sie erhalten, so sie nicht aus dem Zusammenhang zu erraten sind, eine vor- oder nachgestellte Übersetzung, mit Ausnahme des Lateinischen, dessen Verständnis in den ersten drei Bänden vorausgesetzt wird, während es im 4. Band Nachhilfe gibt.

Syntax. Da sich die Beziehung der englischen Satzglieder zueinander nur durch eine fest vorgeschriebene Folge und durch Funktionswörter regelt, gibt es nur sehr begrenzte Möglichkeiten, die syntaktischen Eigenheiten eines deutschen Textes nachzubilden. Wird z.B. zur Betonung ein Satzglied aus der verbalen Klammer herausgelöst, läßt sich das im Englischen nicht wiederholen, weil es die Norm ist.

»wie wir uns etwas vorgenommen haben für den Tod« (1822) verliert Poesie, Schwere (und Kürze): »what kind of things we keep in mind in case of death« (II, 590). Die Akzentuierung des Adjektivs »Schuldig sind wir vor ihm« (1805) ist nicht nachkonstruierbar – auf Kosten von Prägnanz und Betroffenheit: »We are guilty before him.« (II, 582)

Auch die häufigen Parataxen zeigen im Englischen nicht die gleiche Wirkung, da die Folge Subjekt – Verb – Objekt in Haupt- und Gliedsätzen die gleiche ist. Da, wo Johnson durch Abweichung gegen die ›normale‹ deutsche Wortstellung verstößt, um durch Irritation Aufmerksamkeit zu erregen, »Sie ist nicht sicher, ob Juden vor 1933 noch mieten durften in dem Fischerdorf vor Jerichow, sie kann sich nicht erinnern an ein Verbotsschild« (7) kann die syntaktische Ausnahme im Englischen nicht kopiert werden, da das Modalverb vor dem Hauptverb stehen muß – alle anderen Stellungen würden die Konstruktion hoffnungslos falsch klingen lassen.

Namen. Personennamen, auch sprechende Namen wie Zoll oder Stellmann, sind beibehalten worden, mit Ausnahme einer anglizierten Anne-Dorthy und Jule Westphals Wandel zu Julie, damit sie sich nicht in einen Mann verwandelte, und bei den Ortsnamen, völlig unergründlich, der neutralisierten Rehberge: »On the hillside« (I, 64). Saitschik wird übersetzt und erhält den Zusatz »in the conquerors' idiom« (II, 441). Für Vassarion aber ist eine kongeniale Lösung gefunden worden, indem der Hahn in ein Abflußrohr umfunktioniert wird, statt »drain« will Bergie Quade »drown« verstehen, so daß die Geschichten der Selbstmorde sich nahtlos anschließen können und der Rotarmist »Draan« gerufen wird (II, 162ff.).

Das Zentralorgan der SED wird sogar als Genitiv übersetzt »›New Germany's‹« (I, 54), Lokalblätter behalten ihren deutschen Titel. Malchow liegt mal »am See«, mal »on-the-Lake« (I, 146; I, 473).

Im Falle der Pubs hat sich ausgerechnet aufgrund der gründlichen Zusammenarbeit zwischen Johnson und Leila Vennewitz ein Fehler eingeschlichen, als sie ihn darauf hinwies, daß das seit jeher bekannte Dorkinger Wirtshaus das »White Horse« sei, und er bittet, es zu berichtigen.[36] Da Cresspahls Stammkneipe die Farbe nicht wechselt, verschmelzen beide in der englischen Fassung zu einem (I, 76), Cresspahl trinkt sein regelmäßiges Pint nun 20 Meilen entfernt im Süden, obwohl ein »Black Horse« keine fünf Minuten von der Manor Road entfernt stand und steht. Auch die wohlgemeinte Änderung des Richmond Hill Park in Richmond Park (I, 105) ist einfach falsch, letzterer ist zwar der größere und bekanntere Park, aber Lisbeths Weg führt auf den »Hill«, an dem ein terrassenartig angelegter kleinerer Park liegt, nur von dessen Höhe hat sie die berühmte, inzwischen unter Denkmalschutz stehende Aussicht.[37]

2. Band I–III. Es wäre ein Understatement zu behaupten, Leila Vennewitz habe sich ihre Arbeit nicht leicht gemacht. Mit einer nur ›richtigen‹ Übertragung nie zufrieden, hat sie sich um genaustes Sachverständnis, adäquate Sprachebenen, Intentionen des Autors bei ambivalenten Stellen und Tonfall und Atmosphäre des Originals bemüht. Aus ihrem Briefwechsel mit Johnson vom 2.11.1970 bis zum 26.3.1978, dessen wichtigster Teil von Eberhard Fahlke herausgegeben und kommentiert worden ist,[38] läßt sich nicht nur die ergiebige Zusammenarbeit, sondern auch die außerordentliche Gründlichkeit und Genauigkeit ihrer Arbeitsweise erkennen.

Welche Vorstellung sie von ihrer Aufgabe hatte, wird aus ihrem Brief an Johnson vom 17.4.1973 über ihren Vortrag an der Washington University in Seattle ersichtlich, der von der »interrelationship between the aspects of *art* and *craft* in translation«[39] handeln sollte.

---

36 Vgl. Brief von Leila Vennevitz vom 25.1.1971 und Johnsons Antwort vom 28.1.1971, in: Fahlke, Auskünfte (Anm. 8), S. 327.
37 Johnson ist so von Leila Vennewitzes gründlicher Nachforschung überzeugt, daß er sich am 10.8.1971 in seiner Antwort auf ihren Brief vom 3.8.1971 entschuldigt, obwohl seine Version die richtige ist: »Habe ich mich ernstlich zu ›Richmond Hill Park‹ verstiegen, will ich mich schämen«, in: Fahlke, Auskünfte (Anm. 8), S. 337f.
38 Ebd.
39 Leila Vennewitz, Brief vom 17.4.1973, Johnson-Archiv.

Für die Arbeit an diesem Roman war es hilfreich, daß sie im Herbst 1969 Lübeck und Travemünde besucht hatte, daß sie in Richmond gewesen und die Umgebung des Riverside Drives abgelaufen war, um sich mit Upper West Manhattan bekannt zu machen. Sie erhielt von Johnson die gekürzte Fassung, eine deutsche Übersetzung des Niederdeutschen sowie seine Leitz-Ordner mit den Ausschnitten aus der *New York Times*. (Als, durch den Umzug nach Sheerness verursacht, die Ordner nicht pünktlich vorlagen, klingt ihre wiederholte Mahnung verärgert und ist nur durch Airmail Express wiedergutzumachen.) Gelegentlich mahnt sie auch die Beantwortung ihrer Fragen und die Korrektur ihrer Manuskriptseiten an. Am 11./12. Mai 1971 trafen sich Johnson und das Ehepaar Vennewitz in Hamburg, um anstehende Fragen zu klären. Im besonderen bei der Übertragung des dritten Bandes hat Wilhelm Vennewitz seine Frau unterstützt, von der Seite des Verlags hat Helen Wolff die Übersetzung betreut.

In ihren Briefen an Johnson fragt Leila Vennewitz nach ihr unbekannten Begriffen, bietet mehrere Varianten an, wenn ihr die Intention im Deutschen nicht ganz gewiß ist, weist auf ihr unlogisch Erscheinendes hin, macht auf Fehler aufmerksam, wenn durch die Kürzungen Anschlußprobleme entstehen oder zeichnet auf, wie sie sich einen Gegenstand vorstellt. Um eines Adverbs willen, (verdächtigte sie den Autor, nicht ganz präzis aus dem Französischen übersetzt zu haben?) liest sie Sartre im Original nach (I, 262),[40] streicht einer britischen Firma ein Komma,[41] moniert, daß der *Lübecker General-Anzeiger* unterschiedlich geschrieben wird, und vermutlich hat Johnson von ihr erst gelernt, daß Caran d'ache außer einer Schweizer Bleistiftmarke auch das Pseudonym des französischen Karikaturenzeichners Emanuel Poiré ist.[42]

Johnson beantwortet ihre Fragen anfangs alle separat, später auch durch Korrekturen direkt in ihre Briefe, in den ersten Antworten trägt er vor allem Sorge, daß die literarischen Anspielungen erkennbar bleiben.

Dank ihrer Fragen kamen Auskünfte und Interpretationen, die nicht nur für die Übersetzerin hilfreich sind. Wir wissen nun sicher, daß Kollmorgen, als Papenbrock und Cresspahl ihn aufsuchten, den jüngeren Seneca, nämlich *De tranquillitate animi* gelesen hat,[43] daß »Versogelieke«

---

40 Fahlke, Auskünfte (Anm. 8), S. 336.
41 Leila Vennewitz, Brief vom 11.7.1972, Johnson-Archiv.
42 Leila Vennewitz, Brief vom 17.12.1975, Johnson-Archiv.
43 Fahlke, Auskünfte (Anm. 8), S. 329.

und seine Varianten wirklich »'scuse me« bedeuten,[44] können nachschauen, wo genau die Ziegelei lag und Brüshaver wohnte.[45]

So werden in Einzelfällen die englischen Sätze verständlicher als die deutschen, z.B. wenn es von der *New York Times* heißt: »sie versteht einen Witz, solange sie im festen Interesse der Allgemeinheit ihn unzulässig zu nennen nicht umhinkann« (39). »She enjoys a joke as long as she is not forced, in the public interest, to call it unacceptable.« (I, 28)

Wie sich bei aller wörtlichen Präzision die Übersetzerin gleichzeitig um eine Nachdichtung bemüht hat, zeigen ihre Überlegungen um den Schluß des ersten englischen Bandes. Vielleicht auch um ein den Ausgängen der drei ursprünglichen deutschen Bände, die leitmotivisch an Jakob erinnern, entsprechendes Ende zu finden, schlägt sie vor: »Now as to the 39th Psalm. I see that, on your p. 763, you have taken the King James version, and I refer specifically to line 7 from bottom of p. 763: ›and be no more‹. I would like, if I may, to take the translation used in the Anglican service for the burial of the dead, where we find: ›and be no more seen.‹ My reason is this: the last words of what is now to be Vol. 1 of the book (p. 776) are ›Nicht zu sehen.‹ I would like to turn that into: ›Seen no more.‹ This for the perceptive reader should cause an echo from the burial service, and even if it doesn't it is, I think, a good ending. The last sentences in the book would thus run:

She was gone so suddenly; she was never mentioned. Seen no more.«[46]

Johnson antwortete am 13.3.1973 auf S. 763 bezugnehmend: »be no more seen, especially because it is the Anglican use« und zu S. 776: »Correspondingly. *Seen no more*. It is a good ending, and if it does not cause an echo from the burial scene for everybody, I am glad if it does so for you, and I hear it too.«[47]

In ihrem englischen Typoskript, das bis zum 21. Mai erhalten ist, finden sich für die August- und Septembertage 1967 einige Korrrekturen in der Handschrift des Autors, danach nur noch sehr vereinzelte, die vor allem Sprachebene und Wortwahl vereinfachen, indem Wörter mit lateinischer Herkunft durch germanische ersetzt werden. Statt »I have been assured of this« wird »They told me later« vorgeschlagen, im Druck steht »I have been told this« (I, 82). In dem Satz »if he can waste that much time on his emotions« wird das letzte Wort durch »feelings« ersetzt (I, 64),

---

44 Unterstreichung Johnsons in Leila Vennewitzes Brief vom 3.7.1972, Johnson-Archiv.
45 Fahlke, Auskünfte (Anm. 8), S. 347.
46 Leila Vennewitz, Brief vom 5.2.1973, Johnson-Archiv.
47 Uwe Johnson, Brief an Leila Vennewitz vom 13.3.1973, Johnson-Archiv.

für »wenn er soviel Zeit aufbringt für sein Gemüt« (87). Statt »That's how he imagines his life« heißt es »how he sees his life« (I, 64), wobei eher die einfache Sprache Stoffregens, aber weniger der Aspekt des Zukünftigen erfaßt wird: »Das stellte er sich vom Leben vor« (87).

Andere Beispiele demonstrieren, wie präzis Johnson Tonfall und Bedeutungen der englischen Sprache einschätzen konnte. Sein Vorschlag anstelle von »He can't be after the money« das umgangssprachlichere »it's not the money he's after« (I, 64) zu nehmen, ist der Sprachebene angemessener: »Ja gesundstoßen will er sich nicht« (87). Da »as if there were work to be looked at« nicht »als sei Arbeit zum Besichtigen da« (86) entspricht, verbessert er in »as if work were to be looked at« (I, 63).

Mit Leila Vennewitz hatte ein Autor seine ideale Leserin und Übersetzerin gefunden, die, soweit das bei den Schwierigkeiten dieses Werkes möglich war, es in Tonlage, Stil und Idiomatik nachgeschaffen hat. Johnson dankt ihr am 13.8.1971 nach der Fertigstellung des 1. Bandes: »Sie sehen an der geringen Zahl meiner Bemerkungen, von denen viele überdies anheimstellen oder beliebig sind, dass Ihre Übersetzung für mich schlicht mein Buch auf Amerikanisch geworden ist. Ich danke Ihnen herzlich für die Mühe, die Sie aufgewandt haben. Nicht danken kann ich Ihnen für das Verständnis das [sic] Sie den Personen des Buches entgegenbringen; eher halte ich es für eine glückliche Fügung, die ganz andere Äusserungen von Freude verlangt.«[48]

3. Band IV. Die Übersetzung eines zu drei Vierteln beendeten Romans fortzusetzen, ist zweifellos eine undankbare Aufgabe, zudem Walter Arndt weder Erklärungs- noch Entscheidungshilfe beim Autor suchen konnte. Obwohl der 4. Band im allgemeinen eine adäquate englische Version dieses sprachlich so problemreichen Textes darstellt, ist ein Einschnitt im Werk nicht zu überlesen.

Auffälliger als in den ersten Bänden ist die Tendenz, eigenwillige Formulierungen und Konstruktionen in normatives Englisch zu glätten: »Die Cresspahl gestand zu, daß der Anblick auch ihr eine Betroffenheit ins Gefühl geschmuggelt habe, die sei ihr widerlich gewesen.« (1850) – »Cresspahl admitted that such sights had indeed caused her a sneaking sense of revulsion.« (II, 613)[49] Vor der bewußt simplen Lexik wird

---

48 Uwe Johnson, Brief an Leila Vennewitz vom 13.7.1971, Johnson-Archiv. Vgl. auch Fahlke, Auskünfte (Anm. 8), S. 316.

49 So auch: »Gantliks Tochter war sie, Anita hieß sie.« (1604) – »She was Gantlik's daughter, and her name was Anita.« (II, 456)

zurückgescheut: »Russische Außenpolitk macht Molotov« (1413) – »*Russian* foreign policy is conducted by Molotov« (II, 363), das Passiv rettet zwar die Wortstellung, aber Ironie und Alliteration gehen verloren.[50] Ellipsen entwickeln sich zu vollständigen Sätzen: »Rasselnde Kiesel um die Knöchel.« (1891) – »Shingle rattled about our ankles.« (II, 644)

Nicht selten finden sich erklärende Zusätze, die für ausgefallene Begriffe wie »Entwarnungsfrisur« (II, 377), als ergänzende Jahreszahlen (II, 397) oder Namen für im Deutschen nur umschriebene historische Persönlichkeiten (II, 498) hilfreich sein können, aber die manchmal nur als stilistische Ranken auftreten: »Wovor denn hatte er sich gefürchtet?« (1415) – »What had he been afraid of – answer me that?« (II, 364) Oder: »Kuckt uns man an, un denn wählt! Dit hev ick nich secht vonne Partei, ditt sech ick as Boegemeiste. Ruhich!« (1414) – »Look at us – go ahead and look, and then vote! That I have now said by the Party's mouth, that I say as a mayor.« Die falsche Übersetzung der Verneinung ist so unlogisch, daß man gern einen Druckfehler vermuten möchte.

In anderen Fällen sind die wohlgemeinten Zusätze unverständlich: Wenn Marie für Bettina Riepschläger »Sauhaufen?« (1648) souffliert, ist der Nachsatz »Bunch of pigs, as the Wehrmacht liked to say?« (II, 474) weder für ein in den Staaten aufgewachsenes Kind noch für Das Blonde Gift, das auch kein Mitglied dieses Vereins gewesen war, einzusehen. Rohlfs ist zwar 15 Seiten vorher einschließlich seines Amts erwähnt worden, trotzdem mag die Berufsbezeichnung der Erinnerung helfen: »but Herr Rohlfs, long captain of State Security, is dead or has foundered in his own manner against the cliff of majors's rank, like the officers of professional armies in peacetime.« (II, 643) Das war: »aber Herr Rohlfs ist tot, oder auf seine Art gescheitert an der Majorsecke.« (1890) – Weder trifft der eingefügte Vergleich Rohlfs Schwierigkeiten, noch können sich die Deutschen aktuelle Vorstellungen über Karrieresorgen in einer Berufsarmee machen, und ob der konkret zu verstehende Rhombus auf der Schulterklappe nur metaphorisch statt als »diamond« zu übertragen war?

Manchmal wird es umständlich: »Da hiervon keine Rede sein kann« (1418) – »Since there can be no question of fact in regard to the above« (II, 366). Literarische Anspielungen auf der gleichen Ebene wie das Original erkennbar, aber nicht überdeutlich zu halten, wird nicht in

---

50 Auch hier verliert sich das Besondere der Diktion in der Anpassung an die gängigere Wortart: »Hier müssen andere Wissenschaften als die soziologischen bemüht werden.« (1419) – »Here one must call upon other sciences than sociology.« (II, 367)

jedem Falle möglich sein, trotzdem sollte man nicht, womöglich Unkenntnis der Zitate beim amerikanischen Leser voraussetzend, die Wiedererkennung unnötig erschweren, indem z.B. Louis Fürnberg, dessen pathetischer Ton sehr genau getroffen worden ist, im Wortlaut weitgehender variiert wird als im Deutschen (»It gave us«, »she has granted you«, »The Party is always in the right« [II, 563] und »but the Party is not human, so it is always right« [II, 603]).[51] Wenn eine »dignified old lady« (I, 399) später als »that worthy elder« (II, 410) auftritt, verflüchtigt sich eine »unwürdige Greisin« (608, 1526), zumal sie als »Unworthy Old Woman« in der Übersetzung Martin Ensslins bekannt sein könnte.

Gewisse Inkonsequenzen im Vokabular mögen unbedeutend sein,[52] aber warum muß die »Wassertonnengeschichte«, bislang durchgängig als »water-butt story« übersetzt, plötzlich zur »murder-most-foul story« werden? (II, 479)

Und leider sind auch einzelne Sätze einfach falsch. Da der Druckfehler im Symbol der Amtswürde des Rektors nicht erkannt wurde (1682), wird aus dem Schlüssel ein höchst ungewöhnlicher »salver holding the office of the principalship« (II, 497), also eine Schale oder ein Tablett. Genau das Gegenteil geschah vermutlich mit Gesines »Lebensläufe(n)«, wo der Plural als Fehler verstanden wurde, obwohl der Fortlauf des Satzes ihn erfordert: »Wer eines Tages die amtlichen Lebensläufe dieser Gesine Cresspahl vergleicht« (1451), nun muß auch noch das Verb verändert werden, um den Satz nicht ganz auseinanderfallen zu lassen: »Whoever might one day examine the official curriculum vitae« (II, 380). Ebenso

---

51 Die ins letzte Zitat inkorporierte Anfangszeile von Brechts Einheitsfrontlied lautet in der bekannten Übersetzung: »And because a man is human he'll want to eat – and thanks a lot.« Brecht, Bertolt: Poems, hg. v. John Willet, übersetzt v. Muriel Rukeyser, London 1976. Als Ausgleich für die Erschwernis wird in bezug auf Manfras interpretatorische Hilfe gegeben: »For this he is abundantly rewarded – he gets it free, as our love song to the party mentioned« (II, 564), das war: »Dafür wird er belohnt in Fülle, ohne Geiz« (1784). Ähnlich inkonsequent: »Can love really be sin?« (II, 445) und »Yes, but can love be a sin?« (II, 449).

52 »Arbeitsgemeinschaft« ist nicht nur ein terminus technicus der Pädagogiktheorie der DDR gewesen, sondern ein allgemein praktiziertes System gegenseitiger Hilfe (und sei es die des Abschreibens vom Fleißigeren). Das wird verwischt, wenn sie erst als »coed study team« (II, 441) und später als »homework team« (II, 534) auftritt. Wenn Pius Gründe erfindet, warum man nicht im Blauhemd erschienen sei: »aber schon für Einsätze in der Kartoffelernte sei es zu schade« (1648), wird das in dieser Bedeutung nur amerikanischen Lesern verständliche Wort »detail« für »harten Arbeitseinsatz« gewählt: »but declined to use even on potato-digging details« (II, 474).

unerklärlich warum »Nachbarschaft« (1599) zu »Neighborless« (II, 452) mutiert.[53]

Unentschuldbar, wie immer auch verursacht, ist das Malheur vom 22. Juli 1968. Die Kürzung setzt nach der ersten von Heinrich Cresspahls englischen Redewendungen ein (1601), wobei sich der Übersetzer für letztere die Freiheit nimmt, eine romananzüglichere Wendung zu wählen. Die Streichung verzichtet dann auf die für das Verständnis unumgängliche Anmeldung Gesines zum Konfirmandenunterricht und setzt mitten im Satz über Louise Papenbrock wieder ein: »Don't preach in Jerichow, [/] and the staunchest faith in the state Lutheran Church (to take her word for it), but adherents of the faith in her house, she feared, would stir up the ill will of Albert's jailers.« (II, 453) »She« – fortlaufendes Subjekt durch alle Teilsätze müßte die Mecklenburger Landeskirche sein, das hieße, sie fürchtete den Zorn der staatlichen Macht, weil sie Anhängern ihrer Konfession – daß es sich auf die Jerichower Konfirmanden beziehen sollte, ist beim besten Willen nicht zu ahnen – in ihren eigenen Räumen den Aufenthalt gestattet. Sollte der Leser darauf bestehen, daß der Genus der Kirche im Englischen nie und nimmer ein weiblicher ist, müßte er Gesine als Handlungsträger für Louises Gebärmel annehmen. Wie Gesine plötzlich doch den Weg zu Brüshaver und dem Katechismus gefunden hat, bleibt der Phantasie des Lesers überlassen. Das im Briefwechsel zwischen Leila Vennewitz und Uwe Johnson erwähnte »mystification department« sollte aber für diese Stelle nicht zuständig sein.[54]

Dagegen sind die Nachdichtungen der Verse und Sprüche wie der über den Zucker (II, 382) und die Auszüge aus »The Raising of Millet« (II, 586-588) durchweg ein Vernügen zu lesen. Zwar hat »Händchen falten« (1453) leider seinen Zusatz in der letzten Zeile verloren, was Spaß und Sinn verändert, aber Bully Buhlan wäre mit Walter Arndt als Texter besser beraten gewesen, neben »Yoop-dee-doo, oh, yoop-dee-doo, you can't take a wall and ram your noodle through!« (II, 528) wirkt das deutsche Original blaß und farblos, zumal ihm die vorausahnende Anspielung fehlt. Ähnlich ist das Urteil über die *Tägliche Rundschau* (1821) auf Englisch fast noch pfiffiger und bösartiger anzuhören, obwohl niemals ein »waily« Artikel die Zensur der Zeitung passiert hätte:

---

53 Weitere Beispiele: »der blankäugige Agnostiker« (1602) – »the popeyed agnostic« (II, 453). In dem Bericht von den Weltfestspielen 1950 wird Honecker einer Verjüngungskur unterzogen: »damals fast achtunddreißig Jahre alt« (1660) – »Almost thirty-eight years old now« (II, 484).

54 Leila Vennewitz, Brief vom 13.2.1973, Johnson-Archiv.

Daily Survey! Latest Issue!
Waily Survey: Bathroom Tissue. (II, 589)

Wenn auch der 4. Band manche Mängel aufzeigt, so handelt es sich doch um Einzelheiten, die nicht überdecken sollen, daß es sich im allgemeinen um eine inhaltlich korrekte und sprachlich saubere Übersetzung handelt. Trotzdem drängt sich die Frage auf, ob es nicht angesichts der vorhandenen Schwächen und Fehler der Übersetzung, der gelegentlich gravierenderen Anschluß- und Beziehungsprobleme im gesamten englischen Text, vor allem aber aufgrund des beträchtlichen Verlusts an Geschichten und Geschichte, zudem inzwischen auch für Amerikaner der Vietnamkrieg und andere Ereignisse der Jahre 1967/68 historisch und damit entrückter werden – von der angelsächsischen Lesewelt ganz zu schweigen –, ob es nicht Zeit sei, die *Jahrestage* alle und vollständig zu übersetzen.

Irmgard Müller, Kugelherrnstr. 14, 61462 Königstein

Annekatrin Klaus

Marjorie zum Beispiel

Nach wie vor gilt, daß sich Forschungsansätze und -ergebnisse der feministischen Literaturwissenschaft noch nicht so haben durchsetzen können, wie es wünschenswert wäre. Daß der etablierten Germanistik in diesen Belangen immer noch ein gerütteltes Maß an Akzeptanz und Aufmerksamkeit fehlt, wird vor allen Dingen dann deutlich, wenn es eben nicht um jene Autoren geht, die unbelehrbar unter die Röcke ihrer Großmütter zurückwollen, sondern um weniger auffällige Stücke Prosa, um scheinbar ›unbescholtene‹ Autoren. Ein Blick aus der Perspektive besagten Diskursfeldes würde oft schnell zeigen, daß noch in sehr vielen Texten Weiblichkeitsmythen munter weiterwuchern, und er würde verhindern, daß diese von der sekundären, hier auch sekundierenden Literatur unreflektiert weitertransportiert werden. Als Fingerzeig soll an dieser Stelle die Betrachtung einer unscheinbaren Figur aus einem großen Werk – Johnsons *Jahrestage* – genügen: Marjorie zum Beispiel.

In einer Vielzahl von Untersuchungen feministisch-kritischer Provenienz ist darauf hingewiesen worden, wie sehr ›die Frau‹ mit den Imaginationsfeldern Wasser, Natur und Tod (bzw. Wiedergeburt) bis zur Unkenntlichkeit verwoben worden ist – und das nicht nur in Märchen, Mythen und Legenden. Der allen drei Zuschreibungsformen zugrundeliegende Mechanismus ist der des männlichen Blicks, der patriarchalen Wunsch- und Angstprojektion auf ›die fremde Frau‹, ›die andere Frau‹ als dem »universellen Bild der Ambivalenz«:[1] sie verkörpert die wider-

---

1 Weigel, Sigrid: ›Das Weibliche als Metapher des Metonymischen‹. Kritische

sprüchliche Einheit der Wesenszüge lebensspendend, lockend, bergend und lebensvernichtend, bedrohlich, zerstörend. Diese Ambivalenz ist es, die nun noch ein weiteres Imaginationsfeld von Weiblichkeit begründet – der von Menschenhand geschaffene Lebensort Stadt ist, wenn man sich vor Feinden oder der feindlichen Natur hinter ihre Mauern rettet, ein »Bergendes, Umhüllendes«,[2] wenn sie sich jedoch zum Moloch ausgewachsen hat, eher ein Verschlingendes.[3] Unter Berücksichtigung dieser beiden gegensätzlichen Wirklichkeiten von Stadt ist es nicht erstaunlich, daß »die Geschichte der Stadtdarstellungen [...] übervoll von Beispielen für die Analogisierung von Stadt und Frau«[4] ist; so auch noch in unserem Jahrhundert in Ernst Jüngers bekanntem Satz: »Die Städte sind weiblich und nur dem Sieger hold« oder in einer aktuelleren, weniger prominenten Stimme der Presse: »Funkelnde Augen, Herzmund, wallende Locken und ein üppiger Busen: So sieht Spaniens Designer-Star Javier Mariscal seine Lieblingsstadt. ›Barcelona ist für mich eine reife, schöne Frau [...]‹, sagt er.«[5] Es gilt also festzuhalten, daß »die Metaphorisierung und Allegorisierung der Stadt als Frau oder als weiblich nichts Ungewöhnliches«[6] ist und ihre ältesten Ausformungen in den biblischen Mythen von der »Hure Babylon« und dem »Heiligen Jerusalem« hat, das »vom Himmel herabgefahren kommt ›bereitet als geschmückte Braut dem Manne‹«.[7]

Mrs. Gesine Cresspahl, Haupt-Person und augenscheinlich gleichberechtigte Co-Autorin der *Jahrestage* lebt in New York, dieser Riesenstadt, die eben »Jerusalem und Babylon zugleich«[8] ist. Sie lebt dort allerdings »als Fremde«, die sich weigert, den »Status des Gastes« aufzugeben,[9] so daß *sie* die Stadt nicht sein kann – statt dessen ist es ihr außenstehendes, alltägliches Erleben, das sich in der Darstellung New Yorks niederschlägt.

Überlegungen des Weiblichen als Verfahren oder Schreibweise, in: Kontroversen, alte und neue. Akten des VII. Internationalen Germanistik-Kongresses Göttingen 1985, Bd. 6, Tübingen 1986, S. 108-118, hier: S. 118.

2 Dies.: Topographien der Geschlechter. Kulturgeschichtliche Studien zur Literatur, Reinbek bei Hamburg 1990, S. 150.

3 Vgl. Theweleit, Klaus: Männerphantasien, Frankfurt am Main 1977, S. 305f.

4 Weigel, Topographien (Anm. 2), S. 150.

5 STERN, Heft 31 vom 23. Juli 1992, S. 46.

6 Weigel, Topographien (Anm. 2), S. 150.

7 Ebd., S. 161.

8 Krätzer, Anita: Auf der amerikanischen Seite der Sprache. Komplexität und Perspektiven des Amerikabildes in Uwe Johnsons Romanwerk *Jahrestage,* in: die horen 29, 1984, Heft 136, S. 63-76, hier: S. 65.

9 Vgl. ebd., S. 69.

Ähnlich wie die Naturbeschreibungen in den *Jahrestagen* ist diese geprägt von scharf beobachtender Nüchternheit[10] und zudem von einer geradezu analytisch anmutenden Einteilung in Themenbereiche: z.B. Geräusche in New York,[11] die New Yorker Subway (JT, 367ff.), Weihnachten in New York (JT, 500), kleine New Yorker Schabenkunde (JT, 822ff.), Slums in New York (JT, 842ff.), Bettler in New York (JT, 887 und 1200ff.), Regen in New York (JT, 1583f.). Auch die menschliche Seite des Molochs wird in fast zyklisch auftauchenden, kleinen Anekdoten (z.B. JT, 1227ff.: zwei Schwarze helfen Gesine in die überfüllte U-Bahn) festgehalten. Die nähere Lebensumgebung der Cresspahls, der Riverside Drive und der Broadway oberhalb der 72. Straße, bildet dabei ein eigenes, immer wieder anklingendes Thema,[12] das mit ähnlich genauem Blick behandelt und das gleichwohl oft mit jenem sympathetischen, manchmal resignierenden »Hier wohnen wir« (JT, 54) bzw. »Hier leben wir« (JT, 847) beschlossen wird, welches epigrammatisch das Lebensgefühl Gesines in dieser Stadt wiedergibt. Dieses Gefühl gewinnt an Deutlichkeit in Anbetracht des bevorstehenden, ungewissen Prag-Ausfluges – »Es ist nicht Angst, es fühlt sich übler an: wie Abschied, Abschied von New York« (JT, 1473) –, so daß bei allem nüchternen Zugriff durchaus von einer Verbundenheit Gesines mit ihrer Wahlheimat gesprochen werden kann.

Diese Hinwendung trotz Distanz mag dafür verantwortlich sein, daß etwas Merkwürdiges geschieht: die erwähnten »historische[n], soziologische[n] und topographische[n] Exkurse«[13] sowie die penibel registrierende, oft unsinnliche[14] Genauigkeit der Beobachtung sind zwar der Grund dafür, daß es »nicht die Mythen des ›Traumlandes‹ Amerika und seiner ›Riesenstadt New York‹«[15] sind, die in die *Jahrestage* eingegangen sind – trotzdem liegt meiner Meinung nach eine Mythisierung vor, und zwar im eingangs beschriebenen Sinne, in der dort skizzierten, positiv

---

10 Vgl. Bauschinger, Sigrid: Mythos Manhattan. Die Faszination einer Stadt, in: H. Deklo/W. Malsch/S. Bauschinger (Hg.), Amerika in der deutschen Literatur, Stuttgart 1975, S. 382-397 (bes. S. 391).

11 Vgl. Johnson, Uwe: Jahrestage. Aus dem Leben von Gesine Cresspahl, Bd. I-IV, Frankfurt am Main 1988, S. 240ff.

12 Vgl. z.B. JT, 26f., 52ff., 96ff., 548, 1188ff.

13 Krätzer, Anita: Studien zum Amerikabild in der neueren deutschen Literatur. Max Frisch – Uwe Johnson – Hans Magnus Enzensberger und das *Kursbuch*, Frankfurt am Main 1982, S. 205.

14 Vgl. Bauschinger, Mythos Manhattan (Anm. 10), S. 391.

15 Krätzer, Auf der amerikanischen Seite (Anm. 8), S. 65.

konnotierten Variante der Stadt-Allegorisierung. Denn New York tritt Gesine am Jahrestag vom 5.11.1967 (JT, 263-266) tatsächlich gegenüber, in dem erst so genannten und dann doch wieder unbekannten Mädchen ›Marjorie‹, dessen Namenlosigkeit bereits eine gewisse Austauschbarkeit und Überindividualität signalisiert. »Wenn jemals, Mrs. Cresspahl, die Stadt New York Ihnen Schaden oder Leides getan hat, bin *ich* beauftragt, Ihnen zu sagen: Es sollte nicht sein. Es ist geschehen durch ein Versehen. Es tut *uns* leid, und *ich* werde Sie trösten« (JT, 266, Hervorhebungen von mir, A.K.), hört Gesine die namenlose weibliche ›Erscheinung‹ auf nicht näher erläuterte, aber auf jeden Fall sprachlose Weise ›sagen‹.

Marjorie als Allegorisierung New Yorks – was auf den ersten Blick befremdlich zu sein scheint, erweist sich auf den zweiten als plausible Erklärung für die angebliche »epische Abschweifung«[16] in diesem Kapitel, das scheinbar so gar nicht in den sonstigen Erzählfluß der *Jahrestage* passen will. Das Kapitel vom 5.11.1967 ist jedoch wie alle anderen Tagesaufzeichnungen des Johnsonschen Hauptwerks sowohl auf der New-York- als auch auf der Jerichow-Ebene sauber in sein Umfeld hineinkomponiert und hat an seiner Stelle, an der die zurückblickende Gesine ihre Eltern 1933 am eigentlichen Beginn ihres Lebens in Jerichow sieht, eine wichtige Funktion. So muß schon bei flüchtiger Lektüre auffallen, daß die Thematik des Hauses – die durchaus als eine Spielart des die *Jahrestage* durchziehenden Heimatthemas begriffen werden kann[17] – vor und nach dem 5.11. eine gewichtige Rolle spielt: was Gesine auf der Vergangenheitsebene zu erzählen hat, ist die Schenkung des alten Papenbrock an seine Enkeltochter: »Er überschrieb ihr einen Bauernhof am Stadtrand, mit Land, Scheune und Nebengebäuden, bis zu ihrer Mündigkeit zu verwalten von ihrem Vater, Heinrich Cresspahl, Kunsttischler, Richmond, Greater London« (JT, 250). Cresspahl mochte dieses Geschenk nur widerwillig akzeptieren. »Von deinem Vater das Haus, von deinem Bruder [dem Nazi Horst, A.K.] die Beziehungen« (JT, 251), versucht er im Kapitel vom 2.11. Lisbeth in einem Streitgespräch seine Bedenken wegen der politischen Lage in Deutschland klarzumachen. Auch im

---

16 Spaeth, Dietrich: Jahrestag mit Vexierbild oder Warum Marjorie rote Wangen bekam. Eine Lesart zur Eintragung »5. November, 1967 Sonntag« in Uwe Johnsons *Jahrestage*, in: Ulrich Fries/Holger Helbig (Hg.), Johnson-Jahrbuch Bd. 1, Göttingen 1994, S. 127-142, hier: S. 130.

17 Vgl. Schmidt, Thomas: »Es ist unser Haus, Marie.« Zur Doppelbedeutung des Romantitels *Jahrestage*, in: Fries/Helbig (Hg.), Johnson-Jahrbuch 1, (Anm. 16), S. 143-160.

Eintrag zum 4.11., »Das Haus für das Kind Gesine hatte er nicht angesehen« (JT, 263), wird deutlich, wie problembeladen die Rückkehr des Kunsttischlers nach Deutschland und sein schließliches Akzeptieren der Wünsche seiner Frau sind. Die Beschreibung des heruntergekommenen Gehöfts im Kapitel vom 8.11. ist hierfür der Brennpunkt, der mehr als eine Ahnung davon aufkommen läßt, daß dieser Anfang kein guter sein kann. So kündet die Verfallenheit der Gebäude von zukünftigem Leid, als wollten »die Vorgänger [...] sagen: Nimm dir unser Unglück« (JT, 274), und singen in einem schwarzen Baum hinter dem Haus schwarzgefiederte Amseln, im Märchen oft klagende Toten- oder Seelenvögel. So ist auch die restliche Atmosphäre des Hofes voll von Tod: erst der Tod seiner Mutter machte Heinrich Cresspahl bereit, sich das Erbe seiner Tochter überhaupt anzusehen (vgl. JT, 268); die Lage des Hauses neben einem Friedhof läßt es zu, daß bei ihrer Beschreibung allein in einem Absatz das Vokabular von »Friedhof, Leiche, Tote« sechs Mal benutzt werden kann (vgl. JT, 273). Und doch muß Gesine sagen: »Jetzt bin ich zu Hause« (JT, 274), worin bereits viel vom Tonfall ihres New Yorker »Hier wohnen wir« liegt. Auf der Vergangenheitsebene wird also an diesen Tagen der Grundstein für eines der großen Themen der *Jahrestage* gelegt: Gesines Zwiespalt, wenn sie an Jerichow denkt, ihr Bewußtsein von Schuld, Tod und Leid, das ihre Sehnsucht nach Heimat, nach einem Platz in der Welt bitter und dringlicher zugleich macht.

Aber nicht nur auf der Jerichow-Ebene wird das Marjorie-Kapitel vom Heimatthema umspielt. Auch in der New Yorker Gegenwart wird der beschriebene Zwiespalt vorgeführt – nicht umsonst findet sich das Kapitel vom 3.11., jener Tag, an dem der Genosse Schriftsteller und auch Gesine direkt mit den Stimmen der in New York lebenden Juden konfrontiert werden, nur zwei Tage zuvor: »Und sie sagten: Meine Mutter. Theresienstadt. Meine ganze Familie. Treblinka. Meine Kinder. Birkenau. Mein Leben. Auschwitz. Meine Schwester. Bergen-Belsen. Mit siebenundneunzig Jahren. Mauthausen. Im Alter von zwei, vier und fünf Jahren. Maidanek.« (JT, 256) Eindringlicher kann ein Chor der Überlebenden nicht sein, und Gesine muß einmal mehr erfahren, wie lebendig die deutsche Schuld gerade in New York und bei den vielen dort lebenden Juden noch ist. Doch auf der anderen Seite steht Marie, die sagt: »Ich möchte nirgends leben, nur in New York« (JT, 259) und damit auch einen Wunsch Gesines formuliert, die im Kapitel vom 7.11. D.E.s Haus – erneut kommt hier also die Haus-Metaphorik ins Spiel – unter diesen Gesichtspunkten betrachtet. An diesem Wochenende der Erholung merkt sie wieder einmal, wie sehr sie das sucht, was »allen in die

Kindheit scheint«:[18] »Als Marie kam, eine Katze auf der Schulter, ganz haarig vom rückwärtigen Lampenschein umrissen, habe ich sie verwechselt mit dem Kind, von dem ich träumte, dem Kind das ich war« (JT, 270). Allerdings wird schnell deutlich, daß D.E.s Haus keine Lösung sein kann, muß sie sich doch zu häufig zum Wohlfühlen (vgl. JT, 268f.) ermahnen. Es bleibt als vorläufige Endstation für Gesines Sehnsucht nur ihr gegenwärtiges Leben in New York am Riverside Drive, und so entsteht am 5.11. ein Tagtraum von einem New York und einer Nachbarschaft, die freundlich zugewandt und auratisch strahlend ist, frei von den sonstigen, nüchtern registrierten Problemen und vor allem frei von jenem quälenden Bewußtsein der Schuld.

Ein solcher Wunschtraum von einem friedlichen, bergenden New York paßt von der inneren Erzähllogik also durchaus an jene Stelle, an der er aufgezeichnet ist. So ist es auch nicht das ›Daß‹, das in diesem Zusammenhang kritische Aufmerksamkeit verlangt, sondern das ›Wie‹, denn der Auftritt und die Schilderung des Mädchens Marjorie müssen bei einer den patriarchalischen Denkmustern nicht mehr blind folgenden Lektüre schon auf den ersten Blick sonderbar anmuten. Da ist zum einen ihre bereits erwähnte Namenlosigkeit, die ihr – obwohl sie doch offensichtlich einen Namen hat – zugeschrieben wird: »Sie heißt nicht Marjorie. Wir wissen ihren Namen nicht.« (JT, 263) Auf diese Weise wird gleich zu Beginn des Kapitels deutlich, daß dieses Wesen trotz seiner offensichtlichen Weiblichkeit kein Subjekt, sondern etwas Überindividuelles ist. Diese typische, äußerst kritisch zu betrachtende Reduzierung einer/der Frau auf ihre Weiblichkeit als Raum für unbehinderte Wunschprojektion wird umso auffälliger, da dieselbe Gestalt an anderer Stelle, wo sie keine Projektionsfläche bieten muß, als individuelles, menschliches Wesen auftreten kann (vgl. JT, 541ff.): hier ist ihr Name dann auch kein Problem mehr, sie heißt, wie sie heißt, und ist, wie sie ist. Im Kapitel vom 5.11. hingegen wird nun »ein eindrucksvolles poetisches Instrumentarium aufgeboten, voller Formulierungen des Preisens und Bewunderns«,[19] um jene namenlose Gestalt sprachlich in die Sphäre »von etwas Vollkommenen, etwas zu Schönem«[20] zu heben, das wiederum mit einer individuellen, realen Frau nur wenig gemein hat. Dies gilt es also als nächstes festzuhalten; als Beispiel sollte folgende Schilderung Johnsons genügen: »Das Wort schön, für sie ist es übriggeblieben [...] Sie hat blasse

---

18 Bloch, Ernst: Das Prinzip Hoffnung, Frankfurt am Main 1959, S. 1628.
19 Spaeth, Jahrestag mit Vexierbild (Anm. 16), S. 134.
20 Ebd.

durchscheinende Haut (eine Farbstufe unter Rosa), dazu trägt sie schwarzbraunes wolkiges Haar bis über die Schulterblätter, sie hat [...] schwere dunkle Augen; das sind ihre Mittel.« (JT, 264) Eine solche Beschreibung steht in großer Nähe zu Formulierungen, die ein Javier Mariscal – so läßt sich aus weiter oben Zitiertem schließen – für seine Dame Barcelona hätte auch wählen können, und taucht damit durchaus in die Grenzbereiche des Kitschs ein. Als hätte er die Dominanz des männlichen Blicks an diesem Jahrestag[21] gespürt, versucht der Autor sich und seine Fiktion des zweistimmigen, von Gesine dominierten Erzählens zu retten, indem er angibt, Marjories Beine zögen »auch die Blicke weiblicher Passanten auf sich« (JT, 264) – doch was im ›normalen‹ Alltag sicherlich nicht ungewöhnlich ist, führt im beschriebenen Kontext aufgrund erkannter Absicht eher zu Verstimmung, stellt das Grundproblem dieses Kapitels eher aus, als es zu vertuschen. – Schließlich muß noch Marjories Art zu kommunizieren Aufmerksamkeit erregen: »Sie ist auf die Sprache nicht angewiesen, sie kann sich deutlich machen ohne dies fehlerhafte Mittel« (JT, 265), mehr noch: »Mit ihrem Gesicht, noch mit ihren Halssehnen kann sie eine Empfindung unversehrt und kenntlich übermitteln und sich aussprechen außerhalb der Wörter in einer Sprache, die als verloren gilt« (JT, 266). Der alte Traum vom wortlosen, unmittelbaren Verstehen und Verstanden-Werden wird hier heraufbeschworen und wie so oft einer Frau als Qualität zugeordnet. Aufgrund der traditionell angenommenen größeren Entfernung der Frau von ›Sinn und Verstand‹ scheint dies vor dem Hintergrund des gemeinhin anerkannten engen Zusammenhangs von Sprache und Logos auch selbstverständlich und eingängig. Doch das ist nur die eine, die negativ konnotierte Seite der zu Beginn eingeführten universellen Ambivalenz von Weiblichkeit; auf der anderen Seite gerät diese Fähigkeit der Verständigung im vor-sprachlichen Bereich unversehens in die Sphäre eines Faszinosums, einer – wiederum – zauberischen, ›irgendwie‹ überirdischen, nicht-menschlichen, da (was ja bislang noch dasselbe ist) nicht-männlichen Eigenschaft.

21 Es ist nicht nur die betrachtende Perspektive auf Marjorie, die in diesem Kapitel vorherrscht; die vornehmlich visuelle Wahrnehmung der Figur wird durch das doppelte »Wir sehen« (JT, 264) geradezu explizit gemacht. Diese Tatsache gerät in ein anderes Licht, wenn die These, »daß der Blick männlich sei« (Weigel, Topographien [Anm. 2], S. 247) hinzugezogen wird. Vgl. auch z.B. bei Schuller, Marianne: Im Unterschied, Frankfurt am Main 1990, S. 53: »Luce Irigaray hat den Vorrang des Blicks und die Absonderung der Form, die Individualisierung der Form, als Muster männlich geprägter Wahrnehmungsmuster dargelegt.«

Diese Hinweise auf die drei im Kapitel vom 5.11. hauptsächlich thematisierten Züge der Marjorie-Figur, nämlich überindividuelle Namenlosigkeit, ätherische Schönheit und auratische Sprachlosigkeit, mögen ausreichen, um klar hervorzuheben, wie wenig diese Frauengestalt von dieser Welt ist, wie sehr hier männliche Imagination die Realität wieder einmal hinter sich gelassen hat. Da wundert es eigentlich nicht mehr, daß dieser ›Engel vom Riverside Drive‹ denn auch jene zentrale Botschaft von New York für Gesine hat, die von Trost und Aufgehoben-Sein kündet. Am Ende war dies alles dem Genossen Schriftsteller wohl selbst etwas zu heftig geraten, und er versuchte, mit dem letzten Satz den peinlichen Glanz der Marjorie mit einem »Heute war sie nirgends zu sehen« (JT, 266) zu dämpfen. Sein Ausrutscher in die Niederungen der Trivialität wird durch diesen nachträglichen Strich allerdings nicht aufgefangen, zumal er die Vorstellung von Marjorie als Verkörperung der Wunschseite von New York später, im Zusammenhang mit dem Einbruch bei den Cresspahls, noch einmal wiederholend und also affirmativ aufgreift: »Beide [Marie und Gesine, A.K.] zogen wir einen Spaziergang vor [...] Vielleicht suchten wir Marjorie. (Wenn jemals, Mrs. Cresspahl, die Stadt New York Ihnen Schaden oder Leides getan hat ...) Es war zu spät am Abend. Nirgends war sie zu sehen.« (JT, 1668) Marjorie als New York oder zumindest als für New York sprechend – hier scheint der Schlüssel für ein angemessenes Verständnis des Jahrestags vom 5.11. zu liegen, wie sich auch an Dietrich Spaeths »Jahrestag mit Vexierbild oder warum Marjorie rote Wangen bekam«[22] ablesen läßt, der wohl wegen der Vernachlässigung dieses Aspektes in seiner Interpretation nach einem richtigen Anfang zu einem falschen Schluß kommen mußte. Spaeth kann ebenfalls nicht umhin, Marjorie in ihrer Künstlichkeit als eine Allegorisierung zu begreifen, kann sich dies aber nur erklären, indem er sich in eine ironisch-spöttische Lesart rettet, für die der hohe, überstrapazierte poetische Ton dieses Jahrestags nur wenig Anlaß bietet. Bei Spaeths Überlegungen spielt jene exponiert am Kapitelende stehende und mithin zentrale Botschaft Marjories bzw. New Yorks an Gesine überhaupt keine Rolle, und so geht er am Kern des Kapitels und einer plausiblen Erläuterung seiner kontextuellen Einbettung vorüber.

Nicht nur der Jahrestag vom 5.11. und sein erzählerisches Umfeld gewinnen durch die dargelegte Auflösung einer klassischen patriarchalen Allegorisierungsform deutlichere Konturen. Im Rückgriff auf die zu

22 Vgl. Anm. 15.

Beginn angemerkten Desiderate ergeben sich hieran anschließend einige Ansatzpunkte eines weiterführenden kritischen Zugriffs, der auch für den ganzen Roman von Bedeutung ist. Daß das Phänomen der projektiven Überhöhung und Stilisierung einer Frauengestalt noch keine kritischen Stimmen in der Johnson-Forschung auf den Plan gerufen hat, daß Peter Ensberg ganz harmlos davon schreiben kann, Gesine sei »fasziniert von der natürlichen Freundlichkeit Marjories«,[23] und damit eine Kunstfigur – die sich freilich erst jenseits der gängigen Leseweise als solche enthüllt – für einen realistisch gestalteten Menschen hält, zeigt einmal mehr, wie sehr die männliche Perspektive in eingangs beschriebener Weise unhinterfragt und völlig selbstverständlich als die allgemein menschliche begriffen wird. Dabei ist die Tatsache, daß Gesine New York als weiblich imaginiert, in einer Frau allegorisiert, im Grunde ein doppelt Unwahrscheinliches. Zum einen ist »die Imagination von Städten als weiblich konnotierte Natur, Körper oder Bilder [...] ja nur möglich dadurch, daß die Städte nicht als von weiblichen Subjekten bewohnt oder bevölkert gedacht werden [...]. Ihren Zusammenhalt findet diese Dialektik im Blick des tätigen männlichen Subjekts«;[24] zum anderen machte sich Gesine auf diese – dann eindeutig schizophrene – Weise indirekt *selbst zum Objekt*, da eine Frau als das ewig ›Andere‹, ›Ausgegrenzte‹ der patriarchalischen Ordnung sich »nicht in den vom männlichen Subjekt entwickelten Äußerungsformen [bzw. Zuschreibungsformen, A.K.] bewegen [kann, A.K.], ohne selbst an dieser Ausgrenzung des Weiblichen teilzuhaben«.[25] So ist es wohl keine Frage, *wer* der Urheber dieses Mißverhältnisses ist und wie sehr die von Johnson beschworene Grundfiktion der *Jahrestage* – »Wir haben eine Sache gemeinsam gemacht«[26] – sich dann doch als brüchig erweist. In seiner Ermahnung an sich selbst: »Alles, was ich in New York sah und was mir in New York passierte, konnte ich in dieses Buch nicht in meiner Fassung bringen, und ich mußte mir überlegen, stimmt das für Mrs. Cresspahl, stimmt das für eine Frau, stimmt das für diese besondere

---

23 Ensberg, Peter: Vertrautheit und kritische Distanz. Gesine Cresspahls Beurteilung der Lebensbedingungen in der Oberen Westseite New Yorks. Zu Uwe Johnsons *Jahrestage*, in: Nicolai Riedel (Hg.), Internationales Uwe-Johnson-Forum. Beiträge zum Werkverständnis und Materialien zur Rezeptionsgeschichte. Band 1 (1989), Frankfurt am Main 1990, S. 9-45, hier: S. 12.
24 Weigel, Topographien (Anm. 2), S. 156.
25 Weigel, Sigrid: Die Stimme der Medusa. Schreibweisen in der Gegenwartsliteratur von Frauen, Reinbek bei Hamburg 1989, S. 95.
26 Daiber, Hans: Die Cooperation mit Gesine (1983), in: Michael Bengel (Hg.), Johnsons *Jahrestage*, Frankfurt am Main 1985, S. 129-132, hier: S. 130.

Frau«[27] ist zwar ein Bewußtsein Johnsons für die Probleme seiner engen Zusammenarbeit mit Mrs. Cresspahl erkennbar. Trotzdem begeht er hier, wie sich im unfreiwilligen Durchschlagen seiner männlichen Perspektive zeigt, den Fauxpas, Gesine zu einer aktiven Trägerin einer klassischen patriarchalen Imaginationsform zu machen. Nicht daß Frauen dies nicht auch gewesen wären oder sind (im Bestreben, den Männern zu gefallen oder in der Ordnung, in der sie geboren und sozialisiert wurden, zu überleben, haben sie viele genuin patriarchalische Mechanismen oft mehr als nur übernommen) – doch wäre ein solcher Fehler einer wachen Auto*rin* der siebziger Jahre wohl nicht unterlaufen.

Und einer wachen Sekundärliteratur, einer dem zu Anfang skizzierten Diskursfeld aufgeschlosseneren Forschung wäre es wohl kaum unterlaufen, hier nicht stutzend innezuhalten. Ohne damit über den Autor Johnson den Stab brechen zu wollen, sollte lediglich gezeigt werden, welche Chancen durch Ignoranz und Selbst*herr*lichkeit nicht nur hier, sondern auch andernorts vergeben werden: quer über die Gleise zu gehen und neue Zugriffe zu gewinnen.

Annekatrin Klaus, Weißhausstr. 50, 50939 Köln

---

27 Bruck, Werner: »Ein Bauer weiß, daß es ein Jahr nach dem andern gibt.«, in: Eberhard Fahlke (Hg.), »Ich überlege mir die Geschichte ...«. Uwe Johnson im Gespräch, Frankfurt am Main 1988, S. 268-272, hier: S. 270.

Holger Helbig

In einem anderen Sinn Geschichte
Erzählen und Historie in Uwe Johnsons *Jahrestagen*

> Geschichte ist was von Zeit zu Zeit vor sich geht und das ist es worüber in Verbindung mit dem Erzählen nachzudenken ungeheuer wichtig ist.
> Gertrude Stein

> Fiction is never a matter of degree; it is a matter of kind.
> Thomas Pavel

1

»Erzähl es mir! Erzähl es mir!«[1] läßt sich Gesine bitten. Ihr Unternehmen, der Tochter mitzuteilen, »wie es gewesen sein mag, als Großmutter den Großvater nahm« (JT, 143), ist zu diesem Zeitpunkt schon ein beträchtliches Stück vorangeschritten.[2]

Marie hat mit der Mutter etliche Vereinbarungen getroffen, ihr das Erzählen nicht leicht gemacht. Ein wenig anders hinstellen läßt sich schon, was gewesen war, Gesine kann »es anders erzählen« (JT, 299). Doch das Verfahren und Gesines guter Wille haben ihre Grenzen. »Mehr

---

1 Johnson, Uwe: Jahrestage. Aus dem Leben von Gesine Cresspahl, Bd. I-IV, Frankfurt am Main 1988, S. 810.
2 Eine ausführliche Darstellung dieses Erzählunternehmens und der damit verbundenen Erzähler (Mutter) – Hörer (Tochter) Beziehung findet sich in Riordan, Colin: The Ethics of Narration. Uwe Johnson's Novels from »Ingrid Babendererde« to »Jahrestage«, London 1989, S. 161-214.

ändern kann ich es nicht« (ebd.), läßt sie ihre Tochter wissen, als diese ihr Mißfallen am Verlauf der Geschichte äußert.

Trotzdem hat Marie ihre Zweifel. »Das hat jetzt ein Ende mit dem Anlügen. Erzähl mal was über das Kind Gesine, als es zwei Jahre alt war« (JT, 454), fordert sie später, um der Mutter nachzuweisen, daß ihre Geschichte nicht wahr sein könne. Marie will nun nachsehen, woher die Mutter ihre Vergangenheiten hat. Die erzählerische Wahrheit Gesines soll an der historischen gemessen werden. Die Tochter glaubt, der Mutter einen Fehler nachweisen zu können: Gesine könne als zweijähriges Kind den Bären Pu noch nicht gekannt haben, denn das Buch, aus dem diese Gestalt stammt, sei erst später erschienen. »Das hast du von mir« (JT, 455), behauptet Marie. Doch *Winnie-the-Pooh* ist tatsächlich 1926 erschienen; (und es liegt nicht daran, daß Gesine am Ende dieser Prüfung weint).

Einiges verschweigt die Mutter, die Tochter wird es nicht brauchen können, oder es wird aufgehoben für später. Wenn sie sich aber einmal verraten hat, und sei es Mr. Shuldiner gegenüber, dann soll es auch die ganze Wahrheit sein. »Manchmal behandelst du mich, als wär ich nicht zehn Jahre. Zehneinhalb« (JT, 616), provoziert Marie, und Gesine läßt sich hinreißen. Fortan gibt es Geschichten, die tragen einen Namen. Wenn Gesine sie nicht erzählen will, tut sie es nicht, und Marie will damit einverstanden sein (vgl. JT, 619, 725). Noch schlimmeres läßt sich nicht erzählen, es sei denn im Fieber.

Nachdem solchermaßen Übereinstimmung hergestellt ist zwischen Mutter und Tochter, folgt die eingangs zitierte Forderung. Dreimal läßt sich Gesine bitten: »Erzähl es mir.« Die Dreizahl ist so wenig Zufall wie der Umstand, daß noch einmal ausgesprochen wird, worum die Gespräche zwischen Mutter und Tochter beständig kreisen: »Ich dachte, es ist ausgedacht. Ich bin ja einverstanden mit deinem Ausdenken, ich geb dir meine Unterschrift darauf; dies wär mir als Wahrheit lieber. Ist es wahr?« (JT, 810)[3]

Kann eine Geschichte wahr und ausgedacht zugleich sein? Ist es wahr, daß Gesine sich die Wahrheit ausdenkt? Gesines Geschichte von Cresspahl als britischem Spion kommt ins Stocken. »Nun weiß ich etwas nicht«, sagt sie der Tochter.

---

3 Wichtige Etappen der hier in Andeutungen wiedergegebenen Entwicklung sind in den folgenden Eintragungen der *Jahrestage* nachzulesen: 30. September, 5., 7., 21. Oktober, 15. November, 15. Dezember, 19. Januar, 2., 14. Februar und 2. März.

– Stell es dir vor, Gesine!
– Ich stelle mir vor, daß die einander vom November aus Dänemark kannten (oder vom Dezember aus England); dann hätte das Gespräch mit einer Erinnerung angefangen. Ich stelle mir auch vor, daß dies die erste Aufforderung war. (JT, 811)

2

Dreimal findet eingangs der *Jahrestage*, am ersten datierten Tag, die Formulierung aus Frischs Roman *Mein Name sei Gantenbein* Verwendung. (Reich-Ranicki hat sich später zu Recht über den inflationären Gebrauch dieses Musters beschwert.) Die Passage muß nicht noch einmal betrachtet werden;[4] doch es lohnt, zwei neue Fragen zu stellen. Zum einen, wie sich die erneute Verwendung des Zitats an der späteren Stelle von der eingangs zu findenden unterscheidet, und zum anderen, was die Antwort auf diese Frage für die bereits vorliegenden Interpretationen bedeutet. Es wird sich zeigen, daß die beiden Stellen weit über den durch dasselbe Zitat abgesteckten motivischen Rahmen hinaus in Beziehung zueinander stehen, daß nämlich die so realisierte Verbindung die Funktion eines strukturellen Signals hat.

Gesine ist mit ihrer (Familien-) Geschichte an eine Episode geraten, von der sie nichts weiß, als daß es sie gegeben haben muß. Wie Cresspahl vom britischen Geheimdienst angeworben wurde, hat sie nie erfahren. Marie erkennt an, daß die Geschichte nicht ausgedacht ist. Beide wissen, *was* nun erzählt werden muß, soll die Chronologie nicht gesprengt und das Ereignis nicht übersprungen werden. Aber *wie*, wenn keine Erinnerung vorhanden ist? »Stell es dir vor, Gesine!« Diese Aufforderung Maries variiert und konkretisiert ihre Bitte »Erzähl es mir!«. Um das Erzählen nicht abbrechen zu müssen, erfindet Gesine also den Verlauf eines Gesprächs. Anfangs noch im Konjunktiv wägt sie die verschiedenen Umstände ab, von denen das Ansinnen des Agenten und die Reaktion

---

[4] Aus der Vielzahl der Betrachtungen und Interpretationen sind hervorzuheben: Riordan, Ethics (Anm. 2), S. 75-78; Spaeth, Dietrich: »Ich stelle mir vor«. Eine Leerstelle in Uwe Johnsons Roman »Jahrestage«, in: die horen 35, 1990, Heft 159, S. 151-160, dort finden sich auch weitere Verweise; Fries, Ulrich: Uwe Johnsons »Jahrestage«. Erzählstruktur und Politische Subjektivität, Göttingen 1990, S. 41-43; Neumann, Uwe: Uwe Johnson und der *Nouveau Roman*. Komparatistische Untersuchungen zur Stellung von Uwe Johnsons Erzählwerk zur Theorie und Praxis des *Nouveau Roman*, Frankfurt am Main 1992, S. 139-142.

Cresspahls abhängig sind. Schließlich bespricht sie mit Marie die Möglichkeiten, wie die Informationen über das englische Konto Cresspahls an den Geheimdienst gelangt sein könnten. »Wer erzählt, muß an alles denken.« (JT, 298) So kommt die Geschichte zustande.

Was Marie bereits früher ausgesprochen hatte, wird durch die Verwendung der Frisch-Formel in den Rang eines erzählerischen Prinzips erhoben. »Was du dir denkst an deiner Vergangenheit, wirklich ist es doch auch.« (JT, 671) Es handelt sich um eine bestimmte Art des Erzählens, nicht ums Erfinden schlechthin. »Hier wird nicht gedichtet. Ich versuche, dir etwas zu erzählen« (JT, 832), heißt es, wenn die Geschichte von Cresspahl, dem Spion, fortgesetzt werden soll. »Gesine's aim is not art, but truth, although the truth she seeks can only be attained by artistic means«,[5] beschreibt Riordan das vermeintliche Dilemma. Daß es nur scheinbar eins ist, zeigt Maries Reaktion. Die Fiktion, als solche deutlich gekennzeichnet, gefährdet den Anspruch der Familienchronik, wahr zu sein, nicht. Durch Gesines Eingeständnis, sich an dieser Stelle etwas vorzustellen, wird ihre erzählerische Position gegenüber Marie gestärkt. Die Mutter bleibt bei der Wahrheit, die Erzählung ist, wo sie nicht wahr ist, zumindest wahrscheinlich.[6]

3

Beide Male ist der Gebrauch des Frisch-Zitats an Gesine gebunden, beide Male ist der Charakter des Fiktiven selbst Gegenstand des Erzählens. Im ersten (datierten) Tageskapitel wird vor allem auf Gesine als fiktive Figur verwiesen, sie wird ausgestellt als Erfindung. Das auffällige Zitat hält, ebenso wie sein Einsatz an gerade dieser Stelle, »bevor die Illusion der Fiktion – wie oft sie noch durchbrochen werden mag – ihren Schein voll ausspannt, aber nachdem sie bereits in Gang gesetzt worden ist«,[7] im Bewußtsein, daß es sich um ein literarisches Spiel handelt. »Gesine ist vorgestellt im doppelten Sinn des Wortes: dem Leser kenntlich gemacht als Hauptperson eines Romans und ausgewiesen als fiktionale Gestalt«,[8] beschreibt Spaeth das Resultat dieses Vorgangs.

---

5 Riordan, Ethics (Anm. 2), S. 184.
6 Wahrhaftig, handlungstheoretisch gesprochen. Mit dem eingestandenen Anspruch erzählt, die Wahrscheinlichkeit der Wahrheit weitgehend anzunähern.
7 Fries, »Jahrestage« (Anm. 4), S. 41.
8 Spaeth, »Ich stelle mir vor« (Anm. 4), S. 155.

Sie ist jetzt vierunddreißig Jahre. Ihr Kind ist fast zehn Jahre alt. Sie lebt seit sechs Jahren in New York. In dieser Bank arbeitet sie seit 1964.
  Ich stelle mir vor: Unter ihren Augen die winzigen Kerben waren heller als die gebräunte Gesichtshaut. Ihre fast schwarzen Haare, rundum kurz geschnitten, sind bleicher geworden. (JT, 12)

Der überdeutliche Bruch im Erzählgestus beim ersten Auftreten der Frisch-Formel weist über die Figur hinaus auch auf die Frage nach der Beschaffenheit des Erzählers. In diesen Zusammenhang gehört eine andere intertextuelle Besonderheit: Der Signalcharakter des Zitats wird durch seinen Bedeutungswandel erhöht.

Entgegen der bei Frisch vorgeführten »Freiheit des Erzählers, die Bedingungen der Realität aufzuheben«,[9] wird »der realistisch-mimetische Anspruch des Erzählens angesichts der ›trostlosen Prämisse der Fiktion‹«[10] betont. Das wird vollends deutlich, wenn nach dem dritten Frisch-Zitat ein Selbstzitat Johnsons, nämlich aus den *Mutmassungen*, folgt; das eine als Eröffnung des Absatzes, das andere an dessen Ende.

Ich stelle mir vor: Sie kommt am Abend, bei schon abgedecktem Himmel, aus der Ubahnstation 96. Straße auf den Broadway und sieht im Brückausschnitt unter dem Riverside Drive eine grüne Lichtung [...] Die Dämmerung schärft die Lichter. Das Motorengeräusch läuft ineinander in der Entfernung und schlägt in ebenmäßigen Wellen ins Fenster, Meeresbrandung vergleichbar. Von Jerichow zum Strand war es eine Stunde zu gehen, am Bruch entlang und dann zwischen den Feldern. (JT, 12f.)[11]

Die hier vorgeführte (erzählerische) Kontinuität, die Andeutung eines Gesamt-Werks, bindet den Erzähler an das Prinzip der Wahrscheinlichkeit, nicht anders, als es bei Gesine später der Fall sein wird. Rückblickend von Gesines Gebrauch der Frisch-Formel läßt sich das Unternehmen des Erzählers bestimmen; der Vergleich wird durch die motivische und strukturelle Parallelität der Situationen geradezu herausgefordert. Wenn Gesine das Frisch-Zitat gebraucht, ist ihre Emanzipation zur dem Genossen Schriftsteller gleichberechtigten Erzählerin symbolisch vollzogen. (Daß daraus ein Dilemma erzähltheoretischer Art resultiert, ist zuerst ein Problem der Theorie. Der Roman wird dadurch kaum beschädigt;

---

  9 Ebd., S. 158.
  10 Uwe Neumann zitiert hier Uwe Johnson. Neumann, Uwe Johnson und der *Nouveau Roman* (Anm. 4), S. 140, und Johnson, Uwe: Begleitumstände, Frankfurt am Main 1980, S. 264.
  11 Vgl. dazu Johnson, Uwe: Mutmassungen über Jakob, Frankfurt am Main 1974, S. 15, und Fries, »Jahrestage« (Anm. 4), S. 42f.

was noch lange nicht bedeutet, man könne seine erzählerische Konstruktion vernachlässigen: im Gegenteil. Ihre Untersuchung führt, wie im Aufsatz auch gezeigt werden soll, zu zentralen thematischen Fragen.)

4

Die Bedeutung dieser Parallelität findet sich aufgehoben in einer der Schlüsselepisoden des Romans. Es wird nicht abgehen, ohne noch einmal zu zitieren, was schon bis zum Überdruß strapaziert worden ist:

Wer erzählt hier eigentlich, Gesine.
Wir beide. Das hörst du doch, Johnson. (JT, 256)

Dieses Gespräch hat, dem Roman zufolge, am 16. Januar 1967[12] stattgefunden, und seine Teilnehmer sind zweifelsfrei zu identifizieren. Gesine, das ist Frau Cresspahl, aus deren Leben berichtet wird; Johnson, das ist »der Schriftsteller Uwe Johnson« (JT, 253); um es ganz eindeutig zu machen »spiegelt [sich] das Licht der Scheinwerfer in seiner Glatze« (JT, 256). Das ist, hier ein einziges Mal beim Namen genannt, der Genosse Schriftsteller.

Was ergibt sich nun aus dem Umstand, daß der Schriftsteller Uwe Johnson seinen Namen auf den Titel jenes Buches setzen ließ? Was will es bedeuten, wenn einer »als Uwe Johnsons Biograph«[13] entdeckt, daß der Verfasser des Romans am 16. Januar 1967 nicht hinter dem langem, »grün verhängten Tisch, den der Jewish American Congress im Ballsaal des Hotels Roosevelt aufgestellt hatte« (JT, 253) Platz genommen hatte, sondern in einem Vortrag Hannah Arendts über Walter Benjamin? Und was, wenn der Biograph irrt, was wahrscheinlich ist, wenn er zumindest unvollständig und ungenau informiert ist?

Zuerst einmal wird Gesines Behauptung später durch ihren Gebrauch des Frisch-Zitats bestätigt. Das Feilschen um die Zugehörigkeit einzelner Passagen zu einem dieser beiden (als Figuren vorhandenen) Erzähler wird angesichts des Auftretens des *Autors* in seinem Text von vornherein zur Spiegelfechterei. (Das gilt zuerst für den erzählerischen Moment des Dialogs; doch dieser ist so zentral plaziert, daß eine Untersuchung der

---

12 Vgl. hierzu JT, 253, die Eintragung vom 3. November 1967: »Vor einem dreiviertel Jahr erst, am 16. Januar [...]«.
13 Vgl. dazu Neumann, Bernd: Korrespondenzen. Uwe Johnson und Hannah Arendt, in: du. Die Zeitschrift der Kultur, 1992, Heft 10: Uwe Johnson, Jahrestage in Mecklenburg, S. 62-66, hier: S. 65.

narrativen Verhältnisse schwerlich ohne ihn auskommt.) Diese Art von metafiktionaler Inszenierung läßt die Frage, *wer* erzählt, als Teil eines Spiels erkennbar werden, dessen Auflösung mit einem traditionellen Erzählerbegriff kaum zu bewerkstelligen ist.[14] Stattdessen ergibt sich aus der zweimaligen plakativen Nutzung des Frisch-Zitats die Frage, *wie* erzählt wird.

Die knappe Analyse der über den Satz »Ich stelle mir vor« verbundenen Situationen hat bereits gezeigt, daß beide Male der Charakter des Fiktiven thematisiert wurde, der Anspruch des jeweiligen Erzählers in seinem Verhältnis zur Historie. Das metafiktionale Spiel mit dem Namen des Autors verweist letztlich auf dessen erzählerische Absichten. Damit hat der Autor dem Text auch Kriterien und Kategorien der Kritik eingeschrieben.

Die Frage nach dem Verhältnis der Erzählung zur Geschichte läßt sich, wie deutlich wurde, auf verschiedenen Ebenen stellen. Gesines Erzählung für Marie ist im Zusammenhang mit der ihr zugrunde liegenden (im weitesten Sinne: erzieherischen) Absicht zu betrachten, sodann die Aufzeichnungen »für wenn ich tot bin« und die Ergänzungen des Genossen Schriftstellers, Material, das wenn auch nicht Marie, so doch dem Leser zugänglich ist, und zu guter Letzt das erwähnte Auftreten des Schriftstellers Johnson. In der Synopse gilt die Frage für den Roman und dessen Beziehung zur Geschichte. Nach einer Antwort ist aber in jedem Fall zuerst im Text zu suchen.

5

Am 5. Oktober 1967 bespricht Gesine ein Tonband für D.E. Sie berichtet von Maries Fragen beim abendlichen Erzählen.

Aber was sie wissen will ist nicht Vergangenheit, nicht einmal ihre. Für sie ist es eine Vorführung von Möglichkeiten [...].

Mein Erzählen kommt mir oft vor wie ein Knochenmann, mit Fleisch kann ich ihn nicht behängen, einen Mantel für ihn habe ich gesucht: im Institut zur

---

14 Die Raffinesse dieses Spiels wird wesentlich dadurch verfeinert, daß über große Passagen hinweg scheinbar traditionell erzählt wird. Im *Kleinen Adreßbuch* finden sich unter den Eintragungen »Johnson, Uwe« und »Uwe Johnson & Gesine Cresspahl« weitere Bausteine des Spiels. Vgl. Michaelis, Rolf: Kleines Adreßbuch für Jerichow und New York. Ein Register zu Uwe Johnsons Roman ›Jahrestage‹, Frankfurt am Main 1983, S. 135f. Johnson war am Zustandekommen des Registers beteiligt.

Pflege Britischen Brauchtums. Es wohnt in der Madison Avenue an der 83. Straße [...]. (JT, 144)

In dem, wie für Johnson üblich, detail*getreu* beschriebenen Institut sieht Gesine in der *Richmond and Twickenham Times*, die dort auf Mikrofilmen vollständig vorhanden ist, nach lokalen Nachrichten, die sie für die Umhüllung des Knochenmanns ihrer Geschichte benötigt. Von dieser Zeitung hat Gesine in ihrer Erzählung bereits ausdrücklich Gebrauch gemacht; dort wurde nach einem Meister annonciert, »der bereit war, einen Tischlereibetrieb im Auftrag zu verwalten« (JT, 94). Cresspahl kommt auf diese Weise zu seiner Werkstatt in Richmond. Es ist dies zudem nicht das einzige Mal, daß Gesine auf Informationen aus der *Richmond and Twickenham Times* zurückgreift.[15] In ihrer Mitteilung an D.E. berichtet sie von der Bemühung um Authentizität, um Wahrscheinlichkeit. Hier wird noch einmal die Differenz zwischen Fakten und Fiktion deutlich, zugleich aber auch deren Verwobensein innerhalb des Erzählten, ihr notwendiger Bezug aufeinander. Selbst wenn es die erwähnte Anzeige gegeben haben sollte, kann Cresspahl realiter nicht darauf reagiert haben.[16]

Leila Vennewitz, die die ersten drei Bände der *Jahrestage* ins Englische übertragen hat, berichtete dem Autor von ihrer erfolglosen Suche nach diesem Institut. An der Ecke Madison 83. Straße sei es jedenfalls nicht.[17] Johnson räumt daraufhin ein: »I am loath to admit that this institution exists only in my book.«[18] Ungern eingestehen? Ist das nicht eher eine jener Entdeckungen, die er seinen Lesern wünschte? Der hier verborgene Skandal kann wohl kaum größer sein: Das Institut, in dem sich Gesine über die Geschichte informiert, dessen Bestände sie zum Erzählen benutzt, existiert nicht. Und besonders fleißige und aufmerksame Leser werden prompt mit einer Spiegelung belohnt, die auf dem Fuße folgt.

---

15 Vgl. dazu Müller, Irmgard: Lokaltermin in Richmond. Eine Untersuchung der örtlichen Begebenheiten in Richmond, Surrey, in Uwe Johnsons *Jahrestage*, in: German Life and Letters 41, 1988, S. 248-270. Gleichzeitig, auf diesen Zusammenhang kann hier lediglich aufmerksam gemacht werden, ist damit eine Verbindung von individueller und kollektiver Geschichte hergestellt.

16 Es gab eine ähnliche Anzeige, und sie hat zweifellos als Vorlage gedient. Vgl. dazu ebd., S. 255.

17 Vgl. dazu: Auskünfte für eine Übersetzerin. Zum Briefwechsel zwischen Uwe Johnson und Leila Vennewitz, bearbeitet von Eberhard Fahlke und Jeremy Gaines, in: Eberhard Fahlke (Hg.), »Ich überlege mir die Geschichte ...«, Uwe Johnson im Gespräch, Frankfurt am Main 1988, S. 315-351, hier: S. 328.

18 Ebd.

Die eigens in Anführungsstriche gesetzte, als Zitat aus der besagten Zeitung gekennzeichnete Zeile, »daß in dieser ärmlichen Umgebung wohl wenige protestieren würden« (JT, 148) nämlich ist die ›seitenverkehrte‹ Entsprechung: »Ausgerechnet hier, wo Johnson den Text als Zitat kennzeichnet und seine Quelle angibt, hält er sich nicht an seine Vorlage, sondern ändert die Aussage.«[19] Diese Konstellation verleiht dem Kontrast zu den sonst so verläßlichen Angaben, nicht nur über New York, – eine Tugend des Autors Johnson, die die Übersetzerin zu gutgläubiger Suche veranlaßt hat –, interpretatorische Bedeutung.[20]

Ausgelöst durch die Gespräche mit Marie hat sich Gesine in das Institut begeben. Wenn Gesine ihre Erzählung über den Spion Cresspahl später mit »Ich stelle mir vor« beginnt, akzeptiert sie eine erzählerische Freiheit, die ihr die Tochter als Ergebnis des bisherigen Erzählens und dessen Überprüfung zugesteht. Der Autor Johnson beharrt auf eben diesem Recht der Erfindung, wenn er Gesine die Fakten ihrer Erzählung in einem erfundenen Institut überprüfen läßt. Die sorgfältige Einbettung der Szene in den erzählreflexiven Kontext ermöglicht es, sie auf diesen beiden Deutungsebenen zu lesen. Gesine berichtet hier über ihr Erzählen; sie ist strukturell dem Genossen Schriftsteller gleichgesetzt, der wiederum innerhalb des Romans als Autor Johnson figuriert. Und was immer dieser am 16. Januar 1967 getan haben mag, es wäre zuerst in Beziehung zu setzen zu den Rechten der Fiktion. Bernd Neumanns inzwischen mehrmals vorgetragene These, »dass der Schriftsteller Uwe Johnson in der Realität New Yorks (zusammen mit seiner Frau Elisabeth und verbürgtermaßen zusammen mit Helen Wolff) an genau diesem Abend, eben ganz woanders gewesen ist: nämlich bei einem Vortrag Hannah Arendts über ihren Freund Walter Benjamin«,[21] basiert auf einem simplen Lesefehler. Hannah Arendt hat ihren Vortrag »Hinweis auf

---

19 Müller, Lokaltermin (Anm. 16), S. 253.
20 Ganz abgesehen von dem Umstand, daß Johnson hier seinen Arbeitsstil vorführt. D.G. Bond entgeht diese für seinen Ansatz grundlegende Pointe. Vgl. Bond, D.G.: German History and German Identity: Uwe Johnson's *Jahrestage*, Amsterdam 1993, S. 107 (das Institut) und S. 89f. und 170 (Interpretation der Frage, wer erzählt).
21 Zuerst in Neumann, Korrespondenzen (Anm. 13), S. 65; dann in einem Vortrag in Neubrandenburg am 22.9.1994 (vgl. Krüger, Ina: Zum Internationalen Uwe-Johnson-Symposium in Neubrandenburg, in diesem Band), und schließlich in ders.: Uwe Johnson, Hamburg 1994, S. 602. Es ist sehr wahrscheinlich, daß sich Helen Wolff für ihre Anwesenheit, nicht aber für das Datum verbürgt hat. Vgl. Wolff, Helen: Ich war für ihn »die alte Dame«. Ulrich Fries und Holger Helbig sprachen mit Helen Wolff über Uwe Johnson, in diesem Band.

Walter Benjamin« am 16.1.1968 gehalten.[22] Und Johnson wird – ein Jahr zuvor – wohl gewesen sein, wo ihn die *New York Times* angekündigt hatte.[23] Wenn sich aus dieser Verarbeitung biographischen Materials also überhaupt eine interpretatorisch relevante Schlußfolgerung ableiten läßt, dann betrifft sie die zentrale Stellung der Themenkomplexe Juden und Schuld (und deren Verbindung). Eine Einsicht, die sich auch ohne Kenntnis der Biographie des Autors gewinnen läßt.

6

»Die erzählerische Bewältigung kollektiver Prozesse im zeitgeschichtlichen Roman wurde zur historischen Notwendigkeit, als die erste Nachkriegsgeneration der Autoren sich daran machte, die Verstrickung von Millionen von Menschen in die nationalsozialistischen Verbrechen in ihren Geschichten aufzuarbeiten«, schreibt Eberhard Lämmert in einem Aufsatz über »die neue Glaubwürdigkeit des Erzählens in der Geschichtsschreibung und im Roman«, der nicht ohne Grund im Titel ein Johnsonzitat trägt.[24] Schon damit ist, zumindest was die deutsche Literatur betrifft, auf die vielschichtige Beziehung zwischen der erzählerischen Problematik und dem (thematischen) Gegenstand des Erzählens verwiesen; für die *Jahrestage* jedenfalls steht diese außer Zweifel.[25] Lämmert faßt die komplizierte Erzählsituation als »eine zwingende Form moderner Wirklichkeitserfahrung« auf, betont aber, daß jede (dargestellte) Person den Wert eines Zeugen behält und damit als »eine auf ihre Aussagefähigkeit zu prüfende Quelle« betrachtet werden kann.[26] Die moderne Erfahrung, von der hier die Rede ist, betrifft die Wahrnehmung der Historie.

Hayden White hat für das 19. Jahrhundert gezeigt, wie die Historiographie auf Muster der narrativen Organisation zurückgreift und somit ihren Gegenstand Kohärenz- und Interpretationsvorgaben unterwirft,

---

22 Ich danke Neil Christian Pages, Goethe House New York, für die Recherche vor Ort – und die Kopie des *Calendar of Events* vom Januar 1968.

23 Vgl. Kaiser, Alfons: Der 16. Januar 1967 oder Können wir uns auf Johnson verlassen?, in diesem Band.

24 Lämmert, Eberhard: »Geschichte ist ein Entwurf«. Die neue Glaubwürdigkeit des Erzählens in der Geschichtsschreibung und im Roman, in: The German Quarterly 63, 1990, S. 5-18, hier: S. 12.

25 Und Lämmert weiß darum, auch wenn ihm der Fehler unterläuft zu behaupten, die *Jahrestage* behandelten nur einen »auffallend kurzen Zeitraum«. Vgl. ebd., S. 14.

26 Ebd., S. 13. Das entspricht dem anfänglichen Vorgehen Maries Gesine gegenüber.

die sich genuin aus dem Erzählen ergeben: also aus der Art und Weise der Darstellung, nicht aus der den Untersuchungsgegenstand bildenden Faktenmenge.[27] Seine Untersuchung ist die Umkehrung der Frage nach den »›geschichtlichen‹ Bestandteile[n] einer ›realistischen‹ Kunst«, geht also von einem Kernproblem der Realismusdebatte aus.[28] (Das wird vor allem an der Übernahme der Terminologie Fryes deutlich.) White stellt fest, daß eine kritische Bewertung dessen, »worin eine ›geschichtliche‹ Konzeption der ›Wirklichkeit‹ genau besteht«, noch nicht vorgenommen wurde.[29] Er unterscheidet zwischen »Strukturierung der Ereignisse als Bestandteile der Fabel einerseits und Kennzeichnung solcher Ereignisse als raumzeitlich situierte Elemente in einer Matrix von Kausalrelationen andererseits«.[30] Es sind vor allem historiographische Implikationen und Konsequenzen dieser vermeintlichen Differenz zwischen Kunst und Wissenschaft, die White in der Folge beschäftigen.

Ausgehend von dieser Unterscheidung lassen sich jedoch auch fiktive Texte hinsichtlich ihres Verhältnisses zur Historie beschreiben.[31] Betrachtet man unterschiedliche Erzählsituationen bzw. Erzählstrategien als verschiedene *Formen* der Darstellung, so läßt sich die folgende Feststellung Whites auf narrative Texte übertragen:

Die Bindung an eine bestimmte *Form* der Erkenntnis legt im voraus die *Art* der Verallgemeinerungen fest, die man über die Gegenwart treffen, die Art des Wissens, das man von ihr haben kann, und damit auch die Art von Vorhaben, die man zulässigerweise zur Veränderung dieser Gegenwart oder für ihre Bewahrung in der gegenwärtigen Gestalt auf unbestimmte Zeit ins Auge fassen kann.[32]

---

27 White, Hayden: Metahistory. Die historische Einbildungskraft im 19. Jahrhundert in Europa, Frankfurt am Main 1991, vgl. bes. S. 15-62. Vgl. dazu auch Lützeler, Paul Michael: Fictionality in Historiography and the Novel, in: Ann Fehn/Ingeborg Hoesterey/Maria Tatar (Hg.), Neverending Stories, Princeton 1992, S. 29-44. »In every narrative, real or fictional events are supported by a structure through which happenings are accentuated, selected, or eliminated according to the law of relevance« (S. 30).
28 Vgl. White, Metahistory (Anm. 27), S. 567f., Anm. 4; hier: S. 568.
29 Ebd.; Whites Buch erschien bereits 1973. Daß die deutsche Übersetzung erst 18 Jahre später vorlag, läßt seine Kritik zumindest für den deutschen Sprachraum als noch gültig erscheinen.
30 Ebd., S. 27.
31 Vgl. dazu LaCapra, Dominick: Rethinking Intellectual History and Reading Texts, in: ders. u. Steven L. Kaplan (Hg.), Modern European Intellectual History, Ithaca 1982, S. 47-85: »Hayden White has attempted to arrive at a level of deep structure that undercuts the opposition between literature and history to reveal how modes of emplotment inform all coherent narratives [...]« (S. 74).
32 White, Metahistory (Anm. 27), S. 38.

Bestimmte Formen der Erzählung präferieren bestimmte Arten der Erkenntnis. Besondere Nähe zur (modernen) Historiographie entsteht, wenn die der Anordnung der Fabel zugrunde liegenden Entscheidungen ebenfalls erzählt werden: wenn es sich also um einen selbstreflexiven Text handelt. Selbstreflexiv bedeutet in diesem Fall, die kognitiven Grundlagen (»formale Schlußfolgerungen«) der ästhetischen Entscheidung (»Modellierung der Erzählstruktur«) offenzulegen.[33]

Unter diesen Voraussetzungen ist Lämmerts Formulierung von der »zwingenden Form« nicht mehr als die Feststellung, daß er mit den moralischen Implikationen des Johnsonschen Erzählens übereinstimmt. Die Besonderheit der *Jahrestage* aber ist es, daß ihre Struktur ein solches (in letzter Konsequenz: moralisches) Urteil ermöglicht. Auch ein Ansatz wie der von Colin Riordan, die Untersuchung des erzählerischen Wahrheitsbegriffes, wird erst durch diese Struktur möglich.[34] Das Kriterium Wahrheit muß auf einen Gegenstand innerhalb eines bestimmten Kontextes angewandt werden. Innerhalb fiktiver Texte läßt sich dem nur dann nachgehen, wenn die den Kontext der narrativen Entscheidung bildenden Voraussetzungen ebenfalls erzählt werden.

7

Die Erzählung Gesines ist an ihre Familiengeschichte gebunden. Was sie ihrer Tochter erzählt, ist nicht erfunden, wenngleich sie ohne Erfindung nicht auskommt. Ihr »Ich stelle mir vor« verdeutlicht den erzählerischen Zwang, sich der Imagination, der Fiktion zu bedienen, um die Familiengeschichte weiterführen zu können. Dem »Ich stelle mir vor« der Romaneröffnung, ein Ausweis der Fiktionalität der Figur Gesine, wird damit nicht widersprochen. Aber seine Bedeutung wird vervollständigt. Denn der Genosse Schriftsteller erzählt nicht irgendeine Geschichte, sondern ist, nimmt man den Roman beim Wort, an der der Gesine Cresspahl beteiligt. Mehr noch: sie erzählen die Geschichte gemeinsam. Das namentliche Auftreten des Autors im Text korrespondiert mit dem eigenwilligen Untertitel des Romans: »Aus dem Leben von Gesine Cresspahl«. (Die Reihe dieser Parallelisierungen wird komplettiert durch die Doppelung des Vertragsverhältnisses. So wie der Genosse Schriftstel-

---

33 Vgl. ebd., S. 43ff., hier: S. 44.
34 Vgl. dazu Riordan, Ethics (Anm. 2), S. 3-11. Letztlich also die Untersuchung des Verhältnisses der poetischen zur historischen Wahrheit.

ler einen Auftrag von Gesine hat, hat sie den ihren von den Toten.) Für die Interpretatoren des Romans wird die Biographie Gesines freilich zur narrativen Figur; ein fiktiver Lebenslauf, der zu seinem fiktiven Kontext (und dem Interesse der Interpretation) in Beziehung zu setzen ist.

Die bisher besprochenen, im Roman sorgsam verborgenen Verweise und Bezüge bilden den Rahmen für alle anderen fiktionsinternen Diskurse. Maries beharrliches Fragen gewinnt ebenso wie die prüfende Instanz der Toten erst vor diesem Hintergrund vollständig eine Bedeutung, die über die Fabel hinausweist. Zweifellos sind beide Phänomene auch ohnedies als Modell geschichtlicher Kontinuität erfaßbar. Aber erst ihr unmittelbarer Einfluß auf das Erzählen verleiht Gesines (Familien-) Geschichte jene historische Dimension, die von vornherein in der Struktur des Romans angelegt ist. Noch einmal zeigt sich daran, daß die Beschränkung auf die Frage, *wer* erzählt, dem Text unmöglich gerecht werden kann.

Kennzeichnend für die Prosa Johnsons, und das läßt sich für alle seine Romane sagen, ist das deutliche Beharren auf dem fiktiven Charakter der Texte bei deren gleichzeitigem unbedingtem Bezug zur (deutschen) Geschichte.[35] Daß die daraus resultierenden Darstellungsprobleme parallel zur Handlung erzählt werden, läßt jene selbstreflexive Struktur entstehen. Es ist notwendig, die Implikationen dieser ästhetischen Besonderheit zu bedenken, ehe eine Deutung der in ihr enthaltenen Fakten überhaupt sinnvoll unternommen werden kann. Daher sollen abschließend allgemeine Überlegungen zur Beziehung von Erzählen und historiographischer Deutung das Feld umreißen, innerhalb dessen weitere, konkretere Untersuchungen zu den *Jahrestagen* lohnend erscheinen.

Das metafiktionale Spiel wird auf der letzten Seite des Romans vollendet. Gesine übergibt Kliefoth ein Manuskript mit folgenden Worten: »Wie es uns ergeht, haben wir aufgeschrieben bis zu unserer Arbeit in Prag, 1875 Seiten; mit Ihrer Erlaubnis werden wir es Ihnen überreichen« (JT, 1891).[36] Sie reagiert damit auf Kliefoth, der zuvor Gesines

---

35 Selbst wenn es, wie in den *Zwei Ansichten*, zur bloßen Geste verkommt, ist es doch Programm. Vgl. Johnson, Uwe: Zwei Ansichten, Frankfurt am Main 1976, S. 242: »Aber das müssen Sie alles erfinden, was Sie schreiben! sagte sie. Es ist erfunden.«

36 Die Szene kann hier unmöglich vollständig interpretiert werden. Wichtig erscheint die Deutung der Seitenzahl. In dem Vortrag *Last and Final*, gehalten am 19. September 1994 in London, habe ich zu zeigen versucht, daß es sich um einen Verweis auf die Seite 1875 handelt, auf der die Vergangenheitsebene den (zeitlichen) Beginn der *Jahrestage* erreicht, die Katze sich in den Schwanz beißt, das Erzählen das Erzählte einholt: »Welcome home!« (JT, 1875). Hingewiesen sei zudem auf das nochmalige Aufscheinen der Zusammenarbeit von Gesine und des Genossen Schriftsteller im Subjekt des Satzes.

Vater zitiert hat: »Geschichte ist ein Entwurf.« (ebd.) Mit diesem Satz sind die *Jahrestage* von nun an konfrontiert, denn um kein anderes Manuskript handelt es sich. Von nun an heißt: Noch ehe der Roman zu Ende ist, vor jeder denkbaren Interpretation.[37]

Geschichte ist ein Entwurf. Daß dieser Satz Cresspahl zugeschrieben wird, weist ihn als unmittelbare Erfahrung aus – nicht als Ergebnis des Erzählens, wohl aber der Erinnerung. Das wird deutlich, wenn sich Kliefoth an Cresspahl erinnert und an eben jenen Satz. Sobald Kliefoth das Manuskript in Händen hält, gilt er auch für die in den *Jahrestagen* erzählte Geschichte, die zudem als Fortsetzung der Geschichte Cresspahls kenntlich gemacht wird. Damit ist er auf das Erzählen übertragbar. »Er [der Satz] enthält den Fingerzeig, daß in solchen Entwürfen, die in der Form von erinnerten und von aufgeschriebenen Geschichten Vergangenheit der Gegenwart überantworten, Geschichte überhaupt erst entsteht.«[38] Damit ist nicht nur ein bestimmtes Geschichtsverständnis beschrieben, sondern auch eine Wertschätzung des Erzählens.

»How can we ›explain what happend and why‹ if we only look at what happened and never consider the alternatives, the total pattern of forces whose pressure created the event?«[39] In dieser Fragestellung tritt eine Auffassung von Geschichte hervor, die ohne Rückgriff auf narrative Muster nicht denkbar ist. Sie begreift in ihren Extremen das Schreiben von Geschichte als poetischen Akt und historische Werke als eine literarische Form.[40] »History is not merely what happened: it is what happened in the context of what might have happened.«[41] Den zur Beantwortung der Frage nach den Möglichkeiten notwendigen Kontext kann nur die Fiktion bereitstellen. Eine Prosa, die dieser Frage verpflichtet ist, verpflichtet sich *zugleich* den Fakten. Diese Gleichzeitigkeit ist die

---

37 Angesichts dieses Satzes an dieser Stelle können Interpretationen, die vor seiner Veröffentlichung erschienen, nur den Status von Mutmaßungen beanspruchen.

38 Lämmert, Geschichte (Anm. 24), S. 13.

39 Trevor-Roper, Hugh: History and Imagination, in: History & Imagination. Essays in honor of H.R. Trevor-Roper, hg. von Hugh Lloyd-Jones, Valerie Pearl, Blair Worden, New York 1981, S. 356-369, hier: S. 363.

40 Vgl. dazu Stark, Gary D.: Vom Nutzen und Nachteil der Literatur für die Geschichtswissenschaft: A Historian's View, in: The German Quarterly 63, 1990, S. 19-31, bes. S. 29.

41 Trevor-Roper, History and Imagination (Anm. 39), S. 364. Das ist plakativ formuliert, was schon die Überzeugung Max Webers war. Vgl. dazu LaCapra, Rethinking (Anm. 31), S. 54: »Weber himself [...] argued that the attribution of causal weight to an event or phenomenon depended upon its comparison with an imaginative rethinking of the historical process in which it figured.«

Pointe der Episode, in der Gesine das Institut zur Pflege Britischen Brauchtums aufsucht. Indem Johnson nachdrücklich auf der Differenz von Fiktion und Fakten beharrt, verweist er zugleich auf deren permanentes Aufeinanderbezogensein. Dem selbstreflexiven Erzählen sind somit auch historiographische Implikationen eigen. Der Text produziert, die ständigen Verweise auf die Historie ergänzend, seinen eigenen (geschichtlichen) Kontext. Geradezu beispielhaft läßt sich die Diskussion zwischen Marie und Gesine, als zu entscheiden ist, wie Cresspahl zum britischen Spion wurde, als Prüfung und Bestimmung des Kontextes lesen. Und was an dieser Episode deutlich wird, gilt für den gesamten Roman, gilt für die gesamte Prosa Johnsons: die Fiktion ist nicht blind gegenüber der Geschichte, ihre Möglichkeiten sind nicht beliebig.

Johnsons Prosa trägt dem Homonym Geschichte vollständig Rechnung, in ihr wird die vermeintliche Dichotomie von Fiktion und Fakten aufgelöst. Nicht die Rekonstruktion von historischen Abläufen, sondern der Dialog mit Geschichte liegt ihr zugrunde. Im Licht der möglichen Vergangenheiten wird die Kontur der tatsächlichen Ereignisse sichtbar, und mit ihr die Form des künftig Denkbaren. Cresspahls Satz fragt nach dem Möglichen der Geschichte, und Johnson hat diese Frage in die Form seines Romans eingeschrieben. »Heute abend rufen wir an aus Prag« (JT, 1889), versichert Gesine Kliefoth. Geschichte ist ein Entwurf, beharrt der Roman. Wie auch die Realität.

Holger Helbig, Universität Erlangen-Nürnberg, Institut für Deutsche Sprach- und Literaturwissenschaft, Bismarckstr. 1B, 91054 Erlangen

Horst Turk

Gewärtigen oder Erinnern?

Zum Experiment der *Jahrestage*

Unter dem Datum des 30.3.68 liest man in den *Jahrestagen*, Cresspahl habe »keine Bilder für seine Erinnerung« gebraucht. »Er war«, heißt es, »sicher in seinem Gedächtnis. Das Fotografieren ging erst mit mir an; ich war die erste von uns, die das Vergessen fürchtete.«[1] Die Stelle wirft einige Fragen auf. Fürchtet Gesine nur das Vergessen? Und das Vergessen, warum? Man kann auf verschiedene Weisen in seinem Gedächtnis unsicher sein: verunsichert durch die Unschärfe der Erinnerung, wenn sie nicht mehr auf die Lebenswirklichkeit trifft, aber auch durch die Inhalte der Erinnerung, wenn sie nicht für das Erinnern gemacht sind. Ersteres scheint gemeint zu sein, wenn von der Furcht vor dem Vergessen die Rede ist. Letzteres könnte ebenso gut gemeint sein, sobald man nach dem Motiv für das Erinnern fragt. Wieso soll das Erinnerte dem Vergessen entrissen werden? Was heißt hier überhaupt Erinnern und Vergessen?

Geht man die Erinnerungsinhalte durch: im Feld der Orte, Zeitpunkte, Zusammenhänge und Ereignisse, dann zeigt sich, daß die Erinnerung ständig erweitert, korrigiert, überfordert wird. Nichts wird so erinnert, wie es lebensweltlich war, vieles wird erinnert, das lebensweltlich überhaupt nicht war. Alles unterliegt einem Zwang zur Wahrhaftigkeit, der weit über das bloße Bewahren hinausgeht. Man könnte einwenden, daß Überforderungen dieser Art überhaupt für das elaborierte Erinnern – wie

---

1 Johnson, Uwe: Jahrestage. Aus dem Leben von Gesine Cresspahl, Bd. I-IV, Frankfurt am Main 1970–1983, S. 937.

für das elaborierte Erleben – konstitutiv sind. In Gesine scheint dies jedoch geradezu programmatisch angelegt zu sein. Ein Indiz dafür möchte sein, daß ihr nicht nur im New Yorker Milieu ein stimulierendes Umfeld mitgegeben ist sowie in Marie als der letzten ihres Geschlechts eine endgültige Adressatin, sondern daß auch der Genosse Schriftsteller seinen Part in der Versuchsanordnung spielt, deren Artifizialität an einen anderen Experimentalroman der Moderne erinnert. Wie Ulrich in Musils *Mann ohne Eigenschaften*, ist auch Gesine durch ein in sie investiertes Erzählprogramm überfordert. Nur daß sich das Experiment im Fall der *Jahrestage* nicht auf Zukünftiges im Sinn einer Moral des Möglichen, sondern auf das Vergangene im Sinn einer moralischen Unmöglichkeit richtet. Man könnte geradezu sagen, daß sich beide Experimentalanordnungen, um ein und denselben Drehpunkt gruppiert, wie Hohlspiegel davor und danach verhalten: Aggregate der Verarbeitung, ausgebracht in der Literatur, zu denen durchaus noch weitere Anordnungen denkbar sind.

Wenn man versucht, die Struktur der *Jahrestage* von der Arbeitsweise des Gedächtnisses aus anzugehen, dann empfiehlt es sich, den Initiationspunkt zunächst noch genauer einzukreisen. Denn gerade insofern traumatische Ereignisse auch wiederkehren können, gibt es nicht nur die Strategie, die Bedingungen zu distanzieren bzw. außer Kraft zu setzen, sondern auch die Strategie, deren Wiedereinsetzung zu antizipieren. Ansätze der zuletzt genannten Art finden sich vor allem im Kontext des Postmodernismus. Sie sind mnemotechnisch organisiert wie die Ansätze des Modernismus, jedoch weniger in der Haltung des Durcharbeitens als in der Haltung des Gewärtigens. Botho Strauß mit *Beginnlosigkeit*, aber auch dem *Schlußchor* oder dem *Bocksgesang* bietet hierfür ein einschlägiges Beispiel. Relevant ist dabei nicht nur, was der Autor in der einen oder anderen Einstellung tut, sondern auch, was er insinuiert, daß der Leser von ihm erwarte. Im *Schlußchor* z.B. heißt es, übrigens ebenfalls mit Bezug auf das Photographieren: »Bedenken Sie aber: Sein ist Gesehenwerden. [...] selbst Sie, werte Damen, Herren, verzehren sich nach dem einen Auge, das Sie überblickt, das Ihre wahre Gestalt ans Licht befördert! Erkannte wollen Sie sein!«[2] Insinuiert ist das Begehren des Publikums nach einem Autor, der es *erkennt* rsp. *gewärtigt*, wie es an anderer Stelle heißt: gewärtigt in einem bevorstehenden Ereignis bzw. in einer bevorstehenden Tat. In *Beginnlosigkeit* lesen wir: »Er selbst hielt sich an das Wort ›gewärtigen‹, das dem Gebrauch nach soviel wie ›gefaßt sein auf‹ bedeu-

---

2 Strauß, Botho: Schlußchor. Drei Akte, München 1991, S. 28.

tet, jedenfalls etwas zwischen ›erwarten‹ und ›vergegenwärtigen‹, eine besondere Form der Präsenz, eigentlich die Aura vor dem Ereignis«.[3] Die Stelle aus *Beginnlosigkeit* formuliert ebenfalls ein Programm: nicht des Entwurfs alternativer Wirklichkeiten in der Auflösung tradierter Strukturen, auch nicht der Abgeltung einer erfolgten Manifestation in der Wiederholung des Geschehenen, sondern des Gefaßt-Seins auf eine Wiederkehr des Traumas im Aufrufen seiner ›Aura‹. Es ist klar, daß sich auch diese Einstellung oder Haltung vorzüglich, nur eben anders, für die Verarbeitung von Tabuisiertem eignet.

Vergleicht man die skizzierten Konzepte unter dem Gesichtspunkt ihrer dispositionellen Evidenz, dann wird deutlich, daß der Unterschied zugleich ein Unterschied der Darstellungsform und der Auffassung des Publikumsbezugs ist, beide in ganzer Breite auf das Feld der Gedächtnisfunktionen beziehbar, das *kommunikative* wie das *kulturelle* Gedächtnis:[4] das erstere auf der Ebene des erzählten bzw. inszenierten Publikumsbezugs berührend, das letztere auf der Ebene des Erzählens selbst bzw. des Inszenierens. Weder bei Musil noch bei Johnson würden wir auf die Idee kommen, von einem *Textbegehren* als verkapptem Begehren nach dem Autor zu sprechen. Warum erzählten bzw. inszenierten die Autoren des Modernismus – ich würde auch Kafka in diese Reihe stellen – gerade in dem genannten Punkt so ausgesprochen traditionell? Die Frage berührt neben der Einstellung oder Haltung den Situationswechsel in der Geschichte, dann aber auch generell die Position der Literatur im Schnittpunkt von kommunikativem und kulturellem Gedächtnis: beide aufgesplittet nach kollektiver und individueller Manifestation sowie betrachtet unter dem Aspekt einer funktionierenden oder gestörten »Reziprozität der Perspektiven«.[5] Es geht, wie man merkt, theoretisch um eine Frage der Gedächtnisforschung: daß das »Bewußtsein von sich« immer zugleich auch das »Bewußtsein der anderen ist: der Erwartungen, die sie an einen richten, der Verantwortung und Haftung, die sich daraus ergibt«.[6] In der Interpretation, wie könnte es anders sein, geht es um den berühmt-

---

3 Strauß, Botho: Beginnlosigkeit. Reflexionen über Fleck und Linie, München 1992, S. 128.
4 Zur begrifflichen Unterscheidung vgl. hier und im folgenden Assmann, Jan: Das kulturelle Gedächtnis. Schrift, Erinnerung und politische Identität in frühen Hochkulturen, München 1992.
5 Litt, Theodor: Individuum und Gemeinschaft. Grundlegung der Kulturphilosophie, Leipzig ³1926, S. 83ff.
6 Assmann, Das kulturelle Gedächtnis (Anm. 4), S. 135.

berüchtigten »Vertrag«:⁷ »auch der Schriftsteller Johnson«, heißt es unter dem 3. November 1967, habe »etwas nicht begriffen« (JT, 253): daß er sich nicht als Autor, unabhängig von »Zeit und Adresse« »haftbar machen lassen« könne (JT, 255). Wieso? Die Situation ist treffend fingiert, in ihrer sozialpsychologischen ebenso wie in ihrer interkulturellen Anlage. Außerdem gehört sie, wie der dargestellte Publikumsbezug bei Strauß, dem Operationsbereich des kommunikativen Gedächtnisses an. Sie hätte, als Erfindung, geradezu von Gombrowicz stammen können. Johnson fingiert eine Ansprache auf dem Jewish American Congress, bei der ihm hinsichtlich der »Bestellung eines Nazis zum westdeutschen Bundeskanzler [...] die Schuldlosigkeit des Fremdenführers aus den Händen« geglitten sei und sich »ihm jedes analytische Wort im Munde« umgedreht habe »zu einem defensiven« (ebd.). Bei Gombrowicz lesen wir generell zur Situation des Verrats nicht gedachter Gedanken durch die Sprache: »HENRIK [aus Anlaß der Thronrede in der *Trauung*, H.T.] *Zu allen*. Meine Worte sind nichtig, / Doch ihr gebt sie als Echo zurück und sie werden groß / Durch eure Autorität – nicht durch die Autorität dessen, / Der spricht, sondern dessen, der sie hört.«⁸ In der Johnsonschen Fassung ist die Situation indessen noch dadurch pointiert, daß die Bedeutung den Worten aus der Differenz zweier kollektiver Gedächtnisse mit ihrer jeweiligen Geschichte zuwächst. Um Situationen dieses Schlags meistern zu können, wäre man auf die Position eines oder einer Dritten angewiesen – wenn nicht im Operationsbereich des kommunikativen, dann des kulturellen Gedächtnisses. Er oder sie hätte die Rolle des Anwalts, des Regisseurs oder auch des Erzählers zu übernehmen, um zu ›übersetzen‹, was in der Situation nicht zu klären ist: »Die wollten sehen, ob ich mich wehre? Bist Du immer so begriffsstutzig?« (JT, 255) Es hätte zur Konsequenz, daß sich der Erzähler, als Autor eine empirische Person wie jede andere empirische Person, durch seine Figur vertreten läßt: »Wer erzählt hier eigentlich, Gesine. Wir beide. Das hörst du doch, Johnson.« (JT, 256) So daß als Reaktion auf den Umstand, daß auch das Bewußtsein der Kollektive von sich (z.B. der Deutschen) zugleich ein Bewußtsein der anderen (z.B. der

---

7 Zur erzähltheoretischen Analyse vgl. hier und im folgenden Fries, Ulrich: Uwe Johnsons »Jahrestage«. Erzählstruktur und Politische Subjektivität, Göttingen 1990, S. 51-76, bes. S. 61f. Zur Stellvertreterschaft Gesines vgl. auch Brecht, Christoph: »You could say it was done with mirrors«. Erzählen und Erzähltes in Uwe Johnsons *Jahrestagen*, in: Ulrich Fries/Holger Helbig (Hg.), Johnson-Jahrbuch Band 1, Göttingen 1994, S. 95-126, hier: S. 115.
8 Gombrowicz, Witold: Die Trauung, deutsch von Walter Tiel, überarbeitet von Helmar Harald Fischer, Frankfurt am Main 1983, S. 66.

Juden) ist, unter der Bedingung gestörter Reziprozität ein Individuum (der Autor) ein anderes Individuum (seine Figur) im Medium des kulturellen Gedächtnisses (des Buches) die Aufgabe übernehmen läßt, als Identifikationsfigur für ihn wie für andere (die Leser) zu fungieren und die gestörte Reziprozität zwischen den kollektiven Gedächtnissen in der individuellen Erinnerung wiederherzustellen.[9]

Obwohl ich der Meinung bin, daß damit die Versuchsanordnung der *Jahrestage* ziemlich genau umschrieben ist, scheint es doch nötig zu sein, die Punkte im Einzelnen zu erläutern. Ich komme zunächst noch einmal auf die Wahl des Publikumsbezugs in Verbindung mit der Darstellungsweise zurück. Was die Darstellungsweise betrifft, ist meines Erachtens klar, daß es hier nicht zu wiederholten Malen darum geht, die Fiktionalität in sich und als solche zu reflektieren, sondern die Tendenz vielmehr ist, das Fingieren im Fingierten, das Erzählen im Erzählten aufzuheben.[10] Diese Entscheidung sollte nun nach der analysierten Episode kontingenter- oder notwendigerweise mit der Gestaltung des Publikumsbezugs zusammenhängen. Sowohl der Autor als auch seine Figur schreiben für das, was man mit der Anthropologie die *Wir-Gruppe* nennen könnte, allerdings im Angesicht oder unter den Augen einer *Sie-* oder *Ihr-Gruppe*; letzteres sowohl räumlich (in New York) als auch inhaltlich (den erinnerten Materialien nach). Ist dies kontingenterweise so oder eher der Regelfall? Um die Frage beantworten zu können, werden wir zusätzlich zu den erfolgten Abgrenzungen eine Zuordnung ins Auge fassen: nicht zum Genre der Utopie oder zum Panoptikum des Imaginären, sondern zur belastenden Autobiographik. An ihr, nicht am Modell des Rituals, werden wir unsere Überlegungen zur Mythomotorik[11] orientieren. Johnson hält in den *Jahrestagen* kein *theatrum mundi* wiederkehrender *imagines* vor, wie man einen zurückgestellten Betrag oder ein zurückgestelltes Verhalten für den Bedarfsfall vorhält, wohl aber ein *theatrum memoriae* abzugeltender Verschuldung, wie man eine zurückgestellte Zuständigkeit für den Moment der Verantwortung vorhält. Und gerade in diesem Punkt lassen sich Parallelen zur Mythomotorik alter wie neuer Kulturen aufweisen, die die Vermutung erhärten, daß es auch in den Kulturen keine Wir-Identität

---

9 Daß das Problem der gestörten Reziprozität zwischen kollektiven Gedächtnissen in der Gedächtnisforschung nicht vorkommt und auch in der philosophischen Anthropologie nicht vorbereitet ist, muß uns dabei nicht stören.

10 Gemäß der Johnsonschen Poetik. Zum Diskussionsstand vgl. Helbig, Holger: Gegen Klischees. Zu: Uwe Neumann, Uwe Johnson und der *Nouveau Roman*, in: Fries/ Helbig (Hg.), Johnson-Jahrbuch 1 (Anm. 7), S. 269-281.

11 Assmann, Das kulturelle Gedächtnis (Anm. 4), S. 83.

wie in den Individuen keine Ich-Identität ohne das Bewußtsein der Verschuldung gibt, daß überhaupt der Mechanismus der Kulturalisation kaum von dem Mechanismus der Verschuldung zu trennen ist. Daß diese Motorik generell in der belastenden Autobiographik besonders deutlich zutagetritt und in den *Jahrestagen* unter monströsen Umständen noch an Prägnanz gewinnt, mildert weder das Urteil über die Monstrosität, noch läßt es sich in theoretischer Rücksicht gegen die Wahl des Paradigmas einwenden. Allerdings werde ich den Akzent im folgenden stärker auf die Interpretation der *Jahrestage* legen.

Einer Überlegung, die das Gedächtnis mit dem Maß der Pyramiden mißt, mag es einleuchtend scheinen, daß das »identitätssichernde Wissen« bzw. die »identitätskonkrete« Zirkulation durchaus in Analogie zur biologischen Reproduktion das A und O sowohl der »biographischen« wie auch der »fundierenden Erinnerung«[12] sei. Weniger Beachtung findet die aufrechterhaltene Mitgegenwart des Nichtidentischen, das in der Form anderer Kulturen und hineingewobener Geschichten ebenso integraler Gedächtnisinhalt zu sein pflegt wie in der Form a-kultureller Zustände und in sie eingewobener Halbgötter- und Göttergeschichten. Allerdings sind sie eher Gegenstand einer »mémoire involontaire« als einer »mémoire volontaire«: in der fundierenden wie in der biographischen Erinnerung. Was natürlich nicht ausschließt, daß wir sie mit den Anstalten der »mémoire volontaire« verschränkt vorfinden. Um es mit dem Symbol der *Jahrestage* zu sagen: das Gedächtnis gleicht einer sprungbereiten »Katze [...], sehr tief von unten gesehen wie mit Kinderaugen« (JT, 64). Der theoretische Gehalt dieser Stelle wird unter dem 27. Oktober 1967 als Kommentar zum Princetoner Test der »Merkfähigkeit« (JT, 226) gegeben. Das Gedächtnis bewahrt »Bruchstücke«, zwischen denen oft die Verbindungsglieder fehlen: als »belastete«, weil belastende »Möglichkeit« (JT, 229); die Belastung mag auf uns selbst, auf andere oder auf Anderes gehen. Der mythopoetische oder auch mythomotorische Gehalt kommt unter dem 7. September 1967 zur Sprache. Wie soll man z.B. erklären, daß ein so einfacher Vorgang wie die Rettung aus einer Regentonne in dem entscheidenden Punkt, wie man hineingefallen war, »ausgedacht« werden muß? »Wenn da eine Katze immer am Küchenfenster lag, bin ich auf einen umgestülpten Eimer gestiegen und von da auf die Regentonne. Wenn auf der Tonne der Deckel fehlte, war meine Mutter in der Nähe. Wenn Cresspahl mich herauszog, hat sie zugesehen. Was soll ich dagegen tun!« (JT, 65) Die Episode hat außer der symbolischen auch eine reale

---

12 Ebd., S. 141, S. 43 und S. 51f.

Bedeutung, die gegen die Integrität des Erinnerten spricht; weshalb eben auch etwas »dagegen« zu tun sein sollte. Hatte Lisbeth wirklich vor, das Kind umzubringen? – Oder: Wie läßt sich erklären, daß ein so einfaches »Schockmittel« wie die »Fotografie, die die Briten im Konzentrationslager Bergen-Belsen gemacht hatten«, die erwartete Betroffenheit auslöst? »Betroffen war die eigene Person: ich bin das Kind eines Vaters, der von der planmäßigen Ermordung der Juden gewußt hat. Betroffen war die eigene Gruppe: ich mag zwölf Jahre alt sein, ich gehöre zu einer nationalen Gruppe, die eine andere Gruppe abgeschlachtet hat in zu großer Zahl (einem Kind wäre schon ein einziges Opfer als Anblick zuviel gewesen).« (JT, 232) Das Kind, das Gesine war, hatte sich mit dem Vater, nicht mit der Mutter, sowie gerade nicht – über deren Familie – mit der »nationalen Gruppe« identifiziert.[13] Es müßte eine generelle, gewissermaßen noch unausgefüllte Disposition zur Wir-Identität im engeren wie im weiteren Sinn (etwa auch quer zur Achse der nationalen Identität die Gruppe aller Kinder umfassend) geben, mit der Eigenschaft, sowohl aktiv als auch passiv, durch Selbst- wie durch Fremdidentifikationen aufgefüllt werden zu können. Bevor wir uns diesem Punkt zuwenden können, sind jedoch noch zwei Aspekte der Abgrenzung im Feld der Gedächtnistexte sowie der Gedächtnisfunktionen zu erläutern.

Man wird kaum zögern, die Historiographie zu den Manifestationen des kulturellen Gedächtnisses zu zählen und dies, auch wenn sie nicht nur »abstrakt« die Weltgeschichte zum Gegenstand hat,[14] sondern auch wenn sie sich konkret an das Gruppenbewußtsein richtet, obwohl sie, ein gewisser, keineswegs zu hoher Bildungsgrad vorausgesetzt, zugleich Besitz des kommunikativen Gedächtnisses ist: als vergangene Geschichte durch die Schule, als Zeitgeschichte durch die Zeitungen übermittelt. Auch die Gedenkstätten und Gedenktage, wie Th. Schmidt an den *Jahrestagen* gezeigt hat,[15] gehören zu den Manifestationen des kulturellen Gedächtnisses, gleichgültig, ob sie mehr in den Bereich der biographischen oder der fundierenden Erinnerung fallen. Sie fundieren kollektiv, nach demselben Ritual: das reicht, um sie aus der bloßen Vereinzeltheit ebenso wie aus der bloß temporären Geltung herauszuheben. Geschichtsbücher und Schulerfahrungen, Archive und Zeitungen, Gedenkstätten und

---

13 Zur Übernahme der väterlichen Ich-Imago unter Verwerfung der mütterlichen vgl. Boulby, Mark: Uwe Johnson, New York 1974, S. 119.
14 Assmann, Das kulturelle Gedächtnis (Anm. 4), S. 42ff.
15 Schmidt, Thomas: »Es ist unser Haus, Marie.« Zur Doppelbedeutung des Romantitels *Jahrestage*, in: Fries/Helbig (Hg.), Johnson-Jahrbuch 1 (Anm. 7), S. 143-160.

Gedenktage spielen eine teils integrale, teils distinktive Rolle in den *Jahrestagen*.[16] Insbesondere von den »Geschichtsbüchern« und den »Schulen« heißt es, daß sie, auf demselben Feld arbeitend, einen »Fehler« hätten, der in dem einen Fall sogar von der *New York Times* goutiert werde, etwa wenn sie die »Erinnerungen der Swetlana Stalina« (JT, 82) verbreite: einer »nicht heilbaren Tochter«, die von den »Geschichtsbüchern« veranlaßt worden sei, ihren Vater zu entlasten – im übrigen ein »mit 41 Jahren nicht erwachsenes, apperzeptiv defektes Kind, das vom zwanzigsten Jahrhundert nichts deutlicher begriffen« habe »als seine privaten Lebensumstände« (JT, 76). Die Erwähnung steht im Zeichen der Abgrenzung und zwar der entlastenden Memoirenliteratur von der belastenden Autobiographik, beide von dem an sich plausiblen Bedürfnis auf den Plan gerufen, zwischen dem historischen Wissen im Sinn der Geschichtsbücher und der historischen Erfahrung im Sinn der Lebenswelt zu vermitteln. Auf ähnlich distanzierende Weise werden auch die Schulen bedacht, wenn es heißt, daß der »faschistische Schutt« nicht deshalb so fest »im Gedächtnis« sitze, weil zu viel Zeit auf seine »Bekanntmachung« verwendet worden sei, sondern weil die Schule bald mit der Benutzung derselben »Kategorien« begonnen habe (JT, 234). Der Fehler ist mithin teils generischer, teils habitueller Art. Er betrifft das Erinnern wie das Gedächtnis. Nun kann aber auf verschiedene Weisen sowohl durch das Gedenken an das Erinnern wie auch durch das Erinnern an das Gedenken *erinnert* werden. Geschichtsbücher und Schulunterricht erzeugen einen Bedarf an lebensweltlicher Nähe sowie an persönlicher Selbstzurechnung. Er wird nicht nur durch das Genre der entlastenden Memoirenliteratur, sondern auch durch das Genre der belastenden Autobiographik abgedeckt. Der Text der *Jahrestage*, immerhin auch der Text einer »nicht heilbaren Tochter«, gehört zweifellos zu der zweiten Rubrik.

Der andere, noch zu präzisierende Aspekt betrifft die Gedächtnisfunktionen. Das Gedächtnis hat, wie man seit Bergson weiß, auch lebenspraktische Funktion.[17] Sie wird von Gesine bewußt vernachlässigt. Unter dem 8. September 1967 heißt es: »ihr kam es an auf eine Funktion

---

16 Generell zu diesem Punkt vgl. Albrink, Veronica: »hier wird nicht gedichtet«? Zum Verhältnis von Historiographie und Fiktion in Uwe Johnsons *Jahrestagen*, in: Fries/Helbig (Hg.), Johnson-Jahrbuch 1 (Anm. 7), S. 161-189.

17 Bergson, Henri: Materie und Gedächtnis: Eine Abhandlung über die Beziehung zwischen Körper und Geist, Hamburg 1991, unterscheidet in diesem Sinn zwischen »motorischem« und »kontemplativem« Gedächtnis (S. 151): »Das erste, durch Arbeit erworbene, bleibt in Abhängigkeit von unserem Willen; das zweite, ganz unwillkürliche, ist im Behalten treu, aber im Reproduzieren launenhaft.« Ebd., S. 78.

des Gedächtnisses, die Erinnerung, nicht auf den Speicher, auf die Wiedergabe, auf das Zurückgehen in die Vergangenheit« (JT, 63). Die Option ist nicht unproblematisch. Denn zum einen entspringt auch sie einer lebenspraktischen Handhabung und wirkt sich in der Konsequenz lebenspraktisch aus, zum anderen stellt man sich mit ihr eine bewußt unerfüllbare Aufgabe.[18] Gesines Passion sind sowohl, wie es im Brief von D.E. heißt, die »Versprechungen« – des Sozialismus ebenso wie der »imperialistischen Demokratien«, die sie »beim Wort« nimmt (JT, 818) – wie auch die zerstörten, *belasteten*, weil belastenden *Möglichkeiten*, die das Gedächtnis nur unwillkürlich wieder hergibt. Beides gehört zusammen. Wobei das Gedächtnis eine höchst ambivalente Rolle spielt: Einerseits hilft es, die Aufmerksamkeit auf die zerstörten Zwischenglieder zu richten – »halte ihm hin einen teerigen, fauligen, dennoch windfrischen Geruch« (JT, 63) –, andererseits verweigert es gerade ihre Preisgabe: »bitte um Inhalt für die Leere, die einmal Wirklichkeit, Lebensgefühl, Handlung war; es wird die Ausfüllung verweigern« (JT, 64). Der Anreiz impliziert eine *restitutio in integrum* sowohl des Gedächtnisses wie auch des Erinnerten: »darinnen noch einmal zu sein, dort noch einmal einzutreten. Das gibt es nicht.« (JT, 63) Die Ursache kann darin liegen, daß die Integrität des Gedächtnisses und die Integrität des Erinnerten nicht miteinander vereinbar sind. Das Gedächtnis blendet, wie schon das Lebensgefühl, in moralischer und politischer Rücksicht Zwischenglieder aus bzw. findet sie ausgeblendet; nur daß die Ausblendung aus dem Standpunkt des Gedächtnisses merklich wird, nachdem sich die Kenntnis erweiterte. Dreht man das Rad zurück und nutzt die erweiterte Kenntnis, dann führt dies auf eine Desintegrität des Erinnerten. Die Ereignisse sind, was sie waren, nur eben unter Einschluß dessen, was sie hätte verhindern

---

18 Eine weitere zentrale Beobachtung Bergsons besagt, daß »unser Bewußtsein von der Gegenwart« immer »schon Gedächtnis ist« sowie daß beide Formen des Gedächtnisses einander ergänzen, das »wiederholende Gedächtnis« nicht ohne das »vorstellende« und umgekehrt denkbar ist (ebd., S. 146). Welchen Gebrauch läßt Johnson Gesine von der Wechselwirkung machen? Der Text der *Jahrestage* fährt fort mit der »Wiederholung des Gewesenen« (JT, 63). Ist mit der »Wiederholung des Gewesenen« ein Ineinandergreifen von Vergangenheit und Zukunft im Sinn der Kontinuation als Reproduktion von Strukturen rsp. als Wiederkehr des Gleichen gemeint oder nicht vielmehr umgekehrt das Ineinandergreifen im Sinn einer Entkoppelung oder auch Distanzierung, wie sie für die Dominanz des kontemplativen, zurückschauenden Gedächtnisses charakteristisch ist? »Wiederholung« hätte dann den Sinn von »Wiedergabe«, »Zurückgehen in die Vergangenheit« (ebd.) und wäre grundsätzlich von der Wiederkehr verschieden: so ausdenkbar die Wiederkehr des Gleichen ist, so unausdenkbar ist die Wiederholung des Gleichen.

sollen. Auch hier geht es also nicht eigentlich darum, einen Allgemeinplatz, etwa: die Unwiederholbarkeit des Vergangenen als solches, zu bestätigen, sondern darum, ihn unter Nutzung der willkürlichen und der unwillkürlichen Erinnerung zu präzisieren: »Das Stück Vergangenheit, Eigentum durch Anwesenheit, bleibt versteckt in einem Geheimnis [...], stumm und verlockend wie eine mächtige graue Katze hinter Fensterscheiben« (JT, 64). Das Gedächtnis lockt an Abgründe, die, wenn man sich dem Erinnern überläßt, wie das Lebensgefühl, eine lichtabgewandte Seite preisgeben und doch nicht preisgeben: eine Seite der Wirklichkeit, die so wenig für das Leben oder Erleben wie für das Erinnern gemacht ist.

Ich komme damit zu dem erstgenannten Punkt, dem Ursprung in der lebenspraktischen Handhabung und der Auswirkung auf die Lebenspraxis. Gesine hat sich zu dem Grundsatz entschlossen, nur zu tun, »was ich im Gedächtnis ertrage« (JT, 209). Sie schreibt damit in abgeschwächter Form eine Entscheidung fort, die schon das Kind, das sie war, getroffen haben mußte, die sie auch an Marie weiterzugeben trachtet, obwohl sie jedoch nicht unproblematisch ist. Für Gesine zumindest gilt, daß sich die Gedächtnisarbeit wie ein Mehltau über alle Lebenbezüge gelegt hat. Man vergleiche dazu den Brief von D.E.[19] oder auch die Antwort, die sie auf die Frage Maries nach dem Studieren gibt: »Wenn du lernen möchtest, eine Sache anzusehen auf alle ihre Ecken und Kanten, und wie sie mit anderen zusammenhängt, oder auch nur einen Gedanken, damit du es gleichzeitig und auswendig verknoten und sortieren kannst in deinem Kopf. Wenn du dein Gedächtnis erziehen willst, bis es die Gewalt an sich nimmt über was du denkst und erinnerst und vergessen wünschtest.« (JT, 1828) Gesine hat es so weit gebracht. Marie ist auf dem Weg dahin. Wir lesen unter dem 25. Oktober 1967: »Ich meinte: wenn ich einen Gedanken wiedererkenne, noch bevor ich ihn ganz ausgesprochen habe, ist er dann wirklich von mir vorher gedacht worden? War es mir ernst, als ich ihn vielleicht dachte?« Das Gedächtnis hat auch bei ihr schon begonnen, seine Kontrolle über das aktuelle Denken auszuüben, allerdings durchaus lebenspraktisch funktional, indem es aus einer schwierigen Lage hilft:

---

19 Es heißt dort mit einer deutlich lebenspraktisch eingestellten Mischung aus Bewunderung und Distanz, sie habe eine »rundum belebte Vergangenheit, Gegenwart mit Toten«, und auch Marie wisse »genauer wer sie ist, weil ihre Herkunft ihr bekannt gemacht« worden ist (JT, 817).

– Dann laß sie [Francine, H.T.] denken, was sie denkt, und behalte im Gedächtnis, warum du ihr hilfst. [...]
– Das wäre nicht gelogen?
– Es wäre nicht direkt gelogen.
– O.K. Dann bin ich raus. Danke. (JT, 221)

Es können dann aber auch Handlungen unterlaufen, die nicht mehr so gut vertretbar sind. Unter diesen Umständen erstreckt sich das Gedächtnis auf eine unausgesprochene, zurückgestellte »Wahrheit«:

Ich weiß nicht, warum ich das getan habe.
Soll ich versuchen, es zu sagen?
Nein. Dann würde ich es für die Wahrheit halten.
Was weißt du bis jetzt?
Jedenfalls nicht die Wahrheit. (JT, 250)

Das »Lebensgefühl« rsp. die »Handlung« wirkt wie unter einen Vorbehalt gestellt. Er schützt vor dem »Mitmachen«, führt aber auch dazu, daß die Frage des Mittuns dauerhaft an ein Fertigdenken delegiert wird:

Gesine, warum warst du gestern nicht bei der Demonstration in Washington?
Das sage ich nicht.
Uns kannst du es doch sagen.
Nicht einmal im Gedanken. (JT, 210)

Man könnte nun meinen, daß Dispositionen dieser Art sehr leicht aus der historischen Situation im Sinn einer »historischen Schuld«[20] oder auch aus der aktuellen Lage, im Sinn einer *Identitätssicherung*[21] zu erklären seien. Der Roman pointiert aber auch hier präziser, indem gerade die historische Schuld explikationsbedürftig ist. So besteht kein Zweifel, daß die besagte Haltung als Konsequenz einer Entscheidung anzusehen ist, die schon das Kind, das Gesine war, auf keineswegs aufsehenerregende Weise fällte, nur daß die Lage, in der dies geschah, das übliche Maß an äußerer Nötigung überschritt. Das Kind befand sich 1947, nach der Verschleppung Cresspahls, in der Lage, entweder verzagen oder sich einen Ausweg ausdenken zu müssen. Die Lage wäre erträglicher gewesen, wenn es nur darauf angekommen wäre, gewisse Dinge nicht zu sagen. Doch wie soll man sich verhalten, wenn das Kollektiv zu *seiner* Identitätssicherung verlangt, daß man unausgesetzt gewisse Dinge bekennt rsp. sagt? Wir täuschen uns nicht: der Roman *Jahrestage* ist in der Tradition der Be-

---

20 Basting, Barbara: Verwandtschaft der Schuld, in: du. Die Zeitschrift der Kultur, 1992, Heft 10. Uwe Johnson, Jahrestage in Mecklenburg, S. 58-61, hier: S. 58.
21 Schmidt, »Es ist unser Haus, Marie.« (Anm. 15), S. 158.

kenntnisliteratur geschrieben, allerdings vor dem Hintergrund einer gleich zweimal gemachten totalitären Erfahrung. Dies hat seine Spuren hinterlassen, unter anderem in der Weise, daß das »Reflexivwerden«[22] als Konstitutionsaugenblick der Person und der persönlichen Identität prägnanter als bei anderen Autobiographien in seiner mnemotechnischen Anlage als Absetzbewegung erfaßt ist. Wie entsteht jenes »Ich«, das »alle meine Vorstellungen begleiten können«[23] muß anders, als indem ich mich mir selbst merke? Mich sozusagen vorhalte für einen späteren Zeitpunkt, damit zugleich aber auch dem gegenwärtigen Zeitpunkt vorenthalte, mich nicht preisgebe, mein Ich nicht in ihm aufgehen lasse; schließlich damit, wenn nötig, einen stillen Vorbehalt anmelde, Zustimmung oder Ablehnung zunächst noch dahingestellt sein lasse; aufschiebe auf einen späteren Zeitpunkt, der mir dazu die Hände freiläßt: den besseren Überblick gewährt, die erforderliche Distanz allein schon durch den zeitlichen Abstand, möglicherweise auch durch einen räumlichen, sozialen und vor allem pragmatischen sicherstellt, kurzum: den Zwang zum Bekennen oder Verschweigen herabsetzt?

In der Tat fingiert Johnson solch eine kindliche Ich-Konstitution bzw. läßt er Gesine sie fingieren. Es wäre vielleicht doch zu naiv gewesen anzunehmen, daß in dem Kind einfach die soziale Gruppe rsp. das Kollektiv »reflexiv«[24] würde und nicht vielmehr selbstreflexiv im Akt der Selbstidentifikation unter Absetzung von der Gruppe. Daß dieses Ich gleichwohl Glied der Gruppe bleibt, liegt an der Situation, aber auch an dem mnemotechnischen Charakter dieser Absetzbewegung. Die im übrigen noch nichts mit einem Anspruch auf Unverwechselbarkeit oder Einzigartigkeit zu tun hat, sondern nur mit dem Anspruch auf Selbstbestimmung oder Selbstgesetzgebung. Darin jedoch eine noch unausgefüllte Disposition für die Zukunft trifft. Johnson beginnt unter dem 29. Juni 1968 mit der aussichtslosen Lage, um von da aus auf zwei Möglichkeiten zu schließen, von denen die zweite der besagte mnemotechnische Ausweg der Ich-Konstitution ist. Es heißt dort:

---

22 Assmann, Das kulturelle Gedächtnis (Anm. 4), S. 130.

23 Kant, Immanuel: Kritik der reinen Vernunft, hg. von Raymund Schmidt, Hamburg 1956, 140b: »Das: Ich denke, muß alle meine Vorstellungen begleiten können«.

24 Assmann, Das kulturelle Gedächtnis (Anm. 4), S. 130ff. Assmann stützt sich vor allem auf Mead, G. H.: Mind, Self, Society. From the Standpoint of a Social Behaviorist, Chicago 1934, dt.: Geist, Identität und Gesellschaft, Frankfurt 1968.

Was fängt eine solche Gesine Cresspahl nun an, wenn sie vierzehn Jahre alt werden soll am 3. März 1947 und darf sich nicht verlassen auf einen einzigen in Jerichow und Umgebung? Wird sie so blind vor Angst, daß sie denen nachläuft, die bloß in der Nähe sind, von den Freunden des Vaters bis zu einem Lehrer, der einmal nicht fragt nach seinem Verbleib? Oder, das kann sie auch getan haben, sie begreift sich als allein gegenüber den Erwachsenen, in zwar nicht angesagter Feindschaft, jedoch ohne Hoffnung auf Hilfe von ihnen? *Kann die nicht auch sich merken als ein Ich, mit Wünschen, mit Zukünften, die müssen bloß erst noch versteckt werden?* (JT, 1450; Hervorhebung H.T.)

Dann kommt der Aufschub, die Absetzbewegung aus Gesines Sicht zu Wort:

Das Kind, das ich war, Gesine Cresspahl, Halbwaise, dem Andenken des Vaters zuliebe entzweit mit der überlebenden Verwandtschaft, auf dem Papier Besitzerin eines Bauernhauses am Friedhof von Jerichow, am Leibe einen schwarzen Mantel, *sie mußte sich eines Tages entschlossen haben, den Erwachsenen das verlangte Teil zu geben, dabei sich selbst von dannen zu schmuggeln und in ein Leben zu kommen, in dem durfte sie dann sein, wie sie würde sein wollen.* Wurde es ihr nicht gesagt, mußte sie es allein herausfinden. (Ebd.; Hervorhebung H.T.)

Schließlich wurde aber auch die Konsequenz bedacht: »Mut verschlägt da wenig« (ebd.).

Das Ich befand sich in der fatalen Lage, einen Verrat an sich selbst begehen zu müssen, um sich nicht zu verraten. Verriete es sich, seine Einstellung oder seine Kenntnis von der Einstellung Cresspahls, dann wäre es um das Kind wie um den Vater geschehen. Eben deshalb, so sieht es Gesine jetzt, hatte Cresspahl sie im Lyzeum ›versteckt‹. Verübte sie indessen einen Verrat an sich, indem sie wegtauchte, sich nicht stellte, dann war es um ihre innere Integrität ebenso wie um die Einheitlichkeit ihres Verhaltensbildes geschehen: »Sie fing an mit Lügen« und: »Wer eines Tages die amtlichen Lebensläufe dieser Gesine Cresspahl vergleicht, er wird nicht umhin können, verschiedene Personen dieses Namens anzunehmen. Oder aber eine einzige, die war jedes Jahr eine andere und wurde sich selbst unbekannt von einem auf den anderen Tag!« (JT, 1451) Nun waren dies nur die »amtlichen Lebensläufe«, von Lehrern oder auch ihr selbst immer in Rücksicht auf »das verlangte Teil« geschrieben. Unterm Strich blieb aber, daß sie den erinnerbaren Situationen und Lebensabschnitten nicht das Ihre gegeben hatte: »Mut verschlägt da wenig«. Damit endet der Absatz, der die Konstitution des Ich in den keineswegs unplausiblen Zusammenhang einer sowohl sozialen wie auch zeitlichen Absetzbewegung stellt. Das Ich, das sich hier von dannen schmuggelt, für reellere Lebensumstände gemerkt und vorgehalten wird, wird tatsächlich in diese Umstände kommen: in New York, einige Jahre später, für die Zeit der *Jahrestage*. Jedoch nie mehr wird das Ich ohne moralische und politische Vorhaltung aus dem Gedächtnis vorgeholt werden können: um nachzuholen, was versäumt wurde, bzw. durchzuführen, wofür es sich aufgespart hat.

Damit wäre ich fast schon am Ende meiner Überlegungen, gälte es nicht, noch zwei Konsequenzen zu ziehen. Die eine betrifft die experimentelle Anlage des Romans, die andere deren literarhistorische und historische Einordnung. Der Verfasser hat das Kind, das Gesine war, mit einer ebenso energischen wie dem Gedächtnis geschuldeten Identität ausgestattet. Sie fungiert als Prämisse, nicht etwa nur, wie zu erwarten war, eine Haftung ohne Schuld, sondern – weit radikaler – eine Schuld ohne Haftung auf sich zu nehmen. Die *Jahrestage* sind mit einer außerordentlich rigorosen, geradezu aseptischen Prägnanz durchkomponiert. Liest man sie als Text in der Tradition der belastenden Autobiographik, dann verwundert, daß sie ohne jede mythopoetische Einbettung auskommen. Allein die analysierte, noch unausgefüllte, leere Disposition für Vorhaltungen in fremder oder eigener Sache scheint hinreichen zu sollen, die enorme Erinnerungsarbeit zu motivieren, die der Inhalt des Romans ist. Gesine untersteht als Person einem Bekenntnis- oder Rechtfertigungszwang, jedoch ohne daß sie nach den üblichen Standards etwas Handfestes zu bekennen oder zu rechtfertigen hätte. Die Konstruktion ist einmalig. Man braucht nur den Sophokleischen *Ödipus*, Rousseaus *Confessions* oder Kafkas *Prozeß* zum Vergleich heranzuziehen, um den Unterschied zu bemerken: immerhin Klassiker im Feld der belastenden Autobiographik. Sogar die Rechtfertigung des Selbst, bei Kafka bis zum Paradox der Selbstrechtfertigung gesteigert, läßt sich nicht in Anschlag bringen – eher handelt es sich um die Bewährung des Selbst; zu schweigen von bestimmten, mit oder ohne Wissen begangenen Handlungen, real oder imaginär, durch ein Schicksal oder durch die Geschichte an den Tag gebracht. Natürlich gibt es von der Art mehr als einem lieb sein kann; aber die Protagonistin kann sich dies im Grunde nicht zurechnen. Wobei nicht eigentlich der Grundsatz mangelnden Verschuldens durch Unkenntnis den Ausschlag gibt, sondern vor allem der Umstand, daß es sich nicht um eigenes Tun oder Unterlassen handelt, sondern um das Tun oder Unterlassen Fremder bzw. Anderer. Aber auch in dieser Hinsicht entfällt beinahe jede mythopoetische Zusatzmotivation. Ohne Pest, ohne Selbstverschulden, ohne Verhaftung stellt sich Gesine allein aus einer gewissen »Empfindlichkeit« (JT, 1828), einem generell sensibilisierten Sinn für Wahrhaftigkeit heraus den Verbrechen des Nationalsozialismus bzw. dem Problem von Behalten und Vergessen. Ihre Bereitschaft, Selbstzurechnungen zu übernehmen, gleicht einer von langer Hand präparierten, leeren Einschreibefläche, die für Unterschiedliches, insbesondere Fremdverschuldungen, empfänglich ist. Ist dies nicht genau, nämlich in den entscheidenden Punkten, das »Leben«, für das sie ihr »Ich« aufgespart hatte?

Der Text läßt sich also kaum als Ausdruck des »in die Krise geratenen Subjektes«, verschoben in die Topik des Erinnerns,[25] verstehen, sowenig wie er als »Subjektkonstitution« in »selbstquälerischer Erinnerungsarbeit«[26] hinreichend charakterisiert ist. Vielmehr scheint seine Komposition geradewegs darauf angelegt, die Krise kollektiver Identitäten aus der Position hypertroph erinnerungsfähiger Subjektivität abzugelten.[27] Denn in der Tat fehlt es dem Roman nicht völlig an jeder Zusatzmotivation. Die Rolle der Fremden im New Yorker Milieu, die für Gesine nicht eigentlich das Problem ist, sondern die sie gewählt hat, sobald sie wählen konnte, bietet mannigfache Anlässe, sich dem Gewesenen aus der Distanz, nicht nur zeitlich, räumlich und pragmatisch, sondern vor allem auch in der Form der Fremdzurechnung, zu stellen. Da ist nicht nur ganz allgemein die Leistung des Gedächtnisses, Anknüpfungspunkte für eine Korrektur der Erinnerung wie des erinnerten Lebensgefühls bereitzustellen: »Das Drehkreuz, die Ferien weiß die Erinnerung von diesem Sommer. Es war nicht so.« (JT, 956) Da sind auch die beständig

---

25 Brecht, »You could say it was done with mirrors« (Anm. 7), S. 115 und S. 108.

26 Strehlow, Wolfgang: Ästhetik des Widerspruchs. Versuch über Uwe Johnsons dialektische Schreibweise, Berlin 1993, S. 12. Auch Gerlach, Ingeborg: Auf der Suche nach der verlorenen Identität. Studien zu Uwe Johnsons »Jahrestagen«, Königstein/Ts. 1980, teilt diese Wertung. Doch auf die Wertung kommt es gerade an: sowohl im Sinn der erwiesenen Ich-Stärke als auch im Sinn der exemplarischen Ich-Bildung. Es geht m.E. nicht um die Wiederherstellung einer »verlorenen« Identität, sondern um die Bewährung einer gewonnenen. Daß sie unter härtesten Bedingungen gewonnen ist, spricht nicht für die Bedingungen, macht sie aber umso belastbarer. Vgl. in diesem Sinn auch Fries, »Jahrestage« (Anm. 7), S. 143ff.

27 Hier, wenn überhaupt, läßt sich von einer gewissen Nähe zu W. Benjamin sprechen, und zwar zum Benjamin der »Kritik der Gewalt« mit dem zentralen Gedanken einer Entsühnung »vom Recht« (Benjamin, Walter: Zur Kritik der Gewalt, in: ders., Gesammelte Schriften, hg. von Rolf Tiedemann und Hermann Schweppenhäuser, Bd. II.1, Frankfurt 1977, S. 179-203, hier: S. 200); nicht jedoch zu Benjamins »Über den Begriff der Geschichte« mit der Hoffnung auf einen »Tigersprung ins Vergangene« (ebd., Bd. I.2, Frankfurt 1974, S. 691-704, hier: S. 701). Hier zeigt sich gerade der Unterschied, daß für Johnson die Hoffnung eine Bedingung des Erinnerns, für Benjamin eine Folge des Eingedenkens ist.

wiederkehrenden Zurechnungen im Bewußtsein der anderen, denen Gesine ebenso wie D.E. ausgesetzt ist. Von D.E. heißt es: »immer von neuem« verwechsele er »die Person mit der staatlichen Herkunft. Für ihn bin ich Deutschland, das vorige und die beiden jetzigen, für ihn habe ich manchmal kein Gesicht am Kopf sondern nationales Pigment.« (JT, 145) Aber Marie erinnert auch in diesem Zusammenhang, »warum D.E. europäische Lokale in New York ausläßt. *Ich weiß es. Wenn ich damit leben soll, dann doch nicht in der Nähe von Juden.*« (JT, 136) Die Spielplatzbekanntschaft mit Mrs. Ferwalter wäre hier ebenso zu nennen wie die *New York Times* mit den regelmäßig wiederkehrenden Meldungen über aufgedeckte und nicht gesühnte Naziverbrechen. Dies alles findet an Gesines Bereitschaft, ihre dafür vorgehaltene Identität weniger zu sichern als zu handhaben, eine überaus leistungsstarke und aufnahmefähige Projektionsfläche, die in letzter Instanz allerdings noch durch eine weitere Zusatzmotivation stimuliert wird.

Ich habe versucht, die *Jahrestage* als Experimentalroman zum Verhältnis von Gedächtnis und Erinnern zu lesen, wobei das Interesse der Rolle der Literatur als Teil des kulturellen Gedächtnisses sowie der Konstitution personaler Identität bei in die Krise geratener kollektiver Identität galt. Welche Aussagekraft ist in diesem Zusammenhang der Metapher des *historischen Erbes* bzw. der *Tradition* als Form des Erinnerns beizumessen? Und wie verhält sich der Roman zum sozialistischen, nicht nur zum faschistischen Erbe? In einem gewissen, von der neueren Johnson-Forschung sehr gut herausgearbeiteten Sinn steht das Haus, das Marie Gesine zum Jahreswechsel schenkt, für Gesines Erzählen rsp. Erinnern.[28] Es ist das Gestalt gewordene Verständnis, das Marie ihr entgegenhält. Nur sollte man in diesem Zusammenhang nicht übersehen, daß das Haus neben seinem Symbolwert, als »Modell« (JT, 538), auch noch einen Realwert hat, als »Bauernhof am Stadtrand, mit Land, Scheune und Nebengebäuden« (JT, 250), der auf seine Art jedoch auch symbolisch ist. Das Haus als solches steht für das historische Erbe. Damit ist seine Bedeutung jedoch noch nicht erklärt. Wenn man sich fragt, welcher Art die Nötigung ist, ein Erbe, das uns juristisch übertragen wurde, auch anzutreten, dann löst sich der Vorstellungskomplex sehr rasch in zwei profane Komponenten auf: man verfährt nach Opportunität und/oder Pietät; gezwungen ist man nicht. Nur wenn im metaphorischen Sinn von »Übertragung« oder »Erbe« die Rede ist, mit Bezug auf Fälle der Überlieferung oder Tradition, kommt so etwas wie eine höhere Nötigung

---

28 Vgl. hierzu Schmidt, »Es ist unser Haus, Marie« (Anm. 15).

ins Spiel. Es dürfte nun nicht aussichtslos sein, nach dem Status oder Ort dieser Nötigung zu fragen. Johnson jedenfalls erspart uns diese Frage nicht. Er bleibt uns auch in diesem Punkt nichts schuldig. Wenn wir Gesines Erzählen nochmals zu Hilfe nehmen, dann wird deutlich, daß es ihrem Erinnern nicht an Pietät, an einem Gefühl für die Integrität oder Unantastbarkeit des Erinnerten fehlt; allerdings mit einer gewissen Nähe zur profanen Fontaneschen Pietät, die eher ein Respekt vor dem Selbstsein des anderen trotz eingetretener Situation ist.[29] In diesem Sinn fand das Fertigdenken auch in Bezug auf fremdes Denken seine Grenze:

– Deine Mutter, Lisbeth: sagt Marie. – Erzähl doch mal von ihrer Seite her.
– Das kann ich nun nicht.
– Kannst Du nicht denken was sie dachte?
– Und nicht wie. Ich verstehe sie nun nicht mehr. (JT, 206)

Ebenso sehen wir aber auch den Aspekt der Opportunität, und zwar von der Gegenseite aus, expliziert. Was brächte uns auch die Kontinuation der Gattung im Weg der sprachlichen Übermittlung und der Kultur, wenn die Übertragung von Strukturen, nur eben mittelbar, gleichwohl den Charakter der Nötigung hätte? Johnson analysiert geradezu das Argument vom historischen Erbe, indem er es auf zwei Achsen: der Vererbung im Sinn von Verwandtschaft und der Vererbung im Sinn der Güterübertragung eine Rolle spielen läßt. Und zwar so, daß das Argument, wie im übrigen auch die Erinnerungsleistung Gesines, nur eben in konservativer Einstellung, seinen Platz in einer beurteilbaren Verhaltensstrategie erhält.

Marie hat gute Gründe, sich dem Faktum der Vererbung gegenüber im einen wie im anderen Sinn reserviert zu verhalten:

Bin ich verläßlich mit niemand auf der Welt verwandt? sagt Marie.
– Außer mit mir.
– Naja, mit dir. Aber die anderen darf ich mir aussuchen. (JT, 259)

Nicht nur das Haus, auch die Angehörigen der Papenbrockschen Familie stellen ganz konkret und unmetaphorisch die Erbschaft des Nationalsozialismus für Marie wie für Gesine dar. Cresspahl hat diese Erbschaft durch die Einheirat in die Papenbrocksche Familie verwandtschaftlich eröffnet. Papenbrock hat ihr mit der Übertragung des Hauses an Gesine

---

29 Zur Stellung Mecklenburgs in diesem Zusammenhang, als Landschaft wie als soziales Umfeld, vgl. Mecklenburg, Norbert: Erzählte Provinz. Regionalismus und Moderne im Roman, Königstein/Ts. 1982, S. 204ff. Auf die Nähe zu Fontane wurde schon öfter hingewiesen, vgl. Fries, »Jahrestage« (Anm. 7), S. 19f.

Gewärtigen oder Erinnern?

ein materielles Substrat gegeben.[30] Grund genug für Cresspahl, daß er die Übertragung des Hauses lieber unvollzogen gesehen hätte. Denn es war klar, daß ihm mit diesem Erbe eine Verbindlichkeit auferlegt werden sollte und zwar eine politische wie eine biographische, die er beide nicht wollte. Einschlägig ist das ›ausgedachte‹ Gespräch zwischen ihm und Lisbeth: Es macht deutlich, daß mit dem Antritt des Erbes eine Identifikation verbunden ist.

> *Ich bleib nicht in Deutschland.*
> *Aber uns gehört jetzt ein Stück davon.*
> *Ich brauch keins.*
> *Aber ich, Cresspahl. [...]*
> *Von deinem Vater das Haus, von deinem Bruder die Beziehungen.* (JT, 251)

Es läßt sich nun kaum übersehen, daß sich Marie zum Faktum der Erbschaft genauso nüchtern bzw. »praktisch« (JT, 170) wie Cresspahl verhält. Hat Gesine durch ihr Erzählen in Marie die Freiheit wiederhergestellt, die Cresspahl in Rücksicht auf Lisbeth aus der Hand gab? Marie repliziert bei der Überreichung des »Modells« auf Gesines Feststellung:

> [...] So steht es in Jerichow, und es wird einmal dein Erbe sein.
> – Das will ich nicht. Ich wollte nur einmal versuchen, was das denn wäre, wovon du erzählst. Wie das aussieht. (JT, 540)

Das heißt, Marie unterscheidet sehr deutlich zwischen dem Symbolwert, den das Haus für die Kontinuation des Erzählens, und dem Realwert, den das Haus für die Kontinuation des Handelns hat. Ersteren hat sie im Auge, letzteren weist sie zurück.[31] Wobei allerdings auch der letztere in dem entscheidenden Punkt bis zu einem gewissen Grad bloß symbolisch ist. Was veranlaßt oder hindert uns, die Kontinuation von Strukturen im Realwert – etwa eines Hauses, einer Position oder eines Vermögens – für zwingend oder für arbiträr zu halten? Das Haus kann, wie in der Wirklichkeit, so auch im Roman, für die Strukturen stehen, die in ihm gegenwärtig sind: dank derer es seinen Materialwert besitzt, die aber auch durch den Antritt eines Erbes reproduziert werden.

Ich komme damit auf den Ausgangspunkt meiner Überlegungen, die Einordnung der *Jahrestage* in ein Spektrum literarischer Einstellungen oder Haltungen und die Interpretation des »Vertrags« zurück. Daß das

---

30 Man sollte insofern besser von »Schuld der Verwandtschaft« als von »Verwandtschaft der Schuld« (Basting, Verwandtschaft der Schuld [Anm. 20]) sprechen.
31 Diesen Punkt übersieht Schmidt, wenn er – überaus griffig – von der »Heimat der Erinnerung« (Schmidt, »Es ist unser Haus, Marie« [Anm. 15], S. 152ff.) spricht.

Argument der historischen Erbschaft für zwingend gehalten würde, wäre für die Zeit, in der Johnsons Roman entstand, zu erwarten gewesen, wurde jedoch aus dem kollektiven Gedächtnis verdrängt, obwohl das »Bewußtsein der anderen« massiv für eine Haftung und in diesem Sinn: für einen Antritt der Erbschaft, votierte. Es ist keine Frage, daß Gesine in diesem Sinn die Erbschaft antrat. Daß das Argument der historischen Erbschaft für arbiträr gehalten werden könnte, war für die Zeit nach der abgegoltenen Haftung zu erwarten, trat jedoch nicht ein, indem die Erbschaft vielmehr jetzt, auf andere Art zwingend, die Rolle eines Aktivpostens im kollektiven Bewußtsein zu spielen anfing. Es ist klar: Marie mußte keine Erbschaft im Sinn der Abgeltung einer Haftung antreten; denn gerade dies hatte Gesine mit ihrem Erzählen für sie getan. Marie sollte aber auch keine Erbschaft im Sinn der Reaktivierung eines Aktivpostens antreten. Dagegen stand das Verständnis, das sie durch Gesines Erzählung gewonnen hatte: Marie lehnt das Erbe ab. Was uns bleibt – als Johnsons bzw. Gesines Vermächtnis – ist das Haus der Erzählung. Doch wir sind nicht nur Leser der *Jahrestage*, sondern bereits wieder gehalten, uns aus der Haltung oder Einstellung des Gewärtigens nach partiell wiederhergestellter »Reziprozität der Perspektiven« mit historischen Erbschaften als Aktivposten auseinanderzusetzen. Besteht in diesem Punkt ein Unterschied zwischen faschistischer und sozialistischer Prädisposition? Ich komme damit zum letzten Punkt: der historischen und literarischen Einordnung, verknüpft mit der Frage nach dem Zusammenspiel von biographischer und historiographischer Komponente im Werk der Erinnerung.

Ich habe die *Jahrestage* am Beginn meiner Ausführungen nicht nur zur Haltung oder Einstellung des Gewärtigens, sondern auch zur Haltung oder Einstellung des Entwerfens deutlich in Opposition gesetzt, Cresspahls Rede von der »Geschichte« als »Entwurf« (JT, 1891) gewissermaßen nur für die *historia rerum gestarum*, nicht für die *res gestas* selbst gelten lassend. Hier dürfte nun allerdings eine Einschränkung geboten sein, auch wenn sie nicht die vorgeschlagene Typologie als solche, sondern nur die Durchführbarkeit der aufgestellten Typen betrifft. Ein Erinnerungswerk vom Zuschnitt der Johnsonschen *Jahrestage* wäre nicht vorstellbar ohne ein Minimum an Aussicht oder Hoffnung für die Zukunft, mochte diese auch in der einen oder anderen Form bloß utopisch sein. Es spricht gewiß für Johnson rsp. für Gesine, aber auch für Marie, daß diese Aussicht nicht einfach mit der distanzierenden amerikanischen Wirklichkeit zusammenfällt. Schon als Lebensumstand des Exils sollte sie nur eine relative Geltung haben. Die Einschränkung hatte aber offensichtlich auch inhaltliche, gesellschaftliche und politische Gründe.³² So wurde in der Johnsonforschung, insbesondere von D.G. Bond und S. Fischer zu Recht darauf hingewiesen, daß das Paradigma der USA, außenpolitisch angeschlagen durch den Vietnamkrieg, innenpolitisch in Frage gestellt durch eine wachsende Gewaltbereitschaft, mit dem vierten Band von der Utopie eines reformfähigen Sozialismus verdrängt wird, in Bezug auf den sich nicht nur die Investitionsbereitschaft amerikanischer Banken am Arbeitsplatz Gesines merklich umorientiert, sondern auch Gesines persönliche Stellung zum Leben eine geradezu projektbezogene Zukunftsorientierung gewinnt. Bei Bond heißt es: »Czechoslovak reforms have the potential to ›replace‹ US politics, not only because Gesine will go to Prague, but because these reforms may seem to represent the one hopeful development in world politics at the time.«³³ Um so mehr verwundert jedoch die Zurückhaltung, die Johnson in diesem Punkt übt bzw. Gesine üben läßt. Bond bezieht sich, anders als Fischer, vor allem auf die Eintragungen im Umkreis der Jordan-Episode mit dem zentralen Punkt, »daß ein Tod nicht von Staats wegen rechtens ist; / daß zu einem Mord ein Mörder gehört; / daß die Toten wenigstens ein Recht haben auf die Wahrheit ihres Todes«, während über die »in Kraft gesetzte [...] Verfassung, mit der Freiheit zu reden, zu reisen, über die Verwendung der Produktionsmittel zu bestimmen, auch für den Einzelnen«, ungleich weniger ausgeführt wird, obwohl auch dies ohne Zweifel zum Problemkreis eines neuen »Anfang[s]« gehören würde (JT, 690). Es ist, als verhalte sich Gesine in Analogie zur Bewältigung des Faschismus zu einem schon abgegoltenen Sozialismus: in vorausgreifender Erinnerung. Dieser Eindruck verstärkt sich, sobald man mit Fischer³⁴ die Eintragungen des vierten Bandes hinzunimmt. In der Tat stand der »Prager Frühling« den Zeitgenossen im Ost- wie im Westblock für die Alternative eines reformfähigen Sozialismus. Nicht so für Johnsons Gesine. Ihre Hoffnung ist von langer Hand durch das Kalendarium der *Jahrestage* eingeschränkt³⁵

---

32 Zuerst und sehr überzeugend dargelegt bei Fries, »Jahrestage« (Anm. 7), S. 143ff.
33 Bond, D. G.: German History and German Identity: Uwe Johnsons »Jahrestage«, Amsterdam 1993 (Amsterdamer Publikationen zur Sprache und Literatur 104), S. 47-70, hier: S. 33.
34 Fischer, Sabine: Der Prager Frühling als »Entwurf«: Politische Diskurse in Uwe Johnsons »Jahrestagen«, in: Carsten Gansel/Bernd Neumann/Nicolai Riedel (Hg.), Internationales Uwe-Johnson-Forum. Beiträge zum Werkverständnis und Materialien zur Rezeptionsgeschichte. Band 3 (1993), Frankfurt am Main 1994, S. 53-104.
35 Zur finalen Anlage auf den 20. August 1968 hin und der bewußten Undeutlichkeit in diesem Punkt vgl. die Analyse von Helbig, Holger: Last and Final, Vortrag

und *im* Kalendarium dadurch, daß schon die Wassertonnengeschichte in ihrer biographischen Bedeutung das Datum mit der historischen Traumatisierung teilte, so daß das zentrale Trauma sowohl historisch wie auch biographisch gelebt und gelesen werden konnte. Nun ist auch das Scheitern des »Prager Frühlings« in erster Linie kein Faktum des Romans, sondern ein Faktum der Geschichte, auf das der Roman sich bezieht. Er tut das, indem er das Faktum der Geschichte zu einem Faktum des Romans macht, an das Kalendarium des Erinnerungswerks und die hineingeflochtene Lebensgeschichte bindet. Johnson mußte die *Jahrestage* nicht mit dem 20. August 1967 beginnen, so wenig, wie er den Text als Erinnerungswerk anlegen mußte. Tat er es aber, dann drängt sich die Deutung auf, daß der »Prager Frühling« aus der Sicht des Romans nach vorauseilender Erinnerung scheitern mußte. Von der Wiedergabe der »Zweitausend Worte« über die »Stellungnahme des Präsidiums des ZK und der KPČ« bis zum Trauma der deutschen Besetzung läßt Gesines Befassung mit dem Prag-Projekt eine analytische Kraft des Rückerinnerns der Prämissen erkennen, die sich kaum mit einer utopischen Hoffnung im Sinne Blochs[36] vereinbaren läßt. Und wie die Wassertonnengeschichte in kalendarischer Deckung mit dem Hitler-Stalin-Pakt, so besiegelt auch hier der Absturz D.E.'s wenige Tage vor dem Aufmarsch der Panzer in der Koinzidenz von Geschichte und Lebensgeschichte ein Trauma, das allerdings nicht mehr der Protagonistin zur Bewältigung aufzubürden ist, die sich vielmehr mit der Übergabe des Manuskripts an Kliefoth verabschiedet, sondern auf das der Roman als Ganzes in der Weise reagiert, daß er die Hoffnung durch die analytische Kraft des Erinnerns ausgestrichen zeigt, nachdem sich diese nur dank ihrer entfalten konnte.

Prof. Dr. *Horst Turk*, Seminar für Deutsche Philologie der Universität Göttingen, Humboldtallee 13, 37073 Göttingen.

---

gehalten im Rahmen des Symposiums »»... und hätte England nie verlassen.« Uwe Johnson zum Gedenken« am Institute of Germanic Studies, London, 19.-21. 9. 1994.

36 Vgl. Fischer, Der Prager Frühling (Anm. 34), S. 96 (Anm. 2), angesichts einer überaus detaillierten und stimmigen Analyse, die doch eigentlich das Gegenteil beweist.

Colin Riordan

»... was ich im Gedächtnis ertrage«
Die Metaphorik der *Jahrestage**

Auf den ersten Blick scheinen Metaphern in den *Jahrestagen* eine Seltenheit zu sein. Doch läßt zum einen Johnsons sparsamer Gebrauch dieser zutiefst literarischen Technik den beschwörenden Lyrismus, zu dem er fähig war, um so auffälliger erscheinen, zum anderen führt der beträchtliche Umfang der *Jahrestage* zu einer nicht zu übersehenden Anhäufung von Bildern, die zum Verständnis des Romans Wesentliches beitragen. Nicht zuletzt aufgrund von Johnsons bald erworbenem Ruf, von sachlicher Genauigkeit geradezu besessen zu sein, war in den ersten zwei Jahrzehnten der Johnson-Rezeption die Aufmerksamkeit nicht auf die Bedeutung der Metaphorik gerichtet. 1980 wies Klaus Siblewski auf den angeblichen »Verzicht auf Bilder« im Frühwerk Johnsons hin, der sich mit dem bekannten »hohen Grad an Sachlichkeit« erklären lasse.[1] So sehr man verstehen kann, wie Siblewski zu einem solchen Urteil kam, so wenig trifft es für Johnsons Romane, auch nicht für das Frühwerk, zu. Tatsächlich zeichnet sich Johnsons Prosa durch auffällige, wenn auch seltene Ziermetaphern aus, da sei nur an Jakobs »grossglasäugigen Stellwerkturm« auf der ersten Seite der *Mutmassungen über Jakob* erinnert.[2] Weitere Beispiele ließen sich leicht anführen, insbesondere aus den

---

* Aus dem Englischen übersetzt vom Autor.
1 Siblewski, Klaus: Alltag und Geschichte. Anmerkungen zum Frühwerk Uwe Johnsons, in: Heinz Ludwig Arnold (Hg.), Text + Kritik 65/66, 1980, S. 96-111, hier: S. 109.
2 Johnson, Uwe: Mutmassungen über Jakob, Frankfurt am Main 1959, S. 7.

Jahrestagen. Meine Absicht ist es jedoch nicht, jede offensichtliche Metapher im Roman zu untersuchen; die bloße Auflistung der Autos, Busse, Züge und anderer Fahrzeuge, die als monströse oder elephantische Tiere bezeichnet werden, wäre beispielsweise ein umfangreiches Unternehmen an sich. Zudem interessiert weniger der zierende oder rhetorische Wert der Metapher als vielmehr ihre Rolle in der (Be-) Deutungskonstitution des Romans.

Auch in dieser Hinsicht wurde die Funktion der Metaphern in Frage gestellt: Als »Effekt eines seriellen Operierens mit Stereotypen« tut Christoph Brecht das Metaphernsystem der *Jahrestage* ab.[3] Zwar wird das Urteil sorgfältig in die Argumentation eingearbeitet, dennoch bleibt der Verdacht, daß hier ein zentrales Element des Romans übergangen wird. In diesem Aufsatz möchte ich zeigen, daß eine Untersuchung des Gebrauchs der Metapher in *Jahrestage* tatsächlich bisher wenig beachtete Einsichten gewähren kann. Ohnehin wäre es unfair, Siblewskis Äußerung zu verallgemeinern, denn eine Reihe von Kritikern hat seit der Mitte der 80er Jahre mit Recht eine Analyse verschiedener Aspekte der Metaphern in den *Jahrestagen* in eine breitere Argumentation einbezogen.[4] Ich möchte hingegen die Verwendung der Metaphorik in *Jahrestage* als Ganzes in Betracht ziehen, das heißt, Johnsons Handhabung der Metaphern als literarisches Werkzeug ins Auge fassen. Für diese möglicherweise altmodisch erscheinende Auffassung von Literatur und ihren Stilmitteln gibt es gute Gründe. Trotz seines Modernismus waren dem Germanisten Johnson die Konventionen der Poetik wohl bekannt, und es liegt nahe, sein Werk auf eine Weise zu betrachten, die dieser Tatsache Rechnung trägt.

Der Begriff *Metaphorik* soll im folgenden eine Reihe von literarischen Kunstgriffen einschließen, die von scheinbar nebensächlichen, vereinzelten Metaphern über Leitmotive bis hin zu den entwickelten Metaphernsystemen, die eine ausschlaggebende strukturelle und hermeneutische Funktion im größeren Plan der *Jahrestage* einnehmen, reichen. Die

---

3 Brecht, Christoph: »You could say it was done with mirrors«. Erzählen und Erzähltes in Uwe Johnsons *Jahrestagen*, in: Ulrich Fries/Holger Helbig (Hg.), Johnson-Jahrbuch Bd. 1, Göttingen 1994, S. 95-126, vgl. S. 112.

4 Die Arbeit, die sich meines Wissens am intensivsten mit der Metaphorik der *Jahrestage* beschäftigt hat, liegt unveröffentlicht im Uwe-Johnson-Archiv; Reiß, Anne Grete: Uwe Johnsons »Jahrestage«: Subjektivität und »gender« in der Biographie der Gesine Cresspahl, Staatsexamensarbeit masch. Göttingen 1994. Anne Reiß hat eine Reihe von Metaphern untersucht, insofern sie »mit den Themen Subjektivität und ›gender‹ in Verbindung stehen« (vgl. S. 5).

Grenzen dieser Definition schließen Symbolik und historisch-repräsentative Allegorie aus; die erstere, weil sie (insbesondere die biblische Symbolik) ein Thema für sich ausmacht, die letztere, weil ihre Existenz m.E. in den *Jahrestagen* nicht nachzuweisen ist. Auch sollen Sinnbilder nicht ihrer traditionellen rhetorischen Funktion mechanisch zugeordnet werden, es sei denn, ein spezifischer Fall kann durch den Hinweis erläutert werden, daß es sich dabei etwa um Metonymie oder eine Synekdoche handelt. Ebenfalls ausgeschlossen wird eine Diskussion darüber, ob sich vereinzelte Elemente des Diskurses rein technisch als Metapher betrachten lassen oder nicht, denn der Unterschied zwischen wörtlicher und figurativer Bedeutung wurde längst als illusionär aufgedeckt.[5] Vielmehr beabsichtige ich, Metaphernfelder zu identifizieren, ihre Überschneidungsgebiete auszumachen und dadurch sowohl Verbindungen zwischen den Hauptthemen des Romans aufzuzeigen als auch weiterreichende Schlüsse zu ziehen. Hierbei werde ich mich auf drei Felder konzentrieren, in denen Evokationen von Wasser, Katzen und anderen Tieren, sowie Einzäunungen bzw. Umhüllungen eine bedeutungstragende Rolle spielen.

Isoliert betrachtet sind einzelne Tropen von lediglich begrenzter Wichtigkeit. Nur im Zusammenspiel und in der Anhäufung der Metaphern kann eine Bedeutung konstruiert werden, die auf mehr als die Summe ihrer Einzelteile verweist. Durch eine Untersuchung der Konstruktionsweise eines solchen metaphorischen Systems möchte ich zeigen, wie einige der wichtigsten *Jahrestage*-Themen wie Gedächtnis, Erinnerung, Vergangenheit, Tod und Verlust, Entwurzelung und Orientierungslosigkeit nicht nur illustriert, sondern auch konstituiert, entwickelt und verwandelt werden. Denn die Auswirkungen der Metaphorik gehen über die einfache Beschreibung und Veranschaulichung der mit diesen Themenfeldern verbundenen Probleme weit hinaus: Ihre eigentliche Bedeutung liegt in den Lösungen, oder versuchten Lösungen, die durch die metaphorischen Muster im Roman suggeriert werden. Ich möchte zeigen, daß in der metaphorischen Struktur eine implizite Antwort auf die Anhäufung von Katastrophen liegt, die sowohl Vergangenheit wie auch Gegenwart der *Jahrestage*-Welt charakterisieren.

Um, dem Roman gemäß, bei der Wasser-Metaphorik anzufangen: Meere, Seen, Flüsse und Schwimmbecken haben ebensoviel Gewicht im

---

5 Vgl. hierzu z.B. Cantor, Paul: Friedrich Nietzsche. The Use and Abuse of Metaphor, in: David S. Miall (Hg.), Metaphor: Problems and Perspectives, Sussex and New Jersey 1982, S. 71-88.

Leben von Gesine Cresspahl wie in dem von Johnson. Die ersten drei Bände der *Jahrestage* beginnen alle mit der Beschreibung eines Gewässers; eines Ozeans, eines Schwimmbeckens und eines Sees. Überdies findet die letzte Szene des Romans am Meer statt. Diese vier Szenen bzw. Kapitel geben nicht nur den Gesamtrahmen für den Text vor, sondern sie teilen ihn zugleich in drei Zeitabschnitte von jeweils vier Monaten, die nach dem ursprünglichen Plan vermutlich von ungefähr gleicher Länge sein und jeweils einen Band hätten ausfüllen sollen. Die unerwartete Fülle an Material ergab einen zweiten Teil, fünfzig Seiten länger als der erste, und einen dritten, der den zweiten um fast dreihundertfünfzig Seiten übertrifft. Trotzdem wird in viermonatigen Abständen, am 20. August 1967, 20. Dezember 1967, 20. April 1968 und am 20. August 1968 jeweils ausdrücklich und präzise auf Wasser bzw. Gewässer Bezug genommen. Wenn Wasser in den *Jahrestagen* also als Metapher verstanden werden soll, so tritt damit ihre Bedeutung als strukturelles Element bereits unübersehbar hervor.

Ein Hinweis auf die metaphorische Funktion findet sich im zweiten Band der *Jahrestage*: »[...] noch heute ist der Name Karow im Gedächtnis eine trockene Stelle« (JT, 725).[6] Erhellend scheint hier der Verweis auf einen Text, den Johnson wohl gekannt haben mag. In einem Aufsatz über Faulkners *The Sound and the Fury* benützt Jean-Paul Sartre einen tiefen Teich als Sinnbild für das Gedächtnis, um zu erklären, daß die Vorstellung, die die Figuren von der Vergangenheit haben, eher von emotionaler Intensität als von chronologischer Ordnung der Ereignisse geprägt ist. Die Metamorphose der vergangenen Erlebnisse, die sich im Gedächtnis der Figuren vollzieht, läßt diese Erlebnisse unvorhersehbar zur Oberfläche hinaufsteigen oder in die Tiefe hinabsinken. Sartre identifiziert für diesen Vorgang die »densité propre« der vergangenen Ereignisse wie auch ihre »signification dramatique« als beeinflussende Faktoren.[7]

In einem anderen Text, den Johnson gewiß sehr gut kannte, Ernst Barlachs *Der gestohlene Mond*, wird die Hauptfigur, Wau mit Namen, von imaginären Wesen heimgesucht: »Ihm kamen dann, nicht als Visionen, aber als Gegenwärtigkeiten, denen er gar nicht auszuweichen gesonnen war, die Reihe seiner toten Vorfahren und Familienglieder in den Sinn, soweit er an ihrem Leben teilgehabt, den Verlauf ihres Daseins verfolgt,

---

6 Die Abkürzung JT bezieht sich auf Johnson, Uwe: Jahrestage. Aus dem Leben von Gesine Cresspahl, Bd. I-IV, Frankfurt am Main 1970–1983.
7 Sartre, Jean-Paul: Situations I, Paris 1947, S. 91.

ihren Ausgang miterlebt oder doch genauestens mit allen seinen Umständen erfahren hatte.«[8] Die Parallele zu Gesines Gesprächen mit den Toten – sprich ihrer Auseinandersetzung mit der eigenen Vergangenheit – liegt auf der Hand. Daher scheint es naheliegend darauf hinzuweisen, daß Barlach gleich darauf das Schwimmen und Tauchen als Sinnbild verwendet, um Waus Bemühungen zu erklären, die Geheimnisse der Welt zu verstehen: »[er] schwamm in dem Strömen und Strudeln des aus tausend Quellen zur Gewaltigkeit zusammengeflossenen Denkgeschehens, tauchte unter bis zur Atemlosigkeit in Meerweiten der Erkenntnistiefen vom Beweisbaren oder Unbeweisbaren«.[9] Damit wird mehr als hinreichend der Prozeß beschrieben, den Gesine durchläuft. In den *Jahrestagen* stellen Wassermassen nicht nur den Speicher des Gedächtnisses dar, sondern auch die Potentialität des Vergangenen. Jedes Eintauchen in diese Wassermassen ist von Desorientierung und Gefahr begleitet: Gesine ist, mit Sartre zu sprechen, nicht in der Lage, das, was sie braucht, herauszufischen. Die Gewässer der *Jahrestage* weisen auf die vielfältigen Gestalten dessen, was die Vergangenheit in der Gegenwart werden kann. Das gilt für das Private wie das Öffentliche, das Persönliche wie das Historische.

Im ersten Kapitel des Romans rufen die Wellen, die Küste und der Regen von New Jersey Erinnerungen an Mecklenburg hervor und geben Gesine den Anstoß, die Rekonstruktion ihrer Vergangenheit in Gang zu setzen, indem sie an die Jerichower Behörden schreibt. Das Kapitel für den 20. Dezember 1967, das den zweiten Band eröffnet, beginnt mit einer Beschreibung des Wassers, das den Mediterranean Swimming Club versorgt, und spielt gänzlich in der Schwimmhalle. Die Verwirrung der Sinne beim Tauchen entspricht Gesines frustrierten Bemühungen, ihre Erinnerungen zu enträtseln; so thematisiert das ganze Kapitel denn nicht nur Gedächtnisverlust, sondern ebenso den Versuch, diesen Verlust durch Rekonstruktion auszugleichen. Der dritte Band beginnt auf die nunmehr bekannte Weise mit einer Beschreibung des dunklen, fast zähflüssigen Wassers des Lake Patton, in dem Gesine und Marie schwimmen. Durch Maries Frage nach den Seen in Gesines Leben wird eine Reihe von Erinnerungen ausgelöst. Diese Verbindung zwischen dem Schwimmen und der Aufzählung des Vergangenen knüpft eindeutig an die Schwimmbecken-Szenen im zweiten Band an. Wie beim Schwimmbecken ist im Lake Patton auch das Sichtverzerrende des Wassers eines seiner auffälligsten Merkmale. In diesem Fall tritt eine historische Dimen-

---

8 Barlach, Ernst: Der gestohlene Mond, München 1959, S. 453.
9 Ebd., S. 456.

sion hinzu: Es wird ausdrücklich erwähnt, daß Lake Patton als Übungsplatz für die amerikanische Invasion Deutschlands benutzt wurde. Somit wird auch Europa, als Schauplatz des Vergangenen, in den mit dem Wasser verbundenen Metaphernkomplex integriert. Diese Verbindung war bereits im Namen des Mediterranean Swimming Club realisiert. Im letzten Kapitel der *Jahrestage* wird Kliefoth, der mit Gesine und Marie Hand in Hand durch das Wasser an der dänischen Küste läuft, als eine Figur aus Gesines Geschichte mit der Erzählerin und der Zuhörerin zusammengebracht. Die Meere, Schwimmbecken und Seen der *Jahrestage* stellen so die Vergangenheit nicht als eine definitive Sammlung von Ereignissen dar, aus denen willkürlich gewählt werden kann, sondern als die Potentialität dessen, was die Vergangenheit durch Erinnern und Erzählen werden kann. Doch erst in der Verbindung mit anderen Metaphernfeldern wird die Wassermetapher zu einem dynamisch strukturierenden Element des Romans.

Vor dem Hintergrund des bisher Ausgeführten soll nun ein weiteres Feld untersucht werden: die Tier-Metaphorik. Die Bedeutung von Katzen ist in den *Jahrestagen* schwerlich zu übersehen. »Die Katze Erinnerung« (JT, 670) ist die wohl bekannteste, offensichtlichste wie auch auffälligste Metapher des Romans. Während Wasser eher mit der Speicherfunktion des Gedächtnisses assoziert wird, bezieht sich die Katze auf das *Ins-Gedächtnis-Rufen*, auf die Erinnerungsfunktion.[10] Die ungewöhnliche Kombination von Katzen und Wasser taucht im Roman wiederholt auf. Im Kapitel für den 2. Februar 1967 (Groundhog Day),[11] findet sich die auffälligste Erwähnung der »Katze Erinnerung«, als im Mediterranean Swimming Club Marie und ihre Mutter darüber diskutieren, wie Gesine jene Szenen aus ihrer Vergangenheit, die ihre Erinnerung willkürlich beibehalten hat, in ihrer Erzählung verwenden soll. Natürlich findet diese Diskussion am Schwimmbecken statt und endet damit, daß Gesine Marie einen Sprung ins Wasser vorführt. Mit dem Problem der Vergangenheit verknüpft wird die Wasser-Katzen Kombi-

---

10 Dieser Unterschied wird an einer berühmten Stelle der *Jahrestage* thematisiert: »ihr kam es an auf eine Funktion des Gedächtnisses, die Erinnerung, nicht auf den Speicher« (JT, 63).

11 Der »Groundhog Day« ist inzwischen durch den Film gleichen Namens auch außerhalb der USA bekannt geworden. Gesine (und Johnson) kommt es hier auf die Ähnlichkeit mit einem europäischen Volksglauben an, aber es ist interessant, daß in einem Kapitel, das sich mit den Problemen der Vergangenheit eingehend befaßt, Bezug genommen wird – wenn auch nicht ganz im Ernst – auf die Möglichkeit, die Zukunft vorauszusehen.

nation im Kapitel für den 4. Juli 1968, in dem nicht der amerikanische Unabhängigkeitstag, sondern die Schwierigkeiten Gesines mit ihrer Erzählung unmittelbar angesprochen werden. Die Szene auf dem Fischland, die Gesine vergeblich mit aller Lebendigkeit ins Gedächtnis zu rufen versucht, enthält eine Erinnerung an »Katzen, im Wasser!« (JT, 1494). Die Verschmelzung dieser zwei Metaphernfelder bringt so die Potentialität des Vergangenen mit der unzureichenden (und unzuverlässigen) Fähigkeit des menschlichen Gehirns, diese vollständig zu aktivieren, zusammen.

Darin erschöpft sich aber diese Kombination nicht. Was Katzen und Wasser in den *Jahrestagen* gemein ist, läßt sich auf einen Nenner bringen: latente Gewaltsamkeit. Der erste Satz des Romans beschreibt Wellen, die sich wie »Buckel mit Muskelsträngen« wölben, womit auf ihre potentielle Kraft und ihre Verwandtschaft mit Katzen verwiesen wird, die ja schließlich mit einem Buckel defensive Aggression signalisieren.[12] Daß Katzen in den *Jahrestagen* ihre gefährliche Seite haben, geht aus der Szene im letzen Band hervor, in der Gesine eine junge Amsel vor einer räuberischen Katze rettet (vgl. JT, 1533). Auch an anderen Stellen erscheinen Katzen in ihrer natürlichen Rolle als Raubtiere. An das mit dem Wasser verbundene Moment der Gewalt und des Todes wird nicht nur in historischem, sondern auch in privatem Zusammenhang hingewiesen. Zum einen durch die Tode der 8000 KZ-Insassen auf der *Cap Arcona* und der *Thielbek* in der Lübecker Bucht, zum anderen durch die Versuche Lisbeths, zuerst sich und dann Gesine zu ertränken. Dieses Moment ist im entscheidenden, zentralen Sinnbild, das diese Metaphern zusammenschließt, und das den ganzen Roman durchzieht, aufgehoben: nämlich in der Regentonnengeschichte.

Die früheste Erwähnung dieser Episode findet sich im Kapitel für den 8. September, als Gesine versehentlich ihre Handtasche für den Nacken einer Katze hält. Sie ißt mit Mr. Shuldiner zu Mittag, dessen sprechender Name durch seine bevorstehende Heirat mit einer jüdischen Frau nur weiter verdeutlicht wird. Die Hinweise auf die brutalen und kriegerischen Gebärden von Hitler und Stalin 1937 wie auch auf die Unterstützung des Waffenhandels durch die USA im selben Jahr stellen die persönlichen Schmerz- und Schuldgefühle, die Gesine mit Lisbeths versuchtem Kindermord assoziiert, in einen breiteren geschichtlichen Kontext. Ihre frustrierende Unfähigkeit, sich weder persönlich noch historisch an das

12 In bezug auf diese Wortwahl schreibt Fries hingegen den Wellen anthropomorphische Eigenschaften zu. Vgl. Fries, Ulrich: Uwe Johnsons »Jahrestage«. Erzählstruktur und Politische Subjektivität, Göttingen 1990, S. 21.

Jahr 1937 erinnern zu können, wird durch die Erinnerung an eine hinter Fensterglas sitzende Katze repräsentiert, die dann auch zum Emblem der Regentonnengeschichte wird: »Das Stück Vergangenheit [...] bleibt versteckt in einem Geheimnis« (JT, 64). Dieses Bild der verführerischen Unzugänglichkeit des Vergangenen stellt eine Verbindung mit den ersten Sätzen der *Jahrestage* her, in denen die Luftblasen in den Wellen durch das Gewicht der Wassermasse platzen »als sei da ein Geheimnis gemacht und zerstört worden« (JT, 7). In diesem Bild werden die Frustration und die latente Gefahr zusammengefaßt, die in Gesines Erinnerung an den Tag, an dem sie durch Lisbeths absichtliche Vernachlässigung in der Wassertonne fast ertrunken wäre, potentiell vorhanden sind. Ihre Frustration wird aber durch einen deutlichen Widerwillen ergänzt. In den letzten Sätzen des Kapitels wehrt sie sich gegen diese Erinnerung, indem sie die Ereigniskette dem Zufall und nicht der Absicht Lisbeths zuschreibt. Diese offensichtliche Selbsttäuschung endet mit einem Ausdruck ihrer vermeintlichen Machtlosigkeit gegenüber der Vergangenheit: »Was soll ich dagegen tun!« (JT, 65) Das ist, wohlgemerkt, keine Frage, sondern ein Schrei der Verzweiflung, denn es konzentrieren sich in diesem Kindheitsbild genügend Schmerz und Leid, um Gesine von einer Abrechnung mit der darin enthaltenen unangenehmen Wahrheit abzuhalten.

Darüber hinaus: Als die Geschichte über die Vergangenheit den Sommer 1937 erreicht, wird die Regentonnengeschichte mit keinem Wort erwähnt. Noch einmal bringt Mr. Shuldiner, als Auslöser für Gesines drängende Schuldgefühle, die Geschichte ans Licht, indem er sie während eines Gesprächs am Schwimmbecken an Marie verrät. Es widerstrebt Gesine nicht nur, Marie diese Geschichte zu erzählen, sondern sie hat vielmehr die wahre Aussage der Geschichte seit Jahren verdrängt. So wird die Regentonnengeschichte zum Emblem der Komplexität der Vergangenheitsproblematik: Das Gedächtnis verhindert die Konstruktion eines vollständigen Bildes, das zum Verständnis des Vergangenen notwendig wäre, es stellt jedoch gleichzeitig die Bedingungen für die Rekonstruktion her, indem es dauernde, schmerzvolle Bilder bewahrt, die während ihrer Integration in die Rekonstruktion das ursprünglich durch sie verursachte Leid weiter verstärken. Erst am 19. Januar und auf Drängen Maries erklärt sich Gesine widerwillig bereit, die Ereignisse jenes Sommertages zu beschreiben und die Bedeutung des fehlenden Tonnendeckels zu erklären. Endlich werden die mit dieser Episode verbundenen Ängste, Gefahren und Schmerzen deutlich, und die Regentonnengeschichte wird von diesem Augenblick an zum Schlüsselwort für jedes Ereignis, das Gesine beim Erzählen und Marie beim Hören Schmerzen verursacht. In dieser wirkungsvollen Kombination von Katze und Wasser als Metapher sammeln und konzentrieren sich einige der wichtigsten Themen der *Jahrestage*.

An dieses Motiv ist auch Gesines starkes Bedürfnis nach einer Geschichte, die ihr und ihrer Tochter den eigenen Werdegang in New York erklärt, gebunden, ihre Suche nach einer Antwort auf die Frage, ob und wie es möglich ist, zu dieser Zeit in den USA zu leben und gleichzeitig mit sich zufrieden zu sein. Zugleich ist es ein Emblem ihrer Angst vor Geisteskrankheit, wie sie in dem Brief an A.M. zutage tritt. Daß sie die Stimmen der Figuren aus ihrer Geschichte hört, läßt Gesine an ihrem Geisteszustand zweifeln, so sehr, daß sie auch um die Sicherheit Maries bangt. Sollte Gesine, wie Lisbeth, Anzeichen von Geisteskrankheit zeigen, so könnte Marie das gleiche Schicksal wie ihre Mutter erfahren. Darüberhinaus schwebt Gesine noch in der Gefahr, denselben Ausweg wie Lisbeth zu suchen, wie ihre Todesträume belegen. Die Regentonnengeschichte evoziert nicht nur diese Ängste, sondern auch den Widerwillen Gesines, sich ihnen zu stellen. Erst mit der Zeit gibt sie ihre defensive Haltung und ausweichende Taktik, durch die unnachgiebige Ausfragerei Maries ermüdet, auf. Die Regentonne wird gewissermaßen zu einer repräsentativen Wassermasse, die nicht nur Gesines schmerzliche Anfälle veranschaulicht, sondern auch für ihre Versuche steht, sich gegen sie zu wehren. Zwar gelingt ihr diese Abwehr nicht vollständig, aber sie findet eine Methode, mit ihnen umzugehen. Diese Schlußfolgerung liegt nahe, wenn man betrachtet, auf welche Art und Weise die Wassertonnengeschichte in die Metaphernstruktur des Romans integriert ist.

Von diesem zentralen Bild gehen nämlich eine Reihe von metaphorischen Zusammenhängen aus. Die Geschichte von Jakobs Fuchs, die gegen Ende des *Jahrestage*-Jahres, am 15. August, erzählt wird, wird (wie andere Episoden auch) als eine Geschichte bezeichnet, »wie die von Kleinkindern, die in eine Wassertonne fallen« (JT, 1843). Damit ist zum einen der Vorfall bewertet: als eine noch nicht verheilte Wunde; zum anderen wird die ›originale‹ Wassertonnengeschichte um diesen Bezug erweitert. Gesine berichtet, wie sie 1953 zufällig das Abschlachten von Jakobs Pferd miterlebte, und hebt das Zutrauen des Tieres zu seinen Schlächtern hervor. Dieser Vorfall dient als Emblem des Verrats, und wird mit dem Verrat, der durch den niedergeschlagenen Aufstand von 1953 dargestellt wird, deutlich in Verbindung gebracht. (Noch vor dem Aufstand 1953 wurde auch Johnsons Glaube an den Sozialismus der DDR tödlich getroffen.) Durch die Geschichte von Jakobs Fuchs wird also dem Wassertonnenmotiv eine weitere Dimension verliehen. Das

Metaphernnetz wird durch variierende Wiederholung erweitert, sein Bedeutungspotential ausgebaut.

Ein ähnliches Beispiel wäre der Wassertrog, in dem Heinrich Cresspahl nach seiner Entlassung aus Fünfeichen badet. In diesem Fall wird ausdrücklich gesagt, daß die Katzen »den Ort dieses Schauspiels« (JT, 1510) meiden. Damit wird die durch die Regentonnengeschichte symbolisierte Gefahr abgemildert, denn Cresspahl hat vorerst die schlimmsten physischen Risiken hinter sich.

Eine repräsentative Wiederholung der Wassertonnengeschichte findet sich ebenfalls im vierten Band der *Jahrestage*. Es handelt sich um die bereits erwähnte Szene, in der Gesine ein Amselküken und dessen Mutter vor einer räuberischen Katze auf einer taunassen Grasfläche rettet (vgl. JT, 1532f.), nachdem sie gesehen hatte, daß die Amselmutter bereit war, sich für das Küken zu opfern. Die erneute Kombination von Katze und Wasser erweitert das Bedeutungspotential auf verschiedene Weise. Vor allem wird unausweichlich an Lisbeths Benehmen gegenüber ihrer Tochter im Jahre 1937 erinnert. Statt Gesine zu retten, hatte Lisbeth ihr Kind der Katze ausgesetzt, und die Ereignisse nahmen nur durch den Eingriff Cresspahls einen anderen Verlauf. Gesines Entschluß, das Amselküken zu retten, ist motiviert durch ein starkes Bedürfnis, die Fehler ihrer eigenen Mutter zu vermeiden. (Obwohl sie natürlich nicht umhin kann, neue zu begehen.) Diese Inszenierung einer potentiellen Wassertonnengeschichte, die glücklich ausgeht, verweist auch auf eine Verwandlung der Metapher, auf die ich noch zurückkommen werde: Die durch die Regentonne dargestellten Gefahren und Schmerzen werden im Laufe des Romans durch das Ausbauen des Metaphernsystems wenigstens zum Teil entschärft.

Zuvor soll gezeigt werden, daß auch die Vogelmetapher keineswegs auf eine Bedeutung festgelegt werden kann, denn nicht immer figurieren Vögel, wie in dem oben erwähnten Beispiel, als hilflose Opfer.

Die Vogelmetapher erweitert den Themenkomplex Vergangenheit und Gedächtnis um die Dimensionen Vertrauensbruch und Täuschung. Im ganzen Roman werden Vögel hauptsächlich mit negativen, nicht vertrauenswürdigen Figuren assoziiert. Als Beispiele wären etwa Louise Papenbrock (vgl. JT, 1236) oder de Rosny zu nennen, der in einer von mehreren metaphorischen Verkleidungen auch als Storch erscheint (vgl. JT, 1562).[13] Auch Gesines eigene Vertrauensbrüche werden auf diese

---

13 Hier bildet Dr. Brewster eine Ausnahme, der als »Wandervogel« positiv erscheint (vgl. JT, 629).

Weise dargestellt. Ihre Erinnerungen an Dieter Lockenvitz und den Verrat an ihm sind »im Dunkeln aufgescheuchte Vögel« (JT, 1805). Durch eine Vogelmetapher wird gleich am Anfang des Romans die mögliche Nostalgie unterminiert: Das scheinbar friedliche Bild des Ribnitzer Fischlanddampfers als »fette schwarze Ente« (JT, 9) stellt sich 870 Seiten später als trügerisch heraus, denn in der Vergangenheitsgeschichte spiegelt es tatsächlich Gesines Deprimiertheit wider, als sie zwangsläufig von Cresspahl getrennt wird (vgl. JT, 879). Im vierten Band der *Jahrestage* wird dieser Aspekt der Metapher thematisiert, wenn die hinter Kliefoth in einem Bild aufgemalte Friedenstaube ihm mit den Krallen ins Genick zu greifen scheint. Etwas später erkennt Gesine den wahren, kriegerischen Charakter der Taube und somit den fehlerhaften Symbolismus des Picasso-Bildes. Diese Aufdeckung der Täuschung fällt in einen Abschnitt, in dem Gesine deutlich betreten ihre Entscheidung erklärt, in den Anfangsjahren der DDR nicht für Unruhe sorgen zu wollen. Durch Vögel wird auch eine von zwei wichtigen Verbindungen zwischen der Regentonnengeschichte und einer weiteren wichtigen Metapher, nämlich den Walnußbäumen, hergestellt.

Wie andere auch beginnt das Kapitel für den 27. Juli 1968 mit Gesines Erwachen aus einem Traum. In diesem Fall träumt sie von vielen Vogelarten, insbesondere einem Zaunkönig, der »im Schatten der stattlichen hickories ... der Walnußbäume« singt (JT, 1644). So werden die »hickories« im Riverside Park zu den Walnußbäumen von Gesines Kindheit. Die Walnußbäume sind ein echtes, offenbar Thomas Manns *Tonio Kröger* entlehntes Leitmotiv. Die Ehrerbietung Johnsons Thomas Mann gegenüber kommt vor allem im Pastiche der berühmten Tanzszene aus *Tonio Kröger* zum Ausdruck. Als ich 1982 Johnson danach fragte, bestand er darauf, daß die Anspielungen auf Mann als Witz gemeint seien. Wie auch immer es sich damit verhalten mag, die Walnußbäume haben in *Jahrestage* wie in *Tonio Kröger* eine wichtige metaphorische Funktion. Wie der junge Tonio ist Gesine von diesen (nun vor Cresspahls Haus stehenden) Bäumen fasziniert, die nicht nur mit Täuschung und Verrat assoziiert sind, sondern auch mit scheinbarer Beständigkeit, die sich doch, wie alles andere auch, als befristet herausstellt. Sie erscheinen in Gesines Traum als Erinnerung an die Hoffnungslosigkeit ihrer Suche nach Sicherheit und nach einem festen Orientierungspunkt. Ihre latente Assoziation mit dem Tod als endgültiger Form der *Unbeständigkeit* wird an der Stelle gegen Ende des zweiten Bandes deutlich, wo angemerkt wird, daß man aus Walnußholz Gewehrschäfte herstellt (vgl. JT, 1001). Zur gleichen Zeit nimmt Gesine das mühevolle

Unterfangen auf sich, Marie davon zu überzeugen, daß Cresspahls Entscheidung, im sowjetisch besetzten Gebiet zu bleiben, keinen Verrat an seiner Tochter darstellt. Offensichtlich bereitet der Traum motivisch die längere Episode im Kapitel für den 29. April vor, in der Gesine im Juli 1945 von einem der Walnußbäume aus das Gelände beobachtet. Sie wartet auf die Rückkehr Jakobs, in den sie unglücklich verliebt ist. Vom Baum aus ertappt sie Jakob zufällig beim Schwarzhandel und entdeckt eine versteckte Zeitung aus der britischen Zone. In dem falschen Glauben, daß sie mit ihm ein Geheimnis teile, fühlt sich Gesine auf kindliche Weise von Jakob verraten, als sie herausfindet, daß auch Cresspahl die Geheimnisse des Walnußbaumes kennt.

Wie bei vielen dieser Motive gibt es aber auch eine weitere Bedeutungsschicht. Gesine benutzt die Bäume als Versteck: Sie bieten scheinbar Gelegenheit, etwas zu verbergen, aber es wird nie ganz deutlich, was genau versteckt wird oder wie effektiv. Die Walnußbäume sind so rätselhaft wie die Katzen, aber ihre Mischung von verwurzelter Festigkeit, Verwandtschaft mit der literarischen Tradition und gleichzeitiger Aura des Geheimnisses fügt dem von der Regentonnengeschichte ausgehenden Metaphernkomplex eine weitere Dimension hinzu. Es kann kein Zufall sein, daß Cresspahl, in seiner gefährlichen Stellung als Bürgermeister von Jerichow, während einer Unterredung mit Pontij, von seinem Büro aus plötzlich einen seiner Bäume erspäht. Er sieht eine Bewegung, obwohl kein Wind geht. Kurz darauf bewegt sich die Baumkrone noch einmal, »als säße eine Katze darin« (JT, 1140). Cresspahl, der zu dieser Zeit noch nicht eingesperrt gewesen ist, wird vom Stadtkommandanten unter schweren Druck gesetzt. Die Bäume lassen flüchtig eine andere Welt aufscheinen, eine Welt der Beständigkeit, Stabilität und Familie, die sowohl beunruhigend außer Reichweite liegt als auch rätselhaft ist. Es ist ein flüchtiger Blick auf das, wonach sich auch Gesine sehnt, nämlich nach einer verwurzelten Herkunft, die gänzlich unzugänglich und doch verführerisch anziehend ist.

Das im folgenden dargestellte Metaphernfeld enthält m.E. ebenfalls einen Verweis auf die Möglichkeit der ›Reparatur‹, oder wenigstens der Linderung der durch die bisher analysierten Metaphernstrukturen implizierten Schäden, die alle an das Motiv der Regentonne gebunden sind.

Diese ›Reparatur‹ (um den besetzten Begriff »Rettung« zu vermeiden) oder Linderung besteht in der von Gesine unternommenen Rekonstruktion der Vergangenheit, die den Stoff des Romans selbst bildet. Gesines Geschichten haben eine therapeutische Funktion, d.h. sie können ihr Unbehagen mildern oder zumindest erträglich machen, wenn auch nicht vollständig aufheben. Das geht spätestens aus dem Brief von A.M. hervor, der bestätigt, daß hier »Folgen von Verletzungen [...], von Verlusten« (JT, 1856) fortwirken. Diese Verletzungen ergaben sich sowohl aus den historischen und politischen Ereignissen und ihren Nachwirkungen, die Gesines Leben geprägt haben, als auch aus persönlichen, auf das Verhalten ihrer Eltern zurückzuführenden Traumata. Indem sie unter Einbeziehung von faktischer Forschung und Diskussion ihre Erinnerungen durcharbeitet, unterzieht sich Gesine beispielhaft dem 1967 von den Mitscherlichs empfohlenen Verfahren der Trauerarbeit.[14] Auf diese Weise hat der Prozeß der Vergangenheitsrekonstruktion als Erzählung, also des Erzählens selbst, eine vorteilhafte Wirkung auf Gesines Leben.

Dieser These liegt folgende Interpretation der Erzählstruktur der *Jahrestage* zugrunde: Der Erzähler des Romans ist Johnson, der in das Werk als Genosse Schriftsteller projiziert wird. Er zeichnet für die literarische Darstellung und den erzählerischen Rahmen der *Jahrestage* verantwortlich. Innerhalb dieser Welt gibt er in das Bewußtsein Gesine Cresspahls Einblick, indem er ihre Reaktionen auf Tagesgeschehnisse wie auch ihre erzählerische Rekonstruktion der Vergangenheit darstellt. Tatsächlich erzählt Gesine zwei Geschichten der Vergangenheit: eine interne Geschichte, um ihrer (Gesine) selbst willen, und eine externe Geschichte, Marie zuliebe. Diese Geschichten sind oft gleich oder eng verwandt, aber an bestimmten Stellen unterscheiden sie sich wesentlich. Dabei geht es nicht nur darum, daß Marie etwas vorenthalten wird, sondern daß z.B. den Figuren verschiedene Motivationen zugeschrieben werden, oder wesentliche Einzelheiten in Maries Version geändert werden.[15] Bei der externen Erzählung handelt es sich um Gesines Bemühungen, nicht nur ihre eigenen Wunden zu heilen, sondern auch zu verhindern, daß Marie auf ähnliche Weise zu Schaden kommt. Dem für Marie bestimmten Teil der Erzählung kommt daher eine Erziehungs- und Schutzfunktion zu. Durch Aufklärung über ihre Herkunft soll Marie

---

14 Vgl. Mitscherlich, Alexander und Margarete: Die Unfähigkeit zu trauern. Mit einem Nachwort der Autoren zur unveränderten Ausgabe, München 1977, S. 24. Zur Problematik der Trauerarbeit in den *Jahrestagen* vergleiche Riordan, Colin: »Die Fähigkeit zu trauern«. Die »Toten« und die Vergangenheit in Uwe Johnsons »Jahrestagen«, in: Carsten Gansel (Hg.): Wenigstens in Kenntnis leben. Notate zum Werk Uwe Johnsons, Neubrandenburg 1991, S. 62-76.

15 Näheres zu diesem Punkt findet sich in: Riordan, Colin: The Ethics of Narration. Uwe Johnson's Novels from »Ingrid Babendererde« to »Jahrestage«, London 1989, S. 94-97.

vor möglichen Schäden bewahrt werden. Gleichzeitig will sich Gesine selber von den Schmerzen fernhalten, die nicht nur aus ihren Erinnerungen, sondern auch aus ihren gegenwärtigen Umständen resultieren. Sie befindet sich in einem fremden Land, das eine Außenpolitik und soziale Umstände vorweist, die sie abstoßend findet, und sie verrichtet eine Arbeit, die sie als ethisch höchst suspekt betrachtet. Mit einem Wort: Sie ist eine Fremde in einem fremden Land. – Der Versuch, sich selbst und die Tochter zu schützen und vor Schmerzen zu bewahren, wird besonders an den Metaphern deutlich, die direkt auf das Erzählen bezogen sind.

Viele der bisher beschriebenen Metaphernstrukturen stehen in enger Wechselwirkung mit dem Erzählverfahren. Die Schwimmbeckenszenen wie auch das Lake Patton-Kapitel bilden den Hintergrund eines Gesprächs zwischen Gesine und Marie über die externe Erzählung. Im Lake Patton erzählt Gesine sogar Vergangenheitsgeschichten, während sie schwimmt. Das erinnert an die Darstellung des Schwimmens als therapeutischem Schreiben in *Katz und Maus* von Günter Grass, einem Text, dessen zentrale Metapher ein offensichtliches Gegenstück in den *Jahrestagen* hat. Katzen und Schreiben werden in *Mutmassungen über Jakob* sowie *Jahrestage* in engste Verbindung miteinander gebracht, an mehreren Stellen wird beschrieben, wie Katzen auf Schreibmaschinen schlafen oder unter Schreibmaschinen hocken.[16] Weitere Metaphern unterstreichen gleichsam eine spezifisch schützende Funktion des Erzählens. Insbesondere deutet Kleidung mitsamt den dazugehörigen Anspielungen auf Stoff und Weben auf eine Schutzwirkung von Gesines Erzählen hin. Das bekannte Zitat aus der Phonopost an D.E. wäre dafür ein Beispiel: »Mein Erzählen kommt mir oft vor wie ein Knochenmann, mit Fleisch kann ich ihn nicht behängen, einen Mantel für ihn habe ich gesucht« (JT, 144). Der »Mantel« besteht aus Informationen aus der *Richmond & Twickenham Times* von 1932. Für meine Argumentation ausschlaggebend ist jedoch der Gebrauch von »Mantel«, um den für Gesines Geschichte nötigen historischen und kulturellen Kontext zu bezeichnen. Gesine eignet sich kulturelle Artefakte an, um eine schützende Hülle herzustellen.

Ähnliche Bilder erscheinen in dem Brief an A.M. Gesine versucht zu erklären, wie die Stimmen der Toten in ihrem Bewußtsein zustandekommen. Damit spricht sie auch das Zustandekommen ihrer Erzählung an, denn die Toten sind Figuren ihrer Erzählung, die sich ob ihrer Behandlung (Darstellung) wehren oder beschweren, oder auch die

---

16 Vgl. ebd., S. 134f.

Erzählung selbst kommentieren.[17] Zweimal werden Bilder, die sich auf Stoff beziehen, bei dieser Erklärung eingesetzt. Zuerst erklärt Gesine, daß sich diese »imaginären Gespräche« aus verstreuten Eindrücken und anderen »geringfügigen Ansätzen« zusammensetzen: »Diese Fetzen genügen, in meinem Bewußtsein die Anwesenheit einer vergangenen Person zu erzeugen, ihr Sprechen und damit einen Zustand weit vor meiner Geburt« (vgl. JT, 1539f.). Daß aus diesen »Fetzen« ein fertiges, umhüllendes Kleidungsstück gewoben wird, geht deutlich aus einem Satz gegen Ende des Briefes hervor: »Wenn ich versuche, meiner Tochter zu erzählen von den Großvätern in Mecklenburg oder Pommern, kommen mir gelegentlich vom Zwischenreden der Toten Pausen bei, aber nicht länger, als ein Dorn in ein Kleid einen Triangel reißt« (JT, 1541). An dieser Stelle erscheint Gesines Geschichte an Marie als ein »Kleid«, das nicht nur schützt, sondern auch ›verwundbar‹ ist. Und im Brief an J.B. – hier wird Gesines fiktionale Verfasserschaft im Gegensatz zu der vom Genossen Schriftsteller absichtlich festgestellt –, liest sich ihre erzählerische Beschreibung wie folgt: »Anfangs bin ich um dich herum gegangen wie ein Schneider (weiblich oder männlich) und versuchte zu finden, was unter dem Stoff ist und wie meiner sitzen könnte auf deinen Gliedern und Schultern« (JT, 1638f.). Diese Assoziation zwischen Erzählen und Kleidung deutet auf ein verhältnismäßig schwaches, unbeständiges und ›verwundbares‹, jedoch im modernen Leben unentbehrliches Schutzmittel hin.

Es werden aber auch Bilder festerer Konstruktionen auf überwältigend positive Weise im Roman eingesetzt. Vor allem verkörpert Heinrich Cresspahl alle Tugenden des soliden Handwerks. Er ist ein tüchtiger Schreinermeister, der Arbeiten von höchster Qualität und Beständigkeit anfertigt. Man kann nicht umhin zu denken, daß Johnson, der beharrlich das Schreiben eher für Handwerk als für Kunst hielt, die hohen Maßstäbe Cresspahls in seinen eigenen Werken zu erfüllen versuchte. Cresspahl liefert zahlreiche Beweise seines baumeisterlichen Könnens, einschließlich der Überdachung des Schwimmbeckens, in dem Gesine das Schwimmen lernte. Mit großer Wahrscheinlichkeit zimmerte er auch die bewußte Regentonne selbst zusammen, und ganz gewiß den Deckel der Tonne. Cresspahl wäre somit für die Herstellung eines Gefäßes verantwortlich, das für Gesine Gefahr bedeutete, sie aber auch gleichzeitig davor schützte. Die schützende Funktion setzt sich letztlich durch.

---

17 Weiteres zu den Toten als Figuren in Gesines Erzählung findet sich in Riordan, »Die Fähigkeit zu trauern« (Anm. 14).

Cresspahls Fähigkeiten als Schreiner werden im vierten Band der *Jahrestage* figurativ eingesetzt, als er einen »Kasten aus Gesetzesstäben« (JT, 1870) baut, um für Marie angelegtes Geld zu schützen. An einer anderen Stelle benutzt er, und dies ist deutlich metaphorisch zu lesen, während seiner Amtszeit als Bürgermeister Worte als Baumaterial: Cresspahl »baute mit Leslie Danzmann an der Schreibmaschine aus Worten seine Bekanntmachungen zusammen« (JT, 993). So verkörpert Cresspahl auch die solide Konstruktion schützender Einzäunungen, und stellt eine Verbindung zwischen solchen Umhüllungen und dem Schreiben her.

Durch Maries Modellhaus wird die Verbindung zwischen Bauen und Erzählen weiter verstärkt. Thomas Schmidt hat überzeugend dargestellt, wie dieses Haus, das Marie baut und ihrer Mutter schenkt, als »Gedächtnisort« aufgefaßt werden kann.[18] Daß dieses Haus als Metapher zu verstehen ist, wird um so deutlicher, wenn man die Unwahrscheinlichkeit des Bauens dieses sehr detailliert und kunstvoll angefertigten Modells durch ein elfjähriges Mädchen bedenkt, das seine schreinerischen Fähigkeiten angeblich von seinem Großvater geerbt hat.[19] Aber das Bauen des Hauses steht auch für den Prozeß, durch den Gesines Erinnerung und »Schuldkomplex«[20] be- und aufgearbeitet werden. Marie will schließlich »nur einmal versuchen, was das denn wäre, wovon du erzählst« (JT, 540). Daß dieses Haus zum Zwecke der überraschenden Enthüllung mit einem weißen Tuch bedeckt wird, steht – vermittelt – nicht nur für modellhaft aufgehoben Vergangenes (und die Toten), sondern auch für das Erzählen davon. Zudem wird hier noch einmal, wie bereits oben gezeigt, Stoff mit dem Erzählen assoziiert. Und das Kapitel endet mit einer Diskussion über Gesines Erzählung, insbesondere mit Maries Verwunderung darüber, daß nicht alles, was zur Geschichte hätte passen können, erzählt worden ist.

Gegen Ende des Romans werden die Einzäunungsmetaphern am deutlichsten. Durch die Szene, in der Gesine die Amseln vor der Katze rettet, wird die Konstellation der Regentonnengeschichte thematisch entscheidend verändert. Es wird möglich, diese zentrale Metapher nicht länger als Quelle des Leidens, sondern als ein Mittel des Schutzes zu

---

18 Vgl. Schmidt, Thomas: »Es ist unser Haus, Marie.« Zur Doppelbedeutung des Romantitels *Jahrestage*, in: Ulrich Fries/Holger Helbig (Hg.), Johnson-Jahrbuch Bd. 1, Göttingen 1994, S. 143-160.
19 Wie auf der Londoner Tagung (19.-21. September 1994) zu hören war, hat Elisabeth Johnson ein ähnliches Modellhaus gebaut; eine Erwachsene also: was auch als Fiktion etwas glaubhafter gewesen wäre, wollte man von einem Roman beharrlich wirklichkeitsgetreuen Realismus verlangen.
20 Vgl. Schmidt, »Es ist unser Haus, Marie.« (Anm. 18), S. 152.

Die Metaphorik der Jahrestage 171

deuten, als ob der von Cresspahl angefertigte Deckel auf die Tonne gelegt worden wäre. Ausgangspunkt des letzten Argumentationsschrittes soll aber die Diskussion von »Heimweh« im vorletzten Kapitel sein, die ein Teil von Gesines Zusammenfassung ihres Lebens in New York ist. Im Laufe dieser Zusammenfassung bemerkt sie ein eigenartiges, parodoxes Phänomen: »1964 fing das an mit dem Heimweh nach New York inmitten New Yorks« (JT, 1882). Für dieses ›Leiden‹ könnte der Ausdruck »Heimatweh« stehen, der eine Sehnsucht nicht nach einer besonderen Heimat, sondern nach einem Orts- und Verwurzelungsgefühl meint. Der Begriff »Heimatverlust« taucht wiederholt in der Johnson-Forschung auf. Dazu sei hier nur kurz angemerkt, daß Johnson die Möglichkeit der Wiederherstellung einer verlorenen Heimat durch Erinnerung, Erzählung oder gar Neuschaffung einer ›unerreichbaren‹ Vergangenheit ausschließt. Auch stehen hier nicht Sentimentalität oder Nostalgie zur Diskussion. Der Begriff »Heimweh« soll hier vielmehr als ein Indiz für den Impuls verstanden werden, einen alles übergreifenden Kontext, einen erzählerischen Raum zu schaffen, innerhalb dessen Gesine die Wechselfälle ihres eigenen Lebens und die potentiellen Bedrohungen für Marie begreifen kann. Der Genosse Schriftsteller hilft Gesine dabei, die Grenzen dessen festzustellen, was sie über sich selber wissen kann, und damit eine fiktionale Welt zu erschaffen, das heißt, einen persönlichen und historischen Kontext, der Vergangenheit und Gegenwart umfaßt und innerhalb dessen die Rolle von Gesines Leben deutlich erkennbar ist.

Daß dieser Begriff von Heimweh keine abwegige Annahme ist, läßt sich durch eine Untersuchung des Kapitels für den 17. August 1968 – drei Tage vor dem Ende des *Jahrestage*-Jahres zeigen. Im Verlauf ihrer Besprechung von Gesines Familiengeschichte nimmt Marie an, daß ihre Mutter Heimweh nach Jerichow und Gneez verspürt haben muß. Diesen Verdacht weist Gesine jedoch mit der Begründung von sich, daß ihr die dort angebotene Version des Sozialismus nicht annehmbar sei. Dabei stellt Gesine den Begriff »Heimweh« an sich in Frage: »Heimweh. Ich versteh immer Bahnhof.« (JT, 1861) Natürlich vermittelt diese Wortwahl an erster Stelle den üblichen umgangssprachlichen Sinn des Nichtverstehens, mithin eine gewisse Ironie. Aber diesem Satz folgt umittelbar ein Hinweis auf ein (für die fiktionale Welt wirkliches) Bahnhofsgebäude, nämlich den Hauptbahnhof Gneez. Damit ist angedeutet, daß die Bedeutung des Wortes »Bahnhof« womöglich über jenen umgangssprachlichen Sinn hinausreicht. Bahnhöfe spielen tatsächlich in allen Werken Johnsons eine bedeutende Rolle. Erst in *Jahrestage* jedoch nehmen Bahnhofsgebäude die im vorhergehenden Zitat aufscheinende metaphorische Dimension an. Ein Bahnhofsgebäude ist eine dauerhafte aber nicht hermetische Struktur, die als zeitweiliger Schutzraum für Menschen gedacht ist, die eigentlich an einem anderen Ort sein wollen. Der Bahnhof Grand Central in New York spielt in *Jahrestage* eine seinem Namen entsprechende herausragende Rolle für die Entwicklung der Regentonnenmetapher.

Das vorletzte Kapitel der *Jahrestage* ist für diese Analyse – und für den ganzen Roman – von höchster Bedeutung, da es das letzte New-York-Kapitel darstellt und schildert, wie Mutter und Tochter nach fast achtjährigem Aufenthalt aus den USA abreisen. Es ist einer der Augenblicke des Übergangs und der Vollendung, die in den Werken Johnsons eine äußerst wichtige Stellung einnehmen. Die Beschreibung der Szene und des Bahnhofs selbst verdienen also eine aufmerksame Prüfung:

Aus der Lexington Avenue treiben die Menschen herein auf abertausend Füßen durch die Klapptüren, schwimmen dahin unter den niedrigen vierblättrigen Gewölben, werden aufgefüllt aus den Ausgangshallen des Graybar Building, strömen dicht, ohne Gedränge uns entgegen unter das Tonnengewölbe, in dessen Höhe der Sternenhimmel golden abgebildet ist wie eingeritzt. Wir gehen in der falschen Richtung unter dem hohen Zelt. (JT, 1887)

Zwei Merkmale dieser Beschreibung stechen besonders hervor. Daß die Struktur als »Zelt« bezeichnet wird, erinnert stark an die schützende Funktion des Erzählens, die ich oben ausführlich besprochen habe. Zweitens: Obwohl sie Teil der Menge sind, erscheinen Mutter und Tochter von ihr getrennt, weil sie sich gegen den Strom bewegen. Trotzdem werden Gesine und Marie durch die überdachte Struktur des Bahnhofs geschützt, die als künstliches und doch zugleich natürlich erscheinendes »Tonnengewölbe« beschrieben wird. Es kann kein Zufall sein, daß Johnson hier das Wort »Tonnengewölbe« gewählt hat, und daß gerade auf die Überdachung des Bahnhofes Bezug genommen wird. Der Verdacht, daß es sich hier um eine Anspielung auf die Regentonne handelt, wird durch die erneute Nutzung der Wassermetaphorik – um die Bewegung der Menschenmenge zu beschreiben – verstärkt. Obwohl »Tonnengewölbe« das richtige Wort zur Beschreibung des wirklichen Grand Central wäre, muß es bedeutsam sein, daß ein nach 1800 Seiten zum Emblem des leidvollen Erbes der Vergangenheit gewordenes Bild nun in die Beschreibung dieses Bahnhofs eingefügt wird. Erst zwei Tage zuvor, im Kapitel für den 17. August (in dem das »Heimweh« eine zentrale Rolle spielt), warnt Gesine das Kind vor der Frage, warum ihr

Vater Jakob in die DDR zurückgekehrt ist, obwohl er doch bei Gesine in Düsseldorf hätte bleiben können. Die Warnung lautet: »es sind nunmehr Geschichten wie die, da fallen kleine Kinder in eine Wassertonne; da hängt es an den Fäden einer Minute, ob einer kommt und rettet sie« (JT, 1867). Gesine und Marie haben beide ›gelernt‹, daß die Erzählung der Vergangenheit eine schützende und keine zersetzende Funktion haben soll: Daher erzählt Gesine diesen möglichen Erzählstrang nicht, und Marie will ihn nicht hören. In der Beschreibung des Bahnhofs Grand Central werden sowohl der mit der Regentonnengeschichte verbundene Schmerz als auch die Mittel zu seiner Linderung in eine Metapher integriert: die des Schützens. Indem sie die Regentonnengeschichte wenn auch widerwillig erzählt, hat Gesine eine Methode entwickelt, die es zuläßt, das schädliche Erbe der Vergangenheit nicht nur zu erkennen, sondern im weiteren Leben zu ertragen. Der Schmerz und das Leiden sind keinesfalls abgeschafft, aber sie sind kontextualisiert worden, womit Gesine und Marie vor den schlimmsten Auswirkungen der deutschen und der persönlichen Vergangenheit geschützt werden.

Die Deutung der Bahnhofs-Metapher scheint durch einen mit den *Jahrestagen* verwandten Text bestätigt, der mehr als zehn Jahre nach Johnsons Tod veröffentlicht wurde. »Notizheft: ›Three in one‹ – Auszug« enthält eine ähnliche Beschreibung des Grand Central.[21] Die Überdachung ist eine »Halbtonne von einer Decke« (NH, 296) und es wird betont, daß die Räume über dem Wartesaal nun »mit grünem Tuch ausgeschlagen« sind (NH, 298). Vielleicht noch wichtiger als diese Ähnlichkeiten ist ein weiterer Hinweis auf die Rolle des Bahnhofsgebäudes: »Jetzt wissen wir, was im Grand Central eine Heimat anwachsen ließ für Sie: das französische Kunstschmiedewerk in den Toren zum oberen Gleisbett« (NH, 296). Dieser Hauch von europäischer Tradition ist in die Struktur des Gebäudes selbst eingearbeitet. Auf ähnliche aber ungleich kompliziertere Weise werden europäische Geschichte und amerikanische Gegenwart in den *Jahrestagen* ineinander verwoben, und die daraus resultierende Erzählung trägt dazu bei, das Unerträgliche der Vergangenheit und der Gegenwart erträglich zu machen. Das im Titel dieses Aufsatzes angeführte Zitat stammt aus dem Kapitel für den 22. Oktober, in dem die

---

21 NH bezieht sich auf Johnson, Uwe: Notizheft »Three in One«, in: Dimension².
Contemporary German-Language Literature, Bd. 1, H. 2, 1994, S. 292-309. Natürlich kann dieser Text nur als Indiz betrachtet werden, denn der veröffentlichte Text der *Jahrestage* muß die letzte Instanz bilden. Jedoch wird die Interpretation der Bahnhofsszene durch den Text von 1983 zusätzlich verstärkt.

Stimmen in Gesines Kopf mit ihr streiten, weil sie nicht zur Demonstration gegen den Vietnam-Krieg gegangen ist. Sie wehrt sich mit dem Satz: »*Daß ich nur tu was ich im Gedächtnis ertrage*« (JT, 209). Natürlich kann sich Gesine vornehmen, sich für die Zukunft nur so zu benehmen, daß sie sich nicht schämen muß. Aber die Schuldgefühle, die aus Erlebnissen und Ereignissen in der Vergangenheit resultieren, lassen sich nicht ignorieren. Das Projekt der *Jahrestage* ist es, diese Ereignisse dem Gedächtnis durch das Mittel des Erzählens erträglich zu machen.

Die hier vorgetragene Auffassung der metaphorischen Struktur der *Jahrestage* läßt also Gesines Erzählen als eine Art Zuflucht oder Versteck erscheinen. Die Zufluchtstätte ist jedoch keinesfalls sicher oder hermetisch abgeriegelt: Wie der Bahnhof ist sie nur teilweise zugebaut und für einen bloß vorübergehenden Aufenthalt gedacht. Wie beim Walnußbaum ist das vermeintliche Versteck weniger wirksam als angenommen. Trotzdem kann es benutzt werden, solange man sich über die damit einhergehenden Gefahren im klaren ist. Interessanterweise existiert eine dieser Interpretation entsprechende Theorie der Metapher. Sie besteht in der Annahme, daß die literarische Metapher an sich als eine Art Zufluchtsort betrachtet werden kann, ein durch den Autor erschaffener Raum, in den der Leser eintreten darf. Um diese Idee darzulegen, bezieht sich Patricia A. Parker auf die Überlegungen Coleridges zur Metapher: Coleridge »spoke in his analyses of Shakespeare of the poet's creation of a space which invites the reader to enter and co-create, a privileged space which sounds, in Coleridge, much like the secluded plots, bowers, or ›retreats‹ which fill his poetry«.[22] Parker erläutert diese Vorstellung wie folgt: »Metaphors are ›arresting‹; they compel as well as invite us to enter their figurative ground in order to ›grasp‹ them«.[23] In einem gewissen Sinne ist der ganze Roman *Jahrestage* eine Metapher, in die wir eintreten dürfen, und in deren Innerem sich uns weitere metaphorische Räume eröffnen.

Die Bildlichkeit der *Jahrestage* läßt sich als ein Versuch lesen, den Angriffen der Geschichte eine – wenn auch nur dürftige – Gegenwehr in Form des literarischen Erzählens entgegenzuhalten. Die Metapher erscheint in diesem Zusammenhang als eines jener spezifisch literarischen Mittel, die den ›Widerstand gegen Geschichte‹ überhaupt erst möglich machen.

---

22 Parker, Patricia: The Metaphorical Plot, in: Miall (Hg.), Metaphor (Anm. 5), S. 133-157, hier: S. 148.
23 Ebd., S. 154.

Eine solche Deutung hat weitere Konsequenzen für die Interpretation der *Jahrestage*. Die Vorstellung vom Erzählen als einer in der Metaphernstruktur angelegten Zufluchtstätte scheint Gesine im Zeichen der Verdrängung, der Verneinung und Ausgrenzung der durch die Vergangenheit aufgeworfenen Schwierigkeiten darzustellen. Sie wäre also weit entfernt von der Lösung ihrer Probleme, und ein adäquater Umgang mit der Vergangenheit scheint unmöglich. Das läßt an Mrs. Ferwalters Wunsch nach einem amerikanischen Paß denken: »Sie konnte nicht verbergen, daß die Aussicht auf den amerikanischen Paß ihr bevorstand wie eine neue schützende Hülle, noch ein Bollwerk gegen die Vergangenheit« (JT, 1166). Doch ist dies weder eine Parallele zur Vorstellung vom Erzählen als schützendem Raum, noch wird der von Mrs. Ferwalter eingeschlagene Weg als wünschenswert dargestellt. Im Gegenteil, Johnsons Werk läßt deutlich werden, daß eine vollständige Bewältigung der Vergangenheit schlichtweg unmöglich ist. Es muß aber möglich sein, mit dem Erbe des emotionalen Schmerzes zu leben, unabhängig davon, ob sich dieser aus persönlichen oder aus geschichtlichen Erfahrungen ergibt. Durch die Metaphorik der *Jahrestage* wird die Schaffung eines Erfahrungskontextes postuliert, in den sowohl das persönliche als auch das geschichtliche Erbe ohne Verleugnung oder Verdrängung eingefügt werden kann. Die Frage nach Resignation stellt sich nicht. Gesine kämpft intensiv gegen die (vermeintliche) Geisteskrankheit sowie den Drang zum Selbstmord und um die Bewahrung ihrer Tochter vor ähnlichen Leiden. Die Frage ist nicht, ob es Gesine etwa in Prag gelingen wird, eine Gesellschaft zu finden, in der sie ohne Gewissensbisse leben kann. Es gibt keinen Ort, an den sie gehen könnte, um ihre Probleme zu lösen. Die Frage ist vielmehr, wie sie überleben kann, und die Antwort lautet: indem sie ihre Geschichte erzählt. Das schützt sie vor Geisteskrankheit und Selbstmord.

Offensichtlich ist der Fall Gesine Cresspahl paradigmatisch: Noch immer lohnt es zu hoffen, es ließe sich leben mit der Erinnerung an die Vergangenheit und den Gefahren der Gegenwart.

Dr. *Colin Riordan*, Dept. of German, University of Wales, Swansea

Uwe Neumann

»Diese Richtung interessiert mich nicht«
Uwe Johnson und der *Nouveau Roman*[1]

> Um bekannt zu werden, müssen die Künstler durch ein kleines mythologisches Fegefeuer hindurch: Man muß sie automatisch mit einem Objekt, einer Schule, einer Mode oder einer Epoche in Zusammenhang bringen können, deren Vorreiter, Begründer, Zeugen oder Symbole sie dann angeblich sind; mit einem Wort: Man muß sie mit geringem Aufwand einordnen, einem Oberbegriff zuordnen können wie eine Spezies der Gattung.
>
> Roland Barthes, *Erté*

Um im Bild zu verbleiben: Das »kleine mythologische Fegefeuer«, durch das Uwe Johnson bei seinem schriftstellerischen Debüt hindurch mußte, war eher ein großes, wenn man an all die Etikettierungen, Legenden und Mißverständnisse denkt, die ehedem entstanden sind und die zum Teil noch heute ein zähes Weiterleben führen. Da ist zuallererst das ungeliebte Markenzeichen vom »Dichter der beiden Deutschland«, mit dem man ihn ja bekanntermaßen habe »jagen« können, denn: »das sass im Rücken, unentfernbar wie bei Siegfried das Lindenblatt, und recht schmerzlich,

---

1 Dieser Beitrag stellt die aktualisierte Zusammenfassung zentraler Ergebnisse meiner Dissertation dar: Uwe Johnson und der *Nouveau Roman*. Komparatistische Untersuchungen zur Stellung von Uwe Johnsons Erzählwerk zur Theorie und Praxis des *Nouveau Roman*, Frankfurt am Main 1992 (Beiträge zur Literatur und Literaturwissenschaft des 20. Jahrhunderts 10).

weil es auf alberne Weise ungenau war«. Nicht weniger schmerzlich mußte für Johnson die Legende vom verrätselnden Formalisten sein: Ausgerechnet er, der historische Materialist, dessen Wahrheitsliebe doch mittlerweile sprichwörtlich ist, sollte mit seinem »Mutmaßungsstil« angetreten sein, die Wirklichkeit zu mystifizieren. Weitere Klischees entstanden dort, wo es galt, die Koordinaten von Johnsons literarischer Herkunft zu bestimmen und etwaige »Einflüsse« oder »Vorbilder« ausfindig zu machen. In diesem Zusammenhang verwiesen Kritiker und Rezensenten beständig auf eine Traditionsteilhabe an der klassischen Moderne, wobei mit klangvollen Namen nicht gegeizt wurde. »Als Vorbilder kommen Proust, Joyce und V. Woolf, vor allem aber Faulkner, Döblin, Brecht und der *nouveau roman* in Betracht«,[2] so lautet damals wie heute der Traditionsraum, in dem man Johnson verorten möchte. Vor allem die Etikettierungen vom »deutschen Faulkner« und vom »deutschen *Nouveau Romancier*« sollten sich als Rezeptionsschablonen etablieren. Mehr oder weniger griffige Formeln wie diese haben als »Prothesen für Erinnerung und Urteil« allerdings nicht nur im Feuilleton Kurswert, sondern dringen bis weit in die wissenschaftliche Diskussion vor und wirken sich dort noch immer auf hinderliche Weise rezeptionslenkend aus. Johnson hat von daher als gebranntes Kind gesprochen, wenn er sich das, was er sich von seiten anderer als Umgang gewünscht hätte, zur persönlichen Maxime gemacht hat, nämlich: »nie wieder einen Schriftsteller einzuengen auf eine noch so beweisbare Kategorie«.[3] Was es mit der Beweisbarkeit der Kategorie vom »deutschen *Nouveau Romancier*« auf sich hat, soll dieser Beitrag zeigen.

I.

Die unter dem vagen Rubrum *Nouveau Roman* zusammengefaßten Autoren treten mit ihren Werken Mitte der fünfziger Jahre an die literarische Öffentlichkeit und provozieren dort sogleich sehr lebhafte Diskussionen und polemisch geführte Kontroversen. In erster Linie ist hier an Autoren zu denken wie Alain Robbe-Grillet, Nathalie Sarraute, Michel Butor, Claude Simon, Robert Pinget, Claude Ollier und Jean Ricardou, daneben

---

2 Wiedemann, Conrad: Uwe Johnson, in: Dietz-Rüdiger Moser u. a. (Hg.), Neues Handbuch der deutschsprachigen Gegenwartsliteratur seit 1945, München 1993, S. 585-588, hier: S. 586.
3 Im Vorwort zu Frisch, Max: Stich-Worte, ausgesucht von Uwe Johnson, Frankfurt am Main 1975, S. 7.

aber auch an Marguerite Duras und Samuel Beckett. Das von keinem Geringeren als Jean-Paul Sartre in Umlauf gebrachte Schlagwort vom »Anti-Roman« führte zunächst dazu, die Programmatik des *Nouveau Roman* nur ex negativo zu bestimmen und als Triebfeder eine anarchische Zerstörungslust zu vermuten. Die Verabschiedung des klassischen Romanhelden, die Preisgabe der Fabelstruktur und die Auflösung mimetischer Raster wie Kausalität und Chronologie sind einige Programmpunkte dieser vermeintlichen »école du refus«. Die Aufkündigung noch manch anderer narrativer Übereinkünfte führte dazu, daß diese Werke auf den ersten Blick vor allem eines waren: schwer zu lesen. Daß man Uwe Johnson mit dem *Nouveau Roman* in Verbindung gebracht hat, ist von daher freilich kein Zufall: Die Romane der Franzosen schienen ihre Entsprechung bei dem gleichfalls als »schwierig« geltenden Autor der *Mutmassungen* und des *Achim*-Romans zu finden. Außerdem lag der Schluß nahe, die zeitliche Nähe von Johnsons Romandebüt zu dem der *Nouveaux Romanciers* in der Weise zu deuten, daß mit einer gewissen natürlichen Verzögerungsdauer der *Nouveau Roman* nun auch diesseits des Rheins seinen deutschen Vertreter aufzuweisen habe. Wenn der Debütant dann noch ein so gänzlich unbeschriebenes Blatt ist, wie es bei dem jungen Uwe Johnson der Fall war, so ist die Versuchung sicherlich umso größer, die literaturkritischen Stempelkästen hervorzuziehen. Daß dabei Langzeitfolgen entstehen können, wußte Johnson nur zu genau: »Der Name eines Autors steht oft auf eine fatale Art in Verbindung mit seinem ersten veröffentlichten Buch.«[4]

Von heute aus gesehen hat der *Nouveau Roman* die Aura des literarischen Skandalons freilich längst eingebüßt, so daß viele seiner Werke nicht nur zum festen Kanon der französischen Gegenwartsliteratur zählen, sondern zum Leidwesen von Robbe-Grillet bereits im »glorreichen Familiengrab der literarischen Handbücher« musealen Staub ansetzen. Der 1985 an Claude Simon verliehene Literaturnobelpreis wurde im übrigen als Nobilitierung der gesamten Bewegung verstanden – eine posthume Ehrung, wie manch einer raunte, denn auch dies gehört als Topos zur Wirkungsgeschichte des *Nouveau Roman*: In periodischen Abständen werden ihm die Totenglocken geläutet, während seine Autoren doch quicklebendig weiterproduzieren. Gerade in den letzten Jahren konnten die *Nouveaux Romanciers* wieder besondere Aufmerksamkeit

---

4 Johnson, Uwe: »Ich überlege mir die Geschichte ...«. Uwe Johnson im Gespräch, hg. von Eberhard Fahlke, Frankfurt am Main 1988, S. 236 (im folgenden abgekürzt als: G, Seitenzahl).

erregen. Gab es in den sechziger Jahren noch einmal einen neuerlichen avantgardistischen Vorstoß, für den man den nicht eben phantasievollen Namen *Nouveau Nouveau Roman* gefunden hat, dann legen die Autoren in den achtziger Jahren eine »nouvelle autobiographie« vor und leisten solcherart ihren Beitrag zur Postmoderne.

Die Rede vom »deutschen *Nouveau Romancier*« hat ihren Ursprungsort signifikanterweise an jenem Ort, wo man es mit philologischer Sorgfalt ohnehin nicht so ernst zu nehmen pflegt: im Feuilleton. Gleich in einer der ersten Rezensionen der *Mutmassungen über Jakob* ist es der damalige ›Großkritiker‹ Günter Blöcker, der den Namen von Alain Robbe-Grillet ins Spiel bringt und damit für die Initialzündung sorgt. Fortan ist es ein Topos, Johnson Affinitäten zum *Nouveau Roman* nachzusagen, wobei immer wieder Robbe-Grillet als derjenige benannt wird, zu dem Johnsons Werk besondere Ähnlichkeiten aufweise. Auffällig ist, daß der hergestellte Bezug kaum jemals in seinen Implikationen entfaltet, geschweige denn mit Belegen gestützt wird – ein Phänomen, das sich in der wissenschaftlichen Sekundärliteratur fortsetzen wird. Auch hier steht die eher dürftige Argumentationsgrundlage häufig in geradezu umgekehrtem Verhältnis zu der Selbstgewißheit, mit der eine solche Beziehung behauptet wird. Über die *Mutmassungen* erfahren wir etwa bei Franz Schonauer: »Literarisch beeinflußt wurde das Buch mit Sicherheit vom *nouveau roman* (Robbe-Grillet).«[5] Ein solches Rezeptionsmuster reicht bis in die unmittelbare Gegenwart und wird sicher auch noch weiter Bestand haben, wofür nicht zuletzt zahlreiche literaturlexikalische Festschreibungen sorgen werden.[6] Um es etwas überspitzt zu sagen: Bringt man Uwe Johnson und den *Nouveau Roman* in ein und derselben Schublade unter, so trägt diese in der Regel nur die vage Aufschrift »schwieriges Erzählen«. Ist dabei der Hinweis auf Robbe-Grillets Aufsatz *Sur quelques notions périmées* ein Standardargument, so spricht sich darin gleichzeitig die Tendenz aus,

---

5 Schonauer, Franz: Die Prosaliteratur der Bundesrepublik, in: Klaus von See (Hg.), Neues Handbuch der Literaturwissenschaft, Bd. 21, Wiesbaden 1979, S. 195-272, hier: S. 248f.

6 In einem einschlägigen Werk ist beispielsweise zu erfahren, der *Achim*-Roman sei »einer der wenigen deutlichen Belege für die von Frankreich (Robbe-Grillet) ausgehende Stilrichtung des *nouveau roman*« (Schlosser, Horst Dieter: DTV-Atlas zur deutschen Literatur. Tafeln und Texte, aktualisierte Aufl., München 1990, S. 273). Weitere Zuordnungen zum *Nouveau Roman*, um hier nur zwei aktuelle Veröffentlichungen zu nennen, finden sich auch bei Otto F. Best (Handbuch literarischer Fachbegriffe. Definitionen und Beispiele, überarbeitete und erweiterte Ausgabe, Frankfurt am Main 1994, S. 367) und in einem Lexikonartikel von Maurice Haslé (Dictionnaire Universel des Littératures, Bd. 2, publié sous la direction de Béatrice Didier, Paris 1994, S. 1779).

Robbe-Grillet als Schulhaupt zu betrachten und seine Äußerungen mit der Poetik des gesamten *Nouveau Roman* zu identifizieren. Daß man Johnson das besagte Etikett angeheftet hat, hat aber noch einen anderen, und zwar sehr banalen Grund. Es will nämlich ganz so scheinen, als ob sich bei denjenigen, die mit allzu eilfertig vorgetragener Kennerhaftigkeit die Vokabel *Nouveau Roman* im Munde führen, ein gewisser Modedruck geltend macht. (Nur zur Erinnerung: »Nichts ist so gut wie eine Lancierung in Paris, um in Mode zu kommen«.[7]) In der Tat war der *Nouveau Roman* zu Beginn der sechziger Jahre in aller Munde – »il y a eu cette espèce de mode où tout le monde s'est mis à parler de nous, sans nous lire naturellement«[8] (Robbe-Grillet) –, wobei die Gretchenfrage nicht nur lautete »Wie hältst du's mit dem *Nouveau Roman*?«, auch meinte man solche Bezüge allenthalben zu erkennen. Anders gesagt: Wer zu dieser Zeit etwas publizierte, was auch nur annähernd von der Tradition abwich, konnte sicher sein, als Adept der ominösen Pariser Schule apostrophiert zu werden. Daß man Johnsons Beziehung zum *Nouveau Roman* nicht systematisch untersucht hat, zeigt noch einmal, für wie selbstverständlich man die vermeintliche Nachfolge hält, spiegelt vor allem aber die generelle Situation in der komparatistisch orientierten Johnson-Forschung, in der man sich bis zum Beginn der neunziger Jahre noch nicht sehr rege gezeigt hat.

Wie hält es nun Uwe Johnson mit dem *Nouveau Roman*? Unseres Wissens existieren nur vier Stellungnahmen, die alle sehr knapp und allgemein gehalten sind, von denen allerdings zwei der Grundtendenz nach in einer Weise aufschlußreich sind, daß der selbstgewissen Rede vom »deutschen *Nouveau Romancier*« der Boden entzogen wird. Auf die Frage, was ihm der *Nouveau Roman* bedeute, antwortet Johnson 1964 einem französischen Kritiker: »Une technique artistique brillante, une version du monde, une source de plaisir, mais quelque chose que, personnellement, je n'accepte pas. J'ai beaucoup de plaisir à lire Robbe-Grillet, par exemple, son étude des mouvements du cerveau, mais ça ne me satisfait pas. Le cerveau n'est pas isolé du monde, il en reçoit des impulsions.«[9] Zwei Jahre später antwortet er auf dieselbe Frage noch kategorischer: »Diese Richtung interessiert mich nicht. Es geht da etwas

---

7 Eco, Umberto: Das Foucaultsche Pendel, aus dem Italienischen von Burkhart Kroeber, München 1989, S. 234.

8 Bersani, Jacques: Les étapes du Nouveau Roman. Entretien avec Alain Robbe-Grillet, in: Le Débat 50, 1988, S. 267-272, hier: S. 268.

9 Tailleur, Jean: Uwe Johnson, deux ans après le Prix Formentor, in: Les Lettres Françaises v. 1.-7. 10. 1964, S. 1 u. 7, hier: S. 7.

verloren, was mir wichtig erscheint: die Geschichte« (G, 218). Verbindet man diese Ablehnung, deren Begründungszusammenhang wir im Moment außer acht lassen wollen, mit der Schwierigkeit, vom *Nouveau Roman* aus eigener Lektüre Kenntnis zu nehmen – Johnson war des Französischen nicht mächtig, außerdem lagen während der Entstehungsphase der *Mutmassungen* noch keine Übersetzungen vor –, dann läßt sich eines deutlich herausstellen. Sollte es Ähnlichkeiten zwischen dem frühen Johnson und den *Nouveaux Romanciers* geben, sind diese nicht auf dem Wege einer *direkten* Einflußnahme im Sinne einer bewußten Rezeption bestimmter Werke oder poetologischer Positionen entstanden, sondern qua Teilhabe an einem gemeinsamen Zeitbewußtsein, einem »kulturell Unbewußten«, wie der Soziologe Pierre Bourdieu sagen würde. Aber auch wenn der *Nouveau Roman* in der »Schule der Modernität«, die Johnson in Leipzig besucht hat, offensichtlich nicht auf dem Lehrplan stand,[10] dann sollte man dennoch die Möglichkeit eines *indirekten,* gleichsam unterirdisch wirksamen Einflusses in Erwägung ziehen. Auffällig ist doch, daß die beiden verständnissperrigsten Romane Johnsons, die *Mutmassungen* und *Das dritte Buch über Achim*, genau zum Höhepunkt der Diskussionen um den *Nouveau Roman* erscheinen. Möglicherweise geht deren formale Kompliziertheit auf das Konto einer vom *Nouveau Roman* katalytisch freigesetzten Reflexion über die Möglichkeiten und Grenzen narrativer Wirklichkeitswiedergabe, wäre also eine Folge jener weit über die Grenzen Frankreichs hinausgehenden »poetologischen Bewußtseinsbildung«, die Winfried Wehle als wesentliche Leistung des *Nouveau Roman* verbucht.[11] Etwaige Ähnlichkeiten ließen sich dann in einer Formulierung von Max Frisch als »Spuren« einer »Nicht-Lektüre« bezeichnen.[12] Die genannten Überlegungen, die ja alle im Spekulativen verbleiben, machen immer wieder das folgende Vorgehen dringend: Erst der direkte Vergleich erzählerischer Theorie und Praxis kann Aufschluß über Uwe Johnsons *Nouveau-Roman*-Affinität erbringen.

---

10 Vgl. Neumann, Bernd: Leipzig, oder: die Schule der Modernität. Uwe Johnson und William Faulkner, in: Roland Berbig/Erdmut Wizisla (Hg.), »Wo ich her bin ...« Uwe Johnson in der DDR, Berlin 1993, S. 177-216. Welcher Art Uwe Johnsons tatsächliche Auseinandersetzung mit dem *Nouveau Roman* war, ist offensichtlich auch von seinem Biographen nicht zu ermitteln gewesen. Vgl. Neumann, Bernd: Uwe Johnson, Hamburg 1994.
11 Wehle, Winfried: Französischer Roman der Gegenwart. Erzählstruktur und Wirklichkeit im Nouveau Roman, Berlin 1972, S. 267.
12 Frisch, Max: Spuren meiner Nicht-Lektüre, in: Walter Schmitz (Hg.), Materialien zu Max Frisch »Stiller«, Bd. I, Frankfurt am Main 1978, S. 341f.

Dieser *Nouveau Roman*, was ist das denn nun eigentlich? Wer so ungeduldig fragt, erhält von Vladimir Nabokov eine schallende Ohrfeige: »Abgesehen von einem Häufchen Staub und Fusseln in einer verlotterten Gedankenschublade, hat der französische *nouveau roman* keinerlei reale Existenz.«[13] Zieht man die Lust an markigen Worten und effektvollen Übertreibungen ab, wird hiermit auf ein zentrales Problem aufmerksam gemacht: ›Den‹ *Nouveau Roman* im Sinne einer poetologischen Größe, deren Konturen anhand bestimmter Kriterien zweifelsfrei bestimmbar wären, gibt es nicht und hat es nie gegeben. Der *Nouveau Roman* ist keine Schule mit gemeinsamer Theorie, es existieren weder Programmschriften noch Manifeste, die dazu berechtigten, den *Nouveau Roman* als das monolithische Phänomen anzusehen, wofür er in der Johnson-Forschung vielfach gehalten wurde und noch immer gehalten wird.[14] Wenn hier ein Zerrbild des *Nouveau Roman* entworfen wird, dann spiegeln sich darin freilich auch die frühen Reaktionen in der französischen Kritik, die sich sehr konsterniert verhielt und in ihrer Irritation eine Vielzahl von Kategorisierungsformeln produzierte, deren bloße Aufzählung bereits zum Aufweis der Hilflosigkeit gerät; um nur einige zu nennen: »roman objectif«, »roman subjectif«, »anté-roman«, »pré-roman«, »roman phénoménologique«, »roman expérimental«, »école du regard«, »chosisme« oder (aufgrund des gemeinsamen Verlagshauses) »école de Minuit«. Diese frühe Phase kann zwar als überwunden gelten, dennoch muß darauf hingewiesen werden, daß immer noch bestimmte Fragen offen bleiben

---

13 Nabokov, Vladimir: Deutliche Worte. Interviews – Leserbriefe – Aufsätze, in: Ders., Gesammelte Werke, Bd. 20, hg. von Dieter E. Zimmer, Reinbek bei Hamburg 1993, S. 272.

14 Noch 1978 spricht Bernd Neumann von einer »literarischen Schule«, als deren »Haupt« Robbe-Grillet zu gelten habe (Neumann, Bernd: Utopie und Mimesis. Zum Verhältnis von Ästhetik, Gesellschaftsphilosophie und Politik in den Romanen Uwe Johnsons, Kronberg/Ts. 1978, S. 253). Wenn sich diese Betrachtungsweise in der Forschung auch nicht immer expressis verbis ausgesprochen findet, scheint sie doch immer dort durch, wo die Zielsetzung des *Nouveau Roman* einzig auf das Anliegen eines Alain Robbe-Grillet verkürzt wird. Besonders krass zeigt sich dies einmal mehr bei Bernd Neumann, der Robbe-Grillet als den »Mentor« von Butor bezeichnet, um Butors Werk gänzlich aus der Perspektive seines vermeintlichen Lehrmeisters zu betrachten (S. 252). Demgegenüber hat Roland Barthes bereits 1958 (!) in einem Aufsatz mit dem bezeichnenden Titel *Il n'y a pas d'école RobbeGrillet* festgestellt: »Butor ne fait pas partie de l'Ecole Robbe-Grillet, pour la raison première que cette Ecole n'existe pas. Quant aux œuvres elles-mêmes, elles sont antinomiques« (Barthes, Roland: Œuvres Complètes, Bd. I, hg. von Eric Marty, Paris 1993, S. 1241-1244, hier: S. 1241). Robbe-Grillet hat unlängst noch einmal auf diese Zusammenhänge aufmerksam gemacht in: Les derniers jours de Corinthe, Paris 1994, S. 84f.

bzw. kontrovers diskutiert werden. Diese betreffen unter anderem bestimmte Definitionsmerkmale, weiterhin die Frage der Zugehörigkeit bestimmter Autoren und schließlich diejenige der Phasendatierung. Daß man gut daran tut, vorsichtig zu argumentieren, um nicht gängigen »idées reçues« aufzusitzen, geht aus der bloßen Existenz eines von François Jost zusammengestellten *Petit dictionnaire des idées reçues sur Alain Robbe-Grillet* hervor. Führen wir im folgenden einen Vergleich nach bestimmten poetologischen Gesichtspunkten durch, so wollen wir diese auch nicht als strenge Kategorien, sondern als *dominante Tendenzen* oder *Schwerpunktzonen* verstanden wissen.

II.

Im Zentrum der poetologischen Reflexion der *Nouveaux Romanciers* steht der Begriff der *recherche*: Der Roman wird als Experimentierfeld einer Suche nach neuen Formen der narrativen Gestaltung verstanden. Daß der Roman ständiger formaler Erneuerung bedürfe, dieses Gebot richtet sich gegen einen Literaturbegriff, der seinen Maßstab am realistischen Roman des 19. Jahrhunderts eicht, um dessen Formeninventar als überzeitliche bzw. als »natürliche« Schreibweise zu verewigen. Diesem Mißverständnis begegnen die Autoren mit dem Hinweis auf die zeichentheoretischen Voraussetzungen der *écriture*. Wie »realistisch« sich eine Literatur auch geben mag, sie bleibt in ihrer Eigenschaft als Transkription doch immer etwas Artifiziell-Konstrukthaftes. Allein der Umstand, daß das in der Realität simultan Vorhandene das Nadelöhr der Sprache passieren muß und dabei in eine sukzessive Ordnung umgesetzt wird, verlangt einen Akt der Auswahl, in dem sich ein Erkenntnissubjekt durch einen spezifischen Zugriff manifestiert. Ausgesprochen wird solcherart eine strukturalistische Grundeinsicht: Realistische Literatur kann niemals eine echte Widerspiegelung der Realität sein, sondern vermag als »sekundäres modellbildendes System« (Jurij M. Lotman) nur eine »illusion de mimésis« (Gérard Genette) zu erzeugen. Die Kampfansage des *Nouveau Roman* gilt somit jenen Irrtümern, die Paul Valéry einmal als »superstitions littéraires« bezeichnet hat: »J'appelle ainsi toutes croyances qui ont de commun l'oubli de la condition verbale de la littérature.«[15] Den artifiziellen Status von Literatur zu thematisieren, ist seit den Anfängen in den fünfziger Jahren bis zum heutigen Zeitpunkt ein Grundanliegen der *Nouveaux*

---

15 Valéry, Paul: Œuvres, Bd. II, hg. von Jean Hytier, Paris 1960, S. 569.

Romanciers. »Désigner sans honte son propre matériau, ainsi que le travail créateur effectué sur lui«, dies bezeichnet Robbe-Grillet auch noch in *Angélique ou l'enchantement* als »nécessité primordiale de tout art«.[16] Benennen die *Nouveaux Romanciers* immer wieder Honoré de Balzac als Antipoden ihrer Ästhetik, dann entwickelt Uwe Johnson seine poetologische Position gleichfalls wider den »göttergleichen Überblick eines Balzac«. Auch heißt es: »Der Verfasser sollte zugeben, daß er erfunden hat«, er solle nicht »als reine Kunst« ausgeben, »was noch eine Art der Wahrheitsfindung ist«.[17] Diese auffällige Parallelität ist allerdings auch wieder zu relativieren, da ein Illusionismus-Verdikt und — dialektisch damit verbunden — die Forderung nach Verfremdungstechniken allenthalben in der Moderne anzutreffen sind. Man muß schon einen Schritt weitergehen und nach den spezifischen Verfahren fragen, die einen antiillusionistischen Effekt erzeugen sollen.

Der Imperativ einer unbedingten Innovation im Formalen ist das Kennzeichen, das den *Nouveau Roman* als Avantgarde einer Spätmoderne ausweist. Als Motor wirkt hierbei ein Fortschrittsglaube, der Glaube an die Perfektibilität der Literatur durch eine Revolutionierung ihrer Kunstformen. Die Avantgarde führt mithin einen Zweifrontenkrieg: Auf der einen Seite verhält sie sich gegenüber dem von der Tradition Überlieferten destruktiv, so daß ein »Anti-Traditionalismus« zum »Prüfstein avantgardistischer Gesinnung«[18] wird, auf der anderen Seite dringt sie in ihrem Bemühen um Grenzerweiterung in noch unerkundetes Gelände vor, wobei die Dynamik der Suchbewegung Vorrang vor dem Ziel der Suche hat. Für die Entwicklung des *Nouveau Roman* ist nun folgendes Merkmal von Bedeutung: Das Erreichte wird von der Avantgarde nicht als Errungenschaft bewahrt, sondern wiederum der Destruktion anheimgegeben. Auch dies liegt freilich im Wesen der Avantgarde, die natürlich nur so lange Avantgarde sein kann, wie sie nicht eingeholt wird. Innovation wird ihr zum selbstauferlegten Zwang, oder anders gesagt: Der Regelverstoß wird ihr zur obersten Regel. Aufgrund dieses Phänomens scheint die Entwicklung einer Avantgarde den typischen Verlauf einer fortschreitenden Reduktion zu nehmen, eine Beobachtung, die sich leicht am *Nouveau Roman* überprüfen läßt: Die Figuren werden

---

16 Robbe-Grillet, Alain: Angélique ou l'enchantement, Paris 1988, S. 182.

17 Johnson, Uwe: Berliner Stadtbahn *(veraltet)*, in: Ders., Berliner Sachen, Frankfurt am Main 1975, S. 7-21, hier: 20f.

18 Wehle, Winfried: Avantgarde: ein historisch-systematisches Paradigma »moderner« Literatur und Kunst, in: Rainer Warning/Winfried Wehle (Hg.), Lyrik und Malerei der Avantgarde, München 1982, S. 9-40, hier: S. 13.

entpersönlicht und anonymisiert, bis sie schließlich ganz verschwinden, weiterhin werden Handlungselemente zunehmend getilgt oder atomisiert, und schließlich schrumpft die referentielle Dimension der Texte bis hin zu einer reinen Selbstdarstellung der Sprache. Es ist nur folgerichtig, daß diese Bewegung ständiger Selbsteinschränkung irgendwann an ihre Grenzen stoßen muß, um in eine »literature of exhaustion« (John Barth) einzumünden. Es ist dies, mit Umberto Eco zu sprechen, das »Prinzip, daß jede Avantgardegruppe bewußt ihrer eigenen Katastrophe entgegengeht«.[19] Darauf folgt dann, wofür die Namen von Eco und Barth schon einstehen, eine post-avantgardistische, sprich: postmoderne Literatur, wie sie der *Nouveau Roman* auch tatsächlich mit der »nouvelle autobiographie« vorlegen wird.

Was Uwe Johnson grundlegend vom *Nouveau Roman* als Avantgarde unterscheidet, ist der Verzicht auf das Gebot ständiger formaler Innovation. Deutliches Indiz hierfür ist, daß die Entwicklungslogik von Johnsons Werk eben nicht die den *Nouveau Roman* kennzeichnende Reduktionsbewegung beschreibt, wodurch das einmal Erreichte stets aufs neue destruiert wird. Überdeutlich wird dies an den *Zwei Ansichten*, die laut Johnson als »einfachere Geschichte« geeignet sind für »das traditionelle Verfahren, die Entwicklung von Gefühlsregungen zu beschreiben« (G, 88). Daß der dezidierte Anti-Traditionalismus bei Johnson nicht auftaucht, zeigen weiterhin die *Jahrestage*, und zwar vor allem in jenen Passagen, die ihm den Vorwurf eingetragen haben, in eine »altväterliche Erzählsituation« zurückzufallen. Kennzeichnet es den *Nouveau Roman* fernerhin als Avantgarde, daß sein Angriff primär innerliterarisch darauf abzielt, herkömmliche Schreibweisen zu zerstören – »les procédés littéraires sont faits pour être détruits«[20] –, beteuert Johnson selbst bei den *Mutmassungen*: »Ich habe das Buch nicht gegen irgendeine literarische Tradition oder Position geschrieben« (G, 175). Erklären läßt sich Johnsons Standpunkt einmal mehr von dem Leitsatz, literarische Formen als Korrelate thematischer Vorgaben zu verstehen. Was Johnson vom *Nouveau Roman* unterscheidet, ist, verkürzt gesagt, ein Primat des Inhalts gegenüber einem Primat der Form. Während bei Johnson die Form eine gewissermaßen dienende Funktion hat – »Die Form hat lediglich die Aufgabe, die Geschichte

---

19 Eco, Umberto: Die Gruppe 63: experimentelle und avantgardistische Kunst, in: Ders., Über Spiegel und andere Phänomene, aus dem Italienischen von Burkhart Kroeber, München 1988, S. 128-142, hier: S. 135.

20 Robbe-Grillet, Alain: »Les procédés sont faits pour être détruits«, in: Les Nouvelles Littéraires v. 10.3.1977, S. 20.

unbeschädigt zur Welt zu bringen«[21] –, werden formale Aspekte im *Nouveau Roman* tendenziell zum Hauptanliegen. »Tout ce qu'on peut dire ou *signifier* ne m'intéresse pas, mais la *façon de dire*«,[22] erklärt Robert Pinget kategorisch. Sehr deutlich wird diese Haltung, wenn die Inhalte der Romane bewußt banal gewählt sind, um die Aufmerksamkeit des Lesers ganz auf die formale Gestaltung zu lenken; man denke hier nur an die beiden wohl berühmtesten Werke, Robbe-Grillets *Jalousie* und Butors *Modification*, in deren Zentrum eines der ältesten und abgegriffensten Sujets überhaupt steht: die Dreiecksgeschichte. Vertritt Uwe Johnson hier genau die Gegenposition, so steht er sicherlich nicht zufällig in Übereinstimmung mit Bertolt Brecht: »Die Form eines Kunstwerks ist nichts als die vollkommene Organisierung seines Inhalts, ihr Wert daher völlig abhängig von diesem.«[23] Wenn sich Johnson mit den *Nouveaux Romanciers* schließlich darin einig weiß, daß neue Inhalte nicht in vorgefertigte Formen gegossen werden könnten, dann mußte er nicht darauf warten, bis sich diese Erkenntnis von Paris aus verbreitete, lag sie doch längst als Ertrag aus der Brecht-Lukács-Debatte vor. Noch einmal Brecht: »Es verändert sich die Wirklichkeit; um sie darzustellen, muß die Darstellung sich ändern.«[24]

III.

Der »recherche« des *Nouveau Roman* entspricht auf thematischer und kompositorischer Ebene eine Nähe zur Kriminalliteratur. Nach allem, was bisher zum Avantgardismus des *Nouveau Roman* gesagt wurde, kann es nicht verwundern, wenn die Gattungstradition hier nicht fortgeschrieben, sondern in »Anti-Kriminalromanen« parodistisch dekonstruiert wird. Das Interesse der *Nouveaux Romanciers* richtet sich allerdings weniger auf das spezifisch kriminalistische Moment, die Aufklärung eines

---

21 Johnson, Uwe: Vorschläge zur Prüfung eines Romans, in: Eberhard Lämmert u.a. (Hg.), Romantheorie. Dokumentation ihrer Geschichte in Deutschland seit 1880, Königstein/Ts. 1984, S. 398-403, hier: S. 401 (im folgenden abgekürzt als: VP, Seitenzahl).

22 Ricardou, Jean/van Rossum-Guyon, Françoise (Hg.): Nouveau Roman: Hier, Aujourd'hui, Paris 1972, Bd. II, S. 311f.

23 Brecht, Bertolt: Über Formalismus und neue Formen, in: Ders., Gesammelte Werke, Bd. 19, hg. von Elisabeth Hauptmann, Frankfurt am Main 1967, S. 527.

24 Ders.: Volkstümlichkeit und Realismus, in: Werke (Anm. 23), Bd. 19, S. 322-331, hier: S. 327.

Verbrechens und die Ergründung der Tatmotive, als vielmehr auf den Detektionsprozeß an sich. Anders gesagt: Es ist das »schéma de l'enquête« (Robbe-Grillet), das vom *Nouveau Roman* adaptiert wird und das für jenen Gestus des Fragens, Suchens, Verhörens oder Vermutens verantwortlich ist, der die Signatur aller Werke ausmacht. Damit ist auch die Parallelität zu Uwe Johnson evident, dessen Romane gleichfalls als »detektivische« Rekonstruktionsversuche angelegt sind, die in besonderer Weise die Schwierigkeiten bei der Suche nach der Wahrheit mitreflektieren – ein Phänomen, für das Norbert Mecklenburg den Begriff »topisches Erzählen« vorgeschlagen hat. Spricht Johnson selbst in diesem Zusammenhang von dem »Döblinschen Syndrom«,[25] dann ist damit schon der Hinweis gegeben, daß diese metaliterarische Komponente für die moderne Literatur typisch ist und eine bis in die Anfänge des Jahrhunderts zurückreichende Tradition aufzuweisen hat. Was die Werke des *Nouveau Roman* als Anti-Kriminalromane auszeichnet, ist unter anderem der Umstand, daß die jeweiligen Detektive scheitern oder doch zu keinem befriedigenden Ergebnis gelangen. Mit Dieter Wellershoff kann festgehalten werden: »Der scheiternde Detektiv ist eine Zentralfigur des *nouveau roman*. Im Scheitern repräsentiert er dessen Absicht, die Fremdheit der Welt zu erhalten oder wiederherzustellen, um ihre Banalisierung zu verhindern.«[26] Dieses Scheitern ist damit nicht auf persönliches Unvermögen zurückzuführen, sondern ist eine dem modernen Wirklichkeitsbewußtsein geschuldete Notwendigkeit und von daher als »epistemologische Metapher« im Sinne Umberto Ecos aufzufassen. Insofern hier Naivitäten im Hinblick auf die Erkennbarkeit und die Abbildbarkeit der Welt kenntlich gemacht werden, hat Wolfgang Theile vom »erfolgreichen Scheitern des Romans«[27] bei Gide, Faulkner und Johnson gesprochen.[28]

25 Johnson, Uwe: Begleitumstände. Frankfurter Vorlesungen, Frankfurt am Main 1980, S. 193.
26 Wellershoff, Dieter: Vorübergehende Entwirklichung. Zur Theorie des Kriminalromans, in: Ders., Literatur und Lustprinzip, Köln 1973, S. 77-136, hier: S. 131.
27 Theile, Wolfgang: Immanente Poetik des Romans, Darmstadt 1980, S. 84f.
28 Daß unter der Oberflächenstruktur der Suchbewegung gänzlich verschiedene Ursachen und Wirkungsabsichten vorhanden sein können, sei kurz aufgezeigt. Sind die Romane Robert Pingets nach einer »Grammatik des Vermutens« (Gerda Zeltner) angelegt, dann liegt es zunächst nahe, an Johnsons vermeintliche »Mutmaßungspoetik« zu denken. Während aber bei Johnsons »analytischem Erzählen«, das sich durch »unvorbereitetes Einsetzen und nachträgliche Entschlüsselung« (Hansjürgen Popp) auszeichnet, Unsicherheitseffekte bei fortschreitender Lektüre schwinden und so dem Leser eine Synthesenbildung erlauben, läuft Pingets Erzähllogik genau auf das Gegenteil hinaus:

IV.

Dem *Nouveau Roman* gehe es um eine »totale Subjektivität«, hat Alain Robbe-Grillet immer wieder betont und solchermaßen dafür gesorgt, daß sich für die erste Phase der Begriff »Subjektiver Realismus« durchgesetzt hat. Dieser »Subjektive Realismus« kann als Weiterentwicklung des bereits von der klassischen Moderne hervorgebrachten Bewußtseinsromans gelten, dem daran gelegen ist, einem *stream of consciousness* mit adäquaten Erzählverfahren gerecht zu werden. »Warum sollten wir nicht als Kompliment ansehen«, merkt Johnson zu solcher Programmatik an, »daß Romane unserer Zeit wenigstens sich versuchen an den Fertigkeiten zeitgenössischer Gehirne?« (VP, 401) Der hier spricht, ist allerdings nur der Literaturliebhaber, dessen Maxime »Literature is a free country« (G, 251) lautet, denn billigen läßt sich der »Subjektive Realismus« von seiner Poetik her gesehen nicht. Preisgegeben wird dort etwas für Johnsons Erzählen Fundamentales: der Bezug zur (historischen) Außenwelt. In seiner extremen Ausformung stellt Außenwelt nur noch eine *quantité négligeable* dar, erscheint als beliebiges und austauschbares Substrat, um Bewußtseinsprozesse vorzuführen. Johnson mag auch Literaturformen wie den *Nouveau Roman* im Auge gehabt haben, wenn er ausführt: »Es versteht sich, daß die delikaten Eruptionen im Gemüt des Individuums uns kostbar bleiben. Sie können nur zunehmen an Belang, wenn den Veranlassungen solcher Happenings nachgegangen wird, etwa jenem Vorgang, in dem der Einzelne von Kindheit an zu- und abgerichtet wird von den anderen Einzelnen um ihn herum und der Gesellschaft, die sie sich gefallen lassen, bis endlich einer begreift, was für eine Art der Erziehung dies ist und auf welche Zwecke sie aus ist.« (VP, 400) Vor diesem Hintergrund wird auch die oben zitierte Ablehnung von Robbe-Grillets Bewußtseinsdarstellungen deutlich: Während Johnson versucht, das Individuum als ein in Geschichte und Gesellschaft eingesponnenes *zoon politicon* darzustellen, werden solche Beziehungen von

---

zwischen einzelnen Sequenzen wird dort eine Widerspruchsrelation aufgebaut, die in ihrer logischen Unmöglichkeit eben nicht aufhebbar ist. Es ist dies das auch und vor allem für Robbe-Grillets Romane gültige Prinzip der »autogommage«, der Selbstauslöschung, wodurch eine mimetische Lektüre unterlaufen werden soll. Zu dieser »self-voiding fiction« vgl. auch Eco, Umberto: Im Wald der Fiktionen. Sechs Streifzüge durch die Literatur. Harvard-Vorlesungen (Norton Lectures 1992–93), aus dem Italienischen von Burkhart Kroeber, München 1994, S. 110f.

Robbe-Grillet konsequent ausgeblendet – und nicht nur von ihm. Eine Adaption des »Subjektiven Realismus« böte für Johnson auch insofern unüberwindbare Schwierigkeiten, als die Beschränkung auf eine einzige Betrachterperspektive für sein Vorhaben, einen Gesellschaftsroman zu schreiben, viel zu eng wäre: »Le réseau des rapports réciproques est beaucoup trop complexe et multiple pour pouvoir s'exprimer pleinement dans l'optique d'un seul personnage.«[29] Ohnehin bildet der engumgrenzte Raum der Bewußtseinswelten des *Nouveau Roman* einen unübersehbaren Gegensatz zu Johnsons Romankosmos, wie er vor allem in den *Jahrestagen* entworfen wird: hier Minimalsituationen mit einer erzählten Zeit von teils nur wenigen Stunden, dort die episch weitausladende Familiengeschichte. Johnsons Werk bewegt sich damit in einem Traditionszusammenhang, der dem *Nouveau Roman* gänzlich fremd ist und der zum Teil auch durch Namen repräsentiert wird, die die *Nouveaux Romanciers* gewissermaßen auf den Index gesetzt haben. »Die *Jahrestage*«, erklärt Wolfgang Koeppen, »gehören in die Klasse der Gipfel, der Romane von Balzac und Zola, die Dichtung und Zeitgeschichte sind und im Handeln ihrer vielen Personen im Umkreis einer Familie von Band zu Band ihr Jahrhundert vor Gericht bringen.«[30]

Und wenn schon der Name von Balzac genannt ist: Das Spezifikum der *Comédie Humaine*, die Wiederkehr eines bestimmten Figurenpersonals, findet nicht nur in Johnsons Œuvre eine auffällige Parallele, auch werden seine Figuren mit einer Fülle von Realitätseffekten und individualisierenden Merkmalen ausgestattet, wie es der Detailverliebtheit der Realisten des 19. Jahrhunderts in nichts nachsteht. Selbst vor dem Hintergrund der deutschen Nachkriegsliteratur bilden Johnsons Figuren eine Ausnahme, denn statt auf »Verhaltens- und Eigenschaftsmodelle« reduziert zu sein, wie es laut Reinhard Baumgart bei den Figuren von Walser, Koeppen, Andersch und Frisch der Fall sei, bestehe das Johnsonsche Romanpersonal noch aus »Charakteren«.[31] Während Johnsons Figuren mithin über charakterliche und biographische Eigenheiten verfügen, die sie als unverwechselbar erscheinen lassen, begegnet man im *Nouveau Roman*

---

29 Johnson im Interview mit Jean Tailleur (Anm. 9), S. 7.

30 Koeppen, Wolfgang: Ein Bruder der Massen war er nicht. Über Uwe Johnson, in: Ders., Gesammelte Werke, Bd. 6, hg. von Marcel Reich-Ranicki in Zusammenarbeit mit Dagmar von Briel und Hans Ulrich Treichel, Frankfurt am Main 1986, S. 426-429, hier: S. 429.

31 Baumgart, Reinhard: Deutsche Gesellschaft in deutschen Romanen, in: Ders., Deutsche Literatur der Gegenwart. Kritiken – Essays – Kommentare, München 1994, S. 86-102, hier: S. 90f.

einer Anonymisierung und Entindividualisierung, die ihren sinnfälligsten Ausdruck in einer allenthalben anzutreffenden Namenlosigkeit, der Verkürzung auf Initialen sowie dem bloßen Auftauchen von Personalpronomen finden. Bereits 1956 ist diese Tendenz so dominant, daß Nathalie Sarraute im Vorwort zu *L'ère du soupçon* konstatieren kann: »L'anonymat du personnage, qui était pour moi une nécessité que je m'efforçais de défendre, semble aujourd'hui de règle pour tous les jeunes romanciers.«[32] Johnsons Abstand zum *Nouveau Roman* zeigt auch noch ein anderer Umstand: Unser Autor wird nicht müde zu betonen, daß seine »Personen« von ihm »unabhängig« seien, daß er sie als »Partner« und »Mitlebende« betrachte, mit denen er »zusammenarbeite«. Indem hier die ontologische Differenz zwischen fiktiven Figuren und realen Charakteren verschleiert wird, leistet Johnson den »superstitions littéraires« Vorschub und verstößt damit gegen eine Grundregel des *Nouveau Roman*: den artifiziellen Status von Figuren bewußt zu halten. »Le récit moderne«, betont oder besser: postuliert Robbe-Grillet, »affirme [...] l'invention. Les personnages sont des fictions; ils ne sont que des fictions et ne vivent que comme des fictions, et c'est leur caractère fictif qui est justement le sujet même de l'œuvre.«[33] Größer ist der Gegensatz zu den Papierwesen des *Nouveau Roman* kaum denkbar, wenn Stefanie Golisch von Johnsons Gestalten sagen kann, sie seien dazu »prädestiniert, ein Eigenleben außerhalb des Romans zu entwickeln, das sie mit lebendigen Menschen quasi auf eine Stufe stellt«.[34] Die hier erreichte Plastizität läßt an einen ästhetischen Leitsatz denken, der einen *Nouveau Romancier* in den Zustand der Fassungslosigkeit versetzen dürfte: »Das wird der beste Roman sein«, läßt uns Theodor Fontane wissen, »dessen Gestalten sich in die Gestalten des wirklichen Lebens einreihen, so daß wir in Erinnerung an eine bestimmte Lebensepoche nicht mehr genau wissen, ob es gelebte oder gelesene Figuren waren.«[35]

Die Literatur des 20. Jahrhunderts hat zwar einen eigenen Traditionsstrang ausgebildet, in dem sich die dargestellte Anonymisierungstendenz zeigt, man wird dem *Nouveau Roman* allerdings erst vollauf gerecht, wenn man ihn nicht als bloßen Ausläufer dieser Tradition betrachtet. Den spezifischen Kontext, der zum Verständnis des *Nouveau Roman* unabdingbar

---

32 Sarraute, Nathalie: L'ère du soupçon. Essais sur le roman, Paris 1956, S. 11.

33 Zit. nach Heath, Stephen: The Nouveau Roman. A study in the practice of writing, London 1972, S. 143.

34 Golisch, Stefanie: Uwe Johnson zur Einführung, Hamburg 1994, S. 90.

35 Fontane, Theodor: Der Dichter über sein Werk, hg. von Richard Brinkmann in Zusammenarbeit mit Waltraud Wiethölter, Bd. II, München 1977, S. 687.

ist, bildet jene Subjektkonzeption, wie sie für den Strukturalismus und später den Poststrukturalismus konstitutiv ist. Gemeint ist die Rede von der »Dezentrierung des Subjekts«, die in den sechziger Jahren unter den Schlagworten vom »Anti-Humanismus« und vom »Tod des Menschen« kursiert. Der Mensch verschwindet wie am Meeresufer ein Gesicht im Sand, um den Schlußsatz von Michel Foucaults *Les mots et les choses* aufzunehmen, weil er nur noch als Durchgangsort angesehen wird, an dem sich anonyme Denkregeln und sprachliche Systemzwänge aussprechen. Für Foucault lautet die zentrale Frage daher: »Was ist dieses anonyme System ohne Subjekt, was ist es, das denkt? Das ›Ich‹ ist zerstört (denken Sie nur an die moderne Literatur) – nun geht es um die Entdeckung des ›es gibt‹. Es gibt ein ›man‹. In gewisser Weise kehren wir damit zum Standpunkt des 17. Jahrhunderts zurück, mit folgendem Unterschied: nicht den Menschen an die Stelle Gottes zu setzen, sondern ein anonymes Denken, Erkenntnis ohne Subjekt, Theoretisches ohne Identität.«[36] Uwe Johnson hat mit dieser Problemstellung nicht nur nichts zu tun, auch dürfte es schwerfallen, in der deutschen Literatur nach 1945 einen Autor zu finden, der sich so beharrlich und emphatisch einer das Individuum auslöschenden Anonymisierung widersetzt. Es klingt wie eine Erwiderung auf den *Nouveau Roman*, wenn Johnson kategorisch und geradezu trotzig erklärt: »jeder Mensch verdient einen Namen für sich allein« (G, 290). Wie kaum ein anderer macht sich Johnson zum Anwalt der »einfachen Leute« (G, 88), der Opfer der Geschichte, die gerade der Gesichts- und Namenlosigkeit entrissen werden sollen. Das seitenlange namentliche Auflisten von Opfern des Stalinismus, Nationalsozialismus oder des Vietnamkrieges ist moralische Anklage und zugleich Widerstand gegen das Vergessen, gegen die das Individuum tilgende Statistik. Daß den »anti-humanistisch« gesinnten *Nouveaux Romanciers* in Uwe Johnson ein Vertreter aus dem gegnerischen Lager gegenübersteht, geht auch aus anderen Zusammenhängen hervor. Wenn der Ehebruch in der *Skizze eines Verunglückten* für den Protagonisten einen »Verrat« bedeutet, dann wird dabei etwas beschädigt, für das Johnson in aller Bewußtheit einen verpönten und anachronistischen Begriff nennt: die menschliche »Seele«. Ist dort die Rede vom »Geheimnis des Individuums«, von der »Mitte« des Bewußtseins, von der aus »der einzelne Mensch das Wort Ich zu denken wagt«, dann bezeichnet diese »zentrierte« und zugleich humanistisch-emphatische Sichtweise den Gegenpol zu der dezentrierten, in eine

---

36 Zit. nach Schiwy, Günther: Der französische Strukturalismus. Mode, Methode, Ideologie, Reinbek bei Hamburg 1969, S. 204.

Vielheit von Ich-Instanzen aufgelösten Subjektkonzeption französischer Provenienz. Der »Liebesverrat« leitet zu dem humanistischen Kern in Johnsons Werk über: der Rolle von Liebe, Treue, Freundschaft und Aufrichtigkeit. Diese Themenschicht ist vor allem in den *Jahrestagen* so ausgeprägt, daß man von einem »Rückfall in deutsche Innerlichkeit« (Bernd Neumann) und einer spezifisch »deutschen Sehnsucht nach dem Seelischen« (Marcel Reich-Ranicki) gesprochen hat. Wie weit man sich hier vom *Nouveau Roman* entfernt, geht allein aus einer Bemerkung von Hannah Arendt über das Werk von Nathalie Sarraute hervor; charakteristisch sei dort »die völlige Abwesenheit von Liebe, Großmut, Weitherzigkeit und dergleichen«.[37] Man kann sich vor diesem Hintergrund nur wundern, wenn Interpreten bei Johnson von einer »mort du personnage« sprechen und auf den *Nouveau Roman* verweisen. Ein Mechanismus scheint dort zu wirken, bei dem die bloße Zugehörigkeit eines Textes zur Moderne schon besagt, daß dort per se eine »Subjekt-« und eine »Sprachkrise« auftauchen müssen. Johnsons Gestalten sind indes deutlich weniger von einem modernen Krisenbewußtsein affiziert, als es vielfach angenommen wird.[38] Zeigt sich die Subjektkrise häufig als Sprachkrise, so gilt es auch hier zu erkennen, daß es bei Johnson unübersehbar Reservate gibt, in denen die Sprache Identität nicht zersetzt, sondern gerade erst stiftet.

Hat man zuweilen Schwierigkeiten, bei einem Vergleich der in Rede stehenden Autoren ein tertium comparationis zu finden, so liegt dies an den gänzlich unterschiedlichen epistemologischen, philosophischen, historischen und kulturellen Kontexten, in denen sich die jeweiligen Erzählsysteme situieren. Kann man den *Nouveau Roman* als literarisches Äquivalent eines »linguistic turn« auffassen – wobei man nach Barbara Vinken sogar versucht sei zu sagen, »mit Simon habe der literarische Strukturalismus den Nobelpreis gewonnen«[39] –, dann wird Johnsons Werk von einem gesellschaftskritischen und geschichtsphilosophischen Diskurs grundiert, für den Namen einstehen wie Bertolt Brecht, Theodor W.

---

37 Arendt, Hannah: Zum Werk von Nathalie Sarraute, in: Nathalie Sarraute, Das Planetarium, aus dem Französischen von Elmar Tophoven, München 1965, S. 229-240, hier: S. 233.

38 Von Gesine sagt Christa Bürger sogar: »Sie erweist sich als immun gegenüber der Negativität, von der die moderne Subjektivität geprägt ist« (Bürger, Christa: Uwe Johnson: der Erzähler, in: Peter Bürger, Prosa der Moderne, Frankfurt am Main 1988, S. 353-382, hier: S. 381).

39 Vinken, Barbara: Makulatur. Oder: Von der Schwierigkeit zu lesen. Claude Simons »Leçon de choses«, in: Poetica 3/4, 1989, S. 403-428, hier: S. 403.

Adorno oder Walter Benjamin. Einschlägige Untersuchungen liegen hierzu bereits vor; vor allem einen Walter Benjamin betrachtet die jüngste Forschung immer mehr als Johnsons »literaturtheoretischen Eideshelfer«.[40] Die zentralen Fragen in Johnsons Werk – nach der deutschen Schuld, nach einem politisch verantwortungsvollen Handeln, nach einem wahren Leben im falschen – stellen im Sinne der Ästhetik des *Nouveau Roman* solche Probleme dar, wie sie von einer »littérature engagée« aufgeworfen werden, zu der die Autoren auf deutliche Distanz gehen.[41] Wie sehr der *Nouveau Roman* in der Einflußsphäre des Strukturalismus steht, zeigt sich in den sechziger Jahren, als die »esthétique de la perception« durch eine »esthétique du langage«[42] ersetzt wird. Unter Verzicht auf jedwede Mitteilungs- und Ausdrucksabsicht will der *Nouveau Nouveau Roman* eine autonome, rein textuelle Welt schaffen, in der es nur noch um die eigene Sprachlichkeit geht, soll heißen: um die Thematisierung von Vertextungsverfahren und um die Reflexion auf die Bedingtheiten der écriture. Eine Textkohärenz wird damit nicht mehr durch die Perspektive eines Bewußtseinszentrums bzw. durch bestimmte Geschehensabläufe garantiert, sondern allein durch eine bestimmte Anordnung der Signifikanten. Nicht nur das Subjekt verschwindet hier, sondern der Autor gleich mit.[43]

---

40 Neumann, Leipzig, oder: die Schule der Modernität (Anm. 10), S. 187.

41 Wird der *Nouveau Roman* von deutschen Schriftstellern überwiegend negativ beurteilt, dann liegt dies wiederum daran, daß die vom Kriegsgeschehen noch direkt betroffene Autorengeneration derart auf eine »engagierte« Literaturkonzeption eingeschworen ist, daß sie anderen Literaturformen mit Distanz oder gar mit schroffer Ablehnung begegnet. Bis in das Jahr 1965 sieht Dieter Wellershoff eine aus dem geschichtlichen Erfahrungsraum erwachsene »Erkenntnissperre« wirken, die eine (produktive) Rezeption des *Nouveau Roman* be- oder gar verhindert hat (Wellershoff, Dieter: Die Wahrheit der Literatur. Sieben Gespräche, München 1980, S. 53); vgl. hierzu in meiner Arbeit (Anm. 1) auch das Kap. »Dokumente der Ablehnung: Der *Nouveau Roman* im Spiegel der Kritik deutschsprachiger Schriftsteller«.

42 Foucault, Michel: Débat sur le roman, in: Ders., Dits et écrits 1954–1988, Bd. I, édition établie sous la direction de Daniel Defert et François Ewald avec la collaboration de Jacques Lagrange, Paris 1994, S. 338–390, hier: S. 387.

43 Eine solche Programmatik steht in deutlicher Übereinstimmung mit Positionen, die die Autoren der 1960 gegründeten Zeitschrift *Tel Quel* entwickeln. Der Versuch, sprachliche Prozesse zu verselbständigen und das Autorsubjekt in der als eigenmächtig gedachten Sprache sich auflösen zu lassen, hat dort zu dem Theorem vom »Verschwinden« bzw. vom »Tod des Autors« geführt. Wenn Uwe Johnson auch mit all diesen Phänomenen nichts zu tun hat, wahrgenommen hat er sie durchaus. Es dürfte kein Zufall sein, wenn sich das »Verschwinden des Autors«, von dem in seinem fiktiven Nachruf die Rede ist, ausgerechnet am Flughafen Orly ereignet. Im übrigen ist zu erfahren: »Die

V.

Da an dieser Stelle nicht auf die Vielfalt narrativer Verfahren eingegangen werden kann, mit denen im »Subjektiven Realismus« versucht wird, einen Bewußtseinsstrom darzustellen, müssen einige summarische Bemerkungen genügen. Grundsätzlich läßt sich feststellen, daß es Uwe Johnson nicht darum geht, einen Bewußtseinsvorgang in seinem prozessualen Ablauf zu transkribieren. Tauchen bei ihm Darstellungen gedanklicher bzw. unbewußter Abläufe auf, so geschieht dies als »Gedankenbericht« (Jochen Vogt) oder als »psycho-narration« (Dorrit Cohn). Es ist in der Regel ein auktorialer Erzähler, der die amorphe Gedankenwelt der Figuren aufbereitet und für den Leser in eine überschaubare Ordnung bringt. Anders verhält es sich im *Nouveau Roman*. Unter gänzlichem Verzicht auf eine distanzierende außenperspektivische Darstellung werden Bewußtseinsvorgänge aus einer Innenperspektive heraus in aller Unmittelbarkeit, in actu, vorgeführt. Man hat es in den Termini von Franz K. Stanzel, so weit diese hier überhaupt noch Gültigkeit besitzen, nicht mehr mit einem »Erzähler« zu tun, sondern mit einem »Reflektor«, der Modus ist nicht mehr der des »telling«, sondern derjenige des »showing«. Eine Außenwelt gibt es in diesen Romanen folglich nicht mehr, das Dargestellte erscheint prismatisch durch ein Bewußtsein gebrochen: Die Zeit ist eine Bewußtseinszeit, der Raum ist ein Bewußtseinsraum. Was Robbe-Grillet im folgenden als sein eigenes Anliegen formuliert, kann als generelle Zielvorstellung des frühen *Nouveau Roman* gelten: »la tentative de construire un espace et un temps purement mentaux – ceux du rêve peut-être, ou de la mémoire, ceux de toute vie affective – sans trop s'occuper des enchaînements traditionnels de causalité, ni d'une chronologie absolue de l'anecdote«.[44] Verliert der Leser in den Bewußtseinslabyrinthen die Orientierung, dann liegt dies vielfach daran, daß die verschiedenen Zustände des Erinnerns, Imaginierens, Halluzinierens etc. nicht durch erzähltechnische Signale markiert werden. Eine Folge hiervon ist auch, daß klar getrennte Erlebnissphären, wie sie die

---

Pariser Polizei betrachtet den bedauerlichen Zwischenfall, der sich am vergangenen Donnerstag auf dem Flughafen Orly zugetragen hat und am gleichen Tag entdeckt wurde, als ›nicht außergewöhnlich‹« (Johnson, Uwe: Identität des verstorbenen Autors zweifelhaft; Verleger verweigern Auskunft, in: Ders., Porträts und Erinnerungen, hg. von Eberhard Fahlke, Frankfurt am Main 1988, S. 38-49, hier: S. 46).

44 Robbe-Grillet, Alain: L'année dernière à Marienbad, Cinéroman, Paris 1961, S. 9f.

Erzählforschung mit den Kategorien von »erzählendem« und »erlebendem« oder »erinnerndem« und »erinnertem Ich« zu fassen vermag, hier nicht mehr existieren.

Insofern Bewußtseinsromane in der Regel Erinnerungsromane sind, schreiben sich die *Nouveaux Romanciers* in eine Tradition ein, für die im 20. Jahrhundert ein Name wie kein anderer steht: Marcel Proust. Ein Vergleich mit den *Jahrestagen* bietet sich hier natürlich an, gilt dieser Roman doch als »norddeutsche Variante einer *recherche du temps perdu*« (Bernd Neumann). Evident ist zunächst ein grundlegender Unterschied: Erklärt Robert Pinget, daß es absurd sei, seine Romane als »entreprise de reviviscence du passé«[45] zu betrachten, dann unterstreicht Johnson, daß es ihm gerade darum gehe, »die Vergangenheit aufzuheben, sie sicherzustellen«, und zwar auf eine »nicht nur subjektive Art« (G, 255). Liegt Johnsons Interesse im Gegenstand der Erinnerung, der mimetischen Rekonstruktion des Vergangenen, zeigen sich die *Nouveaux Romanciers* eher am Erinnerungs*prozeß* interessiert. Nicht als rationales Rekapitulieren ist dieser folglich gestaltet, sondern als ein nicht-reflexives, von sinnlichen Reizen ausgehendes Erinnern, wie es von der »mémoire involontaire« gesteuert wird, die bekanntermaßen das Gravitationszentrum in Prousts Erinnerungs-Metaphysik bildet. In erzählstruktureller Hinsicht erwächst der Unterschied zu den Bewußtseinsromanen der Franzosen aus der auktorialen Erzählsituation der *Jahrestage*. Nicht Gesines Bewußtsein bzw. ihr Gedächtnis werden in actu vorgeführt, sondern der »Genosse Schriftsteller« bereitet ihre Erinnerungen auf und berichtet auch an ihrer Stelle, und zwar Dinge, die Gesine gar nicht wissen kann. Die erzähltechnische Inszenierung geht allein aus der strikten Trennung von Gegenwarts- und Vergangenheitshandlung hervor, die sowohl der Leserorientierung dient als auch wohlkalkuliertes kontrapunktisches Arrangement ist, keinesfalls aber aus einem Erinnerungsakt selbst abgeleitet werden kann. Auch die Linearität und die grob eingehaltene Chronologie des episodischen (!) Erzählens verweisen darauf, daß man es nicht mit einem Bewußtseinsroman zu tun hat, sondern – und auch dies ist dem *Nouveau Roman* wesensfremd – mit einer Chronik. Die vorwiegend außenperspektivische Darstellung der Vergangenheit läßt es denn auch gar nicht erst zu der fundamentalen Verunsicherung über den Realitätsstatus kommen, wie es den Romanen Simons oder Robbe-Grillets eigen ist. Betrachtet man einmal die Übergänge zwischen beiden Ebenen in den *Jahrestagen*, dann wird man feststellen, daß dort oftmals assoziative Vorgänge stattfinden,

---

45 Ricardou/van Rossum-Guyon, Nouveau Roman (Anm. 22), Bd. II, S. 318.

für die die »mémoire involontaire« verantwortlich zeichnet, aber wohlgemerkt: zu erfahren ist lediglich, *daß* assoziative Vorgänge abgelaufen sind, nicht aber, *wie* sich diese prozessual vollziehen. Außerdem wäre Johnson schlecht beraten gewesen, bei seinem historiographischen Anliegen die Regieführung ausschließlich den Launen der »mémoire involontaire« zu überlassen. Damit ist auch gesagt, daß man gut daran tut, Johnsons Beziehung zu Marcel Proust differenzierter zu sehen, als es bislang geschehen ist, lesen sich die *Jahrestage* doch stellenweise als Gegenentwurf zu der *Recherche du temps perdu*.[46]

In einen besonderen Gegensatz zum *Nouveau Roman* gerät Johnson dort, wo er auktorial erzählt. Kannten die *Mutmassungen* bereits einen Erzähler, der als »Führer des Protokolls« fungierte, sich dabei aber »jeden Anspruch auf Allwissenheit« versagte (BU, 135ff.), dann erhält der Erzähler des Spätwerkes wieder deutlich größere Kompetenzen. Wurde die dem Schiedsrichter beim Tennis verglichene Position des auktorialen Erzählers ehedem als obsolet abgelehnt, heißt es nunmehr: »Was diese Sache mit dem Schiedsrichterstuhl angeht, so hat sich das ja beträchtlich geändert bis zu den *Jahrestagen* hin.«[47] Man muß sich hier vor Augen halten, daß der raunende Beschwörer des Imperfekts zu einem Zeitpunkt zurückkehrt, da die erzählperspektivischen Experimente der *Nouveaux Nouveaux Romanciers* so weit vorangeschritten sind, daß nur noch von einer »voix narratrice mobile« die Rede sein kann, einer dezentrierten Instanz, die sich in einer scheinbar subjektlosen Sprachkombinatorik verliert. In der Forschungsliteratur erkennt man dem gegenüber zunehmend den großen Epiker in Johnson und zieht Traditionslinien zu Wilhelm Raabe, Theodor Fontane, Fritz Reuter oder Thomas Mann. Welcher *Nouveau Romancier* sollte im übrigen von sich sagen: »Ich bin ein verkannter Humorist«? (G, 294)

---

46 Grundlegende Unterschiede werden überzeugend herausgearbeitet von Zschachlitz, Ralf: Zur privaten und politischen Erinnerung in Uwe Johnsons Roman »Jahrestage«. Ein Vergleich mit Marcel Proust, in: Carsten Gansel/Bernd Neumann/Nicolai Riedel (Hg.), Internationales Uwe-Johnson-Forum. Beiträge zum Werkverständnis und Materialien zur Rezeptionsgeschichte. Band 5 (1994) (bei Redaktionsschluß noch nicht erschienen); und von Schulz, Beatrice: Lektüren von Jahrestagen. Studien zu einer Poetik der »Jahrestage« von Uwe Johnson (bei Redaktionsschluß noch nicht erschienen), bes. Kap. 3: »Gesine und Marcel, oder: Das Scheitern der Erinnerung«.

47 Durzak, Manfred: Gespräche über den Roman. Formbestimmungen und Analysen, Frankfurt am Main 1976, S. 429.

VI.

Zur Kennzeichnung der ersten Phase des *Nouveau Roman* hat die Kritik von einem »Phänomenologischen Realismus« gesprochen, der sich besonders in den detaillierten Beschreibungen der Dingwelt manifestiere. Dieser »Phänomenologische Realismus« ist im wesentlichen als ein dem »Subjektiven Realismus« komplementäres Darstellungsprinzip anzusehen: Subjektive Betrachterwelten werden unter Verzicht auf jedweden erklärenden oder analysierenden Eingriff eines Erzählers »phänomenologisch genau« wiedergegeben. Geleistet wird insofern, was nach Maurice Merleau-Ponty die wichtigste Errungenschaft der Phänomenologie darstellt: die Verbindung von »äußerstem Subjektivismus und äußerstem Objektivismus«. Von der Phänomenologie übernimmt Robbe-Grillet den zentralen Gedanken von der sinn-neutralen Präsenz der Welt, dem einfachen »être-là des choses«. Die Umsetzung in die literarische Praxis besteht bei ihm vornehmlich darin, sämtliche anthropomorphisierende Metaphorik auszusparen, um die Welt in ihrem bloßen Dasein aufzuzeigen. Dabei richtet Robbe-Grillet seine Aufmerksamkeit insonderheit auf die Dingwelt, seine Beschreibungen sind »objektal«, um die Sprachschöpfung eines Kritikers aufzugreifen, sie sind »auf die Dinge bezogen«, nicht aber »objektiv«, wie ein verbreitetes Mißverständnis lautet. Auffällig und für den charakteristischen Eindruck von »Kälte« sorgend ist das nüchtern-sachliche, der Vermessungstechnik entnommene Beschreibungsvokabular, das die jeweiligen Gegenstände an ihrer Oberfläche gleichsam geometrisierend abtastet. Programmatisch heißt es: »L'adjectif optique, descriptif, celui qui se contente de mesurer, de situer, de limiter, de définir, montre probablement le chemin difficile d'un nouvel art romanesque.«[48] Entgegenwirken will Robbe-Grillet mit diesem Vorgehen, und zwar in einem durchaus aufklärerischen Sinn, einem humanistischen Essentialismus, der in die Welt beständig »Mythen der Tiefe« und »Hinterwelten« projiziert. Läßt sich auch bei Uwe Johnson von Vergleichbarem, gar einem »Realismus des Hierseins« sprechen? Nichts wäre verkehrter. Hätten diejenigen, die bei Johnson einen »Chosismus« vorzufinden meinen, nur richtig hingesehen, dann hätte ihnen nicht entgehen dürfen, daß bereits die erste (!) auktoriale Passage in den *Mutmassungen* jenes anthropomorphisierende Vokabular enthält, das Robbe-Grillet verbannt wissen will: »Je mehr [Jakob] unter seinen Turm

---

48 Robbe-Grillet, Alain: Pour un nouveau roman, Paris 1963, S. 23.

kam verdunsteten seine Umrisse zwischen den *finster massigen Ungeheuern* von Güterzugwagen und *kurzatmigen* Lokomotiven, die *träge* ruckweise *kriechend* den dünnen schrillen Pfiffen der Rangierer *gehorchten*«.[49] Die Beispiele lassen sich geradezu beliebig vermehren. Vor allem Johnsons Landschaftsbeschreibungen zeichnen sich durch eine Gefühlsintensität und eine poetische Verdichtung aus, deren auratische und bedeutungsvolle »Tiefe« in einen unüberbrückbaren Gegensatz zur »bedeutungslosen Oberfläche« vergleichbarer Schilderungen bei Robbe-Grillet gerät. Von phänomenologischer Unvoreingenommenheit findet sich dort keine Spur, eher noch mag man an einen Gegenbegriff denken und bei Johnson von einem »poetischen Realismus« sprechen.[50]

49 Johnson, Uwe: Mutmassungen über Jakob, Frankfurt am Main 1974, S. 8.

50 Daß sich Johnson in Opposition zum phänomenologischen Realismus des *Nouveau Roman* bewegt, dies kollidiert mit einer These von Bernd Neumann, der in den *Zwei Ansichten* eine »Adaption jenes Programms eines *Realismus des Hierseins*« verwirklicht sieht, wie es vor allem Robbe-Grillet propagiere (Neumann, Utopie und Mimesis [Anm. 14], S. 250). Zweifelsohne haftet dieser Annahme ein Überraschungseffekt an, schließlich müßte die vermeintliche »Übernahme der Techniken des *nouveau roman*« (S. 32) – und man beachte hier den Plural – in einem Roman erfolgen, der nach Johnsons eigenen Worten als »einfachere Geschichte« für ein »traditionelles Verfahren« (G, 88) geeignet war. Was Neumann allerdings unter dem *Nouveau Roman* versteht, muß ihm den Vorwurf gröbster Vereinfachung bzw. Verfälschung eintragen. Sieht man einmal davon ab, daß das Klischeearsenal der fünfziger Jahre Urständ feiert, dann besteht der konsequent durchgezogene gedankliche Fehler darin, Robbe-Grillets epistemologische Rede von den »Dingen« einfach in den marxistischen Begriff der »Verdinglichung« umzumünzen. Der *Nouveau Roman* habe die literarische Bühne einzig betreten, »aus der gesellschaftlichen Not der Verdinglichung eine ästhetizistische Tugend machend« (S. 256), um Entfremdungserscheinungen gleichsam zu beklatschen: »Robbe-Grillet [...] verlangt [...] das Akzeptieren der herrschenden Verdinglichung. [...] Seine ›Argumente‹ lassen sich bestimmen als Programm zur Tilgung der utopischen und oppositionellen Potenzen aus der (Roman-) Literatur« (S. 254). Eine solche Einschätzung sieht entschlossen am *Nouveau Roman* vorbei. Natürlich finden sich bei Robbe-Grillet »oppositionelle Potenzen«, allerdings äußern sich diese in einem sprachkritischen und einem mythoklastischen Programm. Problematisch ist ferner, was Neumann als zentrales Merkmal vom »Realismus des Hierseins« ansieht: die »literarische Photographie«. Was hier die Aura des terminus technicus hat, ist in der Forschungsliteratur als Kategorie überhaupt nicht existent und fungiert als Metapher für eine mechanistische Widerspiegelungsabsicht, die jedwede Utopievorstellung verabschiede. In Neumanns Lesart hat Johnsons Adaption der »literarischen Photographie« deshalb auch fatale Folgen: Mit den *Zwei Ansichten* setze jene Tilgung utopischer Tendenzen ein, die in den *Jahrestagen* ihren Endpunkt erreicht mit »der Regression von der konkreten Utopie zum nostalgisch erinnerten Mythos« (S. 304). Wenn es hier zu gravierenden Irrtümern kommen kann, so liegt dies unter anderem daran, daß Neumann Robbe-Grillets Theoreme gänzlich isoliert von der literarischen Praxis betrachtet. Robbe-Grillets theoretische Äußerungen sollten

VII.

»Oh God. I honestly don't know where to begin with you.« Der hier so enerviert flucht, heißt Miles Green, ist Schriftsteller, und zwar ein ultramoderner, und er reagiert deshalb so erbost, weil seine ihm leibhaftig erscheinende Muse einfach nicht verstehen will, was es mit der modernen Literatur auf sich hat. Diese skurrile Szene findet sich in John Fowles' Roman *Mantissa* (1982) und wird aus dem Grunde genannt, weil die Lektion, die Miles daraufhin seiner Muse erteilt, auch aus dem Munde von Jean Ricardou hätte sein können:

The reflective novel is sixty years dead [...]. What do you think modernism was about? Let alone post-modernism. Even the dumbest students know it's a *reflexive* medium now, not a reflective one. [...] Serious modern fiction has only one subject: the difficulty of writing serious modern fiction. First it has fully accepted that it is only fiction, can only be fiction, will never be anything but fiction, and therefore has no business at all tampering with real life or reality. [...] Second. The natural consequence of this is that writing *about* fiction has become a far more important matter than writing fiction itself. [...] Third, and most important. At the creative level there is in any case no connection whatever between author and text. [...] The deconstructivists have proved that beyond a shadow of doubt. The author's role is purely fortuitous and agential. He has no more significant a status than the bookshop assistant or the librarian who hands the text *qua* object to the

indes nicht immer wörtlich genommen werden, da es sich vielfach um typisch avantgardistische Kampfparolen handelt, deren Sprengkraft eben in provokativer Simplifikation liegt: »Ce sont des textes de combat, courts, conçus pour être simples et, à la limite, simplistes« (Bersani, Les étapes [Anm. 8], S. 268). In seiner Johnson-Biographie geht Neumann äußerst knapp und weniger überspannt auf den *Nouveau Roman* ein; die Rede ist jetzt auch nicht mehr von »Adaption«, sondern nur noch von »Analogien« und »Parallelen«, die sich zu den *Zwei Ansichten* wegen des vermeintlichen gemeinsamen »photographischen Diskurses« ergäben. (Neumann, Johnson [Anm. 10], S. 536 u. 560.) Werfen wir schließlich einen kurzen Blick auf Robbe-Grillets literarische Praxis, und zwar auf *Le voyeur*, also jenen Roman, den Neumann aufgrund des deutschen (!) Titels *Der Augenzeuge* zur Illustration seiner »photographischen« Deutungshypothese erwähnt. In diesem Roman intendiert Robbe-Grillet, jene Abläufe umzusetzen, die sich im pervertierten Bewußtsein eines sadistischen Sexualmörders vollziehen, der den Mord an einem kleinen Mädchen zu verdrängen sucht. Da Robbe-Grillet keine soziologische Ursachenforschung betreibt – wie ohnehin Identitäten sowie Ort und Zeit gänzlich im Dunklen bleiben –, sondern einzig an der literarischen Darstellungsmöglichkeit eines Verdrängungsprozesses interessiert ist, erhebt sich die Frage: Wo werden hier »herrschende gesellschaftliche Zustände abgespiegelt«? Und vor allem: Was hat das mit Uwe Johnson zu tun? Die Antwort auf die letzte Frage fällt einfach aus: gar nichts.

reader. [...] If you want story, character, suspense, description, all that antiquated nonsense from pre-modernist times, then go to the cinema. Or read comics. You do not come to a serious modern writer. Like me.[51]

Was hier im Spiegel parodistischer Übertreibung gefordert wird – der asketische Rückzug auf die Selbstbezüglichkeit und der berühmte »Tod des Autors« –, sind Theoreme, die für den *Nouveau Nouveau Roman*, die Gruppe *Tel Quel* und verschiedene Spielarten postmoderner Literatur von zentraler Bedeutung sind. Wie John Fowles zu dieser Form von Literatur steht, geht allein aus dem Ort hervor, an dem das obige Gespräch stattfindet: in einer psychiatrischen Klinik (!), in die vorwiegend Simulanten (!) eingewiesen werden. Da einer solchen Literatur das abgeht, was man mit einem antiquiert anmutenden Ausdruck »Weltgehalt« nennen könnte, erheben sich in den letzten Jahren immer mehr Stimmen, die hier eine Abkehr und Neubesinnung fordern. »Der Welt-Bezug geht verloren«, klagt Hermann Burger 1986, »er wird ersetzt durch einen geradezu fetischistischen Schreib-Bezug.«[52] Daß man dies nicht vom »Dichter der beiden Deutschland« sagen kann (und hier paßt das Etikett endlich einmal), dürfte auf der Hand liegen. Uwe Johnson hat sich im übrigen selbst gegen eine autoreflexive Literatur ausgesprochen, wenn auch an versteckter Stelle. Gilt der vielzitierte Satz »A rose is a rose ist a rose is a rose« von Gertrude Stein als Inbegriff einer gleichsam autistischen Literatur, die auf jedwede Kommunikationsabsicht verzichtet, so liest man bei Johnson die Replik: »Eine Rose ist eine Rose ist eine Rose unzweifelhaft. Das Nähere regelt die Gewerkschaft Gartenbau in Kassel, oder Öffentliche Dienste, Transport und Verkehr in Stuttgart, im Verein mit der Gelehrtenrepublik« (VP, 401).

»Literatur hat es mit der Realität der sprachlichen Mittel zu tun, nicht mit der Realität gewisser Objekte.«[53] Diese hier von Max Bense proklamierte Grundsätzlichkeit könnte der erste Artikel in einer imaginären Charta des *Nouveau Roman* sein. Dabei sind die *Nouveaux Romanciers* freilich nicht die ersten, die eine solche Bestimmung vornehmen. Wenn auch ein Paul Valéry erklärt: »La littérature est, et ne peut pas être autre chose qu'une sorte d'extension et d'application de certaines propriétés du

---

51 Fowles, John: Mantissa, New York 1982, S. 146f.
52 Burger, Hermann: Die allmähliche Verfestigung der Idee beim Schreiben. Frankfurter Poetik-Vorlesung, Frankfurt am Main 1986, S. 101.
53 Bense, Max: Die Realität der Literatur. Autoren und ihre Texte, Köln 1971, S. 28.

langage«,[54] dann drückt sich darin jene formalistisch-strukturalistische Literaturauffassung aus, nach der das Wesen der Literatur in der poetischen Funktion der Sprache zu suchen sei, der Autoreflexivität, und nicht in ihrer Referentialität, der Ausrichtung auf die Mitteilung bzw. auf die außersprachliche Realität. Das Ziel einer total nicht-darstellenden, nicht-mimetischen Romankunst war dem *Nouveau Roman* denn auch von Anfang an inhärent.[55] Von seinen Mitstreitern sagt Jean Ricardou: »Pour ces gens, l'essentiel c'est le langage même. Ecrire, pour eux, c'est, non pas la présomption de communiquer un savoir préalable, mais ce projet d'explorer le langage comme un espace particulier.«[56] Von hieraus gelangt Ricardou zu seinem berühmten Diktum: »Ainsi le roman est-il pour nous moins l'écriture d'une aventure que l'aventure d'une écriture.«[57] War der traditionelle Realismus auf die äußere Welt gerichtet, so erhält der »nouveau réalisme« nach Roland Barthes eine ganz neue Qualität: »Le réalisme, ici, ce ne peut donc être la copie des choses, mais connaissance du langage; l'œuvre la plus ›réaliste‹ ne sera pas celle qui ›peint‹ la réalité, mais qui [...] explorera le plus profondément possible la réalité irréelle du langage.«[58] Die Autonomiebestrebungen des *Nouveau Roman* finden ihren Konvergenzpunkt schließlich in Gustave Flauberts »livre sur rien«, jener ästhetischen Chimäre eines von den Schlacken der Mitteilungsabsicht befreiten, vermeintlich »reinen« Kunstwerks. Wenn an dieser Stelle auch die Verführung groß ist, in dieser Programmatik nur die Glasperlenspiele elitärer Ästhetizisten zu sehen, so gilt es doch darauf hinzuweisen, daß sich die *Nouveaux Romanciers* einem sprachkritischen Engagement ver-

---

54 Valéry, Œuvres (Anm. 15), Bd. I, S. 1440.

55 Hinweise darauf geben bereits die vielfältigen Etikettierungen, die die Literaturwissenschaft zur Kennzeichnung dieses Aspektes gefunden hat. Zu lesen ist von einem »Narzißmus des Erzählens«, der »Poetik einer narzißtischen Mimesis« oder einem »auto-réalisme«, die *Nouveaux Romanciers* selbst sehen sich einer »anti-représentation« verpflichtet und einer hierzu komplementären »auto-représentation«. Die Hinwendung zur eigenen Sprachlichkeit hat Winfried Wehle auf die Formel von einer »Mimesis der Poiesis« gebracht; auch heißt es bei ihm: »Diese narzißtische Selbstbefragung, in der der Roman seinen ›Spiegel‹ von der Welt abwendet, um ihn sich selbst vorzuhalten, darf daher reflexiver Realismus genannt werden« (Wehle, Winfried: Proteus im Spiegel. Zum ›reflexiven Realismus‹ des Nouveau Roman, in: Ders., (Hg.), Nouveau Roman, Darmstadt 1980, S. 1-28, hier: S. 12).

56 Ricardou, Jean: Problèmes du nouveau roman, Paris 1967, S. 18.

57 Ebd., S. 111.

58 Barthes, Roland: La littérature, aujourd'hui, in: Ders. Œuvres (Anm. 14), S. 1283-1291, hier: S. 1290.

pflichtet wissen, einem »engagement de l'écriture«, wie Claude Simon in seiner Nobelpreisrede sagt.

Bringt Michel Foucault die Sprachproblematik des *Nouveau Roman* auf die Formel »La réalité n'existe pas [...] il n'existe que le langage«,[59] dann kann man sich von Uwe Johnson nicht weiter entfernen. Johnson erklärt nicht nur, er halte sein Programm »durchaus nicht für aus dem Realismus gefallen«,[60] auch sind es gerade die mimetischen Qualitäten, die die Signatur und die Qualität seines Werkes ausmachen. Eine Äußerung von Reinhard Baumgart reicht schon aus, Johnsons Abstand oder besser: den Abgrund zwischen ihm und dem *Nouveau Roman* aufzuzeigen, denn: »was an Johnsons Erzählungen zu allererst ins Auge fällt, [ist] ihr Realismus«.[61] Für Norbert Mecklenburg ist Johnsons ästhetische Konzeption gleichfalls »eindeutig als realistisch zu erkennen«, die »Tradition realistischen Schreibens« sei »intensiv gegenwärtig«; andernorts spricht er von »unbestechlich gewissenhafter Mimesis«.[62] Da in der Frage des Bezuges zur außersprachlichen Realität eine kategoriale Andersartigkeit zwischen Johnson und den *Nouveaux Romanciers* besteht, kann (glücklicherweise) darauf verzichtet werden, auf die nicht enden wollende Realismusdebatte einzugehen. Was Martin Walser unter »Realismus« versteht, kann getrost auf Uwe Johnson übertragen und gleichzeitig als Abgrenzung gegen den *Nouveau Roman* angeführt werden: »Die realistische Schreibart ist die auf ihren Anlaß bezogene. Und dieser Anlaß ist eben nicht in der Literatur zu suchen, sondern in der Realität.«[63] Auf den Punkt gebracht wird die zutage tretende Divergenz von prominenter Stelle: »Und wenn dies ein deutscher *Nouveau Roman* war«, sagt Fritz Rudolf Fries mit Blick auf die *Mutmassungen*, »so wurden die ästhetischen Kategorien durch eine realistische Beschreibung deutsch-deutscher Zustände verdorben«.[64]

---

59 Diskussionsbeitrag in: Débat sur le roman (Anm. 42), S. 380.

60 Durzak, Gespräche über den Roman (Anm. 47), S. 433.

61 Baumgart, Reinhard: Ein gelassener Autor, in: Ders., Deutsche Literatur der Gegenwart (Anm. 31), S. 167-172, hier: S. 168.

62 Mecklenburg, Norbert: Erzählte Provinz. Regionalismus und Moderne im Roman, Königstein/Ts. 1982, S. 201 u. S. 180; Ders.: Vorschläge für Johnson-Leser der neunziger Jahre, in: Johnson, Uwe: Karsch, und andere Prosa, Frankfurt am Main 1990, S. 95-113, hier: S. 113.

63 Walser, Martin: Wie und wovon handelt Literatur, Frankfurt am Main 1973, S. 122.

64 Fries, Fritz Rudolf: Der Landvermesser, in: du. Die Zeitschrift der Kultur, 1992, Heft 10: Uwe Johnson, Jahrestage in Mecklenburg, S. 37-40, hier: S. 37f.

VIII.

Kommen wir schließlich auf den Aspekt zu sprechen, mit dem Johnson seine Ablehnung des *Nouveau Roman* begründet: den dortigen Verzicht auf das Geschichtenerzählen. In der Tat herrscht hier laut Robbe-Grillet Einigkeit: »Sur ce point de ne pas s'intéresser aux histoires, tout bon *Nouveau Romancier* est prêt à souscrire.«[65] Ließ sich bereits von der frühen Entwicklungsphase sagen: »Le mouvement de l'écriture y est plus important que celui des passions et des crimes«,[66] dann wird sich diese Tendenz mit dem *Nouveau Nouveau Roman* und erst recht mit *Tel Quel* noch verstärken. Elemente einer Geschichte haben dort nur noch Vorwand- oder Alibicharakter, sie werden zu einer Allegorie des Erzählaktes umfunktioniert. Nicht mehr von einer Geschichte läßt sich mithin sprechen, sondern nur noch von Geschichts-Residuen oder Pseudo-Geschichten, die sich als Widerspiegelung der Diskursverfahren erweisen. Mit anderen Worten: Der Leser soll sich nicht mehr einem Geschehensverlauf zuwenden, sondern einzig die sprachlichen Mechanismen der Fiktionserzeugung in den Blick nehmen.[67] In einen unübersehbaren Gegensatz zur Programmatik des *Nouveau Roman* gerät Johnson, wenn er in poetologischen Stellungnahmen immer wieder versichert, daß er »Geschichten« erzählen wolle. Diesem Befund steht allerdings die Einschätzung jener Interpreten gegenüber, die bei Johnson und den *Nouveaux Romanciers* gleichermaßen von einem »verlorengegangenen Geschichtencharakter« sprechen. Hierbei wird schlicht eines übersehen: Durch metaliterarische Reflexionen sowie verschiedene »verfremdende« Verfahren (für die man Begriffe gefunden hat wie »topisches«, »analytisches« oder »parataktisches« Erzählen) wird das Geschichtenerzählen bei Johnson lediglich *problematisiert*, während es im *Nouveau Roman* tendenziell *aufgegeben* wird. Natürlich gibt es in den polyphon angelegten *Mutmassungen* kein lineares Erzählen mehr, dennoch wird hier etwas erzählt bzw. gibt es das, was Jurij Lotman unter der Vermittlung eines »Ereignisses« versteht. Demgegenüber läßt sich die Verhinderung eines »Ereignisses« bzw. die Destruktion der »Ereignishaf-

---

65 Ricardou/van Rossum-Guyon, Nouveau Roman (Anm. 22), Bd. II, S. 341.
66 Robbe-Grillet, Pour un nouveau roman (Anm. 48), S. 32.
67 Daß überhaupt keine Geschichte mehr zustandekommt, läßt sich anhand einer wirkungsvollen »Gegenprobe« ermitteln: an der Überprüfung der Nacherzählbarkeit der Texte. »Einen Roman Robbe-Grillets ›rekonstruieren‹ zu wollen«, merkt Gérard Genette an, »bedeutet, ihn auszulöschen« (Genette, Gérard: Erstarrter Taumel, in: Wehle, Nouveau Roman [Anm. 55], S. 76-94, hier: S. 84).

tigkeit« nach der Robbe-Grilletschen Formel des »construire en détruisant« gerade als Zielkonstante des *Nouveau Roman* bestimmen. Über die *Mutmassungen*, die vielen ja als Beleg für die Aufgabe des Geschichtenerzählens gelten, sagt Johnson bezeichnenderweise: »Die klassische Perspektive ist nur insofern aufgehoben, als sie sich auf die Manieren des Erzählers, diese Allwissenheit, bezieht. In der anderen Hinsicht ist sie natürlich nicht aufgehoben, denn die Geschichte umfaßt nach wie vor alles, was sie zusammensetzt und ihr einen Anfang und ein Ende gibt.« (G, 198) Wie sich einer Bemerkung von Gerhard Rühm entnehmen läßt, sehen die Vertreter experimenteller Literatur, die in dem Feldzug gegen das Geschichtenerzählen ja gewissermaßen in erster Reihe kämpfen, in Johnson auch durchaus keinen Mitstreiter: »Hunderte Seiten bloßer Fabuliererei – und was sind die Romane Uwe Johnsons anderes? – sollten uns nicht mehr zugemutet werden.«[68]

Wenn es in Schlußsätzen im allgemeinen üblich ist, die Lückenhaftigkeit der eigenen Ausführungen mit der Natur des Gegenstandsbereiches zu begründen, der sich – worauf das obligate Fontane-Zitat folgt – als ein »zu weites Feld« erweise, dann kann hier zumindest mit gutem Gewissen gesagt werden, daß wir all dies andernorts in extenso dargestellt haben. Bei aller gebotenen Kürze dürfte aber deutlich geworden sein, daß Uwe Johnson vor allem eines *nicht* ist: ein deutscher *Nouveau Romancier*. Affinitäten zum *Nouveau Roman* lassen sich allenfalls als Berührungspunkte beschreiben, nicht aber im Sinne grundsätzlicher Übereinstimmungen. Ein solches Ergebnis deckt sich auch mit denjenigen neuerer Untersuchungen, in denen Johnsons Ästhetik gleichfalls eine Nähe zu einer avantgardistischen Poetik abgesprochen wird.[69] Daß man Johnson mit dem *Nouveau Roman* in Verbindung gebracht hat, läßt sich wohl zu einem großen Teil als Reaktion einer Kritik interpretieren, die in ihrer Verlegenheit jene »Flucht in die Vergleiche«[70] antritt, die Nicolai Riedel für die gesamte frühe Wirkungsgeschichte konstatiert. Ein Stoßseufzer eines gleichfalls schwer klassifizierbaren Autors dürfte deshalb ganz im Sinne

---

68 Hage, Volker: Zwei Arten von Phantasie. Interview mit Gerhard Rühm, in: Ders., Die Wiederkehr des Erzählers. Neue deutsche Literatur der siebziger Jahre, Frankfurt am Main 1982, S. 40-52, hier: S. 44.

69 Vgl. Strehlow, Wolfgang: Ästhetik des Widerspruchs. Versuche über Uwe Johnsons dialektische Schreibweise, Berlin 1993, S. 22; vgl. auch S. 185.

70 Riedel, Nicolai: »Mit dem Berliner Fontane-Preis fing alles an«. Notate zur Wirkungsgeschichte Uwe Johnsons, in: Carsten Gansel/Jürgen Grambow (Hg.), Biographie ist unwiderruflich. Materialien des Kolloquiums zum Werk Uwe Johnsons im Dezember 1990 in Neubrandenburg, Frankfurt am Main 1992, S. 67-78, hier: S. 69.

Uwe Johnsons sein: »Übrigens konnte ich niemals einsehen«, klagt Vladimir Nabokov, »warum jedes meiner Bücher die Rezensenten unweigerlich ausschwärmen läßt, um zum Zwecke passionierten Vergleichens mehr oder minder gefeierte Namen aufzustöbern.«[71]

Dr. *Uwe Neumann*, Université de Paris-Sorbonne (Paris IV), Faculté d'Etudes Germaniques, Grand Palais, Cours-la-Reine, 75008 Paris

---

71 Nabokov, Vladimir: Einladung zur Enthauptung, in: Ders., Gesammelte Werke, Bd. 4, hg. von Dieter E. Zimmer, Reinbek bei Hamburg 1990, S. 6.

Ulrich Fries

Überlegungen zu Johnsons zweitem Buch
Politischer Hintergrund und epische Verarbeitung[1]

> Realistic
> is one of those words
> when it comes into a discussion
> sensible people pick up their hats
> and go home
>
> Dashiell Hammett[2]

Ob *Das Dritte Buch über Achim* inzwischen von seinem geschichtlichen Substrat her als überholt gelten kann, darüber bin ich mir nicht mehr sicher. Johnson hätte es vielleicht als »veraltet« bezeichnen wollen. Daß heute eine kritische Rezeption vor dem Hintergrund der jüngeren politischen Veränderungen und also mit dem gebotenen historischen Abstand eine neue und angemessenere Sichtweise schaffen kann, resultiert zuerst aus Versäumnissen der Vergangenheit. Es hätte *dazu* des geschichtlichen Aufwands nicht bedurft.

Ich möchte in der Folge eine ansatzweise neue Interpretation vorstellen, die mit ausgesprochen traditionellen Mitteln arbeitet. Dazu werde ich auf einen alten, aber wirkungsgeschichtlich wichtigen Beitrag eingehen, ansonsten auf neuere Arbeiten, die teils ehemals unzugängliches Archiv-

---

1 Dies ist der überarbeitete Text meines im Rahmen des Uwe Johnson-Symposiums (London, 19.-21. September) im Germanic Institute gehaltenen Vortrages.
2 Hammett, Dashiell: Tulip, in: The Big Knockover And Other Stories, Harmondsworth 1977, S. 283-323, hier: S. 305.

Material einbeziehen konnten. Auf der Grundlage dieser Ergebnisse soll schließlich die Bedeutung der Auseinandersetzung Johnsons mit Person und Werk Georg Lukács' für Inhalt und Struktur des *Achim*-Romans herausgestellt werden. Das scheint vordergründig ein sehr partikularer Aspekt zu sein.

I.

Die Gründe, aus denen *Das Dritte Buch über Achim* nach seinem enormen Anfangserfolg auf der Frankfurter Buchmesse 1961 nicht in den Kanon der großen (west)deutschen Nachkriegsromane avancierte, haben sowohl zu tun mit der sehr komplexen Struktur des Buches als auch mit der politisch überdeterminierten historischen Rezeptionssituation. Daß sich da ein Journalist so ostentativ ohne guten Grund zu den unterdrückten Brüdern und Schwestern begibt: es hätte sich leicht als Liebesgeschichte motivieren lassen. Der Erzähler jedoch kokettiert diese Möglichkeit an den Rand der Wahrscheinlichkeit. Daß Karsch dann auch noch dableibt in dem freudlosen unbekannten Land – und zwar für eine lange, absichtlich schwer bestimmbare Zeitspanne von drei, vielleicht vier Monaten – und in der Gemeinschaft des Erzählers so wunderlich unvoreingenommen die politische Realität der DDR in den Blick bekommt, ist geradezu aufreizend unplausibel. Dieses Konzept wurde meines Wissens nie hinterfragt.

Wenn weder Feuilleton noch Literaturkritik die intentional un-ideologische Natur jenes Blicks beachteten, sondern sich als westdeutsche mit der Arbeit an dem kritisierten Gegenstand und der erzähltechnischen Darbietung vorschnell zufriedengaben,[3] so auch, weil sie in beiden Belangen überfordert waren.[4] Johnson sollte an den Rezensionen und Reaktionen seine Person als Autor betreffend schnell erkennen, daß das Lob über den endlich geschaffenen Roman der deutschen Teilung kein generelles Interesse an der ›SBZ‹ und ihren Einwohnern bedeuten mußte. Es mag ihm dann auch nicht angenehm gewesen sein, daß ihm die

---

3 Die ostdeutsche Rezeption übergehe ich.
4 Diese Überforderung manifestierte sich, wie es einer pluralistischen Gesellschaft geziemt, in sehr unterschiedlichen Formen. Eine der interessantesten Varianten präsentierte Bernd Neumann: Er brachte es fertig, den *Achim*-Roman in erzähltheoretischer Hinsicht umstandslos mit Zitaten aus der *Reise* erklären zu wollen (vgl. Neumann, Bernd: Utopie und Mimesis. Zum Verhältnis von Ästhetik, Gesellschaftsphilosophie und Politik in den Romanen Uwe Johnsons, Kronberg/Ts. 1978, S. 120ff.).

Kritik am ostdeutschen Staatswesen auch außerhalb des Romans abgefordert wurde. *Eine Reise Wegwohin, 1960* ist speziell in politischer Hinsicht begreifbar als Widerspruch und Ergänzung des *Dritten Buches*, wenn auch der eigentliche Anstoß ein autobiographischer gewesen sein wird.⁵

Dies vor Augen fällt auf, daß bis heute eine Studie fehlt, die beide Texte miteinander vergleicht, oder etwa die Abfolge der Texte von *Karsch, und andere Prosa* explizit reflektiert.⁶ Lediglich Norbert Mecklenburg hat in einem Nachwort zur Neuauflage dieses Büchleins darauf hingewiesen, daß die erzählte Geschichte sich zu zwei Dritteln inhaltlich mehr oder weniger deckt, und die Vermutung geäußert, daß der später veröffentlichte Text (die *Reise*) aus einem frühen Entwurf zum *Achim*-Roman hervorgegangen ist, den Johnson dann aufgegriffen und um Karschs Erfahrungen nach seiner Rückkehr in die BRD bereichert hat. Ähnlich war nämlich Johnson vorgegangen, als er einen frühen Entwurf aus dem *Jahrestage*-Komplex nach Abschluß des Romans in eine Biographie Cresspahls (unter dem Titel *Versuch, einen Vater zu finden*) auszuarbeiten unternahm. Doch spricht nicht nur die Datierung des Manuskripts gegen eine solche Analogie. Auch ist die Überlegung Möllers, die den *Achim*-Roman als einen Höhepunkt der formalen Komplexität in Johnsons Schreiben begreift, und die zeitlich unmittelbar folgenden Texte, speziell die *Zwei Ansichten*, als Stationen einer formalen Neuorientierung wertet, nicht von der Hand zu weisen.⁷

Ein wesentliches Merkmal des *Achim*-Romans ist jenes der Komplexität, der Indirektheit oder Vermittlung. Es geht einher mit der Form des Dialogs.⁸ Dialoge prägen das Buch, ohne es zu strukturieren, im Gegenteil: Die Unter- oder auch Einordnung selbst längerer Passagen in die Dialogform hat eine große inhaltliche Unschärfe in Bezug auf die

---

5 Es drängt sich auf, den zweiten Karsch-Text als Verdichtung von Johnsons Erfahrungen im Zusammenhang der Kesten-Affaire zu lesen. – Diese Auffassung findet sich jüngst bestätigt: »Die *Karsch*-Geschichte [...] ist folglich von einem unter Produktionsdruck stehenden Autor, dem seine Erlebnisse mit den Medien in der Kesten- und der *Spiegel*-Affaire noch virulent im Gedächtnis saßen, am Jahresende 1963 zügig niedergeschrieben worden.« (Neumann, Bernd: Uwe Johnson, Hamburg 1994, S. 492).

6 Vgl. dagegen Neumann, Utopie (Anm. 4), S. 206.

7 Vgl. Möller, Birgit: »Die Geschichte sucht sich ihre Form«, Magisterarbeit masch. Kiel 1992, S. 167.

8 Vgl. dagegen: »Vergleichbar den *Mutmassungen über Jakob* verweist auch der dialogische Charakter des *Dritten Buches* auf seine Entstehungsbedingungen – wiewohl dieser Dialogcharakter hier deutlich reduziert auftritt« (Neumann, Johnson [Anm. 5], S. 403). Diese Auffasssung ist so nicht haltbar, wirkt im Lichte der Forschung eher grotesk.

klassischen Fragen nach Zeit und Ort, gelegentlich auch die nach Sprecher und Bedeutung des Gesprochenen, zur Folge. Auch dadurch wird eine gewisse Gleichförmigkeit des Textgestus erzeugt, eine Erzählbewegung, hinter der die Makrostruktur des Textes unsichtbar zu werden droht. Daß eine solche existiert, und aber keineswegs nur mit den fragenden Zwischenüberschriften zu verwechseln ist, hat Birgit Möller nachgewiesen. Ob man ihrem Einteilungsprinzip, das mit Sub-Geschichten operiert, folgen kann, sei dahingestellt. Wesentlich lenkt sie den Blick auf die Tatsache, wie der vorliegende Roman aus verschiedenen Textabschnitten zusammengesetzt ist, auch daß es neben den Dialogen und den Ausführungen des Erzählers größere Textpartien gibt, die als Versuche Karschs zur Erfüllung der übernommenen Biographie-Aufgabe gelten können. Im Rekurs auf erhaltene Manuskriptseiten des Romans kann sie zudem zeigen, daß die fertige Textgestalt sich durch größere Uneindeutigkeit auszeichnet als jede ihrer Vorformen, und weiter, daß die Zwischenfragen, die nach landläufiger Meinung den Text als Zwischen-Überschriften strukturieren, zumindest teilweise erst sehr spät in das Manuskript eingefügt wurden.[9]

Holger Helbig ergänzt dieses Bild, wenn er als erster methodisch klar die Erzählstruktur analysiert und ebenfalls feststellen muß, daß Johnson den Text auf Kosten inhaltlicher und erzähltheoretischer Stimmigkeit verkompliziert hat.[10] Aber nicht nur durch den Nachweis der prinzipiellen Nicht-Identität von Karsch und Erzähler, nicht nur durch die Liquidierung der beliebten Hilfskonstruktion, der Roman werde sozusagen am Telefon gleich nach der Rückkehr Karschs erzählt,[11] schaffen Möller

---

9 Die Analyse der erhaltenen 15 mir bekannten Manuskriptseiten, die teilweise rein konzeptionell sind, zeigt deutlich, daß der anderthalbjährige Weg von den ersten zusammenhängenden Entwürfen zur fertigen Textgestalt nur post festum beschreibbar ist. Die Geschichte hat sich nicht nur ihre Form gesucht, sie ist vielmehr erst in der Niederschrift und Überarbeitung zu dieser Geschichte geworden.

10 Vgl. Helbig, Holger: Beschreibung einer Beschreibung. Untersuchungen zur Erzählsituation in Uwe Johnsons »Das dritte Buch über Achim«, Magisterarbeit masch. Erlangen 1993; vgl. dagegen Strehlow, Wolfgang: Ästhetik des Widerspruchs. Versuche über Uwe Johnsons dialektische Schreibweise, Berlin 1993, S. 181f.

11 Vgl. dagegen eine Lesart, die eine Figur aus einer anderen Johnson-Erzählung als Adressaten annimmt, nachdem zuvor versucht wurde, die Erzählsituation mimetisch-textimmanent zu verorten: »Zurückgekehrt nach Hamburg, beschreibt Karsch dann einem Zuhörer, dessen Zwischenfragen ihrerseits das ›Dritte Buch‹ strukturieren, seine Bemühungen um die biographische Beschreibung Achims. (Im Zusammenhang des ›Dritten Buches‹ mit der ›Reise wegwohin‹ läßt sich dieser Zuhörer evtl. als der

und Helbig eine neue Rezeptionsgrundlage: Der Vergleich der frühen Textfragmente und die Analyse der Erzählstruktur lassen erkennen, wie Johnson seinen ursprünglichen oder zwischenzeitlichen Plan, einem traditionell erzählten Text über die Auseinandersetzung zwischen Autor und Lektorat eine zusätzliche, poetologische Dimension zu verleihen, formal weiterentwickelt hat. Die Auseinandersetzungen zwischen Fleisg[12] und Ammann einerseits und Karsch auf der anderen Seite bilden nun einen Teil der Handlung. So kommt Johnson zu einer episch integrierten Diskussion des sozialistischen Realismus, und die freiwerdende Reflexionsdimension nutzt er auf der Erzählerebene mit ironischer Bissigkeit. Speziell auf dieser Ebene führt Johnson ein Gespräch mit seinen ostdeutschen Schriftstellerkollegen und ihren Lektoren über den ideologischen Rahmen, der ihre Arbeitsmöglichkeiten eingrenzt und bestimmt.

Karsch kommt, bleibt und schreibt; zunächst einen Zeitungsartikel, der wird später textimmanent als erstes Kapitel eines Buches über den berühmten und im Reichsbahngebiet beliebten Radfahrer Achim apostrophiert. Kein einleuchtender Grund wird genannt, warum Karsch in den Osten fährt und dann auch noch das Angebot von Fleisg für ein Buch annimmt.[13] Während in *Reise Wegwohin* derlei Gründe scheinbar nachgereicht werden, sollten Karschs Entscheidungen im *Dritten Buch* gar

---

Taxifahrer identifizieren, ›für den Karsch mitunter die Nachtschicht fuhr‹ und der, unmittelbar nach Karschs Rückkehr, ›hupte vor dem Haus, nun sollte Karsch unter Freunden erklären: wie es / denn wirklich gewesen war. Nach und nach erzählte er Achims ganzes Leben mit dem Versuch der Beschreibung‹ (Reise S. 66)« (Neumann, Utopie [Anm. 4], S. 122f.). – Auch in seinem neuen Buch überwindet der Germanistik-Professor seine Ignoranz in erzähltheoretischen Dingen nicht, im Gegenteil: »Mit dem Erfinden der fiktiven Erzählsituation im Buch – nachgeliefert in *Eine Reise Wegwohin, 1960* – war das erzähltechnische Problem gelöst« (Neumann, Johnson [Anm. 5], S. 404). Na prima!

12 Ursprünglich hatte Johnson als Lektoren zwei Männer vorgesehen. Es wäre interessant zu wissen, ob er in die beiden Figuren Anspielungen auf wirkliche Personen eingearbeitet hat. Der Name Fleisg könnte sich auf Leo Flieg beziehen, der Anfang der dreißiger Jahre mit Münzenberg und Lukács in Berlin war.

13 Vgl. dagegen: »Im *Dritten Buch* werden Handlungen deutlich aus dem Widerspruch heraus angelegt, sie erscheinen kläglich motiviert oder rätselhaft absurd und erklären sich erst allmählich von verschiedenen Richtungen her« (Strehlow, Ästhetik des Widerspruchs [Anm. 10], S. 182). – Strehlow bleibt den Beweis schuldig, daß es eine konkrete Motivation für Karschs Reise gibt. Auch hinterfragt er nicht, was es bedeuten mag, daß Johnson »mit der Person Karsch [...] eine Erkenntnisinstanz geschaffen [hat], die fremd, merkwürdig voraussetzungslos, fast naiv den Gegebenheiten in der DDR gegenübertritt« (ebd., S. 179).

nicht weiter subjektiv motiviert sein: »Auf ihn kam es gar nicht an«[14] und: »Ich habe dir schon gesagt daß es auf ihn gar nicht ankam« (DBA, 32).

Gerade der Kontext dieser Sätze nimmt Karsch das meiste von dem wenigen, was ihn vom reinen Schreibmedium trennt und unterminiert damit noch weiter die ohnehin nicht tief gestaltete Subjektivität einer der Hauptfiguren; doch Johnsons topischem Erzählen ist diese Schwäche oder Eigenart generell inhärent: Hier aber will er vielleicht durch den ostentativen Verzicht auf eine schlüssige Motivation zeigen, daß man auch damals in die DDR fahren konnte, in der Zeit des Kalten Krieges, als die Westdeutschen weder mit ihrer Vergangenheit noch mit ihren pauvren Verwandten sich beschäftigen mochten. Man könnte dies bezeichnen als eine Kritik der westdeutschen Gesellschaft mit Mitteln à la HO: ein sparsam bemessenes Angebot.

II.

Mit diesem Hinweis auf die mehrfach thematisierte, schließlich aber doch fehlende Reisemotivation von Karsch ist angedeutet, wie Johnson bestimmte unbestimmte Aussagen in seinen Romanen untergebracht hat. Mag das Beispiel in dieser Ausdeutung überinterpretiert wirken, so geht es doch von der konkreten Textgestalt aus. Wenn Johnson in seinem zweiten Buch die westdeutsche Öffentlichkeit quasi nebenbei mit dem Vorwurf bedenkt, sie rede ostwärts mit gespaltener Zunge, so liegt doch auf der Hand, daß die immanente Auseinandersetzung mit den ostdeutschen Verhältnissen, oder genauer: die Diskussion einiger Prämissen des offiziellen ostdeutschen Wirklichkeitsverständnisses wesentliche größere Aufmerksamkeit beansprucht. Was Johnson meiner Meinung nach unterschätzt hatte, war die ideologische Verwertbarkeit (im Westen nämlich) seiner genuin ideologiekritischen, in ihrem Grunde internen Systemkritik der SBZ oder DDR. Sie wird dargestellt am Versuch eines geradezu programmatisch neutralen Beobachters, die Biographie eines populären Mitglieds der DDR-Öffentlichkeit im Rahmen der bestimmten kulturpolitischen Bedingungen jener Zeit zu schreiben. Neben der Frage nach den Verstehensmöglichkeiten eines Westdeutschen, die Johnson letztlich nur am Rande beschäftigt, zielt die Handlung auf die für ihn biographisch bedeutsame Frage nach der Rolle des Schriftstellers und seinen Arbeitsbedingungen in der DDR jener Jahre. Dieses Thema aber wird ›nur

---

14 Johnson, Uwe: Das dritte Buch über Achim, Frankfurt am Main 1973, S. 13.

sportlich‹ behandelt und auch empirisch nicht ausgeschöpft, es verbleibt im Rahmen einer Ideologiekritik.

Versucht man nämlich, Momente der tatsächlichen kulturpolitischen Auseinandersetzungen aus dieser Zeit im Text aufzufinden – und es steht außer Zweifel, daß Johnson mit diesen Fragestellungen detailliert vertraut war –,[15] und sollen sie systematisch zu einem Zeitbild zusammengestellt werden, so scheitert man. B. Neumann hat sicherlich Recht, wenn er einzelne Stichworte auffindet und benennt, und es ist wohl richtig, daß die epische Integration der Biographie-Problematik es Johnson erlaubt, Aspekte der tatsächlichen Diskussion aufzugreifen und zu kritisieren: Was aber im *Dritten Buch* nicht stattfindet, ist eine auch nur ansatzweise mimetische Reproduktion der tatsächlichen Auseinandersetzungen zwischen Schriftstellern und Kulturbürokratie in der Zeit direkt vor oder nach der 1. Bitterfelder Konferenz 1959, oder zu irgendeiner bestimmten Zeit. In dieser Hinsicht ist der Text weit weniger zeitaktuell orientiert als die *Mutmassungen* im politischen Bereich. Sicher: Einige der theoretischen Prämissen schriftstellerischer Arbeit kommen zur Sprache, aber sie werden, wiewohl episch integriert, weniger zeitbezogen als ideologiekritisch verhandelt.[16] Zur Debatte stehen *allgemeine* Prämissen des sozialistischen Realismus. Die konkrete, historische wie politische, Problemstellung ostdeutscher Schriftsteller, ihre Förderung und Gängelung, bleibt ausgeblendet. Vor allem aber fehlt der historisch-aktuelle Tiefgang der ideologiekritischen romanimmanenten Diskussion. Das steht im eklatanten Gegensatz zu der Darstellung der Geschichte der SBZ/DDR im vierten Band der *Jahrestage*.[17]

Wollte man bösen Spaßes halber mit dem Vokabular der parteilich bestellten Hüter der marxistischen Ästhetik des Stalinismus operieren, so fehlt dem dekadenten Sektierer Johnson offensichtlich die klassenmäßige Orientierung. Unübersehbar hat er sich der Fraktion der menschewistischen Opportunisten angeschlossen, die in ihrer Doppelzüngigkeit die bolschewistische Linie aufweichen und mit den niederträchtigen Anhängern Plechanows, Trotzkijs, Deborins und Bucharins das Rad der Ge-

---

15 Das belegen schon seine Schulaufsätze und Universitätsklausuren; vgl. dazu auch Johnson, Uwe: Begleitumstände. Frankfurter Vorlesungen, Frankfurt am Main 1980, S. 103ff.

16 Dabei wird nicht vergessen, daß etwa die Vorgänge im Zusammenhang der Zwangskollektivierung eine relativ exakte zeitliche Einordnung zulassen, wie auch die einzelnen Stationen der Friedensfahrt.

17 Um einer unberatenen Diskussion vorzubeugen: Diese Beobachtung versteht sich als sie selbst, nicht bewertend.

schichte zurückdrehen und den fortschrittlichen Leser verwirren wollen.[18]

Unabhängig von den konterrevolutionären Aussagen genügt ein Blick auf die formalen Exzesse: Die untereinander abhängigen Dialoge, auf verschiedenen Erzählebenen angesiedelt, produzieren eine prekäre Lesesituation, einen unsicheren Leser, der ein ums andere Mal nicht so recht weiß, wer gerade das Wort hat. Durch die Dialoge hindurch werden unter der Hand schließlich doch drei Geschichten erzählt – wenn nicht vier: die Karins nämlich, die des Journalisten und scheinbar verhinderten Schriftstellers Karsch, die des vom Maurer zum Sportidol aufgestiegenen Radfahrers Achim, und in Fragmenten die der jungen DDR. Das sehen junge Leute von heute anders:

> Wiederum [wie in den *Mutmassungen*] erweist sich der Dialog als ein [...] angemessenes Gestaltungsmittel, wenngleich [...] nicht übersehen werden darf, daß die tendenziell stereotype Handhabung im *Dritten Buch über Achim* letztlich auf Kosten der lebendigen Personengestaltung geht. Die drei Protagonisten Karin, Achim und Karsch gewinnen im Verlauf des Roman kaum eine Kontur. [...] Die offensichtlichen Schwächen des Romans könnten unter anderm mit der Tatsache im Zusammenhang stehen, daß sich Johnsons Kritik verschärft.[19]

Daran ist richtig, daß Johnson in seinem zweiten Buch den Dialog noch vermittelter einsetzt als in den *Mutmassungen* und daß die innerdemokratischen Verhältnisse des ostdeutschen Staates anders zur Sprache kommen als zuvor. Der Rest ist falsch.

Denn: Karin ist es, die Johnsons Wahrheitsbegriff als Individuum episch ausführt. Sie ist darin werkimmanent als Nachfolgerin von Ingrid Babendererde, Jonas Blach, vielleicht auch Jakob zu verstehen.[20] Auf jeden Fall gibt ihre Entwicklung ein Beispiel für den Versuch und die Möglichkeiten, die dem Individuum in der DDR bleiben, das eigene

---

18 Was mit Schriftstellern und anderen geschah, die in solche Kritik gerieten, und überhaupt das Klima jener Zeit, machen folgende Schriftstellerbiographien bedrückend deutlich: Piroshkowa, Antonina: Ich wünsche Ihnen Heiterkeit. Erinnerungen an Babel, Berlin 1993; Mandelstam, Nadeshda: Das Jahrhundert der Wölfe, Frankfurt am Main 1991; Bulgakowa, Jelena: Margarita und der Meister, Berlin 1993.
19 Golisch, Stefanie: Uwe Johnson zur Einführung, Hamburg 1994, S. 56f.
20 Vgl. in diesem Zusammenhang die Überlegungen Kührts zum wechselnden sozialen Status der Hauptfiguren Johnsons: Kührt, Awino: Uwe Johnsons Kurzgeschichte »Jonas zum Beispiel« als Modell künstlerischer Selbstverständigung über die Gegenwart, in: Carsten Gansel/Jürgen Grambow (Hg.), ... Biographie ist unwiderruflich ... Materialien des Kolloquiums zum Werk Uwe Johnsons im Dezember 1990 in Neubrandenburg, Frankfurt am Main 1992, S. 79-95.

Leben vor dem Absturz in die moralische Selbstaufgabe zu bewahren. Karin geht aber nicht in den Westen, sondern in die Provinz, weg vom Zentrum der Macht. Sie verweigert den Händedruck, der sie verdorben hätte, sie verliert ihre Privilegien. Achim behält seine Privilegien, doch er verliert Karin. Aber macht ihn das zu einem typischen Opportunisten?[21] Die hinter einer solchen Fragestellung sich verbergende Sichtweise geht einerseits leichthin an der Problematik der schleichenden Subversion durch die wie immer bescheidene Teilhabe an der Macht vorbei. Andererseits, und vor allen Dingen verkennt Golisch eine weitere Möglichkeit der Interpretation: Schließlich wurde nicht nur der Sport zwecks Herrschaftslegitimation instrumentalisiert, sondern in noch höherem Maße die Literatur.

Karschs Geschichte ereignet sich fast ausschließlich auf der Gegenwartsebene, seine Vergangenheit beansprucht keinen großen historischen Tiefgang. Aber die Schwierigkeiten, die er erfährt, führen zurück auf die Ursprünge der DDR wie auf die Herkunft der Titelfigur. Tendenziell versteckt hinter den Überlegungen Karschs und den Argumenten der Ammann und von Fleisg, wie nun die Entwicklung Achims zu begreifen sei als Teil der DDR-Gesellschaft, findet sich eine zwar punktuelle, aber gezielte Kritik an der poststalinistischen DDR, nämlich an ihrem Selbst-, Wahrheits- und Geschichtsverständnis. Mit einer Handlungskonstellation, die das biographische Schreiben nach gesellschaftlicher Form und historischem Inhalt zugleich problematisieren kann, schafft sich Johnson alle Möglichkeiten, die herrschenden Verhältnisse *und* ihr Selbstverständnis episch und diskursiv zu hinterfragen. Dieser Prozeß und die Reflexion über die Rolle des Schriftstellers gehören hier zusammen.

Johnsons vielzitierte Wahrheitssuche, die ja tatsächlich eine Konstante seines Schreibens ist, entfaltet sich nirgendwo komplexer als in diesem Buch. Sie ist nicht so sehr eine, die die Partikularität der verschiedenen Meinungen überwinden muß, oder das gerade nicht kann; sie ist auch

---

21 Stefanie Golisch sieht Achim als »typische[n] Opportunist[en]«, der »für die uneingeschränkte Bereitschaft steht, die eigene Person dem staatlichen Interesse ganz und gar unterzuordnen« (Golisch, Einführung [Anm. 19], S. 56). Golisch moralisiert die Person Achims ohne ausgewiesene Kriterien und personifiziert so, was als Systemkritik angelegt scheint. Das ganze Romankonzept zielt auf die Synchronizität von schleichender Korrumpierung und Gewinn oder Erhalt staatlicher Privilegien im »Überbaubereich«. So findet sich motivisch, was auf der Handlungs- und diskursiv-thematischen Ebene fehlt: die Auseinandersetzung mit dem wesentlichen Problem der Rolle des Schriftstellers in diesem autoritären System.

nicht in erster Linie ein Erinnerungsproblem: sie operiert vorzugsweise immanent, spürt die inneren Widersprüche und Lebenslügen auf – seien es die Achims oder die des Staates. Sie ist immer auch selbstreflexiv, bei aller Un-Eindeutigkeit unerbittlich, und bei aller Unerbittlichkeit spielerisch bis zur Verspieltheit. Ein zentrales Beispiel liefert die Form, die Johnson für den Aufweis der inneren Unwahrhaftigkeit der DDR-Herrschaft gefunden hat. Die Kritik entwickelt sich sukzessive. Sie setzt an mit einer Reflexion der grundlegenden Schwierigkeiten romanhafter Wirklichkeitsdarstellung überhaupt, unabhängig von der Konfrontation mit den Postulaten des sozialistischen Realismus: Diese Probleme hat Karsch ganz für sich, lange noch bevor er mit den konkreten Bedingungen seiner Auftragsarbeit bekannt wird. Wohl nicht von ungefähr hatte Johnson diese Passage unter der Überschrift »Wie aber anfangen« für den Vorabdruck in der Zeitschrift *Akzente* im Juni 1961 freigegeben.[22] Schon diese Überlegungen sind eine Positionsbestimmung einer sozialkritisch-realistischen Literatur, der es in der Wirklichkeitsschilderung um eine Balance zwischen dem Recht des Individuums und der Macht gesellschaftlicher Einflüsse zu tun ist.[23]

Die politischen Instanzen, die würden sich wünschen ein Buch, das soll ein Journalist aus dem Lager des Klassenfeindes schreiben, ein kritischer, ein objektiver. Es soll am Aufstieg Achims die Identität der Staatsmacht mit dem Volk zeigen und schon in dieser Richtung über jene zwei Bücher hinausgehen, die sich auf dessen Rolle als Sportler konzentriert hatten. Als zusätzlicher Beweis sollte die Herkunft von Karsch aus dem nichtsozialistischen Ausland dienen. Die Anforderungen an diese Art politisch funktionaler Literatur, wie sie in Karschs Gesprächen mit Fleisg und Ammann zum Ausdruck kommen, erweisen sich als Teil eines autoritären Herrschafts- und Wahrheitsanspruchs. Dessen innere Wider-

---

22 Im Buch wird diese Passage von der Frage »Wie dachte Karsch aber anzufangen« (DBA, 43f.) eingeleitet und ist bis auf Kleinigkeiten mit dem Vorabdruck identisch.

23 Interessant sind mit Sicherheit die Anklänge an die Überlegungen, die Johnson später unter *Berliner Stadtbahn. Veraltet* zusammengefaßt hat. Nicht übersehen werden darf aber, daß keine eigenständige Poetik vorformuliert wird, sondern daß auch hier der Bezug zu Lukács informierend ist: »auf dies Ende zu sollte der Anfang laufen und sein Ende schon wissen« (DBA, 44). Helbig hat in seiner Arbeit gezeigt, daß und wie die Einbettung von Karschs Versuch in die komplexe narrative Konstellation von Erzählebene und Erzählerebene Teil von Johnsons Auseinandersetzung mit Lukács ist und ihm erlaubt, die Beschreibung erzählerisch aufzuheben (vgl. Helbig, Beschreibung [Anm. 10], S. 102ff.). Daß Johnson zugleich mit Momenten der beiden Biographien (von Ullrich und Klimanschewsky) über Täve Schur spielt, hatte schon Neumann erkannt und detailliert beschrieben (vgl. Neumann, Utopie [Anm. 4], S. 124ff.).

sprüchlichkeit zeigt der Roman in verschiedenen Formen. Die vielleicht eingängigste bietet der ironische Erzähler: »Von den Arbeitern sprach Frau Ammann als täten sie alle das nämliche und wären insgesamt einer« (DBA, 115). Die programmatisch unvoreingenommene Sicht Karschs macht die Dialoge über seine Entwürfe ebenfalls zu einem Mittel der Kritik, die durch die Ironie des Erzählers nur verstärkt wird. Aber es gibt zumindest noch eine dritte Ebene, und sie strukturiert das Buch wesentlich mit.

Die dem *Dritten Buch* eingeschriebene Diskussion über die Möglichkeiten der Biographie-Form als Teil einer sozialistisch-realistischen Literaturkonzeption hat Bernd Neumann verhältnismäßig früh in einen großen, eher hypertrophen theoretischen Rahmen gestellt. Nach einem umfänglichen Abriß der Entwicklung der Biographie als literarischer Form seit Dilthey setzt Neumann sich mit den gängigen literaturtheoretischen Auffassungen auseinander, wie sie in der DDR Ende der fünfziger Jahre allgemeine Geltung beanspruchen durften. Er kritisiert deren Instrumentalisierung als Erziehungsmittel zur Formung sozialistischer Persönlichkeiten. Im Rekurs auf die Marxschen Frühschriften problematisiert er die fast vollständige Nivellierung des subjektiven Elements. Neumann kann zeigen, daß die Forderung nach »widerspruchsfrei-eingängigen Identifikationsmustern« aus einem Geschichtsverständnis abgeleitet ist, welches den existierenden Staat quasi vulgärhegelianisch als bisher höchste Ausbildung einer zielgerichteten historischen Entwicklung verstehen will.[24] Der ehemals philosophiegeschichtlich verbürgte Widerspruch zwischen Individuum und Gesellschaft soll aufgehoben sein. Das scheint in der Tat fraglich.

Neumann argumentiert vom Standpunkt der Pariser Manuskripte und schreibt Johnson neben dem Wissen um die historische Biographie-Debatte nicht nur eine genaue Kenntnis der Marxschen Frühschriften zu, er begreift den Roman auch als bewußte Auseinandersetzung des damals 25jährigen Autors mit diesen und weiteren Konzepten literarischer und gesellschaftstheoretischer Provenienz. Der vermeintliche Einfluß Faulkners, der noch für die *Mutmassungen* nicht von der Hand zu weisen war, wird im Zusammenhang mit der Kybernetik-Debatte erheblich strapaziert. Dies Vorgehen wirft mehrere Probleme auf: Der Schriftsteller wird auf Grund von möglicherweise äußerlichen Parallelen zum Komplizen eines interpretierenden und voreingenommenen, nämlich beruflich festgelegten Lesers, der Text zum Schlachtfeld theoretischer Debatten

---

24 Ebd., S. 112.

erklärt. Was an Masse möglicher Bezüge beeindruckt, nivelliert die Aussage.

Solche Aussagen sind in ihrer theoretischen Überfrachtung und politischen Tendenz leicht erklärlich aus ihrem universitären Entstehungsmilieu Mitte der siebziger Jahre. Hier ist nicht der Ort noch der Anlaß, auf den Zersetzungsprozeß der westdeutschen Studentenbewegung einzugehen, der Johnson im übrigen mit gehörigem Mißtrauen begegnete. Etwas aber sei angemerkt: Die politischen und vorgeblich literaturtheoretischen Diskussionen, die im linken Lager geführt wurden, entbehrten in geradezu lächerlicher Weise beinahe jeglicher Kenntnis der geschichtlichen Umstände, unter denen diese Fragen, etwa die des Formalismus oder der Parteilichkeit der Literatur, bereits einmal in der Sowjetunion unter Stalin diskutiert worden waren. Ernsthaft versuchten die akademisch Beteiligten, für die das Wort »Lux« keinerlei Erleuchtung bereithielt, und denen »Kolyma« weniger als Nachtfrost bedeutete, die Kongruenz von Lukács' Literaturinterpretationen mit Sätzen aus dem Vorwort zu den *Grundrissen* oder aus Briefen von Engels nachzuweisen oder zu widerlegen. Wem von ihnen kam es in den Sinn, das Schlagwort der Politisierung der Literatur auf seine Opfer hin zu befragen?! Wer nahm die Sklavensprache wahr? Kantorowicz beschrieb, wie in den fünfziger Jahren unter Ulbricht, dem die kulturpolitischen Debatten der Durchsetzung des eigenen Herrschaftsanspruches dienten, dies böse Spiel in vergleichsweise blasser Form noch einmal durchexerziert wurde. Für die westdeutsche Linke hat das außerhalb ihres Erfahrungs-, auch außerhalb ihres Wahrnehmungsbereichs gelegen.[25]

Galionsfiguren jener scheinbar literaturtheoretischen Debatte waren Brecht und Lukács. Ihre politischen Positionen waren ähnlich, jedenfalls, was den grundlegenden Konflikt von Kapital und Arbeit anlangt. Ebenfalls teilten sie eine genuin unmarxistische, zudem falsche Faschismus-Interpretation. In ästhetischer Sicht gab es bei ihnen ähnliche Zielsetzungen, doch in Fragen der Form hätten beide kaum unterschiedlicherer Ansicht sein können.

---

25 Die Lektüre des Stenogramms einer geschlossenen Parteiversammlung (der KPD) in Moskau 1936 sei empfohlen (vgl. Müller, Reinhard (Hg.): Die Säuberung, Reinbek 1991). Was den Genossen Lukács angeht, verweise ich auf seinen Beitrag auf den Seiten 190ff., besonders S. 196, wo er von der »Liquidation der Schädlinge« spricht. Hierzu äußert sich der Herausgeber in einer Anmerkung: »Der Aufruf zur ›Liquidation der Schädlinge‹ ist hier mit dem Vorwurf der Kontaktschuld gekoppelt. Potentiell richtet sich diese exterministische Logik gegen jeden und kehrt häufig als totales Verschwörungssyndrom in der Figur des ›Netzes‹ wieder.« (Ebd.)

III.

Brecht wie Lukács begreifen die Aufgaben der Literatur als Mittel, die Massen im Kampf für den Sozialismus zu gewinnen. Das limitiert ihre Sicht, zumal beide zunächst Kapitalismus und Faschismus historisch identifizieren und in Opposition nur zu Stalins Sowjetunion setzen. Während Lukács versucht, den machtpolitisch motivierten Zick-Zack-Kurs Stalins in eine sozialistische Ästhetik zu überführen, nachdem er 1928/29 erkannt hatte, daß eine Beschäftigung als politischer Theoretiker leicht zu einem finalen Berufsverbot führen könnte, kann Brecht auf Grund seiner Arbeit und anerkannten künstlerischen Ausnahmestellung sich von den gröbsten Restriktionen freihalten.[26] Es soll hier aber nicht Brecht als Person interessieren, obwohl Johnson diese Fragestellung sehr wohl beschäftigt hat.[27] Die Person Lukács ist von Interesse, insofern sie sich als kulturpolitische Instanz etablieren konnte. 1931 kehrt er dem Marx-Engels-Institut in Moskau und der sogenannten »Philosophie-Debatte« den Rücken und lügt von nun an Stalin den ästhetischen Himmel blau, zunächst über Berlin. Zusammen mit Becher diffamiert Lukács in der *Linkskurve* alles, was nach Abweichung von der jeweils offiziellen oder intimierten Herrschaftslinie ausschaut. Er scheut nicht davor zurück, Artikel zu instigieren, um sie dann sogleich niederzumachen.[28] In seinem ganz unästhetischen Überlebenskampf fehlt dem Dogmatiker aber ein Moment der Sicherheit, das ihn zumindest der Potenz nach vor Verfolgungen weitgehend immunisieren könnte.[29]

---

26 Einzelheiten sind nachzulesen bei Pike, David: Lukács und Brecht, Tübingen 1986.

27 Johnsons Reaktion auf Kestens Diktum, Brecht sei ein »servitore« der Diktatur gewesen, ist beredt: Er verteidigt nicht Brechts Verhalten während des Stalinismus, macht überhaupt keine primär moralische Aussage, sondern flüchtet sich in Nützlichkeitserwägungen. Vgl. dazu auch Hinz, Margund/Berbig, Roland: »Ich sehe nicht ein, daß die Mauer in Berlin ein literarisches Datum gesetzt haben sollte ...«. Uwe Johnson im politischen Diskurs, in: Roland Berbig/Erdmut Wizisla (Hg.), »Wo ich her bin ...«. Uwe Johnson in der D.D.R., Berlin 1993, S. 240-269.

28 Vgl. dazu Pike (Anm. 26), S. 64.

29 Man muß sich bewußt machen, oder einfach nur daran erinnern: Die kulturellen Debatten, um die es hier geht, können überhaupt nur verstanden werden, wenn man sie als Teil der stalinschen Machtpolitik sieht. Viele Informationen, die heute verfügbar sind, wie verläßlich auch immer, waren den Beteiligten nicht bekannt, teils auch wollte man sie nicht wahrhaben. Und umgekehrt sollte niemand, der diesen Lebensumständen nicht ausgesetzt war, meinen, über die Beteiligten moralisch oder auch historisch kompetent

Die Kulturpolitik, so wie sie in Stalins Machtbereich in Zeitungen und Zeitschriften sich darstellte, war nichts anderes als ein Appendix der ›großen‹ Politik. Unzweifelhaft und in der historischen Nachsicht offenkundig ist der Primat des Herrschaftsinteresses, der den aus der Marxschen Theorie abgeleiteten Führungs- und Wahrheitsanspruches der Arbeiterklasse immer weiter bastardisierte, und den Nimbus des Sieges der Bolschewisten unter Lenin ob intuitiv oder gezielt benutzte, um die Arbeiterklasse und deren Partei gleich-, und sich selbst schließlich an die Stelle der Partei zu setzen.

Man kann diesen Verfallsprozeß heute vielleicht schwer verstehen, aber relativ leicht nachzeichnen. Er beginnt schon mit Lenin, dessen Marx-Verständnis durchaus hinter seinem Machtverständnis zurückblieb,[30] und er gewinnt zum ersten Mal welthistorische Bedeutung, als das EKKI der Komintern mit Trotzki sich 1923 in die deutsche Politik einmischt.[31]

Vielleicht nicht für die Beteiligten, aber für die Nachgeborenen, läßt sich das Verhängnis an den kulturpolitischen Debatten spätestens nach Auflösung der RAPP ablesen, die sich zunehmend verschärfen und deren Inhumanität autoritativ durch einen Artikel Gorkis aus dem Jahre 1934 abgesegnet wird, wie er überhaupt die Repressionsmaßnahmen keineswegs ablehnte.[32] Sie zeichnen sich aus durch eklatante Schwarz-Weiß-Malerei und die völlige Politisierung der Argumentation. Sie sind von einer permanenten Umwertung der Wortbedeutungen und fortschreitender intellektueller Korruptheit bei fast gleichbleibender Diktion gekennzeichnet. Daran änderte sich auch nichts, als immer klarer wurde, daß Stalin solche Ausdrücke durchaus nicht nur als Metaphern wahr-

---

urteilen zu können. Es ist informativ und vermittelnd, wie Jorge Amado, der ja nun wie etwa Neruda zum Urgestein der fortschrittlichen Schriftsteller im Umkreis der KP gehört, noch heute in einem Interview den langsamen, schmerzlichen und ungläubigen Desillusionierungsprozeß beschreibt. Vgl. Amado, Jorge: Ich träume von einer Revolution ohne Ideologie. Gespräch mit Fritz J. Raddatz, DIE ZEIT vom 2. September 1994, S. 45f.; vgl. dazu auch Semprun, Jorge: Féderico Sanchez verabschiedet sich, Frankfurt am Main 1994. In diesem Sinne möchte ich meine Aussagen relativiert wissen. Sie sind äußerlich und subjektiv und operieren mit nicht ausgewiesenen Kriterien.

30 Vgl. dazu Projekt Klassenanalyse, LENINISMUS, Neue Stufe des wissenschaftlichen Sozialismus?, Westberlin 1972, bes. 2. Halbband, S. 442ff.

31 Stalin hat es ihm dann 1927 nachgemacht, in einem anderen Land; vgl. dazu Malraux, André: La condition humaine, Paris 1946.

32 Vgl. dazu Lorenz, Richard: Der Stalinismus und die sowjetischen Schriftsteller, in: Neue Rundschau 105, 1994, Heft 3, S. 80-94, bes. S. 86ff.

nahm. Was Lukács fehlte, und das war ihm seit seinen Blum-Thesen klar, war eine solide, ideologisch unanfechtbare Grundlage.[33]

Anfang 1932 wurde Lukács mit dem Brief Engels' an Margaret Harkness bekannt. Lukács erkannte sehr wohl die Eignung der Engelsschen Argumentation für eine mehr dauerhafte Fundierung seiner literaturtheoretischen Konstruktionen.[34] Der Rekurs auf die Autorität Engels' verlieh in der Folge Lukács' Realismus-Konzeption eine Stellung, die sie im sogenannten sozialistischen Lager tendenziell unangreifbar machte. – Der Engelssche Satz vom »Triumph des Realismus« paßte auch später in die sich wandelnden politischen Landschaften, denen Lukács nicht erst seit der katastrophalen Sozialfaschismus-Theorie ohne Bedenken den literatur-ideologischen Überbau besorgte. Als Lukács 1933 ins moskauer Exil ging, hatte er noch vom baldigen Sturz des Faschismus geschrieben, der an seinen inneren Widersprüchen scheitern müßte. Die langsame Abkehr von der Sozialfaschismus-These, hin zur Volksfront-Politik und dann zu ihrer Liquidierung anläßlich des Hitler-Stalin-Pakts: All dies reflektiert sich in Lukács' ästhetischen Schriften sehr direkt. Lukács blieb Stalinist bis 1955, und alle seine Arbeiten, auch seine literaturtheoretischen, zeigen Spuren einer sich ständig nur in ihrer momentanen Ausrichtung wechselnden Anpassung an die machtpolitischen Gegebenheiten.[35]

Daß die Kulturpolitik in der SBZ anfänglich eine gewisse, auch größere Attraktion für Antifaschisten hatte, ist hinlänglich bekannt und verständlich.[36] Es darf nicht vergessen werden, daß die sowjetische

---

33 Da selbst Lenin seit der Plechanow-Debatte in den von Stalin angezettelten und kontrollierten imaginären Fraktionen-Streit hineingezerrt und damit als Autorität entwertet war, Stalin selbst aber wegen der unvorhersehbaren Wendungen seiner Politik für mittelfristige Orientierungen als gänzlich ungeeignet gelten mußte, blieben nur die Ur-Klassiker.

34 Vgl. Pike (Anm. 26), S. 35.

35 Nur soviel: Stalin hatte Mitte der zwanziger Jahre alle nationalen KPs unter seine Kontrolle gebracht, zunächst qua Ansehen, das die SU als revolutionärer Staat genoß, dann über die Finanzen. Er hatte mit Thalheimer und Brandler die beiden deutschen KPD-Führer aus der Leitung getrieben, die noch in der Lage gewesen waren, kommunistische Politik zu formulieren und zu betreiben. Von diesem Zeitpunkt an war die deutsche Arbeiterbewegung ohne theoretische Führung, und sie wurde durch die Politik der KPD zusätzlich desorientiert. Hitlers Aufstieg ist historisch nicht ohne die auch in dieser Hinsicht verbrecherische Politik Stalins zu denken. Nach der Niederlage des Faschismus, die Stalin zuletzt als seinen Sieg hätte reklamieren dürfen, fand dieselbe prinzipienlose Politik ihre Fortsetzung, die zwischenzeitlich im Hitler-Stalin-Pakt kulminiert hatte.

36 Die kulturpolitische Situation in der DDR Anfang bis Mitte der fünfziger Jahre zeigt Brecht unter schwerem Beschuß und die Bedeutung Lukács' im Schwinden.

Verwaltung zumindest in der Zeit bis zur Gründung der DDR einen erheblichen Spielraum zuließ. Das mag vor dem Hintergrund des heutigen Wissens über die Stalin-Zeit verwundern.[37] Die Formierung der Ulbricht-Bürokratie setzte dieser bescheidenen Liberalität ein Ende. In den fünfziger Jahren kommt es zu einer fortschreitenden Disziplinierung der kritischen Intelligenz des Landes. Die geographische Ausdehnung des Stalinschen Terrorregimes, die sich beginnend mit den Slansky-Prozessen angekündigt hatte, wurde nur durch Stalins Tod gestoppt. Daß sie überhaupt möglich war, hängt sowohl mit dem Wesen dieses ›Systems‹ zusammen als auch mit der Tatsache, daß der Kampf gegen den Faschismus die Aufmerksamkeit von Stalins Terrorregime – soweit überhaupt bekannt oder geglaubt – weitgehend abgezogen hatte.

So galt (einmal mehr) das Wort von der »revolutionären Demokratie«.[38] Die wohlmeinenden Kräfte sollten sich zusammenschließen und einen gemeinsamen Neuanfang leisten. Johnson selbst hat diesen Glauben geteilt und vor allen Dingen dessen gesellschaftstheoretischen Begründungszusammenhang ernstgenommen. Sein ganzes Werk, und seine vita auch, legen Zeugnis ab von einem dann folgenden fortgesetzten Desillusionierungsprozeß. Wenn heute wieder versucht wird, seinem Hauptwerk *Jahrestage* eine im Sinne des Marxschen Frühwerks utopische Dimension zuzuschreiben, so kann das nur in Ignoranz der eben skizzierten Zusammenhänge erfolgen.

Wenn auch unabweisbar ist, daß Brecht *und* Lukács ihren je eigenen Kompromiß mit dem System Stalins eingegangen sind, so gibt es doch deutliche Unterschiede in ihrer Haltung. Während Brecht mit einem Minimum an Anpassung auszukommen versuchte und sich vorsichtig

---

Dessen allzu dogmatischen Anforderungen an sozialistisch-realistische Literatur deckt sich nicht mit den Erfordernissen eines Staates, der positive Lebenswirklichkeit am Beispiel einzelner vorgeführt sehen will und auf Klassiker nicht zurückgreifen kann. Es ist vielleicht nicht untypisch für die literatur›theoretische‹ Diskussion jener Zeit und ihre Aufarbeitung im Johnson-Kontext, daß die Ausführungen Lukács' zur Biographieproblematik, der er in seiner Schrift *Der Historische Roman* ein ganzes Kapitel widmet, zwar nicht völlig ignoriert werden, aber nur in dem zweieinhalbseitigen Auszug zur Kenntnis genommen werden, der 1956 in der Zeitschrift *Deutschunterricht* erfolgte.

37 Vgl. dazu besonders Kantorowicz, Alfred: Deutsches Tagebuch, München 1959 und 1961, aber auch Janka, Walter: Bis zur Verhaftung, Berlin 1993.

38 Die westdeutsche Politik der Remilitarisierung, später des KPD-Verbots, lieferte immer wieder Ansatzpunkte, der Kritik am Stalinismus die moralische Legitimation abzusprechen und sie als böswillige Erfindung des Klassenfeindes hinstellen zu können.

gegen formale Beschränkungen wandte,[39] an seinem Lebensende auch erkennbare Unsicherheit in seiner Einschätzung der Rolle der SU und Stalins zeigte, war Lukács mitverantwortlich für die fortschreitende Stalinisierung des Konzepts des »sozialistischen Realismus« und blieb er bis zu (und danach trotz) seiner Teilnahme an der Nagy-Regierung unselbstkritisch. Auch von daher gab es für Johnson eine Präferenz für Brecht und eine doppelte Aversion gegen Lukács.[40]

IV.

So wie Karschs anfängliches Interesse, in die DDR zu reisen, und seine Entscheidung zu bleiben, schwach motiviert erscheinen, so macht auch sein Entschluß, einen Zeitungsartikel über Achim zu schreiben, einen ebenfalls eher zufälligen Eindruck. Er wird ihm nahegelegt (DBA, 38f.) in einem Gespräch, von dem der Leser erfährt, als Karsch Achim davon berichtet. Schon hier tauchen wichtige Punkte erstmalig auf: Da ist neben der Person von Fleisg, der als kalkulierender, wissender, aber überzeugter Kulturfunktionär auftritt,[41] die Rede vom Straßenbild und seiner Oberfläche, die man abheben können müßte, um zum Wesentlichen vorzustoßen. Diese Anspielung auf eine Äußerung Lenins zu Tolstoi, die später eine große Rolle in der Kulturpolitik der SU Anfang der dreißiger Jahre spielte, markiert zugleich den Einstieg in die explizite Diskussion der

---

39 Seine Ausführungen zur Formalismus-Problematik wurden eben 1938 *nicht* in *Das Wort* veröffentlicht.

40 Gleichwohl darf man nicht übersehen, daß Lukács trotz seiner offiziellen Desavouierung kurz nach Beginn der fünfziger Jahre in den Kreisen der prominenten DDR-Intellektuellen eine Reihe von Freunden hatte und Respekt genoß. Sonst müßte es noch mehr überraschen, daß er etwa an der Beerdigung Brechts teilnahm. – Die Bedeutung Lukács' und seines Werks in der DDR bis hin zum Ungarn-Aufstand ist eine eigene Betrachtung wert, die mit Sicherheit ein sehr komplexes Bild hervorbringen würde. Dabei wären die persönlichen Beziehungen Lukács' aus der Zeit des Faschismus genauso zu berücksichtigen wie die Tatsache, daß seine Orientierung an den realistischen Klassikern zwar moderne Techniken unterdrückte, aber zugleich ein gewisses Niveau forderte. Laut Günter Kunert (Gespräch in London am 22. September 1994) machte dies Lukács gerade bei den weniger begabten Schriftstellern und ihren Pendants in der Kulturbürokratie unpopulär. – Zur Frage der sukzessiven Integration der Intelligenz und der Universitäten in das herrschende Machtgefüge vgl. Kröning, Waldemar/Müller, Klaus Dieter: Anpassung Widerstand Verfolgung. Hochschule und Studenten in der SBZ und DDR 1945–1961, Köln 1994.

41 Die Person des Fleisg wird besonders schillernd durch ihre mysteriöse Beziehung zu Karin, deren Sinn mir verschlossen bleibt.

Postulate des sozialistischen Realismus. Ironischerweise wird dieser Einstieg sogleich verwischt, wenn Karsch als stellvertretend für die »westdeutsche Publizistik« apostrophiert wird und Achim »als Sinnbild für die Kraft und die Zukünftigkeit des Landes« stehen soll. Schließlich signalisiert »der herzliche[n] Anteil, den die Bevölkerung und die regierende Partei an Achim nehme[n]« in abstrakter Form bereits die Zielrichtung, die Karsch für seine Arbeit vorgegeben wird. Den Widerspruch, der historisch und der Sache nach diesem Schreibprogramm inhärent ist, kann Karsch nicht ahnen, obwohl Fleisg mit dem Nachsatz »wenn man nämlich an früher denkt« (DBA, 43) den für Karsch unverständlichen Hinweis auf die rein historische Legitimationsbasis der staatlichen Institutionen gibt. Sowohl Fleisg wie der Autor des Buches benutzen Karsch als Mittel zu einem Zweck.

Unmerklich werden aber auf den ersten Seiten schon andere Signale gesetzt. Neumann hat gezeigt, daß und wie Johnson Material aus den beiden vorliegenden Büchern über T. Schur (von Ullrich und Klimanschewsky) in das über Achim eingearbeitet hat: Das Interview mit Achim über die Schwierigkeit, eine Frau zu finden, gehört dazu. Der Ort seiner Plazierung im *Dritten Buch* irritiert den Leser und wirkt nachträglich als Vorausdeutung auf die kommende Trennung von Karin. Doch Johnson bezieht sich nicht allein auf die beiden Texte, die zum Vergleich geradezu herausfordern. Es ist bekannt und an seinen Romanen vielfältig belegt, daß und wie er Zitate einsetzt. Man weiß ebenfalls, daß er, was ihm wichtig ist, besonders gut – aber immer noch auffindbar versteckt. Und meist gibt es mehrere Hinweise, die sich dann im Nachhinein zu einer Aussage verdichten. Einen solchen Hinweis liefert der von Johnson ursprünglich vorgesehene Titel »Beschreibung einer Beschreibung«. Er hat auch Strehlow zu einigem Nachdenken angeregt:

Hinter diesem eigenwillig-spröden Titel und der Beharrlichkeit Johnsons, ihn aufrechtzuerhalten, steckt nicht allein der Gedanke von Reflexivität. Der Titel gehört auffällig programmatisch zu dem dichten Geflecht der ironischen Behandlung von Lukács-Modellen, in Anspielung auf dessen in dem Aufsatz »Erzählen oder Beschreiben« (1936) konstruierte Dichotomie. »Beschreiben« hieß für Lukács immer »Oberflächenbehandlung« statt »Wesensgestaltung« und sollte einem Romanschriftsteller nicht unterkommen. Johnsons Wunschtitel bedeutet aber noch mehr als Ironie gegen Lukács.[42]

---

42 Strehlow, Ästhetik des Widerspruchs (Anm. 10), S. 186.

Strehlow sieht dann noch andere Korrespondenzen: »Johnson setzte sich mit ›Beschreibung einer Beschreibung‹ in Beziehung zu seinen Lehrmeistern Georg Lukács, Thomas Mann und Hans Mayer.«[43]

Ergiebiger ist es, sich der auffällig langen Passage zuzuwenden, die Karschs Besuch bei der Radsportveranstaltung erzählt oder beschreibt, von der es später heißen wird, sie sei mit kleinen Abweichungen jener Entwurf, den Karsch für die Zeitung geschrieben habe. Der, wir erinnern uns, wurde von Fleisg abgelehnt, aber auf Grund des Wunsches von »Teilen der Arbeiterklasse« zur Grundlage des geplanten Buches.[44] Nun kommt Karschs Buch zwar nicht textimmanent zustande, aber darin besteht eine dem vorliegenden Roman absichtsvoll eingearbeitete Ironie, daß die Spontaneität der Klassenäußerung an den wissenschaftlichen Einsichten ihrer parteilichen Avantgarde scheitert.

Es kann in der Folge nicht im Einzelnen geprüft werden, wie genau Johnson in seiner Auseinandersetzung die Postulate des sozialistischen Realismus und speziell solche Lukácsscher Provenienz aufgreift, doch daß er auf die Person des ungarischen Theoretikers abzielt, ist belegt: In seinem Aufsatz »Erzählen oder Beschreiben« versucht Lukács, gute und schlechte Literatur im Sinne des von ihm so verstandenen Klassenkampfes zu unterscheiden. Mit Bezug auf die Romanform gilt nach Lukács schlicht: gute Literatur erzählt, schlechte beschreibt. Für die Unterscheidung benutzt er wesentlich das Kriterium der epischen Integration. Die darstellenden Passagen werden auf ihre Wichtigkeit für die Ausfaltung der Handlung beurteilt, welche allein die wesentlichen gesellschaftlichen Strömungen zur adäquaten Gestaltung bringen kann. Holger Helbig hat nachgewiesen, daß die erzählerische Struktur des *Achim*-Romans eine direkte Antwort auf diesen Lukács-Text beinhaltet:

> Lukács eröffnet seinen Aufsatz [...] mit dem Vergleich der Schilderung zweier Wettrennen, dem aus Zolas *Nana* und dem aus Tolstois *Anna Karenina*. Das erste, so stellt er fest, wird »vom Standpunkt des Zuschauers beschrieben«, während im zweiten Fall »vom Standpunkt des Teilnehmers erzählt« wird. Daraus entwickelt Lukács die Unterscheidung zweier »grundlegende[r] Darstellungsmethoden«, in denen er die Entsprechung zu zwei Perioden des Kapitalismus sieht. »Es sind zwei grundlegend verschiedenen Stile. Zwei grundlegend verschiedene Stellungen zur Wirklichkeit.«[45]

---

43 Ebd., S. 187.
44 Diese vier Seiten tauchen noch einmal auf, ohne Karschs Wissen abgetippt und an Achims Vater weitergeleitet.
45 Helbig, Beschreibung (Anm. 10), S. 98.

Lukács' Vergleich gipfelt in der gesellschaftstheoretisch motivierten Formulierung: »die beschreibende Methode ist unmenschlich«, und in direktem Bezug darauf heißt es im *Achim*-Text, den Karsch als Beobachter beschreibt: »*Unmenschlich* fiel aus der Dachwölbung die vergrößerte Summe aller Laute des Erstaunens und des freudigen Aufatmens in den *Hohlraum* zurück« (DBA, S. 14; Hervorhebung U. F.). Hier lag in der Tat ein Geheimnis versteckt.[46]

Johnson, und das zeigt Helbig dann, kann alle Argumente Lukács' entkräften, indem er die drohende Gefahr der Dominanz der Dinge über ihre ursächlichen Zusammenhänge erzählerisch auflöst, ohne die Authentizität der Darstellung zu unterlaufen. Das wird erst möglich durch die verschiedenen Erzählebenen, deren eine, die Erzählerebene, durchaus die Funktionen erfüllt, die Lukács dem auktorialen Erzähler zuschreibt. Zu diesem Spiel gehört aber auch, daß die scheinbare reine Beschreibungsszene der Rennveranstaltung auf der Handlungsebene eine bestimmende Funktion hat, so daß hier die einander ausschließenden Postulate von Lukács zugleich bestätigt und konterkariert werden. Dies zu erkennen wird aber erst dann möglich, wenn die komplexe Erzählsituation adäquat aufgeschlüsselt ist. So beweist sich in der Formanalyse der Reichtum des Textes wie anderseits ihre Abwesenheit kaum mehr als souveräner Verzicht auf germanistische Spitzfindigkeiten gewertet werden kann.

Dieser Textstelle kommt eine besondere Bedeutung zu, da sie nicht nur außerhalb der diskursiven Passagen angesiedelt ist, in denen Karsch gesprächsweise mit den Prinzipien einer fortschrittlichen Biographie bekanntgemacht werden soll: Die Beschreibung der Rennveranstaltung findet sich bereits zu Beginn des Romans, geht jenen Diskussionen also voraus. Vielleicht weniger wichtig, aber nicht uninteressant erscheint die Tatsache, daß Brecht in *Die Essays von Georg Lukács* gerade diese Vokabel in einem für Johnson sehr passenden Kontext zitiert:

Mit einer einzigen Handbewegung wischt er die »unmenschliche« Technik vom Tisch. Er kehrt zurück zu den Vätern, beschwört die entarteten Sprößlinge, ihnen nachzueifern. Die Schriftsteller finden einen entmenschten Menschen? Sein Innenleben ist verwüstet? Er wird im Hetztempo durch sein Leben gehetzt?[47]

---

46 Vgl. Johnson, Uwe: Jahrestage. Aus dem Leben von Gesine Cresspahl, Bd. I-IV, Frankfurt am Main 1970–1983, S. 7.
47 Brecht, Bertolt: Die Essays von Georg Lukács, in: Hans-Jürgen Schmitt (Hg.), Die Expressionismusdebatte. Materialien zu einer marxistischen Realismuskonzeption, Frankfurt am Main 1973, S. 307-309, hier: S. 308.

Johnson hat es mit einiger Raffinesse unternommen – indem er zu Beginn das Motiv des Rennens aufgreift und die Beschreibung des Publikumsverhaltens im Fortgang des Romans als Dissenspunkt zwischen Fleisg/Ammann und Karsch für die Entwicklung der Handlung einsetzt –, ein theoretisches Postulat Lukács' in seiner eigenen Schreibpraxis zu widerlegen. Könnte gezeigt werden, daß Johnson zur Zeit der Abfassung des *Dritten Buches* den Aufsatz Brechts gekannt hat, so wäre das ein deutliches Indiz, daß er nicht nur Lukács' Unterscheidung von »Erzählen« und »Beschreiben« als obsolet nachweisen wollte. Dann hätte er (mit Brecht) dessen Vokabel »unmenschlich« gegen die Person Lukács selbst gewendet und damit dessen Rolle als Literaturtheoretiker der Stalin-Zeit gültig beschrieben.

In allen Romanen Johnsons geht es um die politisch-moralische Integrität des Individuums unter bedrückenden Umständen, so daß eine solch versteckte, letztlich aber eindeutige personenbezogene Stellungnahme als Grundlage einer immanenten theoretischen Auseinandersetzung nicht verwundert. Und Johnson hat im letzten Band der *Jahrestage* seine Einstellung zu Lukács noch einmal bekräftigt. Greg Bond hat darauf hingewiesen, daß die abwertenden Lukács-Zitate in dem bekannten Schach-Kapitel nicht aus dem im Text angegebenen *Sinn und Form*-Aufsatz stammen, sondern teils gar nicht nachgewiesen, teils erst in einer späteren, überarbeiteten Fassung zu finden sind.[48] Und Bond bemerkt einen weiteren intertextuellen Verweis auf Lukács:

> In dem Schach von Wuthenow-Kapitel in *Jahrestage* gibt es eine zweite Einladung zur weiterführenden Lektüre, die durch ein Verbot ausgesprochen wird. Während Weserich nicht erlaubt, »die Briefe Fontanes zu konsultieren«, werden die Leser dazu direkt aufgefordert, und dabei werfen sie einen Blick in die Werkstatt des / Schriftstellers Uwe Johnson. Was dann auffällt, ist, daß Johnson mehrere Briefstellen zu *Schach von Wuthenow* in dieses Kapitel eingeflochten hat, die wiederum einen Bezug zu Lukács' Fontane-Aufsatz herstellen. Die wichtigsten betreffen den Status der Details in der Fiktion.[49]

Bond schließt aus alledem, daß Johnson und Lukács »eine Grundauffassung der Vorzüge des kritischen, realistischen Erzählens«[50] gemeinsam haben und sich hauptsächlich darin unterscheiden, daß Lukács »seine

---

48 Vgl. Bond, Greg: Die Klassengesellschaft und die Dialektik der Gerechtigkeit. Uwe Johnsons DDR-Erfahrung und seine Lukács-Lektüre, in: Berbig/Wizisla (Anm. 27), S. 217-239, hier: S. 223f.
49 Ebd., S. 224f.
50 Ebd., S. 227.

theoretische Verteidigung des Realismus mit der Ablehnung der formellen Neuerungen der Moderne im 20. Jahrhundert verband«, während »der Pragmatiker Johnson offen gegenüber jeder Schreibweise [war], die für seine Zwecke taugte«.[51] Bond kritisiert recht heftig, daß frühere Interpreten sich nicht genug Mühe gegeben haben, die Zitate zu verifizieren, und »ihre Argumentation, daß diese Erwähnung von Lukács [... eine] eindeutige Polemik gegen den Theoretiker darstellt, [...] dadurch oberflächlich und vereinfachend [wirkt]«.[52] Man muß Bonds Fund sicher als Indiz für die Notwendigkeit einer ungemeinen Vorsicht gegenüber Johnsons Texten werten, man kann daraus aber auch ableiten, daß die Johnson-Forschung auf arbeitsteilige Verfahren angewiesen ist.

Nehmen wir den vorliegenden Fall: Bonds zitatenkritische Lektüre ergibt, daß die auf der Textoberfläche negative Aussage zu Lukács eine klare positive Unterströmung hat. Er fragt dann aber nicht weiter nach der moralischen Dimension und bemerkt nicht, daß Johnson noch einmal seine bereits in den *Achim*-Roman eingearbeitete Meinung über die Person des Protagonisten des »sozialistischen Realismus« bekräftigen will, wenn auch nicht in der Form eines Zitats. Aber es lohnt sich, neben dem Ausdruck »Großdialektiker« auch Weserichs Antwort auf Lockenvitz' Bemühungen zu beachten, den Diskurs wieder aufzunehmen. »Dein Herwegh ist auch so einer: sagte Weserich trocken« (JT, 1706). So einer wie Lukács nämlich. Was immer Johnson von dem ungarischen Theoretiker übernommen hat: moralisch, glaube ich, hat er ihn verachtet.

V.

Das Dritte Buch über Achim widerspricht der ideologisch funktionalisierten Ausprägung des sozialistischen Realismus mit Form und Inhalt, aber teilt wesentliche seiner Prämissen. Während es in seiner Entfaltung sich selbst formal problematisiert, in seiner Struktur ohne Mühe diverse Erzählformen integriert, bringt es den Zusammenhang zwischen dem Ursprung des Selbstverständnisses des ostdeutschen Staates zu Beginn der fünfziger Jahre und den Anforderungen an eine parteiliche Literatur unnachgiebig zu Tage. Drei Momente der offiziellen Selbstdarstellung werden hinter-

---

51 Ebd.
52 Ebd., in Anmerkung 20, S. 395.

fragt und zur Sprache gebracht: das Verhältnis zum Faschismus, zur Sowjetunion und zum eigenen Volk, und immer wieder tauchen Widersprüche auf. An ihrem Kern aber liegt das Wissen aller, daß die DDR das gewaltsame Produkt des internationalisierten Klassenkampfes ist, daß Kapitalismus und Faschismus nicht umstandslos gleichzusetzen sind, daß die Arbeiterklasse weder in der Sowjetunion noch in der DDR an der Macht ist, sondern selbsternannte Vertreter derselben, die ihre Macht und deren Ausübung aus anderem ableiten zu müssen glauben als aus den sowjetischen Gewehrläufen.

Alle Beteiligten wissen, daß die Interessen der Regierung nicht mit denen des Volkes übereinstimmen, aber die offizielle Sprachregelung läßt einen solchen Unterschied nicht zu. Zwischen Partei und Arbeiterklasse darf es keine Grenze geben, aber niemand darf sich entfernen. Der fortschrittlichste Staat in der Menschheitsgeschichte wurde institutionalisiert, nicht gewollt. Die ruhmreiche Rote Armee ist in Erinnerung als Okkupationsmacht mit ihren Übergriffen, die Freunde aus der SU haben ihre Reparationsforderungen ohne Rücksicht auf die Volkswirtschaft der DDR durchgesetzt, tun es noch. Die vorgebliche Vergesellschaftung der Produktionsmittel war eine Verstaatlichung. Die ausgesprochenen Gegner des Systems sitzen im Ausland oder im Gefängnis. Rechtsstaatlichkeit existiert nicht, wird aber permanent reklamiert. Was nicht unter Kontrolle ist, wird nach Kräften unterdrückt. Es herrscht die Partei, es herrscht ein gewaltiges Legitimationsdefizit.

Presse und Literatur haben die zweifelhafte Aufgabe, diesen Zustand zu ändern, ohne ihn doch benennen zu dürfen. Die romanimmanente Achim-Biographie scheitert nicht an Einwänden à la Lukács gegen die Biographie-Form, sie scheitert daran, daß Achim Hitlerjunge war, sein Großvater abgeholt wurde, sein Vater Sozialdemokrat und kein Kommunist war; sie wird unmöglich, weil Achim erlebt hat, wie Angehörige der Roten Armee Massenvergewaltigungen begingen, daß die Kollektivierung der Landwirtschaft Zwangscharakter hatte, wie in Wahlen die nötigen Prozentzahlen erzielt wurden, daß es einen 17. Juni gab und vor allen Dingen, daß der objektive Hintergrund, die gewesene und gegenwärtige Lebenswirklichkeit der DDR nur wirklich war, nicht aber so genannt werden durfte. Karsch fällt in die Lücke, die unpopuläre Wirklichkeit und Anspruch der Staatsmacht, historisch im Recht zu sein und darum die Erscheinung mit Verweis auf ihr Wesen anders benennen zu dürfen, aufreißen. Es war Aufgabe der staatlich geförderten und geduldeten Literatur, die Kluft zwischen Anspruch und Wirklichkeit zu schließen. Wie dabei vorzugehen war, und wie ein solches Vorgehen theoretisch legitimiert wurde, erzählt Johnson in den Diskussionen, die Karsch mit Fleisg und Ammann erlebt.[53]

Und auf diese Lücke hatte Johnson schon in einem frühen Romanentwurf gezielt, als es um die Lebensgeschichte eines ehemaligen politischen Delinquenten gehen sollte, der zu einem nützlichen Glied der ostdeutschen Gesellschaft wird. Für die Diskussion des Problems der verbotenen Vergangenheit, speziell des 17. Juni, hatte Johnson ursprünglich einen Dialog zwischen Autor und Lektor als Reflexionsebene konzipiert, ein ungeheuer dynamisches Konzept, wie der Blick zurück, vom fertigen Resultat her zeigt. Der Dichter Uwe Johnson, dem die Wahrheit mehr galt als Lukács und auch Brecht, war zur Zeit des *Achim*-Romans meiner Meinung nach einer uneingestandenen Hoffnung in die DDR, einem kaum mehr haltbaren Geschichtsverständnis innerlich noch verpflichtet. Die Darstellung der kulturellen und politischen Lebenswirklichkeit bleibt hier noch abstrakt. Und der Blick in die Entstehungsgeschichte von *Das Dritte Buch über Achim* zeigt zwar eine teils aus dem Material und der sich verändernden Konzeption resultierende Verkomplizierung der Schreibweise, kaum jedoch eine Zuspitzung der expliziten Gesellschaftskritik. Wie lang der Weg bis zur epischen Gestaltung der historischen Wirklichkeit der stalinistisch deformierten DDR noch ist, erkennt der Leser des vierten Bandes der *Jahrestage*. Daß Johnson auch dort weder die literaturtheoretische Problematik sozial bewußter, realistischer Weltdarstellung noch die Dimension der moralischen Verantwortung des Einzelnen, sei er Schriftsteller oder Theoretiker, aus dem Auge verliert, belegt die Kontinuität seines Schaffens auf einer bislang weniger beachteten Ebene.

London, Juli/August 1994; Heikendorf, 31. Oktober 1994

---

53 Wenn man die Sache auf die Spitze treiben wollte, könnte sich das so lesen: Diesen Unterschied nahm Uwe Johnson als innere Grenze wahr, die er nicht überschreiten wollte (eher zog er um), und von dieser Wahrnehmung hat er sich nie entfernt. Nur dem Schein nach hat er sie als »die Grenze: die Entfernung: den Unterschied« versucht zu beschreiben und auf die Trennungssituation der beiden deutschen Staaten bezogen, oberflächlich völlig in der Ordnung. Man beachte aber die Reihenfolge: der Unterschied bleibt.

Uwe Grüning

Zur Verlorenheit der Figuren bei Uwe Johnson

1

»Zum anderen ist für mich bei einem Studium der Germanistik [...] eine Vorliebe für das Konkrete herausgekommen, eine geradezu parteiische Aufmerksamkeit für das, was man vorzeigen, nachweisen, erzählen kann«, schreibt Uwe Johnson.

Mit verborgener Schadenfreude überführt er den Goethe der *Wahlverwandtschaften* der technischen – und den Hemingway von *In einem anderen Land* der soziologischen Unrichtigkeit. Sind seine Gestalten deshalb wirklicher, greifbarer als die Goethes oder Hemingways? Und mit welchen Methoden widerlegt er die genannten Autoren? Im Falle Goethes geschieht es durch eine Erörterung der Rudertechnologie. Sie ist einleuchtend, solange *eine* Prämisse aufrecht erhalten wird, nämlich, daß in den *Wahlverwandtschaften* real und nicht etwa alchemistisch, sagen wir besser, symbolisch geschrieben werde.

Daß alles Vergängliche *kein* Gleichnis sei, davon war Johnson überzeugt. Aber der Verdacht, es könne dennoch eines sein, hat ihn beunruhigt.

Schwieriger gestaltet sich die Widerlegung Hemingways: Die Umfrage, durch die Johnson die Irrealität der Darstellung erweisen will, riefe bei jedem Meinungsforscher ärgerliche Verwunderung hervor; nicht nur, daß der befragte Personenkreis in keinerlei Hinsicht repräsentativ ist, gefragt wird zudem ein halbes Jahrhundert später und unter normalen Umständen, also nicht in der Ausnahmesituation eines mehrjährigen

Krieges. Dabei beeinflußt das Phänomen der Ungleichzeitigkeit das menschliche Urteil entscheidend. Wer wie ich der in den frühen vierziger Jahren geborenen Generation angehört und sich nie der leninistisch-stalinistischen Glaubensgemeinschaft anschloß, wird Johnsons Zeitschilderungen als überaus redlich, situationsgerecht und luzid-wahrhaft empfinden. Hingegen urteilen ostdeutsche Studenten im Jahre 1994 auf Grund vielfach anderer Erfahrungen aus den letzten DDR-Jahren und geprägt von der modischen postkommunistischen Nostalgie, durchaus anders. Denn das Konkrete, die Fakten helfen wenig, die Realität wirklich zu machen. Johnson hat zeitlebens die Illusion kultiviert, es gäbe eine Kluft zwischen Fiktion und Wirklichkeit. Aber es ist immer eine Fiktion, die das hervorbringt, was wir Wirklichkeit nennen. Wo beide unversöhnt nebeneinander stehen, dort beginnt die Verlorenheit.

2

Wenden wir uns flüchtig der Feindin der Wirklichkeit, der Philologie, zu. Als einzige Belegstelle für das Wort Verlorenheit fand ich im Grimmschen Wörterbuch den Satz: »Alle Kinder des Wohlgeruchs und des Auges frohe Verlorenheit, unter den Wechsellichtern des zartbewegten Laubes krönten die Stunde des Bades zur lieblichsten des Tages.« Wie weit entfernen wir uns mit einer solchen Arabeske von Johnsons Welt! Und »des Auges frohe Verlorenheit« könnten wir allenfalls an *einer* Stelle der *Jahrestage* vermuten, als am Ende des Schuljahres 1947/48 »solch Umschlag aus einem verdüsterten in ein offenes, ja zutrauliches Wesen so lange« anhielt. Aber »Gesine fühlte sich bloß aufgewacht [...] Sie hütete sich vor Übermut.« Denn sie weiß, sie kann der Verlorenheit nicht entgehen, zu der Johnson sie verurteilt hat. Verlorenheit ist der Hauptzug seiner Gestalten: Was wirklich ist, ist auch verloren. Denn Verlorenheit ist das Blut, das es für Augenblicke lebendig macht; alles Unverlorene bleibt bei den Toten.

Johnsons Unglück war, daß er das Verschwinden des Idealismus aus dem europäischen Geistshorizont noch erlebte und daß er, obgleich sein Gegner, den Blick nicht von *der* Stelle abwenden konnte, an welcher jener versunken war. Der Idealismus erlaubte, Erfüllung und Wirklichkeit als eine Einheit zu denken, selbst bei seinem späten Erben Karl Marx. Johnson bildet nunmehr aus Verlorenheit und Wirklichkeit eine Einheit. Von welcher Art Verlorenheit ist die Rede? »Sich selbst verlieren: nicht mehr sein eigener Herr sein«, wie es die Erben der beiden Grimm erläutern, kann nicht gemeint sein. In der Realität des 20. Jahrhunderts *ist* niemand sein eigener Herr und *war* es keiner so sehr, daß er aufhören konnte, es zu sein. Allerdings erweckt der Tischler Cresspahl den Anschein, er könne und wolle sein eigener Herr sein; seine Souveränität grenzt an Anachronismus inmitten der Massengesellschaft und in der verwalteten Welt. Die Werkstätten in Richmond und Mecklenburg, genuine Residuen eines verschollenen Zeitalters, schenken die gefährdete Glaubwürdigkeit zurück. Die Verlorenheit erscheint erstmals an Cresspahls Horizont, als Lisbeth das Bett nicht mehr mit ihm teilen will. Das bedeutet mehr als sexuelle Versagung, es ist der Verlust einer Welt. Denn im Gegensatz zur realistischen Maxime seines Schöpfers folgt Cresspahl dem romantischen Ideal: er gründet seine Welt auf das Weib, freilich nur vorübergehend, zuvor hat ihn – gut marxistisch – die Arbeit, eine gediegene Handwerkerarbeit, auch in der Politik, erschaffen; und auch hernach wird es so sein, selbst im Bürgermeisteramt.

Endgültig verliert er sich in einem sowjetischen Straflager: da zerbricht die auf Rationalität und Arbeit gegründete Welt. Der Cresspahl, der zurückkehrt, hat seine äußerst scharfe Kontur verloren, so wie die Horizontlinie im Nachglanz eines Sommertages verschwindet.

Sich verlieren bedeutet auch sich verirren. Dafür gibt es einen berühmten Beleg. Auf die Frage, warum sich der Baron Taittinger umgebracht habe, läßt Joseph Roth in der *Geschichte der 1002. Nacht* antworten: »Halt so! ... Ich glaub, er hat sich verirrt im Leben. Derlei gibts manchmal. Man verirrt sich halt!«

Haben sich die Johnsonschen Figuren halt im Leben, haben sie sich halt ins Leben verirrt? Die Verführung, dem zuzustimmen, ist groß. Doch sich verirren bedeutet zugleich, daß es ein Ziel gibt oder einen rechten Weg, zumindest aber eine Lebensordnung, einen Sinn, der verfehlt werden kann. Wo sollte dergleichen im 20. Jahrhundert zu finden sein, außer vielleicht bei Uwe Johnson?

Denn wer meint, Gesine habe sich halt nach New York verloren, der irrt. Sie kommt zweifelsfrei in diese Stadt, damit Uwe Johnson sie am 13. April 1967 auf der Südseite der 62. Straße zur Sechsten Avenue gehen sieht. Zunächst bittet der Realist seine Leser um Entschuldigung für diese unwahrscheinliche Finalität, dann aber wagt er eine nahezu theologische Erklärung: Wem sonst von seinen Figuren hätte er begegnen können? Die anderen sind ihm abhanden gekommen. Er hat sie verloren – zumeist an den Alltag. Weil *sie* nicht verloren, sondern gar nichts sind, hat *er* sie verloren. Die Gewalttat, neue Figuren zu schaffen, will er nicht noch einmal wagen und die Verantwortung für ihr In-der-Welt-sein nicht erneut übernehmen, dazu ist er selbst zu verloren und zu sehr von der altertümlichen Überzeugung besessen: Wenn er sie einmal in die Welt gebracht habe, sei er ihnen auch ein Schicksal schuldig.

Wenden wir uns zum vorletzten Mal dem Grimmschen Wörterbuch zu: »sich verlieren – in etwas aufgehen, sich so in etwas vertiefen, daß man für die Welt nutzlos wird«. Das zielt unzweifelhaft auf einige Johnsonsche Gestalten. Sie werden für die Welt nutzlos, weil die Welt für sie nutzlos geworden ist, aber sie geben die Welt nicht auf – weder zugunsten eines Innenraumes noch durch den Gewinn der unendlichen Gleichgültigkeit, die den Reichtum der Postmoderne bildet. Sie wehren sich gegen den Vietnamkrieg und verteidigen den Sozialismus, doch ohne Nutzen für sich und die Welt, eher einem kategorischen und unerfüllbaren Imperativ folgend oder, was manchmal das gleiche ist, dem interesselosen Anschauen des Guten.

Warum verlieren sich die Ziele und die Konturen derart: Weil ihre Träger die Gegend, in der sich ihr Charakter bildete und auf dessen Hintergrund sie sich als Gestalten abzeichnen, verlassen haben.

Grimm zum letzten Mal: »Verloren: dem Verderben unrettbar verfallen!« Das heißt haltlos sein. Dem Verderben kann keine Johnsonsche Figur verfallen, weil es ein Verderben in unserer Ära nicht gibt, wir haben es eliminiert wie viele andere Begriffe, die einst den abendländischen Kulturkreis konstituiert und erhalten haben.

Doch in gewissem Sinne sind Johnsons Figuren heillos: sie sind ohne Hoffnung und Furcht, sie leben nicht, sie überleben oder, mit Büchner zu sprechen: So leben sie hin.

3

Wer derart auf der Übereinstimmung von Geschriebenem und Geschehenem, zumindest im Blick auf die Begleitumstände, besteht, erkennt das Faktum als seinen Maßstab. Woher stammt diese Zärtlichkeit gegenüber den Fakten, die eine Erscheinungsform des modernen Aberglaubens ist? In einer Detailtreue wie der Uwe Johnsons wird der unvoreingenommene Beobachter leicht eine Form von Magie erkennen, den Versuch, Erscheinungen und Geschehnisse zu bannen, indem ihnen das Geheimnis des exakten Ortes und des genauen Hintergrundes, womöglich noch des zureichenden Motivs entrissen wird, welches, als all das unvergangen war, eher von den Begleitumständen verdeckt wurde. Das heißt, die Gegenwart wäre nicht wirklich, wirklich würde sie erst durch den erinnernden, zurückgewandt forschenden Blick. Wer stärker in der Vergangenheit als in der Gegenwart lebt, der kommt dieser abhanden und täuscht sich in der Vorstellung, an den ungewandelten Orten sei die Vergangenheit noch lebendig. »Gesine, kein Mensch würde dich kennen in Jerichow«, meint Anita, nachdem sie's gesehen hat. Die kleinsten Städte gewinnen Unermeßlichkeit durch die Zeit. In deren Labyrinth gehen jedoch diejenigen verloren, die keine Nachkommen und Verwandte zurücklassen. So haben sich die Cresspahls aus dem Jerichower Winkel verloren.

Es mag nach dem Leben erzählt oder erfunden werden: der bedeutende Schriftsteller färbt seine Gestalten mit einem Pigment, das die Farbe seiner Geburt und seines Lebensgangs ist; die reicheren Epiker verbergen es durch vielfache Spiegelung und Brechung. Eine Grundfarbe, vielleicht die wichtigste bei Johnson ist die Verlorenheit, die er keiner seiner Figuren, solange er sie achtet, erspart. Beim jungen Klaus Niebuhr und der frühen Babendererde glutet Verlorenheit nur dann und wann in einer Tiefenschicht auf. Seit aber Jakob, als er, wie gewohnt, die Gleise überquerte, verloren ging, wurde die Verlorenheit allgegenwärtig. Gesine wie Johnson gingen fort, ohne sich gänzlich zu lösen, weil der nachsinnende Mensch, dem das ersehnte aktive Leben verwehrt ist, an sein Haupterlebnis und seinen Tatenraum, die Jugend, gebunden bleibt. Noch ein anderes Moment kommt hinzu. Als Johnsons Figuren ins Leben traten, blühte der Existentialismus, weder in Wahl noch Geworfensein frei von Verlorenheit, und die »lost generation« hatte ihre Nachblüte in Deutschland.

So tritt uns nicht, wie in der heutigen Literatur üblich, der Überdruß, sondern die Verlorenheit bei Johnson entgegen.

4

Der bedeutende, für ein so anspruchsvolles Buch durchaus ungewöhnliche Erfolg der *Jahrestage* beruht nicht zuletzt darauf, daß sie äußerlich die Gestalt einer Familiensaga annehmen. Die Cresspahls werden durch vier Generationen beschrieben, gipfelnd in Heinrich und endend in Marie, die, unabhängig von der Frage eigener Nachkommenschaft, die Familientradition nicht fortsetzen wird. Denn dem Übervater Cresspahl steht eine Enkelin gegenüber, welche, vom vaterlosen Jakob und der mutterlosen Gesine gezeugt, die inkarnierte Emanzipation wird. In ihr ist alle deutsche pubertäre Befangenheit in Freiheit verwandelt. Aber dadurch kommt nahezu alles Mecklenburgische abhanden; es bleibt einzig die Lust, sich davon erzählen zu lassen. Doch – wen wundert es? – Emanzipation schützt nicht vor Verlorenheit.

Die *Jahrestage* sind eine Familiensaga und wiederum keine. Denn sie schildern weder Aufstieg noch Verfall; und wo das Axiom der Wahrhaftigkeit es nicht erlaubt, beidem auszuweichen, da wird mit wahrem Ingrimm gezeichnet. Er richtet sich gegen die alten Papenbrocks wie gegen deren Söhne. Was soll aus Papenbrock Gutes kommen? Doch siehe, es entspringt gleich zweimal Gutes daraus und heißt Lisbeth und Hilde. Doch zum Guten gerät auch dieses Gute nicht.

In den traditionellen Familiengeschichten waltet ein verletzliches Gleichgewicht zwischen Unglück und Glück, zwischen Verzweiflung und Freude; Johnsons Gestalten aber wehren sich verzweifelt, glücklich zu sein. Über Kindheit und Jugend liegt noch ein Schimmer von Glück. Dort wird er geduldet, denn er ist zumeist nur ein Bote späteren Unheils. Sollte einer der ihm von Johnson zugedachten Aufgabe, unglücklich zu sein, widerstehen, so wird ihm das Schicksal als Gegner gesandt. Als es ihn ein zweites Mal ereilt, gibt selbst ein so hartnäckiger Unglücksverweigerer wie Cresspahl auf.

Alles, was Trost bringen könnte, wird vom Unglückseifer abgewiesen, auch die Kirche, auch die Glücksreligion Sozialismus, obwohl die New Yorker Gesine ihr nach eigenem Zeugnis anhängt. Aber das ist bereits in einem anderen Land, und eine wie Miss Cresspahl wird, sobald sie das heimische Mecklenburg verlassen hat, gewissermaßen zur Ungestalt. Was sollte sie noch sein, nachdem die drei Säulen ihres Selbst zerbrochen sind: Heinrich, Jakob und Mecklenburg. Da bleibt nur eine Erinnerung namens Marie.

»Alle glücklichen Familien gleichen einander; unglücklich ist jede auf ihre Art«, wissen wir von Tolstoi. Johnson lehrt uns, daß keine glücklich werden darf bei Strafe des Todes.

Jede Familie, die das Glück erfährt, muß zerstört werden. Das gilt – ironischerweise – selbst für Bettinchen, die Lehrerin. Ist das eine Konfession, die der vaterlos Aufgewachsene sich schuldig ist? Wo Glück unzerstört aufzuleuchten scheint wie bei den Semigs, darf es das nur unter dem Unstern einer das Leben fordernden Bedrohung. Lisbeth muß sterben, weil sie nicht alles Glück in sich auslöschen konnte. Die Niebuhrs, Hilde samt ihren Kindern, die Brüshaverschen Nachkommen, Jakob und als Nachgabe auch D.E.: Sie alle sind schuldig, glücklich zu sein oder es zu werden. Glück ist eine Feindin der Verlorenheit. Deshalb muß Johnson in Komplizenschaft mit dem Tod Raum um seine Hauptgestalten schaffen, den sie mit ihrer Verlorenheit füllen können.

5

Warum sind Johnsons Gestalten so verloren? Wie leicht wäre es, wenn wir antworten könnten: Weil es ein verlorenes Land ist, das er beschreibt. Es hieß einst DDR und ist nach amtlichem Zeugnis in den Jahren 1989/90 verschieden. Doch sein Koma setzte weit früher ein, vielleicht gar sein klinischer Tod. Kaum geboren, trug es den Todeskeim in sich. Mußte es sterben, weil es, wie Lisbeth, glücklich sein und glücklich machen wollte? Wir wollen ihm so viel Ehre nicht antun; es hätte sie nicht verdient.

Doch ist hier der Ort, ein zum Gemeinplatz gewordenes Urteil zu relativieren, nämlich, Johnson habe so lange und stockend am vierten Band seines Hauptwerks geschrieben einzig auf Grund seiner elisabethanischen Enttäuschung. Uns scheint wichtig, daß es im vierten Band eine Brücke zu überschreiten galt, die zwar im dritten Band tapfer und scheinbar mühelos betreten wurde, doch ohne das Bewußtsein der Gefahr, das sich erst in der Mitte des Weges einstellt. Konnte, besonders im ersten und zweiten Band, noch Überliefertes und Fremderzähltes gestaltet werden, so sah sich der Autor nun sich selbst und der eigenen bewußten Erfahrung gegenüber. Denn diese Jugendjahre in Jerichow, Klütz, Güstrow – oder mit welchem Stadtnamen wir sie benennen wollen – machen sein Leben aus. Sie sind sein Lebenskern und zunächst verlorene Zeit. Sie zur wiedergefundenen Zeit werden zu lassen, bedeutet bei einem Autor von einer solchen ethischen und menschlichen Rigorosität, jene und damit die eigene Vergangenheit aufzuheben. Er hebt, was gewesen war, auf, indem er es deutend aus seinen eher zufälligen Bindungen und Nachbarschaften löst und das einst Vereinzelte in einen Zusammenhang stellt. In dem Maße, wie es in den *Jahrestagen* ein Schriftleben gewinnt, stirbt es als Gewesenes und Erinnertes. Der scheinbar offene Ausgang des Buches verbirgt nicht, daß alles so endgültig vergangen ist, als habe Johnson geahnt, wie bald die Episode DDR ein Ende finden werde.

Die *Jahrestage* sind eine Apokatastasis panton, eine Wiederbringung aller verlorenen Dinge am Ende der mecklenburgischen Zeiten; der Autor hüllt sie in die Aura der Verlorenheit. Seine Erinnerung ist obsessiv. Die verlorene Zeit war keine Heilszeit, im Gegenteil: Sie war bedroht und bedrohend. Dennoch erfüllt, war sie ein Lebensalter, gegen das jedes spätere abfällt wie alle anderen Mädchen gegen »Röbertin sin Gesin«.

Die Verlorenheit bei Johnson ist ein Nicht-vergessen-können seiner

Hauptgestalten oder, um es mit einem aus der Mode gekommenen Wort zu sagen: Sie ist Treue – zu seiner Jugend, zu seiner Herkunft, zu seiner Landschaft: »Denn Heimweh ist eine schlimme Tugend, Gesine.« Heimat zu besitzen kommt in unserem Jahrhundert der Heimatlosigkeit und der Verschuldung einer Schuld gleich; sie wird entsühnt durch Verlorenheit. Aber wäre nicht denkbar, Heimat in einem anderen Menschen statt in einem Landstrich und in einer Geschichte zu finden und Schuld durch Verzeihen aufzuheben? Es scheint möglich, aber es bildet die Ausnahme und verliert sein Interesse für den Autor, weil es schicksallos macht: »Wenn ich Lisette von Probandt wäre und hätt ein Gedächtnis, das Leben wär mir entgegen. – Aus den fünfundzwanzig Jahren wurden bloß fünf [...] Und die Lisette, die hat gewartet ihre sieben Jahr. Die hat ihren Gollantz geheiratet [...] – So verzeihen, könnte ich nie. – Kannst du. Lernst du.«

Ist es denn zu erlernen? Lisbeth Papenbrock glaubt, daß ein anderer Mensch ihr alles und damit auch Heimat sein könnte. Sie irrt. Sie kann nicht auf das verzichten, was sie weniger besitzt als verkörpert: Mecklenburg. Das hätte Cresspahl, der menschenkundige, erkennen müssen. Er will durch Lisbeth das Leben gewinnen. Statt dessen wird ihm ein verworrenes, keineswegs freudloses Unglück zuteil, weil er seine Frau von allem trennt, was er an ihr liebt und was nur in ihrem ureigenen Element lebensfähig ist. Sie treibt, als sie entbinden soll, nicht nur die »schlimme Tugend«, das Heimweh, zurück. Sie fühlt die Krankheit, die ihr Wesen zu zerstören droht, und hofft, sie könne zurückkehrend genesen: »Einmal dem Fehlläuten der Nachtglocke gefolgt«, dem Fehlläuten England, dem Mißverständnis England, das eine erleidet, die nicht fortgehen kann, es aber erst in der Fremde erfährt. Ihr Irrgang erweist sich, seelisch gesehen, als unumkehrbar. Denn er ist mit einem gebrochenen Versprechen verbunden. Lisbeth und Johnson in ihrer unbedingten Wahrhaftigkeit lösen sich von einer so entscheidenden Zusage nicht, ohne zu leiden. Der religiöse Wahrheitsanspruch hat hier ein weltliches Pendant gefunden. Doch mit seiner Säkularisierung sind auch die alten Entsühnungs- und Vergebungsrituale verschwunden. Schuld wird unsühnbar. Daß Marie verkündet wird, sie werde zu verzeihen lernen, ist nur marginal. Für Lisbeth, die Fromme, wird die Kirche kein Trost, sondern eine Bestärkerin von Schuldgefühlen, dienlich dem Masochismus der Selbstvorwürfe, der schließlich in unentrinnbare Verlorenheit umschlägt.

Am Anfang steht ein schwacher Rechtfertigungsversuch: Das Kind sollte nicht in einem fremden Land geboren werden. Wie gleichgültig, wie ohnmächtig scheint ein solches Argument für einen Europäer wie Cresspahl, für einen Weltbürger wie Johnson. In solchen Augenblicken gerät der Autor mit seiner Hauptgestalt, mit der ihn sonst eine geheime Komplizenschaft verbindet, in Konflikt. Nicht nur das Fischland muß er als schönsten Ort der Welt anerkennen, auch noch ein anderer Blick tut sich auf: »dem Auge freien Weg öffnend über die Insel im See und das hinter dem Wasser sanft ansteigende Land, besetzt mit sparsamen Kulissen aus Bäumen und Dächern, leuchtend, da die Sonne gerade düstere Regenwolken hat verdrängen können; welch Anblick mir möge gegenwärtig sein in der Stunde meines – Sterbens.«

Das kann nicht unwidersprochen aus dem Munde einer Fünfunddreißigjährigen entgegengenommen werden. Der Widerspruch aber ruft ein Gegenwort: »Es ist uns schnuppe, ob dir das zu deftig beladen ist, Genosse Schriftsteller! Du schreibst das hin! Wir können auch heute noch aufhören mit deinem Buch.«

Welch schreibtötende Erpressung, die den Genossen Schriftsteller zwingt, auch das folgende hinzunehmen: »Wir vertrauten einander etwas an über die Unentbehrlichkeit der Landschaft, in der Kinder aufwachsen und das Leben erlernen.«

Landschaft ist mehr als die Kulisse der Bäume und Dächer, der Ufer und Inseln. Doch sie ist alles andere als Blut und Boden, jene dümmliche Metapher, die nur ein Stadtmensch geprägt haben kann.

Lisbeths Verlorenheit wird vom Autor als Schuld der Rückkehr in ein faschistisches Land gedeutet. Ihren Mann und ihre Tochter einem solchen Schicksal auszuliefern, scheint ihr unverzeihlich. Dafür verdient sie in den eigenen Augen nicht nur den Tod, sie verweigert den drei versprochenen Kindern das Leben, sie läßt Gesine hungern und sieht in qualvoller Schicksalsneugier zu, wie die Tochter in der Regentonne zu ertrinken droht.

Doch jede Deutung dieser rätselhaftesten Gestalt Johnsons gäbe ihr eine andere Kontur als sie die sich stets Gleichbleibende und so erschreckend Wandelbare besitzt. Selbst der Autor weiß für das Rätsel, das sie ihm aufgibt, keine andere Lösung als den Freitod. Dieses Sterben zieht andere Tode nach sich. Solange Lisbeth lebt, muß Johnson seine Figuren, wenn sie glücklich zu werden drohen, nicht sterben lassen. Lisbeths Unglück wiegt so schwer, daß jedes Glück als zu leicht befunden wird; ihre Verlorenheit ist so groß, daß sie alle Räume, die sie in Besitz nehmen möchte, erfüllt. Erst als sie aus der Erzählung tritt, muß der Autor Raum schaffen – für die Verlorenheit.

Am Ende bleibt nur Gesine und ihr in mehrere Figuren aufgespaltenes

Ich. Sie hatte sich an Menschen gebunden, aber die Menschen und Dinge verließen sie und lassen sich nur beschwören durch das Opfer der Erinnerung. Sie will sich nicht erneut binden, um nicht erneut leiden zu müssen. Aus Furcht, es zu verlieren, macht sie ihr Leben zu einem einzigen Verlust.

Von allen, die ihr etwas bedeutet haben, bleiben die Gräber.

Wie aber sehen die Gräber aus, sobald die Gestalten das Gedächtnis verlassen haben und in das Buch getreten sind: »Die Buchstaben auf deines Vaters Stein, sie haben ihn verschmiert mit Ausscheidungen von Rost. Die Bepflanzung, als müßte der Etat einer Gemeinde dafür herhalten; Maiglöckchen. Deiner Mutter Kreuz, das Gußeisen, es blättert in Flocken ab; mit zwei Fingern kann man hindurchfassen, so verdorben ist es nun. Jakobs Tafel steht da wie ein Preisschild; der Rosenstock 1964 ist gesund angewachsen. Dein Platz ist noch unbelegt, Gesine.«

Ob sie ihr Recht auf diesen Platz je geltend macht oder nicht, bleibt gleichgültig, denn: »Gesine, kein Mensch würde dich kennen in Jerichow« – im Leben nicht und schon gar nicht im Tode.

Dr. *Uwe Grüning*, Mühlenweg 21, 08496 Neumark/Sachs.

Peter Horst Neumann

Trauer als Text

Eine Reise nach Klagenfurt und Uwe Johnsons
Nekrologe auf Günter Eich und Hannah Arendt

Unter dem Datum des 3. August 1968 ist im vierten Band der *Jahrestage* von gewissen Täuschungen durch »Kopfformen und Physiognomien« die Rede, Verwechslungen geläufiger Art, die auch Gesine Cresspahl und dem »Genossen Schriftsteller« passieren, etwa am Strand von Jones Beach oder in New York, wo sie gelegentlich Menschen begegnen, die »Leuten in Deutschland ähnlich« sehen. Zur Psychologie solcher Täuschungen genügt der Hinweis, daß es sich um »genasführte Erwartungen« handelt.[1] Was hier unwillkürlich und mit dem Befund der Enttäuschung geschieht, hat auf der Ebene der bewußten Erinnerungsstrategien des Autors seine positive Entsprechung in einem Verfahren, das Uwe Johnson seit den *Mutmassungen über Jakob* immer wieder anwandte: die Vergleichzeitigung zeitferner Erfahrungsräume und die penible Ausforschung der Lebensorte erzählter Personen durch deren Erzählinstanz (den Erzähler, den Autor). Die am 3. August 1968 erwähnten Täuschungen sind von solcher Art nun gerade nicht: Ort und Person passen nicht zusammen, latente Erwartungen werden durch physiognomische Ähnlichkeiten »genasführt«. Als Beispiel einer derart vorgetäuschten Präsenz nennt der Text Günter Eich, ausdrücklich bezeichnet als der »Dichter Günter Eich«: seine physiognomischen »Doppelgänger [...] sitzen vielfach auf Bänken

---

1 Vgl. Johnson, Uwe: Jahrestage. Aus dem Leben von Gesine Cresspahl, Bd. I-IV, Frankfurt am Main 1970–1983.

und an Theken«. Von der im selben Satz erinnerten Ingeborg Bachmann heißt es dagegen: »auf eine Ingeborg Bachmann stößt man nie«. Sie allein bleibt einer solchen Täuschung entzogen. Mit beiden war Johnson befreundet, ihre Fotos hingen in seinem Arbeitszimmer.[2] Ihre gemeinsame Nennung ist ein Totengedenken, ein unausgesprochenes. Am 3. August 1968 lebten sie noch, zur Zeit der Niederschrift dieses Jahrestages (nach 1975) waren sie nicht mehr erreichbar. Auf ihre Tode hatte Johnson bereits 1973 mit zwei Texten von befremdlicher Andersartigkeit reagiert, von denen *Eine Reise nach Klagenfurt* der absonderlichste Nekrolog sein dürfte, den ein Schriftsteller je einem anderen schrieb. Der Eintrag vom 3. August 1968 erweckt zwar durch seine Kürze fast den Eindruck von Beiläufigkeit, steht aber deutlich erkennbar in der Konsequenz der in jenen konträren Trauertexten für angemessen erachteten Haltungen.

Mein Interesse gilt der Befremdlichkeit der *Reise nach Klagenfurt* und wie sie sich reflektiert in der anderen Weise nekrologischen Schreibens, für die sich Johnson in seinem Gedenktext auf Eich entschied. Stellt man daneben auch noch den Nachruf, den er 1975 auf Hannah Arendt schrieb, so erkennt man drei höchst differente Haltungen seines Schreibens in der Trauer um Freunde, drei Arten der Trauer als Text.

★

Der Nachruf auf Hannah Arendt wurde für die *Frankfurter Allgemeine* geschrieben, die ihn am 8. Dezember 1975 unter der Überschrift *Uwe Johnson: Ich habe zu danken* veröffentlichte. Er ist eine viertel Zeitungsseite lang und memoriert Begegnungen und Gespräche.[3] Johnson und Hannah Arendt waren Nachbarn am Riverside Drive in New York. Sie hatten einen Streit wegen Brecht. Es gab eine Einladung der Familie zu Hannah Arendt und Heinrich Blücher »aufs Land«. In einem Restaurant in Palenville gingen einmal plötzlich die Lichter aus, »der Gedanke an die Ankunft des Krieges« machte ihr Angst. Johnson erinnert sich ihrer Privatissima über »Philosophiegeschichte, zeitgenössische Politik, Zeitgeschichte, je nach Wunsch«. Über Hannah Arendts Bücher sagt er nichts, darüber sollen »mehr Berufene« schreiben. Daß er ihre Analysen

---

2 Nach einer Mitteilung von Eberhard Fahlke, Leiter des Frankfurter Uwe Johnson-Archivs.

3 Johnson, Uwe: Mir bleibt nur, ihr zu danken. Zum Tod von Hannah Arendt, in: ders., Porträts und Erinnerungen, hg. von Eberhard Fahlke, Frankfurt am Main 1988, S. 74-77 (alle Zitate nach dieser Ausgabe).

totalitärer Systeme kannte, ist selbstverständlich, ebenso, daß sie sein Denken und sein Wissen um alles Jüdisch-Deutsche – eine seiner Obsessionen – nachhaltig beeinflußte; es bezeugt sich in Briefen.[4] Der Rang der intellektuellen Persönlichkeit wird als bekannt vorausgesetzt, der Nachruf ist ganz auf Dank gestimmt, ein privates Erinnern. Man erfährt, daß Frau Arendt ihre Gäste in ihrer Bibliothek zu bewirten pflegte, daß ihr eine jamaikanische Hausgehilfin zur Seite stand – »das Kochen aber besorgte Frau Professor selbst. Solche Anreden, selbst im Scherz, hat sie sich verbeten.« Aber »die Dame zu spielen« habe ihr Spaß gemacht, ja sie sei (»wenn der Begriff überhaupt noch Wert hat«) eine Dame gewesen. In einem Hotel in Chicago habe man sie empfangen »wie eine entbehrte Königin«. Von ihrem Mut ist die Rede und ihrer Fürsorglichkeit, von ihrem »sanften, wilden Gesicht«, so jüdisch »wie sieben Synagogen«; auch von ihrer Stimme, die »in Momenten der Empörung« hart werden konnte ... Auf jedem dieser Erinnerungssplitter liegt der Akzent des Persönlichen; freundschaftlich erlebte Nähe teilt sich hier mit. Eine Momentaufnahme locker arrangierten Gedächtnismaterials. Die Lizenz spontanen Schreibens gibt dem Nachruf eine starke Unmittelbarkeit – »Es ist zehn Minuten her, seit ich erfahren habe von Hannah Arendts Tod, zugleich mit der Aufforderung, etwas dazu zu schreiben.«

Mit einer ähnlich liebevollen Mitteilsamkeit und Wärme hat Uwe Johnson über keinen anderen seiner Toten geschrieben. Der Gegensatz dieses Trauertextes zur *Reise nach Klagenfurt* könnte kaum größer sein. Man möchte meinen, der Schreibende habe all das, was er im hundertseitigen Nekrolog auf Ingeborg Bachmann aussparte und was diesen so befremdlich macht, nachholen wollen im Nachruf auf die andere Tote. Ja, es scheint, als wäre ihm solch ein Nachholen auch halb bewußt gewesen als er Worte aus dem Bachmann-Gedicht *Alle Tage* auf Hannah Arendt bezog: »Ihre Freundschaft war ehrlich genug für die Tapferkeit vor dem Freund.« Der Name bleibt ungenannt, aber der Hinweis »Das ist ein Zitat« wird durch den Zusatz »es kommt nicht von ungefähr« zu einem verhaltenen Bekenntnis. Beide Tote sind für den Augenblick dieses Gedenkens nebeneinander gerufen. Wir aber registrieren mit Staunen, wie unvereinbar verschieden Uwe Johnson in seinen Nekrologen von ihnen spricht. Im Text der *Reise nach Klagenfurt* ist Ingeborg Bachmann als Dichterin überhaupt nicht präsent: keines ihrer Gedichte wird erwähnt, kein Vers zitiert, ihr Bestes bleibt ausgespart. Warum? Es ist

---

[4] Vgl. »Die Katze Erinnerung«. Uwe Johnson – Eine Chronik in Briefen und Bildern, zusammengestellt von Eberhard Fahlke, Frankfurt am Main 1994, S. 204-207.

wohl die gleiche Aussparung wie im Text des 3. August 1968: dem mit Doppelgängern versehenen »Dichter Günter Eich« steht dort die mit keiner Prädikation bedachte »eine Ingeborg Bachmann« gegenüber, die ihresgleichen nicht habe, und gewiß nicht nur physiognomisch. Es gibt keinen Grund, etwa zu glauben, es liege bei der gemeinsamen Nennung in den *Jahrestagen* der Hauptakzent der Wertschätzung *hier* auf dem Werk (also dem Dichter), *dort* auf der Person, und es sei in die nur physiognomisch markierte Unvergleichbarkeit der Freundin nicht auch ihr Rang als Dichterin einbegriffen. Daß Johnson darauf verzichtete, sie irgendwie zu charakterisieren, mag der Ausdruck derselben Scheu sein, die auch den Trauergestus der *Reise nach Klagenfurt* prägt – der Scheu, dieser Einzigen mit irgendeiner Prädikation öffentlich nahezutreten, wenn jede eine Beschränkung bedeutet. Dieser Prädikationsverzicht verhindert aber auch die Vergegenwärtigung ihrer Person durch ein eigenmächtiges Erinnern. Wenn Johnson über Ingeborg Bachmann schreibt, unterwirft er sich einem Bilderverbot. Er setzt seine Zeichen in ein System mit vertauschten Koordinaten: Minus scheint Plus, Abständigkeit Nähe zu bedeuten. Das oben erwähnte mnemotechnische Verfahren wird hier auf einen Menschen angewandt, der Uwe Johnson weit mehr bedeutet haben muß, als wir biographisch nachzuvollziehen imstande sind. Wenn er sich sonst als Erzähler einer Person über die Vermessung des für sie wesentlichen Lebensortes nähert, so hat er sich hier gerade *den* Ort gewählt, der zur geistigen Existenz Ingeborg Bachmanns in keiner Beziehung steht. Will sagen: Als Stadt ihrer Kindheit und ihres Begrabenseins ist Klagenfurt natürlich beziehungsreich, doch nach den beigebrachten Selbstbezeugungen Ingeborg Bachmanns und den Befunden des Johnsonschen Lokaltermins erscheint sie als ein Ort von beziehungsvoller Beziehungslosigkeit. Dieses Paradoxon entfaltet *Eine Reise nach Klagenfurt*. Seltsame Trauerarbeit, die sich der Nähe *so* als Ferne versichert!

Ganz anders der Trauertext für Günter Eich: *Einatmen und hinterlegen*.[5] Johnson hat ihn im selben Jahr 1973 geschrieben. Auch er ist eine Ortsbesichtigung – man darf ihn so nennen, das Wort ist hier mehr als nur eine Metapher. Denn Johnson begibt sich dorthin, wo sich der Freund nach eigenem Bekunden versteckt hält, er geht in dieses Versteck hinein, an den einzigen Ort, wo die toten Dichter erreichbar bleiben, die Dichtung. Er betritt ihn schreibend, indem er sich für diesen einen Text die späte Schreibart Günter Eichs zu eigen macht. *Einatmen und hinterlegen*

---

5 Johnson, Uwe: Eintamen und hinterlegen, in: ders., Porträts und Erinnerungen (Anm. 3), S. 58-61 (alle Zitate nach dieser Ausgabe).

ist im Stil der *Maulwürfe* geschrieben, doch ohne die Spur einer Selbstverleugnung. In Günter Eichs nur scheinbar so lässig geformten Prosagedichten sind zwischen Tiefsinn und Nonsens, Schwermut und kalauerndem Leichtsinn fließende Grenzen. Diese Texte sind offen für jede Art Allusion und intertextuellen Beziehungsspiels. Johnson hat diese Möglichkeiten genutzt. Sein Text ist durchsetzt mit Anspielungen auf Eichs Gedichte und *Maulwürfe*, als Ganzes ein Eichsches Stilzitat, verfremdet durch die eigene Diktion. Diese Schreibart mußte hier naheliegen, denn Eich hatte Uwe Johnson seinen *Exkurs über die Milz* gewidmet, einen *Maulwurf* aus der Sammlung *Ein Tibeter in meinem Büro* (1970), und damit ihrer Freundschaft ein literarisches Zeichen gesetzt. Eichs Maulwurf ist der Titel *Einatmen und hinterlegen* entlehnt, zwei Motti weisen auf ihn hin, und Johnson bleibt mit ihm über eine Reihe von Zitaten und Motivübernahmen im Gespräch. Frankfurt und das Eschernheimer Tor werden als Motive aufgenommen, und einer Eichschen Pike gegen »die Geisteswissenschaften« weist Johnson ihre Berechtigung nach durch ein Zitat, vermutlich aus der Feder eines deutschen Germanisten. Es sei hier nicht vorenthalten.

In Eichs *Maulwurf* steht: »Wenn wir zum Beispiel der Zeit auf die Sprünge kommen, kann das die Milz übernehmen. [...] Aber wie ich die Milz kenne, wird sie wieder alles den Geisteswissenschaften überlassen wollen und das gibt Ärger«.[6] Diese Bemerkung bestätigt Johnson durch ein polemisches Pars pro toto, das »die Geisteswissenschaften« bei der Arbeit zeigt; sie sind zwar nicht gerade »der Zeit«, aber doch wenigstens den »bürgerlichen Dichtern« auf die Sprünge gekommen, welche, anders als sie, das Undurchschaubare für undurchschaubar halten: »Den Humanisierungsversuchen des bürgerlichen Dichters steht jedoch eine resignierende Auffassung entgegen, die an der Undurchschaubarkeit der ihn umgebenden ›Trugwelt‹ festhält.« Nach dieser Stilblüte heißt es bei Johnson: »Er will da nicht Umstände machen, er antwortet: Ja wenn das so ist ...«.

Er – das ist Eich; er ist da als das »Er« in Johnsons Sätzen und durch eine Vielzahl eigener Wendungen und Motive, teils leicht erkennbaren, teils verdeckten. Für einen Seminaristen eine reizvolle intertextuelle Fleißarbeit. Ich begnüge mich mit Partikeln und zitiere zunächst ein paar Sätze von Eich. Im Gedicht *Verse an vielen Abenden* (1930) stehen die folgenden

---

6 Eich, Günter: Gesammelte Werke, hg. von Axel Vieregg, Frankfurt am Main 1991, Bd. 1, S. 390.

Zeilen: »O ich bin von der Zeit angefressen und bin in gleicher / Langeweile vom zehnten bis zum achtzigsten Jahre.«[7]

Im fünften Gedicht des Zyklus *Fortsetzung des Gesprächs* (1957) ist von »Ausflüchten der Macht« und »Beruhigungen der Wahrheit« die Rede, dann heißt es: »mit List / die Fragen aufspüren / hinter dem breiten Rücken der Antwort«.[8] Dazu noch der Anfangsvers eines Gedichts aus dem Hörspiel *Träume* (1950): »In der Stunde X werde ich dennoch denken, daß die Erde schön war.«[9] Und hier die Sätze aus *Einatmen und hinterlegen*, in denen diese Verse erinnert werden:

In einem Gedicht aus der Jugend sah der die Langeweile warten auf ihn, nach gleicher Langeweile vom zehnten Jahr an gibt er die Auskunft, betreffend das Überleben, er antwortet, eine krumme Frage aus Rücken und Armen: Ja ...

In der Stunde vor dem Tod will er dennoch denken, daß die Erde schön war.

Er prüft es noch nach, drei Finger zwischen den Augen.

Er sagt nicht zu, es auszusprechen.

Er ist im Feuer, in der guten schwarzen Jacke für die hörenden Leser, mitsamt den Papieren zur Person.

Im Versteck.

Er hat endlich den Löffel abgeben dürfen, damit war er noch zu sehen. Was er damit ausgeteilt hat, ist vorhanden.

Mit diesen Sätzen endet der Text. Ich nannte ihn eine Ortsbestimmung und denke, daß damit – jenseits aller Metaphernlust – das Wesentliche dieses Trauer-Maulwurfs genau und verständlich bezeichnet ist. Betreten wird das »Versteck«, in dem der Freund sich für immer verborgen hält: Günter Eichs Dichtung. Gleichsam. Denn schreibend geschieht es, in einer Prosa, die Eichs und Johnsons Schreibart verbindet. »Versteck« ist denn auch das Schlüsselwort dieses Textes, von Anfang an. Ein Eichsches Gedicht, das hier zitiert sein will, gibt den Bezug. Sein Titel ist eine Interjektion: *Huhu*. So rufen Kinder aus ihrem Versteck; wenn der Suchende sie aufgespürt hat, sie davonlaufen und er sie erwischt, gibt er ihnen den Schlag, und sie haben das Spiel verloren. Im Gedicht bekommt dieses Spiel, das Verstecken heißt, eine andere Regel. Hier hat sich nur *einer* versteckt, so gut, daß die vielen, die ihn suchen sollen (und das möchten die Leser sein), ihn nicht finden werden, und nicht er

---

7 Ebd., S. 9.
8 Ebd., S. 156.
9 Ebd., S. 248.

kriegt den Schlag, sondern er ist es, der ihn gibt, »den letzten Schlag«, ihnen allen –

HUHU

Wo die Beleuchtung beginnt,
bleibe ich unsichtbar.
Aus Briefen kannst du mich nicht lesen
und in Gedichten verstecke ich mich.

Den letzten Schlag
gab ich euch allen.
Mich triffst du nicht mehr,
solang ich auch rufe.[10]

Von diesem Gedicht nimmt Johnsons Maulwurf seinen Ausgang. Man könnte auch sagen: über dieses Gedicht wird der Eingang gefunden ins Eichsche Versteck, das zwar ein sicheres, aber kein narrensicheres ist. Huhu, der Ruf, wird als Hilferuf verstanden:

Ein sicheres Versteck ist unerlässlich.

Narrensicher muß es nicht sein.

Dieser ruft nicht mehr um Hilfe. [...]

Das Versteck muß so beschaffen sein, daß die Suchenden blind werden im Findenwollen.

Damit ist schreibend der Ort betreten, der allein der Besichtigung wert scheint. Eichs Geburtsort Lebus, im nächsten Satz genannt, kommt dafür nicht in Betracht. Doch auch für seine Nennung gibt es eine poetische Referenz. Im Gedicht *Oder, mein Fluß* erwähnt Eich »die Fähre in Lebus und das Haus rechts der Oder, wo ich geboren bin«.[11] Bei Johnson lesen wir:

Die Lebus auf der zweiten Silbe betonen, mögen sie darin auch diesen gefangen glauben; er war in einem anderen Ort. [...]
　Noch einmal auf den Wiesen links [!] der Oder, zeigte er sich da, sichtbar wäre er nicht.

Zu Lebus wird gleich noch ein Wort zu sagen sein; aber ich möchte zuvor diese fragmentarische Betrachtung des Johnsonschen Maulwurfs mit einem Blick auf die letzten Sätze beenden. »Er ist im Feuer«, heißt es, »mitsamt den Papieren zur Person. / Im Versteck.« Das meint wohl die

---

10　Ebd., S. 135
11　Ebd., S. 210.

Kremation des Toten. Verblieben aber ist er im Unterschlupf seiner Dichtung. Und dies ist der Schluß: »Er hat endlich den Löffel abgeben dürfen, damit war er noch zu sehen. Was er damit ausgeteilt hat, ist vorhanden.« Von einem Toten zu sagen, er habe den Löffel abgegeben, ist eine saloppe Metapher fürs Sterben. Johnson aber gibt diesem sprichwörtlichen Löffel noch eine zusätzliche Bedeutung: Mit ihm ist etwas ausgeteilt worden, und das Ausgeteilte, das Werk, bleibt »vorhanden«. Assoziiert man zum Löffel nun auch noch die Suppe, die hier nicht ausgelöffelt, sondern »ausgeteilt« wurde, jedem, der davon haben wollte, *ein Schlag* – so kommt noch einmal *Huhu* ins Spiel, das Gedicht, von dem Johnsons Text seinen Anfang nahm. Das Wort »Schlag« hat jetzt einen zweifachen Sinn: »Den letzten Schlag / gab ich euch allen.«

Soviel zu diesem Trauertext als poetischem Lokaltermin. An keinem anderen Ort wäre die Annäherung möglich gewesen. Eichs Geburtsstadt kam nicht in Betracht; diejenigen, die es anders glauben, mögen Lebus getrost »auf der zweiten Silbe betonen«; es ist die falsche Betonung, und: »er war an einem anderen Ort«. Johnson sagt es mit aller Entschiedenheit. Aber galt dies in gleicher Weise nicht auch für Ingeborg Bachmann? Warum hat er nicht auch sie an ihrem »anderen Ort«, in ihrer Dichtung, aufgesucht?

*

Am 17. Oktober 1973 war Ingeborg Bachmann gestorben, in Rom, wo sie zuletzt und seit langem lebte. Rom war die Stadt ihrer Wahl. Hätte das Wünschen ihrer Freunde etwas vermocht, würde man sie auf dem »Protestantischen Friedhof« an der Cestius-Pyramide begraben haben. Dort liegen Keats und Waiblinger, Goethe und Platen wünschten sich dort ihr Grab. Ingeborg Bachmann wohl auch und gewiß nicht in Klagenfurt. In welcher Beziehung sie zu ihrer Vaterstadt stand, erfährt der Leser aus zwei autobiographischen Texten und aus Briefen, die Johnson zitiert; sie sind der Ariadnefaden seiner Stadtbesichtigung. Daß er am 29. Oktober in Klagenfurt eintraf und nicht bereits am 25. Oktober, dem Begräbnistag, macht seine Reise zu einer Trauergebärde ganz eigenwilliger Art und war zugleich ein Affront. Er verweigerte sich den Ritualen der Pietät, indem er sich aufs pünktlichste von der Beisetzung fern hielt.[12] In dieser Verweigerungshaltung hat er *Eine Reise nach Kla-*

---

12 Das gilt für diese, vielleicht nur für diese Beerdigung. Zur Bestattung von Peter Weiss flog Johnson als »einziger westdeutscher Schriftsteller« 1982 nach Stockholm

genfurt[13] geschrieben, einen Text, der keiner Erwartung entspricht, die sich mit einem literarischen Totengedenken irgend verbinden ließe. Sein spontaner Nachruf auf Hannah Arendt ist reich an evokativen Momenten; im Maulwurf für Günter Eich begegnete er dem Freund im Stilzitat seiner Dichtung. Nichts dergleichen im Text seiner Trauer um die »eine Ingeborg Bachmann«. Weder Evokation, noch Laudatio.

Am Anfang steht, unter dem Datum des Anreisetags, ein Satz Ingeborg Bachmanns aus einem Brief an Uwe Johnson. Schlüsselzitat und generelles Vorzeichen für den Schreib- und Trauergestus des Buches: »Außerdem ist sowieso jeder Nachruf zwangsläufig eine Indiskretion.« Gleichwohl folgt unmittelbar darauf – als Selbstzitat – ein *Nachruf*, den Johnson drei Tage nach seiner Rückkehr aus Klagenfurt, am 4. November, vor der Westberliner Akademie der Künste vortrug: eine Aufzählung bio- und bibliographischer Daten im Stil von *Who is who*, dezidiert unpersönlich. Ein uninformierter Leser erführe auf diese Weise immerhin, daß die Verstorbene eine Schriftstellerin war, eine bedeutende, zweifellos, denn weshalb hätte die Akademie sie sonst eines Nachrufs gewürdigt. Da aber jeder Nachruf per se einen laudatorischen Charakter hat, könnte solch strikte Sachlichkeit vielleicht sogar eine exklusive Art des Rühmens bedeuten: wo die Daten genügen, kann jedes Loben als zu gering und »zwangsläufig« indiskret erscheinen, weil es immer auch eine Art Ebenbürtigkeit des Rühmenden impliziert. So hat dieser »Nachruf« auch *kein grammatisches Subjekt* – und ebendies gilt für Johnsons Trauer-Text als ganzen. Nur in Zitaten aus eigenen Briefen, Briefen aus der Vergangenheit, ist der Autor grammatisch zugegen – als zitiertes Ich. Diese Aussparung der 1. Person Singular wird in der Textsprache kompensiert durch Anrede-Formen, die alle Mitteilungen und Vorschläge des Textes an ein unbestimmtes »Sie« adressieren: »hier haben Sie einen Friedhof, da können Sie sich begraben lassen, falls jemand behaupten sollte, Sie seien tot«. Oder: »Sie könnten weiterfliegen nach Amsterdam, Westberlin, Helsinki ...«. In diesen Gemeinplatz des höflich-formellen »Sie« ist der Leser genötigt einzutreten, während das Ich, das ihn anspricht, jenseits

---

(Fahlke, Katze Erinnerung [Anm. 4], S. 291). Um der Beerdigung von Manfred Bierwischs Mutter beizuwohnen, reiste er, ebenfalls 1982, von Sheerness nach Leipzig (Vgl. Bierwisch, Manfred: Fünfundzwanzig Jahre mit Ossian, Dr. Jürgen Grambow und Teilnehmer eines Jenaer Seminars sprachen mit Prof. Manfred Bierwisch über Uwe Johnson und seine Freunde, in: Ulrich Fries/Holger Helbig (Hg.), Johnson-Jahrbuch Bd. 1, Göttingen 1994, S. 17-44, hier: S. 44).

13 Johnson, Uwe: Eine Reise nach Klagenfurt, Frankfurt am Main 1974 (alle Zitate nach dieser Ausgabe).

der Wörter bleibt. So heißt das Buch denn auch nicht *meine*, sondern *Eine Reise nach Klagenfurt* und liest sich über weite Strecken wie eine dem Leser unterbreitete Reise-Empfehlung. Durch die Entpersonalisierung des nachforschenden und mitteilenden Subjektes bleibt aber auch die Trauer subjektlos, die *Trauer als Text*. Um diesen Preis war es Johnson möglich, jene ›zwangsläufige Indiskretion‹ zu vermeiden, vor der er sich warnen ließ durch das Briefzitat am Anfang des Buches. Er verstand diese Warnung als ein Evokations- und Bilderverbot und hat sich diesem Verbot in einer so strengen literarischen Gehorsamsübung unterworfen, daß die Trauer sich dabei fast bis zur Unkenntlichkeit verfremdete. Sie verband sich für die Dauer des Textes mit einem Affekt gegen Klagenfurt.

Auf das »Nachruf«-Zitat folgen zwei Sätze aus Briefen von Ingeborg Bachmann. Im ersten nennt sie Rom ihre »fixe Idee« – »nach Rom gehen zu wollen«, sei ihr Wunsch und ihre Entscheidung gewesen. Klagenfurt aber war ihr willenlos widerfahren, ein offenbar unerträgliches Widerfahrnis: »Man müßte überhaupt ein Fremder sein, um einen Ort wie Kl[agenfurt] länger als eine Stunde erträglich zu finden.« Johnson blieb vier Tage und sah die Stadt mit den Augen eines Fremden. Durch die beiden Briefzitate ist Rom als Gegenort ins Spiel gebracht und der Affekt gegen Klagenfurt durch die Eingeborene sanktioniert. Die Stadt wird nun einer gnadenlosen Inquisition unterzogen; man könnte statt »gnadenlos« auch: objektiv oder faktensüchtig sagen und die »Inquisition« eine orts- und zeitgeschichtliche Recherche nennen; und das ist sie auch. Doch dieser Anti-Affekt regiert fortan den Text, und seine Explikation wird zur Entfremdungsgestalt der Johnsonschen Trauer um Ingeborg Bachmann.

»und werde (ich) diese Stadt (Klagenfurt) ja ohnehin nur unter Ihrer sachkundigen Führung aufsuchen, betreten und hinterlassen.« Diesen Briefsatz hatte Johnson 1971 geschrieben. Mit ihm qualifiziert er nun seinen Aufenthalt als die Erfüllung einer Art von Vermächtnis. Die Sachkundigkeit der gewünschten Führerin muß jetzt selbst erworben werden – die Stadt als Sache. Man könnte sagen, sein Interesse für Klagenfurt sei die Versachlichung seiner Neigung zu Ingeborg Bachmann; er übernimmt aber deren Aversion, und eben dadurch wird sein Lokaltermin zu einer Inquisition. Aus Johnsons Romanen weiß man, daß er *Personen* vorzugsweise im Modus der Mutmaßung auszuforschen pflegte; sein Wissen um die Vieldeutigkeit alles Individuellen ließ ihn Ist-Sätze und Zustandsbehauptungen vermeiden. Seine Diskretion entsprach wohl dem Grad seiner eigenen Verletzbarkeit. Wo er sie ein einziges Mal durchbrach – in der *Skizze eines Verunglückten* und auf den letzten Seiten der *Frankfurter Vorlesungen* –, war seine Indiskretheit die katastrophale Ausnahme dieser strengen Regel. Umso auffälliger seine Fixierung an Lebensorte. Das gilt für die Orte der eigenen Herkunft, gilt für die Orte von Gesine Cresspahl oder Jakob Abs und nun auch für Klagenfurt. Gegenüber *Orten* kann man nicht indiskret sein; an ihnen durfte er sich schadlos halten, ausschweifend sachlich, im Falle Klagenfurts inquisitorisch. Es gibt ein Pathos der Sachlichkeit – hier nimmt man es wahr, es ist die Obsession dieses Nekrologs. Die Auswahl der Briefstellen läßt erkennen, daß auch die Freundschaft mit Ingeborg Bachmann unter dem Gebot der Diskretheit stand. Das förmliche »Sie« der Anrede wurde nie aufgegeben. Und man erfährt, daß auch in ihrer Korrespondenz penible Mitteilungen über Lebensorte wichtig waren, so als hätten die Briefschreiber damit eine Möglichkeit gefunden, ihre Zuneigung im Gleichnis ihrer Beziehung zu Objekten zu zelebrieren und zu verfremden.

Ernst Ribbat hat die *Reise nach Klagenfurt* als eine Collage heterogener Texte zuverlässig beschrieben.[14] Ich wüßte dieser Beschreibung nur weniges hinzuzufügen und will sie nicht wiederholen, ein paar knappe Erinnerungen sollen genügen. Ich suche die Richtung, in der sich das Nachdenken über diesen verwunderlichen Nekrolog dem Verstehen seiner Befremdlichkeit nähert und die Entfremdungsgestalt der Trauer deren Tiefe aufscheinen läßt. Um diese Entfremdungsgestalt zu umreißen, reicht das Aufzählen der collagierten Textsorten und einiger Sachgebiete, die im Buch ausgebreitet werden. Die einhundert Seiten enthalten zu etwa achtzig Prozent Zitate und zitatähnliche Sätze. Mitteilungen aus Briefen, in denen nur ein einziges Mal und eher beiläufig auch das gemeinsame Schriftsteller-Metier zur Sprache kommt – Zitate aus zwei autobiographischen Erzählungen, die freilich keine Ahnung vermitteln von der Eigenart der Dichterin – Exzerpte aus zeitgeschichtlichen Büchern, aus dem Herold-Adreßbuch für Österreich, aus touristischen Werbe-Prospekten für Klagenfurt und das Kärntnerland, der *Klagenfurter Zeitung*, Jahrgang 1938, aus österreichischen Blättern von 1973. Man liest journalistische Stimmungsberichte aus der südöstlichsten »Gauhauptstadt« des Hitlerreiches, findet die Namen von 44 Gestapo-Gefangenen und erhält eine Auflistung sämtlicher Bombenangriffe auf Klagenfurt, genau datiert auf Tag und Minute. In Kolumnen werden die »Katastralgemeinden«

---

14 Ribbat, Ernst: »Wo die Toten sind«. Uwe Johnsons Nekrolog auf Ingeborg Bachmann, in: Dirk Göttsche/Hubert Ohl (Hg.), Ingeborg Bachmann. Neue Beiträge zu ihrem Werk. Internationales Symposion Münster 1991, Würzburg 1993, S. 13–23.

aufgeführt und die Straßen, die man in der Anschluß-Zeit und später abermals umbenannte. Topographische, statistische, verkehrstechnische und zeitgeschichtliche Sachverhalte werden mitgeteilt. Von gleicher Akribie sind die Informationen über Krematorien und Friedhöfe in Klagenfurt, Österreich und Rom; allein der friedhofsgeschichtliche Exkurs über den Cimitero Protestante ist sechs Seiten lang. Daß Klagenfurts Bahnhof zwei Perrons hat, wird im Anmerkungsteil akkurat nachgewiesen, ebenso die Regelmäßigkeit der Zugabfahrten in verschiedene Richtungen. Eine nachgerade wahnhafte Sachlichkeit. An den Nahtstellen der collagierten Zitate ergeben sich immer wieder gewisse Schock-Pointen, die den Eindruck beziehungsloser Bezüglichkeit noch befestigen. Die Recherche gilt einzig dem Kindheits- und Begräbnisort Ingeborg Bachmanns, die als Dichterin unbeachtet bleibt, sieht man von den *Who is who*-Daten des Akademie-Nachrufs ab.[15] Kein Gedicht wird erwähnt, keine Zeile ihrer fiktionalen Prosa zitiert. Die zwei benutzten autobiographischen Texte sind nur Verweise auf diese Auslassung, und daß als Platzhalter der Poesie ein Kindergedicht von Johnsons Tochter und ein paar Verse von Goethe und Platen eingefügt sind, läßt erkennen: Die Auslassung hat Methode.

Welchem Zweck dient diese Methode? Ich habe sie beschrieben als die Entpersonalisierung des trauernden Subjektes im Text; als die Verlagerung des Interesses von der Toten auf den Ort ihrer Herkunft und ihres Begrabenseins; als affektgesteuerte Entfaltung des zeitgeschichtlichen, touristischen oder sonstwie gearteten Sachgehaltes von Klagenfurt, wozu die Stadt Rom den polemischem Kontrast abgibt; als den strikten Verzicht auf Laudatio und Evokation der Toten. Dies alles, was ist es anderes als ein Prozedere des Verbergens von Schmerz? Dem traditionellen Pietäts-Ritual hatte sich Johnson entzogen, als er dem Begräbnis der Freundin fernblieb. Pünktlich vier Tage später besuchte er das Grab, blieb vier Tage in der »unerträglich(en)« Stadt, erlebte die Dialektik von Nähe und Ferne und gab seiner Trauer die Entfremdungsgestalt dieses Textes. Er ist Johnsons eigenes, *schreibend vollzogenes Trauer-Ritual* und als solches zugleich die extreme Ausprägung seiner Schreibart, seiner Manier. Ich lese die Listen von Katastralgemeinden, Straßen, Bombenangriffen,

---

15 Ernst Ribbat nennt die *Reise nach Klagenfurt* die »erste Monographie über Ingeborg Bachmann nach ihrem Tod« (ebd., S. 14). An anderer Stelle hält er sie für ein Werk, dessen Eigenart darin gründet, »daß sich in ihm die Schreibweise der *Jahrestage* verschränkt mit Sprache und Verfahren der Erzählerin Ingeborg Bachmann« (ebd., S. 13). Der Text sei »gewissermaßen ein(es) ›Gemeinschaftswerk‹ der betrauerten Toten und des trauernden Friedhofbesuchers« (ebd., S. 14). Merkwürdige Fehleinschätzungen.

Gestapo-Gefangenen und das ganze Collagewerk dieses Textes als eine *Litanei der Klage*, verfremdet in den Charakter eines lokal- und zeitgeschichtlichen Sachbuchs. Die Zeichensetzung geschieht in einem konträren Koordinatensystem: Personalität wird Objektbezug, Nähe ist Ferne. Ein literarisches Trauerritual, so unpersönlich, so objektiv und öffentlich, wie Rituale zu sein pflegen. Und »öffentlich« heißt hier, wie bei jedem Ritus: offen für Teilnehmer. Wer daran teilnimmt, muß die Entfremdungsgestalt dieser Trauer ertragen, die ganz Uwe Johnsons eigene ist. Sich ihr zu entziehen, bleibt jedem freigestellt. Wir sind aber angesprochen, sobald wir die höflich-formelle Anrede (»Sie«) auf uns beziehen, sind eingeladen, das Ritual lesend als eine Reise nach Klagenfurt nachzuvollziehen, den Text zu durchschreiten wie eine Furt, ohne Klagen.

Prof. Dr. *Peter Horst Neumann*, Universität Erlangen-Nürnberg, Institut für Deutsche Sprach- und Literaturwissenschaft, Bismarckstr. 1 B, 91054 Erlangen

Rudolf Heym und Matias Mieth

Hier irrte der Meister

Beiläufige Kritteleien zur Widerspiegelung der Geschichte der Deutschen Reichsbahn im ehemaligen Bezirk Magdeburg bei Uwe Johnson

Es ist bekannt – Johnsons erster großer Wurf, die *Mutmassungen über Jakob*, gründet sich – laut Aussage des Autors – auf das »Studium der Eisenbahnverbindungen zwischen Sachsen und Mecklenburg«.[1] Die Berliner S-Bahn, die New Yorker U-Bahn sind aus Johnsons Werk nicht wegzudenken. Dampflokomotiven etwa, Sinnbilder der industriellen Revolution des neunzehnten Jahrhunderts schlechthin, sind in den *Mutmassungen* Element eines wohl tatsächlich von der kybernetischen Mode der ausgehenden fünfziger Jahre beeinflußten »Mensch-Maschine-Systems«,[2] in dem der Dispatcher Jakob Abs ganz bei sich zu sein scheint. Ihren je eigenen Platz finden in den *Mutmassungen* so auch technische Details.

Bekannt ist ebenso Johnsons im Verlaufe seines Lebens immer mehr sich steigernder Drang nach sachlicher Genauigkeit. In den *Begleitumständen* findet sich auch deshalb ein eigenes, selbstkritisches Kapitel zu den *Mutmassungen*, beginnend mit dem Satz »Das Buch enthält sachliche Fehler«.[3] Nicht im Sinne Beckmessers, sondern vielmehr des Roman-

---

1 Johnson, Uwe: Vita, in: Reinhard Baumgart (Hg.), Über Uwe Johnson, Frankfurt am Main 1970, S. 175.
2 Neumann, Bernd: Die Suche nach dem wahren ›Jakob‹. Über den Einfluß frühmarxistischer Gedankengänge auf Uwe Johnsons »Mutmassungen über Jakob«, in: Heinz Ludwig Arnold (Hg.), In Sachen Literatur, München 1988, S. 115.
3 Johnson, Uwe: Begleitumstände. Frankfurter Vorlesungen, Frankfurt am Main 1980, S. 150.

autors selbst seien deshalb die folgenden Bemerkungen verstanden, quasi als Ergänzung Johnsons eigener korrigierender Bemühungen. Eröffnen sie doch die Möglichkeit, sich im Durchstöbern alter Fotos aus den fünfziger Jahren den »verdammten hundertunddreizehn Kilometern«[4] zwischen Magdeburg und Wittenberge zu nähern.

Fein ziseliert beschreibt Johnson jene Atmosphäre, wenn in den damaligen Zügen des Nachts ein Halt das Innere der Wagen in ein schummriges Licht tauchte, welches sich erst nach dem Losfahren wieder zur vollen Helligkeit entfaltete.[5] Erklärt hat er es allerdings falsch. Denn nicht der Dynamo der Lok setzte aus, der war ja dampfgetrieben und insofern nicht auf rollende Räder angewiesen. Stillstehen mußten auf den Bahnhöfen die Lichtmaschinen unter dem Boden der altertümlichen Wagen, die über einen Lederriemen von der Achse angetrieben wurden. Stand der Zug, stand auch der Dynamo. Dafür gab's dann Flackerlicht aus der Batterie. Rollten die Räder wieder, schaukelte sich die Helligkeit wieder hoch.

Jene »hundertunddreizehn Kilometer« übrigens träumt sich Jakob Abs »automatisiert«: »alles elektrisch von einer Zentrale aus, die Züge ohne Lokomotivführer, Relaissteuerung, Ultraschall«.[6] Natürlich ist in Johnsons wie Abs' Gegenwart von Automatisierung noch nicht viel zu spüren, sind Lokführer wie glücklicherweise bis heute unverzichtbar. Dampflokführer Kaschs 41er jedoch ist – mit Verlaub – keine »Güterzuglokomotive ohne Tender«.[7] Bei ihr handelt es sich eben nicht um eine jener »Tenderloks«, bei denen die Vorräte direkt auf der Lokomotive untergebracht sind. Unser Foto mag dies verdeutlichen. »Ohne Tender« wäre die gepflegteste 41er bewegungsunfähig gewesen.

In 366 Exemplaren in den Jahren 1936–1941 gebaut, waren die Loks der Baureihe 41 schnelle Güterzuglokomotiven, die aber ebensogut Personen- und Schnellzügen vorgespannt werden konnten. Ideal also für die Dispatcher in den fünfziger Jahren, die meist sehr viel ältere, langsamere und mühsam zusammengeflickte Loks vor ihren Zügen wußten. Die Bahnbetriebswerke an der Nordmagistrale der Deutschen Reichsbahn (Magdeburg, Stendal, Wittenberge, Schwerin, Rostock) hatten in jenen Jahren immer – und sicher immer zu wenig – 41er in ihren Schuppen. Es waren die ›besten Pferde im Stall‹.[8] Gerade daß Johnson diese Detailfehler

---

4 Uwe Johnson, Mutmassungen über Jakob, Frankfurt am Main 1992, S. 244.
5 Ebd., S. 302.   6 Ebd., S. 244.   7 Ebd., S. 130.
8 Vgl. Konzelmann, Peter: Die Baureihe 41, Freiburg 1977.

Die 41-321 im Bahnbetriebswerk Wittenberge.

überhaupt unterlaufen konnten, zeigt, wie intensiv er sich auf die Welt der Gleise, Signale und Streckenpläne eingelassen hat.

Die erwähnten »hundertunddreizehn Kilometer« läßt Johnson in seinem Text quasi ins Nichts verschwinden, beschreibt er doch ein Amalgam aus dem Stellwerk bei Wittenberge und einer Stadt mit einer Straßenbahn, die nur in Magdeburg zu finden ist.

Einer der Autoren hat als Steppke Ende der fünfziger Jahre ganze Sommermonate an der Strecke von Magdeburg in Richtung Westen zugebracht, tief geprägt von der Erfahrung, daß im Kalten Krieg alles, was mit dieser Eisenbahnlinie zu tun hatte, geheimnisumwittert war und möglichst unerforscht bleiben sollte. Klar bleibt die Erinnerung an die schlanken 41er, die Staub aufwirbelnd mit nagelneuen Bundesbahnwagen[9] durch den Bahnhof Haldensleben donnerten. Vor jedem Interzonenzug wurde der Bahnsteig regelrecht evakuiert, die damals noch intakten Bahnsteigsperren verschlossen, bevor dann die Transportpolizei aufzog und die ›Parade‹ abnahm.

Rudolf Heym, Schleusinger Str. 53, 98527 Suhl
Dr. *Matias Mieth*, St.-Jakob-Str. 19, 07743 Jena

9 Vgl. MJ, 273.

Alfons Kaiser

Der 16. Januar 1967 oder Können wir uns auf Johnson verlassen?

Die Tageseintragung zum 3. November 1967 in Johnsons *Jahrestage* ist aus zwei Gründen zentral: Hier tritt der Autor als Figur auf, die mit Gesine einen ›Erzählpakt‹ schließt. Darüber hinaus bringt sich der »Schriftsteller Johnson« direkt in Verbindung zum zentralen Komplex der deutschen Schuld an den nationalsozialistischen Verbrechen: »Vor einem dreiviertel Jahr erst, am 16. Januar, setzte er sich abends hinter den langen, grün verhängten Tisch, den der Jewish American Congress im Ballsaal des Hotels Roosevelt aufgestellt hatte, ließ sich sehen neben dem Löwenhaupt des Rabbi Joachim Prinz (früher Berlin-Dahlem) und wartete darauf, den Juden New Yorks etwas zu erzählen über die Wahlerfolge der westdeutschen Nazipartei.«[1] Der Versuch, gegenüber den anwesenden Juden Deutschland und deutsche Politiker zu verteidigen, schlägt fehl. Das Auditorium bringt dem Autor nur Unverständnis entgegen und hält ihm die Leiden des jüdischen Volkes vor Augen. Der »Schriftsteller Johnson« verabschiedet sich fluchtartig, »in großer Eile unterwegs zum Grand Central, zur Ubahn, zu seiner Lüge« (JT, 257).

Nun hat Bernd Neumann versucht, dem Autor Johnson trotz dessen sonst so verläßlicher Erinnerungsfähigkeit auf die Sprünge zu helfen. Johnson sei an diesem Abend »ganz woanders gewesen: nämlich bei einem Vortrag Hannah Arendts über ihren Freund Walter Benjamin.«[2]

---

1 Johnson, Uwe: Jahrestage. Aus dem Leben von Gesine Cresspahl, Bd. I-IV, Frankfurt am Main 1970–1983, S. 253.
2 Neumann, Bernd: Korrespondenzen. Uwe Johnson und Hannah Arendt, in: du.

Auf dieser Vermutung baut der Biograph seine Theorie der »Deckerinnerung« auf: »Dieses reale Ereignis [der Arendt-Vortrag, A.K.] brachte in der Realität die Konzeption des Buches hervor; das fertig konzipierte, geschriebene Buch fingiert dann ein anderes, wiewohl tatsächliches Ereignis als ein auch im Rahmen der Fiktion tatsächliches Ereignis, schafft eine Deckerinnerung, seinen eigenen ›Ursprung‹ aus dem Geiste des bewunderten Walter Benjamin diskret zu umhüllen und zu enthüllen in einem.«[3]

Johnsons Rezeption Walter Benjamins – auch über Hannah Arendt – ist unbestritten und soll hier nicht widerlegt werden. In Frage zu stellen ist allerdings Neumanns gewagte Konstruktion: Denn am 16. Januar 1967 war Johnson keineswegs »ganz woanders«. Wie man in der *New York Times* des Tages als Ankündigung lesen kann, war an diesem 16. Januar im Hotel Roosevelt und nicht – wie Neumann gegen Johnson und daher falsch behauptet – an einem anderen Tag im Waldorf Astoria Hotel eine Podiumsdiskussion angesagt. Wenn Johnson am Ende der Veranstaltung »um die Ecke der Madison Avenue auf die 45. Straße« und dann »zum Grand Central« (JT, 257) geht, dann muß es sich schon vom Stadtplan her um das Roosevelt handeln, denn vom Waldorf Astoria führt die Park Avenue direkt zum Bahnhof – da braucht man nicht um die Ecke zu gehen.

In der Anzeige, die sich in Johnsons Zeitungsausschnittsammlung befindet,[4] ist die Veranstaltung wie folgt angekündigt: »GERMANY – 67 [/] What Is Happening – What It Means [/] Monday, January 16, 1967 – 8 P.M. [/] Hotel Roosevelt, Terrace Suite [/] Madison Avenue & 45th Street«. Als Redner werden angekündigt »Dr. Joachim Prinz [/] Just Returned from Germany«, »Charles G. Moerdler [/] NYC Commissioner of Buildings« und »Uwe Johnson [/] German Novelist«. Die Veranstaltung, »sponsored by the American Jewish Congress«, fand also tatsächlich statt, wie es Johnson geschildert hat. Lediglich Johnsons »Jewish American

---

Die Zeitschrift der Kultur, 1992, Heft 10: Uwe Johnson, Jahrestage in Mecklenburg, S. 62-66, hier: S. 65. So sinngemäß auch Neumann in seinem Vortrag am 22. September 1994 aus Anlaß des »Internationalen Uwe-Johnson-Symposiums« in Neubrandenburg. Auch in seiner Biographie wiederholt Neumann die Behauptung, wobei ihm ein bezeichnender Lapsus unterläuft: »Die *Jahrestage* werden beide Ergebnisse [sic!] über das Datum gleichsam ineinander legen.« (Neumann, Bernd: Uwe Johnson, Hamburg 1994, S. 602.) Hier wollte wohl jemand aus den »Ereignissen« vorschnell »Ergebnisse« machen.
3 Neumann, Korrespondenzen (Anm. 2), S. 65.
4 Uwe-Johnson-Archiv, Signatur 200.

Congress« (JT, 253) – hier irrt Neumann in seinen Korrekturen am Autor nicht[5] – heißt richtig »American Jewish Congress«.

Ein kleines Indiz weist darauf hin, daß Arendt ihren Vortrag im Goethe House womöglich gar nicht am 16. Januar 1967 hielt: In einem Brief an Karl Jaspers schreibt sie an genau diesem Tag morgens (ohne einen Benjamin-Vortrag vorher zu erwähnen), sie habe »jetzt Ruhe bis Ende März, muß erst einmal eine Einleitung zu einer englischen Ausgabe von Walter Benjamin schreiben.«[6] Einen Vortrag im Goethe House am gleichen Tag hätte sie vermutlich erwähnt.

Neumanns Rekonstruktion eines »Ursprungs« der *Jahrestage* basiert, zumindest was Johnsons AJC-Auftritt angeht, auf falschen Voraussetzungen. Die »schöpferische Kernfusion«, die der Biograph dem Autor unterstellt, hat in der Tat stattgefunden – jedoch nur in der vom Autor in den *Jahrestagen* beschriebenen Weise. Wir können uns auf Johnson verlassen.

Alfons Kaiser, M.A., Plöck 91, 69117 Heidelberg

---

5 Vgl. Neumann, Korrespondenzen (Anm. 2), S. 65.
6 Köhler, Lotte u. Saner, Hans (Hg.): Hannah Arendt, Karl Jaspers. Briefwechsel 1926–1969, München 1985, S. 701.

Friedrich Denk

Uwe Johnsons letzter Text

Bernd Neumann teilt in seiner Johnson-Biographie folgendes mit: »In denselben Tagen« – nämlich Ende Januar 1984 – habe Johnson »der Deutschen Schule in London [...] einen Lebenslauf übersandt«. Anlaß sei ein Übersetzungswettbewerb gewesen. »Sein letztes abgesandtes Schreiben« sei ein Brief vom 14. Februar 1984 gewesen und sein »vermutlich letzter abgeschlossener Text [...] ein Geburtstagsgruß«. Und er sei wohl in der »Nacht vom 22. auf den 23. Februar« 1984 gestorben.[1] Alle fünf Behauptungen sind falsch.

Die Lesungen in der Deutschen Schule London

An der Deutschen Schule London gibt es – nach dem Vorbild der 1980 gegründeten *Weilheimer Hefte zur Literatur* – seit 1983 die *Londoner Lesehefte*. Sie dienen der Vorbereitung von Autorenlesungen, enthalten eine kleine Auswahl aus dem Werk des jeweiligen Schriftstellers, dazu eine Bibliographie und eine Biographie, und werden in allen Klassen gelesen. Für britische Schüler und Studenten ist ein Übersetzungswettbewerb gedacht, dessen Gewinner bei den Lesungen prämiert werden. Nach Wolfdietrich Schnurre, Ilse Aichinger, Hans Werner Richter und Martin Walser hatte ich Ende 1983 Uwe Johnson eingeladen, am 23. November 1984 in die Deutsche Schule zu kommen, in »die tüchtige Stadt Richmond,

---

1 Neumann, Bernd: Uwe Johnson, Hamburg 1994, S. 858f.

lieblich in den Arm genommen von einer Windung der südlichen Themse«.²

Fünf Zitate

»Sodann, was mich angeht, so will ich gern verabredet sein, am 23. November dieses Jahres in der Deutschen Schule zu Richmond vorzulesen; vorausgesetzt, es würden die Reisekosten von und nach New York erstattet, da ich zu der Zeit dort zu leben gedenke.« (Brief Uwe Johnsons, 18.1.1984)

»Nun habe ich mir den 23. November für den Besuch an Ihrer Schule verbindlich in den Kalender geschrieben.« (Karte Uwe Johnsons, 13.2.1984)

»Die Einrichtung des Leseheftes will ich ganz Ihnen überlassen.« (Karte Uwe Johnsons, 13.2.1984)

»Sehr geehrter Herr Johnson! [...] Inzwischen habe ich Biographie und Bibliographie entworfen; ich erlaube mir, Ihnen beide zuzuschicken mit der Bitte, bei Gelegenheit einen Blick darauf zu werfen. [...] Zum Dank für die Mühe, die Sie mit uns haben, [...] habe ich gestern das Buch [...] losgeschickt, von dem ich schon vor zwei Monaten geredet habe.« (Brief des Verfassers, 21.2.1984.)

»Ich danke Ihnen auf das schönste für den Band ›Nordostdeutschland‹ des Städtebuchs von 1939; gleich sehe ich, wie lange es mir schon hätte zur Hand sein sollen (etwa: seit 1970). Unerfindlich bleibt mir, wie Sie sich davon trennen können. Schwer zu vergelten. Was die Biographie angeht [...] bitte, nehmen Sie es nicht übel, wenn ich statt Ihrer Fassung eine eigene Fassung anbiete und vorzöge; eigens für Ihre Zwecke durchgesehen und auf den neuesten Stand gebracht.« (Brief Uwe Johnsons, datiert vom 22.2., mit Stempel vom 23. Februar 1984, 7 p.m.)

Vier Anmerkungen

»*Schwer zu vergelten*«. Uwe Johnson hat sich für den ersten Band des Deutschen Städtebuchs mit drei Paketen revanchiert: mit zwei *Jahrestage*-Kassetten und 22 Taschenbüchern. Auf einem der Pakete war der Stempel lesbar: Sheerness, Kent, 23 February 84.

2 Johnson, Uwe: Jahrestage. Aus dem Leben von Gesine Cresspahl, Bd. I–IV, Frankfurt am Main 1970–1983, S. 146.

Zur Chronologie. Die Stempel auf dem Brief und dem Paket bedeuten nach Auskunft des Postamtes von Sheerness, daß Brief und Paket am 23. Februar aufgegeben wurden. Wenn Uwe Johnson jemanden damit beauftragt hätte, hätte der sich nach dem Tode Johnsons natürlich gemeldet. Also muß man davon ausgehen, daß Johnson selbst am 23. Februar auf der Post war. Das bedeutet, daß er erst in der Nacht zum 24. Februar gestorben sein kann.

Was für Tilman Jens sekundär ist. Am Ende seines Enthüllungsbüchleins spricht Tilman Jens »von einer anderen, auf einem Poststempel basierenden Version, derzufolge der Autor [...] erst einen Tag später [...] gestorben ist. Ich glaube nicht, daß postum definitive Klarheit zu erlangen ist – allein: die Frage scheint mir sekundär.«[3] Wenn das stimmte, hätte Jens sich kaum seitenlang über den 22. Februar als Todesdatum verbreitet. Im übrigen bieten zwei Poststempel in jedem Fall mehr Klarheit als ein beim 22. Februar aufgeschlagener Kalender in Johnsons Wohnung.

»Eine eigene Fassung«. Uwe Johnson war bei bisher 16 *Londoner Leseheften* und 39 *Weilheimer Heften* bis auf Wolf Biermann (1994) der einzige Autor, der eine ›eigene‹ Biographie geliefert hat, weil ihm deren Formulierung offenbar besonders wichtig war. Und diese Vita, geschrieben am 22. und verschickt am 23. Februar 1984, war zufällig sein letzter Text.[4]

Uwe Johnsons Vita vom 22. Februar 1984

In Band 1 der Schriftenreihe des Uwe Johnson-Archivs werden »zwei [...] bisher nicht publizierte Lebensläufe«[5] von 1958 und 1963 wiedergegeben. »Ein dritter Lebenslauf von Uwe Johnson« wird ohne jeden Kommentar und ohne Datierung als Faksimile mitgeteilt.[6] Dabei ist es der bei weitem interessanteste, nämlich der vom 22. Februar 1984.

---

3 Jens, Tilman: Unterwegs an den Ort wo die Toten sind. Auf der Suche nach Uwe Johnson in Sheerness, München 1984, S. 77.

4 Sie wird in Johnsons Brief an Helen Wolff vom 22. Februar 1984 erwähnt. Vgl. »Die Katze Erinnerung«. Uwe Johnson – Eine Chronik in Briefen und Bildern, zusammengestellt von Eberhard Fahlke, Frankfurt am Main 1994, S. 312f.

5 Fahlke, Eberhard: »Erinnerung umgesetzt in Wissen«. Spurensuche im Uwe Johnson-Archiv, in: Siegfried Unseld/Eberhard Fahlke (Hg.), Uwe Johnson: »Für wenn ich tot bin«, Frankfurt am Main 1991 (Schriften des Uwe Johnson-Archivs 1), S. 73-144, hier: S. 80.

6 Vgl. ebd., S. 88.

Er beruht auf der 1970 in *Über Uwe Johnson* publizierten Vita.[7] Die endgültige Fassung ist »eigens [...] durchgesehen«. Z.B. heißt es jetzt statt »Studium der Germanistik und weiterer Folgen des Krieges« noch genauer »Studium der Kriegsfolgen, auch der Germanistik«. Vor allem aber ist sie »auf den neuesten Stand gebracht«: Die Vita von 1970 hatte am Ende noch die *Jahrestage* erwähnt. In der endgültigen Vita scheinen die Pläne für 1984 bedeutsamer zu sein als die zurückliegenden dreizehn Jahre. Es wurde nicht nur die Frankfurter Poetik-Dozentur übergangen, sondern auch die vier seit 1974 veröffentlichten Bücher, *Eine Reise nach Klagenfurt, Berliner Sachen, Begleitumstände* und die *Skizze eines Verunglückten*. In der ersten Vita hatte Johnson alle bis dahin erschienen Bücher genannt, ebenso im *P.E.N.-Schriftstellerlexikon* von 1982. Im Lebenslauf von 1984 sind vier von neun Büchern übergangen. Warum?

Offenbar erschien ihm nach Abschluß der *Jahrestage* alles nebensächlich, was er zwischen dem dritten und vierten Band publiziert hatte. Vielleicht wollte er auch die beiden Bücher nicht erwähnen, in denen er seine privaten Probleme öffentlich gemacht hatte? Sicher ist jedenfalls, daß es in der unmittelbar vor seinem Tod geschriebenen Vita keinerlei Hinweis auf die privaten Krisen gibt, auf die Bernd Neumann so viel Wert legt.

Bernd Neumanns Verhältnis zu den Fakten

Man weiß, wie penibel Uwe Johnson recherchiert und wie genau er sich an die Fakten gehalten hat. Sein Biograph hat sich daran kein Vorbild genommen. Dabei hätte er die fünf Fehlinformationen über Johnsons Lebensende leicht vermeiden können. Er hatte sämtliche Unterlagen zur Verfügung (sogar Kopien der Poststempel), da ich sie ihm am 31.8.1992 geschickt hatte, mit einem Hinweis auf alle oben erwähnten Details, wofür er sich am 15.9. bedankte.

Was soll man von einer Biographie halten, deren Verfasser – nicht nur auf diesen Seiten – mit den Fakten so eigenwillig umgeht?

Friedrich Denk, Kaltenmoserstr. 34, 82362 Weilheim

---

7 Vgl. Johnson, Uwe: Vita, in: Reinhard Baumgart (Hg.), Über Uwe Johnson, Frankfurt am Main 1970, S. 175.

Annekatrin Klaus

Wohin geht Undine?

Zu: Wolfgang Paulsen, Uwe Johnson. Undine geht:
Die Hintergründe seines Romanwerks

Wer sich in ein Forschungsgebiet einarbeiten oder den Anschluß an die Entwicklung nicht verlieren will, der ist auf Monographien angewiesen. Sie lassen sowohl eine gründliche Behandlung des Gegenstands als auch neue Erkenntnisse erwarten. Wolfgang Paulsen hat ein solches Buch über Uwe Johnson und die »Hintergründe seines Romanwerks« unter dem Titel *Undine geht* vorgelegt. Zuerst einmal liest man darin, daß »die Uwe Johnson-Forschung [...] noch in ihren Kinderschuhen«[1] steckt und daß vor allem Dissertationen zu Johnson nichts zu bewegen vermögen, verbeißen sie sich doch zu sehr in der Formproblematik und stammen ohnehin nur von lauter »verhinderten Dichtern« (9). Überrascht, aber durchaus willig akzeptiert man dieses Urteil eines erfahrenen Wissenschaftlers – was immerhin mit einer weiteren Feststellung belohnt wird, die alle heimlichen Wünsche des literaturwissenschaftlichen Nachwuchses erfüllt: »Es ist ein [...] weitverbreiteter Aberglaube, daß man alles gelesen haben müsse« (10). Und auf die unausgesprochene Frage ›Aber wie dann?‹ präsentiert Paulsen seinen eigenen Zugriff auf das Riesenwerk *Jahrestage*, bei dem es ihm um die »hier gestaltete Lebensproblematik des Autors Uwe Johnson« (10) geht, oder, wie er es im Abschluß seiner »Vorbemerkung« formuliert: »Es geht um das schlechthin ›Menschliche‹ und das ›Leiden‹ unter diesem Menschlichen mit seinem metaphysischen

---

1 Paulsen, Wolfgang: Uwe Johnson. Undine geht: Die Hintergründe seines Romanwerks, Bern 1993, S. 9. Textstellen sind im folgenden durch Seitenzahlen in runden Klammern angegeben.

›Heimweh‹ nach etwas, für das es keine ›Heimat‹ mehr gibt. Und es ist schließlich jene graue Region in der Begegnung der Geschlechter, auf die man bei ihm [Johnson, A.K.] von Anfang an immer wieder stößt, um einen Erlebnisbereich des schlechthin ›Menschlichen‹, in dem der Autor seinen Leser direkt – oder indirekt – ansprechen kann (und muß)« (12). Man darf also gespannt sein, was dieser biographische Zugriff zu leisten imstande ist; die Latte hat Paulsen mit seiner klaren Ablehnung der gängigen Herangehensweise selbst aufgelegt.

In seinem ersten Kapitel stellt Paulsen das »Problem Heimat« in den Mittelpunkt. Er reißt mit den Schlagworten Zeitroman, Entwicklungsroman, Familienroman kurz einige bisher vorliegende Lesarten zu den *Jahrestagen* an, um dann auf den Aspekt des Heimatromans zu sprechen zu kommen, den er für den maßgeblichen hält. Die *Jahrestage* intonierten mit dem Heimatthema den Verlust von Hoffnung, Heimat und Identität sowie die schmerzliche Erinnerung an Kindheit, bei der es »um Archetypisches, um eine seelische Landschaft menschlichen Daseins vor dem Selbstverlust« (24) ginge. Paulsen bietet sogar ein »Verständnis des all diesem zugrunde liegenden Archetypischen« (25) an, indem er in einem längeren Vergleich von Jean Améry und Uwe Johnson herausarbeitet: »Hier wie da [...] geht es um das Bedürfnis nach Selbstbestätigung in der und durch die sich als Heimat ausgebende Natur« (28). Der Wert dieser Feststellung ist fraglich, zumal Paulsen als vorläufiges Fazit aus diesen Erwägungen zu verschiedenen Lesarten der *Jahrestage* zugeben muß, daß wohl »von all dem etwas in diesem gerade in formaler Hinsicht neue Wege einschlagenden Werk steckt« (31).

Daran anschließend wird nach einer kurzen Zwischenbetrachtung zum *Zauberberg* die Existenz einer positiven Utopie im Johnsonschen Hauptwerk zurückgewiesen – statt dessen sei es Johnson um ganz andere Dinge zu tun gewesen: »Worum es ihm geht und schon in jungen Jahren gegangen ist, ist die Postulation des Ich als dem absoluten Wert, der sich nur in der Inbesitznahme des für ihn ›Ur-Weiblichen‹ in der Gestalt Gesines durchsetzen ließ« (35). Das bleibt an dieser Stelle eine These, anstelle des Beweises wendet sich Paulsen wieder der Frage nach einer Utopie zu, wobei er nun einräumt, daß mit dem Prager Frühling durchaus ein »Moment der Hoffnung« (ebd.) in die *Jahrestage* eingegangen sei. Allerdings geht er auf dieses doch deutliche Fragezeichen hinter seinem vorherigen Urteil nicht weiter ein, sondern befaßt sich nun in aller Kürze mit dem naheliegenden Diskursfeld Sozialismus. Hier haben dann auch einige Gedanken zum Johnsonschen Umgang mit dem Faschismus in der Bundesrepublik sowie zu seinem Verhältnis zur

»Metropole des westlichen Kapitalismus« (36) New York Platz. An diesem Punkt werden die Erwägungen wieder etwas ausführlicher, können allerdings keine neuen Erkenntnisse liefern: »Was er [Johnson, A.K.] in Amerika suchte, war das, was Deutschland ihm nicht mehr zu bieten vermochte. Man könnte ihn geradezu einen Mann auf der Suche – einer sicher unbewußten – nach einer neuen Heimat nennen« (38). Und auch die Diskussion der schon häufiger gestellten Frage, ob denn Johnson seine New Yorker Erfahrungen über eine weibliche Spielfigur episch distanziert habe, kombiniert mit der Frage nach der sprachlichen Virtuosität Johnsons, die einen kleinen vergleichenden Exkurs über Grass und Walser nach sich zieht, bringt nur Gedanken, die bereits wiederholt in der Sekundärliteratur präsentiert wurden. Noch einmal drehen sich Paulsens Überlegungen dann um New York, um das Thema Heimat und erneut um Johnsons Sprache, bis er schließlich die Katze aus dem Sack läßt und zu einer, seiner Definition des Begriffs ›Heimat‹ in den *Jahrestagen* kommt: Heimat sei dort ein »Urelement des Mythos« (46), ein »mythe personnel« [...], innerhalb dessen ›Heimat‹ mit dem von ihm ausgelösten ›Heimweh‹ das Signal für eine existentielle [...] Verlassenheit abgibt« (47). Das Wort habe bei Johnson »etwas eigentümlich Oszillierendes, kaum Festlegbares« (47) und spreche etwas an, das als eine Art allgemeinmenschliche Konstante, als ein Grundbedürfnis verstanden werden kann: »ein Potential von Gerborgenheit« (49).

Daß das erste Kapitel mit all seinen Drehungen und Wendungen so ausführlich skizziert wurde, hat vor allem den Zweck, ein Problem der Paulsenschen Argumentation herauszustellen. Vermutlich beeinflußt von der amerikanischen Art, eher essayistisch zu schreiben, läßt er dem Gang seiner Gedanken zu sehr die Zügel schießen, schreibt bisweilen beinah assoziativ, was den roten Faden in diesem Kapitel gründlich verwischt. Angesichts seiner vielen Thesen, die er – nach dem Gestus der Präsentation zu urteilen – für neu hält, die aber eben nicht neu sind (was ja auch für die tiefere Dimension des Heimatbegriffs bei Johnson gilt, die längst ein Allgemeinplatz in der Forschung ist), muß er sich die Frage gefallen lassen, ob es vielleicht nicht doch besser gewesen wäre, zwar nicht »alles«, aber doch mehr von »Fingerübungen« (10) anderer Wissenschaftler gelesen zu haben.

Ähnliches gilt für das folgende Kapitel »Das Erfinden als Erinnerungsvorgang«. Hier äußert sich Paulsen auch zu *Ingrid Babendererde* und *Mutmassungen über Jakob*, u.a. im Hinblick auf die Frage der Trennung bzw. Vermischung von Fiktion und Realität in Johnsons Werken. Er konstatiert eine stärkere Verwischung der beiden Bereiche als allgemeinhin in erzählender Literatur üblich und liest dies als ein Symptom der »schizoiden Veranlagung« (53) Johnsons – da ist es nur noch ein kleiner Schritt zu der Frage: »Was hat ihn zum Alkoholiker gemacht? Die Johnson-Forschung steht hier noch vor vielen Aufgaben« (54). Darüber und über den Erkenntniswert einer solchen ›Ursachenforschung‹ mag man nicht einmal mehr trefflich streiten.

Des weiteren würdigt Paulsen in diesem Kapitel den komplexen Figurenkosmos, den Johnson in seinen Romanen geschaffen hat. Aus der Tatsache, daß der Autor diesen Kosmos jederzeit perfekt beherrschte und den Verbleib seiner Personen auch jenseits der jeweiligen Geschichte kannte, schließt Paulsen, daß dieser keine rein fiktive Welt sein kann, sondern zu einem großen Teil auf eigener Erfahrung bzw. vor allem *angeeigneter* Erfahrung fußt: Die Familiengeschichte der Cresspahls setze sich zu weiten Strecken aus den Erinnerungen von Johnsons Frau Elisabeth zusammen (vgl. 55f.). Von hier ist es nicht mehr weit zur Kernthese des Kapitels. Im Zusammenhang mit der Tatsache, daß zwischen *Ingrid Babendererde* und den *Mutmassungen über Jakob* ein erzähltechnischer Kurswechsel zu beobachten sei, der nur in zweiter Linie dem Wunsch Johnsons nach einer »Ich-Proklamation« (58) und seinen Studien in Leipzig entspringt, legt Paulsen den seiner Meinung nach eigentlichen Initialpunkt des Johnsonschen Schaffens frei, die »Begegnung mit seiner Ur-Gesine in der Gestalt von Elisabeth Schmidt« (58) im Jahre 1956. Dies sei »die Geburtsstunde seiner Gesine« (63) gewesen, in den *Mutmassungen* sei zwar das »Gesine-Erlebnis« noch von der »Jakob-Problematik« überlagert, deshalb bleibe die Gesine-Gestalt auch merkwürdig schemenhaft, doch sei mit ihr »die mythologische Frau«, die »Phantasmagorie des Weiblichen« in Johnsons Leben und Schreiben getreten (65). »Gestaltbar wurde sie erst [eben in den *Jahrestagen*, A.K.], als sie sich ihm, Jahre später, von der Elisabeth an seiner Seite gelöst, emanzipiert hatte, in jenem Spannungsfeld existierend, in dem Mythos zur Wirklichkeit wird, vollkommen verinnerlicht« (65). So weit der wichtigste Gedanke in diesem Kapitel.

Festgehalten werden müßten noch: die recht treffende Kennzeichnung der Johnsonschen Erzählweise als ein »Streben nach neuen Möglichkeiten realistischen Erzählens« (67), das aufgrund der betonten »Ichhaftigkeit eines Johnsons« von »einem latenten Subjektivismus« (68) spannungsvoll unterspült werde; einige weitere Bemerkungen zu *Ingrid Babendererde*, die jedoch lediglich in die Wiederholung der These von der »Ur-Gesine« und der erzählerischen Aneignung ihrer Welt (vgl. 74) münden; und schließlich noch etwas Bemerkenswertes, das für den weiteren Blick auf die Überlegungen Paulsens die wegweisende Perspektive bietet. Paulsen interpretiert den Namen »Beate Dusenschön« – der ja, vom Niederdeutschen ins Hochdeutsche übertragen, nichts anderes heißt als »Tausendschön« – als »Busenschön« (78). Problematisch wird dies, wenn man berücksichtigt, daß es in *Marthas Ferien*[2] ein *Mann* ist, der denselben Namen führt und dem nun wirklich kein »schöner Busen« nachgesagt werden kann. So verweist diese Kurzsichtigkeit Paulsens auf eine Fixierung auf besagten weiblichen Körperteil, die ihn denn auch den Nachnamen von Fontanes Effi sofort als auf das englische Wort ›breast‹ anspielend lesen läßt (vgl. 107) und die Ausdruck einer anderen, tieferen Fixierung ist: Er wird im folgenden mit dem Einwurf rechnen müssen, daß die angebliche Existenz »der mythologischen Frau« in Johnsons Texten in dieser Form doch wohl Ausfluß seiner, Paulsens, eigenen Faszination vom Mythisch-Weiblichen ist und weniger eine These, die aus solider Interpretationsarbeit heraus plausibel wird.

Das dritte Kapitel, »Überlegungen zur inneren Struktur der *Jahrestage*«, beginnt mit einem erneuten Seitenhieb auf Erkenntnisse zu Johnson, die bisher »in der Forschung, insbesondere in der Unterabteilung ›Dissertation‹« (79) gewonnen worden sind und nach Paulsens Meinung der komplexen inneren Struktur der *Jahrestage* nicht gerecht werden können. Vor allem die »unbescheidene Art des Auftretens« (79) eines Ulrich Fries kann Paulsen nicht gefallen, und er kritisiert nicht nur »Positur« und »große Worte« (79) des jüngeren Wissenschaftlers, sondern zeiht ihn auch, nur diffuse Ahnungen zu haben und vieles einfach nicht zu wissen (vgl. 80). Man mag zu Fries stehen, wie man will – ärgerlich werden solche Vorwürfe besonders dann, wenn der Ankläger seine eigenen Ansprüche selbst nicht erfüllen kann. Und was will man davon halten, daß Paulsen den 1934 geborenen Johnson in einer früheren Abhandlung[3] kurzerhand zu einem Gründungsmitglied der Gruppe 47 machte, daß in *Undine geht* aus dem Jöche der *Mutmassungen* ein »Jösche« (77) wird (was ja noch ein Druckfehler sein mag), daß er vor allem seine eigenen mangelnden Kenntnisse selbst entlarvt, indem er behauptet, in den ersten Szenen der *Mutmassungen* unterhielten »sich Bekannte Jakobs, Arbeiter wohl, in ihrer schon ans Naturalistische grenzenden Umgangssprache« (69)? Dr. Jonas

---

2 Vgl. Johnson, Uwe: Versuch, einen Vater zu finden/Marthas Ferien, hg. v. Norbert Mecklenburg, Frankfurt am Main 1988, S. 40ff. Diesen Hinweis verdanke ich Karin Wilken.

3 Vgl. Paulsen, Wolfgang: Das Ich im Spiegel der Sprache. Autobiographisches Schreiben in der deutschen Literatur des 20. Jahrhunderts, Tübingen 1991, S. 113.

Blach wird sich bedanken. Eine genaue Lektüre scheint hier nicht stattgefunden zu haben.

Nach der vehementen Kritik an Fries präsentiert Paulsen noch einmal seinen eigenen Ansatz, »die *Jahrestage* auf die Primärerfahrungen hinter dem Werk hin anzugehen, die den Motor für die Kreativität ihres Autors abgegeben habe« (82). Im Zusammenhang mit Überlegungen zu Johnsons Versteckspiel mit und hinter seiner Figur Gesine kommt Paulsen dabei zu einem wichtigen Punkt: »Aber kann man das überhaupt? Lassen sich weibliche Erlebnisse denn so einfach auf männliche (und umgekehrt) transferieren, so daß das Geschlechtsspezifische beiseite geräumt« – bis hierhin ist dies sicherlich ein zentrales Problem der Konstruktion der *Jahrestage*, doch dann enthüllt Paulsen mit der Fortführung seiner Frage, daß er das eigentliche Spannungspotential überhaupt nicht begriffen hat – »und die von der Frau auf den Mann ausgehende Magie unterschlagen wird« (84)? Für Paulsen ist also die Existenz einer solchen »Magie« völlig selbstverständlich; daß dieses Phänomen ein zu hinterfragendes sozio- und kulturgeschichtliches Konstrukt sein könnte, kommt ihm nicht in den Sinn – und kann ihm auch gar nicht in den Sinn kommen, denn dann müßte er ja analytischen Abstand nehmen von seiner These der heillosen Verzauberung Johnsons durch seine Ur-Gesine, die er nun noch einmal formuliert (vgl. 87f.). Die autobiographischen Fakten hinter jener Verstrickung, das »Urbild« (88) hinter Gesine, sind es, die Paulsen interessieren, und da hier bislang nur spärliche Informationen vorliegen, hält er sich im ersten Zugriff auf die ›Realität‹ von Johnsons Leben an die *Skizze eines Verunglückten* und deren Protagonisten Hinterhand, »über dessen Identität mit ihm [Johnson, A.K.] selbst kein Zweifel bestehen kann« (90). Die ausführliche und konträre Diskussion in der Sekundärliteratur gerade über diese vorschnelle, simple Gleichsetzung scheint Paulsen nicht berücksichtigen zu wollen.

Bevor er zu diesem Punkt weitere Ausführungen macht, wendet sich Paulsen dem Melusinen-Mythos zu, den er kurzerhand zu »ein[em] Produkt der Romantik« (90) erklärt. Nun sind Schlangenfrau-Märchen allerdings schon aus dem späten Mittelalter überliefert,[4] zudem wird in der Motivforschung der Melusinen-Mythos bis auf das antike Märchen von *Amor und Psyche* zurückgeführt. Ein Blick auf die von Paulsen be-

---

4 Es handelt sich dabei um die Dichtung *Peter von Staufenberg* von Egenolf von Staufenberg, die sich an Konrads von Würzburg bekannte Erzählung *Partonopier und Meliur* anlehnt. Noch ältere Melusinen-Stoffe finden sich beispielsweise bei Gervasius von Tilbury in seinen *Otia Imperialia* (um 1210) oder auch bei Marie de France in ihrem *Lai de Lanval* (zwischen 1160 und 1185).

nutzten Untersuchungen[5] erklärt den Kurzschluß und läßt weiterhin ahnen, warum der Begriff der Melusine bei Paulsen so undifferenziert bleibt (obwohl er unter dem Titel *Im Banne der Melusine* bereits eine längere Abhandlung zum Werk Theodor Fontanes[6] geschrieben hat). Nach allerlei mythischem Geraune zur Melusinen-Ehe, zur Männerpsyche und der Suche des Mannes nach seiner Anima[7] wird nämlich dann endgültig deutlich, daß die Einführung des Melusinen-Motivs nicht einem neuen methodischen Zugriff dienen soll, sondern lediglich als Synonym für bereits Gesagtes funktioniert: Elisabeth ist Gesine, Gesine ist Melusine (vgl. 95, 107), ist die »Phantasmagorie des Weiblichen« (s.o.), ist »die ›Frau an sich‹, die [...] berufen wird, der Mythos ›Weib‹« (108). Was dieser ›Mythos‹ eigentlich beinhaltet, welche Festschreibungen, Imaginationen und Diskriminierungen er enthält, wird an keiner Stelle erläutert: nichts klärt sich auf, und der mythische Nebel wallt weiter. Paulsen verläßt sich ganz und gar auf die Suggestivkraft dieses Schlagwortes, der er anscheinend selbst auch erlegen ist.

5 Paulsen bezieht sich auf die beiden Titel: Vogel, Matthias: »Melusine ... das läßt tief blicken«. Studien zur Gestalt der Wasserfrau in dichterischen und künstlerischen Zeugnissen aus dem 19. Jahrhundert, Bern 1989, und Max, Frank Rainer (Hg.): Undinenzauber. Geschichten und Gedichte von Nixen, Nymphen und anderen Wasserfrauen, Stuttgart 1991. Vogel beschäftigt sich explizit nur mit dem 19. Jahrhundert und stellt die Wandlungen des Melusinen-Stoffes mehr deskriptiv, also ohne eine das dahinterstehende Frauenbild kritisch betrachtende Analyse, dar. Doch gerade eine solche Untersuchung der männlichen Angst- und Wunschprojektion auf die Frau als wilde lockende und zugleich bedrohliche Natur wäre für die Paulsensche Perspektive erhellend gewesen. Bei Max finden sich Primärtexte fast ausschließlich aus dem 19. Jahrhundert, die obigen Schluß Paulsens also auch nahelegen. Der Herausgeber merkt zwar an, hinter der Frau »als personifizierte Natur« stünden »recht männliche Wunschvorstellungen« (S. 14), doch kommt er über diesen Euphemismus nicht hinaus. – Eine sinnvolle Ergänzung zu den beiden genannten Titeln könnte sein: Roebling, Irmgard (Hg.): Sehnsucht und Sirene. Vierzehn Abhandlungen zu Wasserphantasien, Pfaffenweiler 1992, da hier ein weiter ausgreifender und kritischerer Ansatz gewählt wurde.

6 Paulsen, Wolfgang: Im Banne der Melusine. Theodor Fontane und sein Werk, Bern 1988.

7 Hier wird einmal mehr deutlich, daß die Stellen in *Undine geht*, in denen Paulsen scheinbar den feministischen Zeigefinger schwingt, tatsächlich nur Täuschung gewesen sind, daß Paulsen noch unbeeindruckt in den alten Kategorien denkt. »Wie aber finden zwei Menschen, eine Frau und ein Mann, überhaupt zueinander?« (103), fragt er sich und hat auch sogleich die Antwort: »Der Mann hat sich [...] schon früh unbewußt ein Bild von seiner Anima gemacht, die er nun sucht. Sie ist ein Teil von ihm selbst, der etwas in eine Frau projiziert, die diesem Bild entspricht und auf das die Frau, wenn ihr Gleiches geschieht, antwortet« (ebd.). Was so beschrieben wird, ist die klassische Aufteilung in männliche Aktivität und weibliche Passivität, ist die uralte Geschichte vom Dornröschen, das vom Prinzen wachgeküßt werden muß, vom Adam, dem seine Rippe fehlt.

Dieser Sachverhalt, der weiter oben bereits einmal als »Fixierung« Paulsens bezeichnet wurde, wird im folgenden Kapitel »Von Gesine zu Mrs. Hinterhand« noch augenfälliger. Paulsen will nun den Beweis antreten für seine Behauptung, »daß mit der Feststellung, hinter dieser Gesine verberge sich kein anderer als seine [Johnsons, A.K.] Frau Elisabeth, längst keine Geheimnisse mehr verraten werden« (113). In einem ersten Anlauf in diese Richtung liest er die Passage in den *Begleitumständen*, in der Johnson seine Schreibblockade u.a. mit den Worten »Mrs. Cresspahl hatte abgesagt«[8] beschrieb, folgendermaßen: Johnson spreche »in diesem Zusammenhang von seiner Frau ganz einfach als von ›Mrs. Cresspahl‹« (114). Wer die letzten beiden Seiten der *Begleitumstände* betrachtet, wird Schwierigkeiten haben, diese Auslegung nachzuvollziehen. Dazu gehört auch der Fakt, daß Johnson wenig später schreibt, er sei im Begriff »die Verständigung mit Mrs. Cresspahl von neuem herzustellen«[9] – was ja nach der Paulsenschen Lesart doch wohl gleichzusetzen wäre mit einer angestrebten neuen Verständigung mit seiner *Frau*. Hier läuft der Gedankengang dann ins Absurde.

Bevor Paulsen fortfährt, betont er noch einmal, daß die bisherige Johnson-Forschung ohne die Berücksichtigung aller psychologischen und autobiographischen Implikationen zu »peinlichen Entgleisungen« (118) geführt habe und daß allein der zuvor von ihm schon häufiger gelobte Bernd Neumann ein »Licht in der Finsternis« (118) sei, da bei ihm »die recht durchsichtige Tatsache« anklinge, »daß hinter Gesine niemand anders stehe als eben seine [Johnsons, A.K.] Frau Elisabeth« (119).

Dann folgt der zweite Anlauf zur Beweisführung, der nun in vier Argumente gegliedert ist. Als erstes hält Paulsen sich an Johnsons eigene Aussage, »er habe Gesine seit 1956 gekannt« (121), jenem Jahr also, in dem Johnson auch seine Frau Elisabeth kennengelernt hat, die insofern »als das Modell für Gesine zu gelten« (121) habe. Da kann man durchaus anderer Meinung sein, und auch die Behauptung, Johnson selbst habe daran »nie einen Zweifel gelassen« (122), die mit einem Verweis auf die *Begleitumstände* untermauert wird, kann nicht überzeugen, da in den *Begleitumständen* davon gar nichts steht.[10] Einen zweiten Anhaltspunkt für seine These sieht Paulsen in den Vorwürfen Johnsons an die Adresse seiner Frau im Rahmen seiner letzten Vorlesung in Frankfurt, wo es u.a. darum geht, daß er sie »für seine Mitarbeiterin bloss angesehen habe,

---

8 Johnson, Uwe: Begleitumstände. Frankfurter Vorlesungen, Frankfurt am Main 1980, S. 452.
9 Ebd., S. 453.
10 Vgl. ebd., S. 423. Johnson gibt hier lediglich an, daß er verheiratet ist.

wenn sie ihm den Inhalt des Wortes rosny in der tschechischen Sprache aufschlüsselte.«[11] Paulsen betrachtet die Gesamtpassage als ein »krauses Argument« und das Wort »rosny« scheint ihm gar »Schlüssel für den ganzen Roman« (123) zu sein, da Johnson den Leser »darüber weiterhin im dunkeln läßt« (ebd.) und sich über die Bedeutung des Wortes ausschweigt. Das Rätsel löst sich, wenn man die *Jahrestage*[12] aufmerksam gelesen hat, die auf S. 1738 Auskunft geben: »Was bedeutet im Tschechischen das Wort hrozný? furchtbar, schrecklich, gräßlich, entsetzlich, schauerlich, grauenhaft, grauenvoll.« Dann gibt die zitierte Stelle aus den *Begleitumständen* keine Rätsel mehr auf, und man kann sich auch die eigenen Nachforschungen nach der Übersetzung des Wortes, wie Paulsen sie liefert, sparen. Als drittes Argument weist Paulsen auf die heftige Reaktion Johnsons auf den (ob nun realen oder nur eingebildeten) Verrat seiner Frau hin. »Man muß nämlich bedenken, daß dieses Leiden sich allen üblichen Verhaltensmustern entzieht, denen zufolge der ›betrogene Ehemann‹ traditionellerweise ja keine tragische, sondern eher schon – als ›Hahnrei‹ – eine komische Figur abgibt« (115). Daß »er physisch mit einem Herzinfarkt und psychisch mit einer langjährigen Schreibhemmung reagierte« (ebd.), verweise deshalb auf eine Tiefe der Verletzung, die nur durch die »Identität von Gesine und Elisabeth« (115) zu erklären sei. »Daß er durch den Identitätsverlust seiner Ur-Gesine in seinen eigenen Augen selbst seine Identität verloren hatte« (124), ist nach Paulsen der Grund für die »»paranoide«« (vgl. 124) Reaktion des Autors. Der Schluß liegt nahe, daß alle männlichen und weiblichen, tatsächlich oder nur eingebildet Betrogenen, die Eifersucht und Schmerz in größerem Ausmaß empfinden, mit dieser Reaktion gleichfalls in die Randbereiche der Pathologie gehören.

Schließlich kommt Paulsen zu seinem letzten Hinweis auf die ›offensichtliche‹ Identität von Elisabeth mit Gesine. Er bezieht sich dabei auf jene Stelle der *Begleitumstände*, in der Johnson spielerisch die Entstehung von *Eine Reise wegwohin* im Jahre 1964 beschreibt: »Dafür [für den Text *Boykott der Berliner Stadtbahn*, A.K.] hatte er sich lediglich Urlaub genommen aus einer anderen Korrespondenz. Das war die Auseinandersetzung mit einer der Personen, in deren Gesellschaft er die Zeit vom 17. Oktober bis zum 10. November 1956 verbracht hatte.«[13] Die Tatsache, daß Johnson sich »sehr genau, erstaunlich genau« (125) an diese Daten

---

11 Ebd., S. 451.
12 Johnson, Uwe: Jahrestage. Aus dem Leben von Gesine Cresspahl, Bd. I-IV, Frankfurt am Main 1988.
13 Johnson, Begleitumstände (Anm. 8), S. 299.

erinnern kann, ist für Paulsen der Fingerzeig, daß dies die entscheidende Zeit in Johnsons Leben gewesen ist, eine Zeit, die er mit der sonst oft von ihm getrennten Elisabeth Schmidt verbracht hat: »Es ist die Zeit, in der eine Gesine sich in einer Elisabeth konkretisierte, diese Elisabeth ihm zur Gesine wurde« (125). Allerdings klärt sich die erstaunliche Erinnerungsfähigkeit Johnsons ganz anders auf, wenn man bedenkt, daß die von ihm zitierte Zeit im Herbst 1956 nichts anderes ist als die erzählte Zeit der *Mutmassungen über Jakob* – das ist nicht schwer zu merken, für den aufmerksamen Leser nicht und noch weniger für den Autor selber. Aber damit nicht genug: Paulsen wittert hinter der Formulierung »andere Korrespondenz« den Hinweis auf einen Briefwechsel zwischen Johnson und seiner zukünftigen Frau, die 1961 in Prag studiert hat. Gegen den expliziten Bezug der *Begleitumstände*-Textstelle auf das Jahr 1964 biegt er sie deshalb um auf das Jahr 1961 (vgl. 126), was zur Folge hat, daß seine Argumentation nur noch schwer nachvollziehbar wird und eine kuriose Blüte treibt: Gesine ist auf einmal acht Jahre älter als Johnson, »was sie für den Psychologen schon ins Mütterliche gerückt haben könnte« (126), natürlich. Zwischen den Jahren 1933 und 1934, dem fiktiven Geburtsjahr Gesines und dem realen Geburtsjahr Johnsons, liegt aber nun einmal nur ein Jahr, und spätestens hier müßte Paulsen doch aufgefallen sein, daß er sich verrannt hat. Daß er seine Argumente statt dessen mit so viel Verve und innerer Überzeugung vorträgt, ist ein weiteres Signal für eine zwanghafte Art der Lektüre, die ihn alle widersprechenden Fakten vergessen läßt. Er kann seinen Blick nicht von Elisabeth-Gesine-Melusine und ihrer todbringenden Magie lösen, da er an diesen Mythos glaubt und ihn in seiner Interpretation um jeden Preis fortschreibt, auch wenn er damit den Autor und sein Schaffen vergewaltigt. Wo kritisches Hinterfragen opportun gewesen wäre, um vielleicht tatsächlich neue Erkenntnisse zu Johnsons Werk zu gewinnen, wird die Schicht des mythischen Mörtels nur noch dicker.

Um nicht nur aus den *Begleitumständen* ›Beweismaterial‹ für seine These herauszufiltern und »die Ereignisse aus dem Juni 1975 in Sheerness [...] in ihrem vollen Ausmaß zu begreifen« (128), die Zeit der Johnsonschen Ehekrise also, wendet sich Paulsen nun ausführlich der *Skizze eines Verunglückten* zu. Seine Interpretation und Argumentation sollen hier nicht im einzelnen nachgezeichnet werden – es mag der Hinweis genügen, daß auch sie aufgrund einer ungenauen Lektüre nur wenig überzeugen können. Den Anfang der kurzen Erzählung so zu verstehen, daß das Restaurant am Broadway einmal dem alten Mann *gehört* habe (vgl. 128), mag ja noch angehen, auch wenn darüber die potentielle übertragene

Bedeutungsnuance des Possessivpronomens im Deutschen vernachlässigt wird und eine Seite später eingeräumt werden muß, Joe Hinterhand habe »offenbar niemals ein Restaurant am Broadway besessen« (129) – dann jedoch die Frage zu stellen, »was hinter diesem Namen [de Catt, A.K.] steckt« (130) und selbst zu spekulieren: »›Catt‹ als eine Version von ›cat‹, Katze?« (ebd.), ist ein eindeutiges Zeichen von Flüchtigkeit. Denn es wird doch im Text ausdrücklich erklärt: »Joachim de Catt‹, mir hätte der Name weiterhin eingeleuchtet, auch weil er einem niederdeutsch gebildeten Leser das Betragen einer Katze ankündigte.«[14] Gleiches gilt für Paulsens Überlesen der Erklärung für den Namen Hinterhand, über den er mutmaßt: »Offensichtlich benutzte er [Johnson, A.K.] [...] das Vokabular des Kartenspiels demzufolge der, der die Karten ausspielt, die ›Vorderhand‹ hat, ›Hinterhand‹ dagegen, Duden zufolge, der ist, der ›als letzter und in Kenntnis des Vorausgehenden zu handeln bzw. sich zu äußern‹ hat« (131). Paulsen hätte den Duden nicht bemühen müssen, denn in der *Skizze* steht unmißverständlich: »es lag dem Verfasser von ›Ein behütetes Schaf‹ daran, gerade diesen Leuten eine fortgesetzte Neckerei und Beobachtung zu versprechen. Also verfiel er auf eine Anleihe bei der Skatsprache, jenen Partner nämlich, der seine Karten als letzter ausspielt; ›J. Hinterhand‹ nannte sich der Autor.«[15]

Diese Beispiele mögen ausreichen, um im Zusammenhang mit weiter oben ausgeführten Schwachstellen der Paulsenschen Lektüre und den daraus oft resultierenden Interpretationsfehlern erneut den Zweifel am Paulsenschen Diktum, ›man müsse nicht alles gelesen haben‹, anzumelden. Zumindest eine gründliche Lektüre der Primärliteratur scheint doch ratsam zu sein.

Die weiteren Ausführungen, die Paulsen zu Beginn seines vorletzten Kapitels, »Die Verlassenheit und ihre Hintergründe«, zur *Skizze eines Verunglückten* macht, sollen ebenfalls vernachlässigt werden, bis auf das Resümee, das da – wie zu erwarten war – heißt: »Was in der Gestalt Mrs. Hinterhands wie der Mrs. Cresspahls wieder einmal berufen wird, ist die ›mythologische Frau‹ Goethes, das dem Mann unverständliche weibliche Urgeheimnis und damit eine Version der Melusine, Undine« (142). Die in der *Skizze* geschilderte Todesart, der Selbstmord durch »Ableben«, sowie Johnsons Alkoholismus, der ja auch als eine Art systematischer Selbstmord auf Raten betrachtet werden kann, bringen Paulsen zu der Frage nach der psychischen Befindlichkeit des Menschen Uwe Johnson.

---

14 Johnson, Uwe: Skizze eines Verunglückten, Frankfurt am Main 1981, S. 14f.
15 Ebd., S. 16.

Die »Einsamkeit des moralischen Subjekts‹ als eine[–] ›Krankheit zum Tode‹« (145) bzw. der zu diagnostizierende extreme Fall »von Selbstverlust«, von einer »ungewöhnlich tiefe[n] Verunsicherung, aus der heraus er [Johnson, A.K.] sich [...] der Frau näherte« (147), müssen Ursachen haben, die Paulsen in Johnsons Kinder- und Jugendzeit sucht. Nun folgt eine lange Liste (vgl. 148-157) mit wenig Fakten und viel Spekulation, in der Paulsen unter seinem fixierten Blickwinkel die Frühzeit des Autors psychoanalysierend zu rekonstruieren versucht. Daß ein solches Vorgehen nicht nur unter literaturwissenschaftlichen Gesichtspunkten problematisch ist, ist spätestens seit den Querelen um die Johnson-Biographie Bernd Neumanns deutlich geworden, auf die Paulsen aufgrund seiner begrenzten Informationslage verweist und von der er sich weitere Enthüllungen zum Psycho-Drama Johnson erhofft. Als Fazit seiner vorläufigen Erwägungen zu diesem Thema kommt Paulsen zu einer Diagnose, die schon vielen Dichtern und Denkern angehängt wurde, die also kaum überraschen kann, aber selbst als Klischee noch befremdlich wirken muß: »Das Genie in seiner Pathologie. Die Psychiatrie wird hier das letzte Wort haben« (158).

In seinem letzten Kapitel schließlich möchte Paulsen »Zugänge zu den *Jahrestagen*« bieten. Er hebt an mit einer erneuten Selbstvergewisserung: »Ein Werk wie die *Jahrestage* [...] läßt sich offenbar auf sehr verschiedene Weisen lesen, bis hinunter zur Fleißarbeit, wie wir gehört haben. Es kommt bei solchen Äußerungen weitgehend auf den Erfahrungshorizont des jeweiligen Lesers an: Solange er mit vorgefaßten Thesen, seien es die Brechts, Lukács', Benjamins oder gar Adornos, operiert, muß er die in den Text eingegangene Dynamik verfehlen, denn sie liegt hinter dem Text, im Spannungsfeld von Autor und seinem Werk« (159). Und Paulsen ist sich ziemlich sicher, die Dynamik des Textes mit seiner Art der Lektüre ausmessen zu können, jene Momente in der Textur, wo »die Emotionen durchbrechen« und die Sprache »sich irrational verschlingt« (157) – »Mir fehlen dafür die Maßstäbe, aber ich meine, solche Stellen lesend zu spüren« (ebd.). Hierauf vertraue man also eher als auf die Schriften Benjamins oder Adornos.

So ist es nicht verwunderlich, daß eine angemessene Würdigung des Aufbaus der *Jahrestage* und des Einflusses der sozialistischen Ästhetik auf Johnsons Schaffen auch ›erstmals‹ bei Paulsen zu finden ist. Lediglich Bernd Neumann sei es zuvor gelungen, mit der »Einsicht in die weiteren psychologischen Aspekte« in Johnsons Leben und Schreiben ebenfalls »den Nerv der Dichtung« bloßzulegen, die »mythischen Dimensionen« in seinem engen Zusammenhang zum »autobiographische(n) Moment«

aufzuspüren (vgl. 164). Dann kommt Paulsen – sozusagen als negatives Gegenbeispiel – auf »die unglückselige Ingeborg Hoesterey« (163) zu sprechen, die er mit Formulierungen attackiert, welche er im vierten Kapitel in seinem Kommentar zur Friesschen Diktion noch selbst kritisiert hat. Ein Hagel von »Peinlichkeit«, »Linguistenlatein«, »absurd«, »Unfug«, »reichlich spießbürgerlich« und schließlich sogar »Frau Beckmesserin« (vgl. 165f.) geht auf den ›Feind‹ in Paulsens Visier nieder, und man ahnt bereits, warum diese Flut von Polemik ausgerechnet über einer Wissenschafler*in* zusammenschlägt, während männliche ›Gegner‹ wie eben z.B. Ulrich Fries immerhin ernst genommen und vergleichsweise geschont werden. Der Satz: »So kann nur jemand schreiben, der mit dem Material nicht vertraut ist, *hausfraulich* höchstens mit dem diesem gebührenden Ethos« (166, Hervorhebung von mir, A.K.) enthüllt Paulsens latente Frauenfeindlichkeit, die vor dem Hintergrund seiner oben skizzierten Fixierung nicht unbedingt als böswillig zu verstehen ist, sondern nur aus hoffnungslos veralteten Denkstrukturen entspringt. Frauen als wandelnde Mythen, als faszinierende Melusinen können und sollen wohl auch nicht denken, geschweige denn literaturwissenschaftliche Aufsätze schreiben.

Nun folgt noch allerlei Verstreutes, das die alleinige Fruchtbarkeit des biographischen Zugriffs auf die *Jahrestage* unterstreichen soll. So warnt zwar Paulsen »vor der Versuchung, die von Johnson während seiner Interviews gemachten Äußerungen zu wörtlich zu nehmen« (171), doch vergißt er dies sogleich wieder, wenn er hinter Johnsons Aussage über den Tag des Arbeitsbeginns an den *Jahrestagen*: »An jenem Sonntag waren wir am Atlantik – ich hielt das für einen guten Anfang, so wurde es der erste Tag, der 20. August 1967« (zitiert nach Paulsen, 171) aufgrund des Signalwortes »Atlantik« sogleich wieder Mythisch-Bedeutsames wittert: »Auf wen also bezieht sich in Johnsons Antwort auf Zimmers Frage das ›wir‹? Nehmen wir an, die Tochter war damals in einem Ferienlager, so haben wir es hier fraglos mit der Transposition einer Elisabeth in eine Gesine zu tun – um im Bilde zu bleiben: mit der ans Land gestiegenen Wasserfrau« (174). Auch die Tatsache, daß die Cresspahls in die Johnsonsche Wohnung am Riverside Drive ›einzogen‹, ist Anlaß genug, um einige weitere Spekulationen über den Alltag in einem Domizil, »da wohnt nicht nur Uwe Johnson mit Frau und Tochter, da wohnt auch Gesine mit Marie« (176), anzustellen, die in der Vermutung gipfeln, Elisabeth habe vielleicht »in der Kapazität einer Fremdsprachenkorrespondentin, als welche sie ausgebildet war« (180) in einer Bank gearbeitet, um ihren Mann mit den nötigen Interna, »fast schon intime Kenntnisse des amerikanischen Bankgeschäfts« (181), zu versorgen. In dieser Art folgen noch einige ›Mutmassungen über Marie bzw. Katharina Johnson‹, die gleichfalls wenig Erbauliches bringen – und verdutzt sieht sich der Leser am Ende von Kapitel und Monographie nach den versprochenen »Zugängen zu den *Jahrestagen*« um. Allein, er wird sie nicht finden.

Was bleibt? Ein diffuser Eindruck davon, daß also Mrs. Hinterhand und Mrs. Gesine Cresspahl ›irgendwie‹ von Elisabeth Johnson abstammen, daß diese, wie bereits im Ansatz das Urbild der Ingrid Babendererde, für Johnson »die Frau an sich« – was ist das? – war und alle zusammen dann Töchter der mythisch-umwobenen Melusinengestalt sind. Der Mann in diesem Spiel suchte seine Anima, die er in seiner Melusine fand und die er sich schreibend aneignete, in seine Sicht der Welt einband, schließlich seine Erfahrung mit ihrer Lebensgeschichte vermengte, so daß sie ›irgendwie‹ ein Teil von ihm wurde: womit Gesine, Elisabeth, Ingrid auch Uwe wären. Das geht so beliebig durcheinander, daß eine saubere Trennung nicht mehr möglich ist. Weiter bleibt ein großes Unbehagen, wenn unter dem Vorwand des ›biographischen Zugriffs‹ das Privatleben eines Autors schonungslos durchwühlt wird, was eher den Voyeurismus einiger auf gewisse Sensationen fixierter Wissenschaftler befriedigt, als daß es das Kunstwerk und sein eigenes Leistungsvermögen in den Blickpunkt rückte. »Was Johnsons ganzes Schreiben letztlich bestimmt hat, so scheint es, war die Projektion seiner Anima auf eine Frau« (146) – welch traurige Reduktion eines Stücks großer Literatur, das so viel mehr an Welt enthält, liegt in diesem Satz. Und was wäre wirklich gewonnen, wenn man wüßte, daß irgendeine Geste, irgendeine Äußerung von Elisabeth Johnson auf Gesine übergegangen ist? Literatur kann doch immer nur in ein anderes Ganzes verwandelte Erfahrung, verwandelte Lebenswirklichkeit sein, wobei die ›Kunst‹ in der Verwandlung liegt und nicht im Material derselben. Schließlich gilt es noch – mit einem Blick auf die Paulsenschen verbalen Trommelwirbel für die höchsteigene und gegen alle anderen Meinungen – eine Leerstelle zu verzeichnen, eine Haltung zu vermissen, die einen produktiven Dialog hätte initiieren können, die aber ihren Platz eher zwischen Fürstenberg und Lychen, denn in mancher Sekundärliteratur zu Johnson zu haben scheint: »Orre schnitt min Seis nich?«[16] – Se ehr Seis schnitt nich.

Annekatrin Klaus, Weißhausstr. 50, 50939 Köln

16 Johnson, Marthas Ferien (Anm. 2), S. 42f.

Thomas Schmidt

Kalender und Identität

Zu: D.G. Bond, German History and German Identity:
Uwe Johnson's *Jahrestage*

> »Eine Geschichte ist aber etwas, was erzählt worden ist, keine Botschaft.«[1]
>
> Uwe Johnson

> »In *Jahrestage* Johnson has written one of the most powerful literary works to deal with the problem of German identity in the light of the Third Reich.«[2]
>
> D. G. Bond

I. »Misused in the new battle for a national identity«? or »Reading the positive side to the politics«

D. G. Bond hat ein politisches Buch geschrieben und zudem ein Plädoyer gegen die Verdrängung von Geschichte und für die aufklärerische und politisch-moralische Kraft der Literatur. Die Arbeit, die Uwe Johnsons Roman *Jahrestage* in die westdeutsche Debatte über die unterlassene Aufarbeitung des Faschismus einordnet, wie sie u.a. durch Adorno,

---

1 Durzak, Manfred: »Dieser langsame Weg zu einer größeren Genauigkeit«. (Gespräch mit Uwe Johnson), in: Ders., Gespräche über den Roman. Formbestimmungen und Analysen, Frankfurt am Main 1976, S. 430.

2 Bond, D.G.: German History and German Identity: Uwe Johnson's »Jahrestage«, Amsterdam/Atlanta (GA) 1993 (Amsterdamer Publikationen zur Sprache und Literatur 104), S. 211. Im folgenden zitiert als: (Bond, Seitenzahl).

Margarete und Alexander Mitscherlisch, Hochhuth und Weiss geprägt wurde, birgt die Tendenz, ein auf Restitution seiner politischen Macht drängendes vereinigtes Deutschland – gemäß dem Projekt des Romans – am Verhältnis zu seiner eigenen Geschichte zu messen. Johnsons Darstellung deutscher Geschichte sei eine Herausforderung in einer Zeit, in der »the question of a German national identity is as topical as it ever was« (Bond, 16). So formuliert das abschließende Kapitel »Bidding Farewell to and Preserving the Past: Johnson Today« anhand der Johnson-Rezeption der letzten Jahre zugespitzt: »To study the reception of Johnson's work is to study who are the ›Sieger der Geschichte‹« (Bond, 209f.) und illustriert die potentielle Rolle des Schriftstellers Johnson bei der Bestimmung deutscher Identität nach der Vereinigung. Uwe Johnson könnte »as a perfect example of a writer who can provide the focus for this new identity« (Bond, 208) gelten; aber eben nur auf Kosten seiner Reduzierung und Instrumentalisierung, denn – so Bonds Botschaft: »as long as Johnson's work and biography are reduced to his negative experiences with the GDR then he is being misused in the new battle for a national identity free of the legacy of the Third Reich« (Bond, 212f.). Dieser Rahmen zeigt Bonds Buch einem Diskurs zugehörig, dessen historische, politische und moralische Inhalte die Untersuchung bestimmen, der aber zugleich auch ihre Grenzen ausmacht. Im folgenden sollen die zahlreichen Ansätze, die diese Arbeit bietet, kritisch dargestellt werden; zum einen in bezug auf parallel veröffentlichte Untersuchungen zu gleichen Themen, zum anderen durch den Versuch, Thesen weiterzudenken. Allein die Tatsache, daß Bonds Untersuchung zu einem solchen Vorgehen zwingt, weist sie als Markstein auf dem Wege einer eingehenderen und sich differenzierenden Beschäftigung mit dem Werk Uwe Johnsons aus.

Bonds erklärtes Ziel ist es zu zeigen, »how the theme of German history has been interwoven with the form of *Jahrestage*, influencing it in many ways, from a use of leitmotif or of the basic structure of the calendar, to a creative use of document« (Bond, 15). Basis eines solchen Projekts ist die Bestimmung des Verhältnisses von Geschichtsschreibung und Literatur. Bonds erstes Kapitel »The Novelist as Historian« illustriert dieses Verhältnis durch Grass' Metapher vom Schriftsteller als »Lückenbüßer der Geschichte« und durch die poetologische Zeugenschaft von Böll, Koeppen und Schädlich freilich eher, als daß es Begriffe für die nachfolgende Untersuchung bereitstellen will;[3] das trifft desgleichen die

---

3 Überzeugend wurde die historiographische Tradition, in der Johnsons Erzählen steht, und damit auch das im Roman manifestierte Verhältnis von Literatur und

Diskussion der inhaltlichen Differenz der *Jahrestage* zur Tradition des Bildungsromans (vgl. Bond, 38f.).[4] In fruchtbarer Auseinandersetzung mit einer These Leo Löwenthals bejaht Bond dann die Frage, ob es Literatur in der Moderne angesichts entwickelter Sozialwissenschaften noch vermag, geschichtliche Erfahrung zu speichern und zu mobilisieren: unter dem Druck der Wissenschaften habe sie spezifische Formen entwickeln müssen. So sei es auch Johnsons Überzeugung gewesen, daß Literatur »its unique role as a mediator of experience« genau deshalb ausfüllen kann, »because it does not claim to be scientific« (Bond, 22). Die hier allein hypothetisch vermerkte formale Innovationskraft der Literatur bezeichnet im untersuchten Zusammenhang m.E. genau den Punkt, an dem die Strukturanalyse, der Bond später sein noch zu besprechendes Kalender-Kapitel widmet, hätte begonnen werden müssen. Daß Bond statt dessen anhand des Prag-Plots zuerst die politische Grundaussage des Romans herausarbeitet, präformiert zwar später seine Sicht auf die Leistungsfähigkeit der Kalenderstruktur, tut dem Prag-Kapitel selbst aber keinen Abbruch. Im Gegenteil.

Bonds präzise Untersuchung markiert gemeinsam mit der etwa zeitgleich entstandenen Arbeit von Sabine Fischer[5] den Anfang einer detaillierten und textnahen Auseinandersetzung mit der Perspektive des Prager Frühlings im Roman. Durch die Analyse der im ersten Band etablierten Anspielungen auf den Prager Frühling zeigt Bond, wie dezidiert dieser von Beginn an in die Romanstruktur eingeschrieben ist und sich nach und nach zu einem nachdrücklichen Stimulans und Movens von Gesines Vergangenheitsverarbeitung und Gegenwartswahrnehmung entwickelt. Gesines Entscheidung für Prag wird als »a potentially progressive step which could break the repetitive chain of her previous moves« (Bond, 44) in ihrer politischen Qualität sichtbar, indem Bond die im Roman unter

---

Geschichtsschreibung, m.E. dargestellt in: Albrink, Veronika: »hier wird nicht gedichtet«? Zum Verhältnis von Historiographie und Fiktion in Uwe Johnsons »Jahrestagen«, in: Ulrich Fries/Holger Helbig (Hg.), Johnson-Jahrbuch Bd. 1, Göttingen 1994, S. 161-189.

4 Die Differenz zum Bildungsroman führt an den Kern der Geschichtsdarstellung des Romans heran und ist schon in Johnsons Erzählansatz aufzufinden. Vgl. dazu Auerochs, Bernd: Erzählte Gesellschaft. Theorie und Praxis des Gesellschaftsromans bei Balzac, Brecht und Uwe Johnson, München 1994, v.a. S. 212.

5 Fischer, Sabine: Der Prager Frühling als »Entwurf«: Politische Diskurse in Uwe Johnsons »Jahrestagen«, in: Carsten Gansel/Bernd Neumann/Nicolai Riedel (Hg.), Internationales Uwe-Johnson-Forum. Beiträge zum Werkverständnis und Materialien zur Rezeptionsgeschichte. Band 3 (1993), Frankfurt am Main 1994, S. 53-104.

dem Leitthema »Gefällt dir das Land nicht? Such dir ein anderes«[6] vielfältig angebotenen Emigrationsgeschichten und -motive analysiert. Die USA in Richtung Prag zu verlassen, ist für Gesine erstmals »not only a political reaction against what is unacceptable, but also an attempt to construct meaningful political action« (Bond, ebd.). Das übersehen zu haben, hält Bond allen geschichtspessimistischen Interpretationen des Romans vor und nimmt gegen sie in Anspruch, daß »Gesine's search for meaning and the Czech's search for a new society coincide. Prague is the one place in 1968 where Gesine's past crystallizes in an attempt to create a new future [...]. Now the Prague reforms represent an attempt to learn from history just as Gesine's personal interest in them stems from her wish to overcome her own past« (Bond, 76). Bonds Interpretation ergänzend, aber in deren positiver politischer Aussage relativierend, zeigt Sabine Fischer durch die überzeugende Analyse der von Johnson bearbeiteten Dokumente zum Prager Frühling und der auf Prag bezogenen Zeitungsmeldungen in den Bänden 3 und 4 der *Jahrestage* »Gesines Situation zwischen Hoffnung und Resignation«[7] und somit den Prager Frühling »als zerbrechliche Utopie«;[8] eine Deutung, die auch die von Bond freigelegte Todesmetaphorik der Pragkapitel des ersten Bandes zuließe: »there is no doubt that they also imply that the Czech reforms will fail, and with them the attempt to break the pattern of violently repressing the past« (Bond, 53). So stellt Fischer im Unterschied zu Bond für die zweite Hälfte des Romans fest, daß »Gesines Vorstellungen [...] von denen der tschechoslowakischen Führung [...] vollkommen«[9] abweichen.

Die von Bond aufgedeckten Querverweise machen die Tschechisch-Lektionen bei Prof. Kreslil als eigentlichen Kristallisationspunkt von Vergangenheitserzählung und Zukunftsperspektive kenntlich[10] und belegen, »how the history of the Third Reich is fundamentally connected to the Prague plan« (Bond, 58). Gesine erlernt bei Kreslil nicht nur die tschechische Sprache, sondern sie kommt auch zu Erkenntnissen über den historischen Ort ihrer eigenen Entscheidung. Im Text findet dieser Lernprozeß u.a. in der Metamorphose des Auftrages der Bank zu einem bewußten und zukunftsträchtigen Auftrag in eigener Sache seinen Ausdruck. Gesines Entscheidung, nach Prag zu gehen, erscheint somit als

---

6 Johnson, Uwe: Jahrestage. Aus dem Leben von Gesine Cresspahl, Bd. I-IV, Frankfurt am Main 1988, S. 80 und 1008.
7 Fischer, Prager Frühling (Anm. 5), S. 70.
8 Ebd., S. 88.
9 Ebd., S. 83.
10 Zum gleichen Ergebnis kommt Fischer: ebd., S. 83-86.

Ergebnis einer historisch determinierten Identitätssuche. Diese Entscheidung, die Bond als »one to return to her origins in German history and in the history of socialism« (Bond, 81) betont, ist im Lichte der Untersuchung des Gesamtprojektes, wie von Fischer vorgeführt, jedoch dem »Fehlen einer möglichen Alternative«[11] geschuldet. Dabei betont Fischer, daß sich Gesine v.a. durch die Kreslil-Lektionen eingestehen muß, »daß sie mit ihrer deutschen Vergangenheit in der ČSSR kein neues Leben aufbauen kann«.[12]

II. »The calendar [...] stands for a principle of rememberance«

»Kultureller Sinn zirkuliert und reproduziert sich nicht von selbst. Er muß zirkuliert und inszeniert werden.«[13]

Jan Assmann

Kernstück der Monographie Bonds ist das Kapitel »The Calendar«, in dem sich erstmals ein Interpret eingehender mit der Makrostruktur des Romans beschäftigt. Dem Kalender wächst im Roman, so Bond, eine doppelte Funktion zu: Er steht einmal für ein Prinzip der Erinnerung, ist zum anderen aber auch für »the episodic form of *Jahrestage*« (Bond, 116) verantwortlich, deren Spezifik Bond mit Hilfe einer Erweiterung von Norbert Mecklenburgs Begriff des »topischen Erzählens« zu bestimmen sucht. Ohne die bisherige Forschung zur Erzählsituation der *Jahrestage* falsifizieren zu wollen, konstatiert Bond nach deren Durchmusterung, daß sie unbrauchbar sei für sein Vorhaben, mit dem Kalender »a far more important model and governing principle in the narrative« (Bond, 88) zu exponieren. Eine Diskussion dieser provokanten These wird im folgenden versuchen, Bonds Anregungen kritisch auf ihre Tragfähigkeit zu prüfen.

Bond kritisiert an den Arbeiten von Storz-Sahl und Baker,[14] die sich vor ihm — jedoch nicht zentral — der kalendarischen Basisstruktur

---

11 Ebd., S. 87.
12 Ebd.
13 Assmann, Jan: Das kulturelle Gedächtnis. Schrift, Erinnerung und politische Identität in frühen Hochkulturen, München 1992, S. 143.
14 Storz-Sahl, Sigrun: Erinnerung und Erfahrung. Geschichtsphilosophie und ästhetische Erfahrung in Uwe Johnsons »Jahrestagen«, Frankfurt am Main 1988; Baker, Gary Lee: The German Jeremiad. Notion of History, the Outsider and Utopian Elements in Uwe Johnson's »Jahrestage«, Diss. masch. Minneapolis 1989. Baker hat diesen von

angenommen haben, zu Recht deren Herrichtung des Textes für eine Benjamin-nahe Interpretation; aufzufinden u.a. im treffenden Einwand gegen Baker: »the calendar in *Jahrestage* is a key structuring principle which informs attitudes to history, but it is not part of a philosophical theory of history« (Bond, 112). Bond selbst wählt aber für seine eigenen Überlegungen auch nur Benjamin zum Gewährsmann – allerdings mit einer längeren Begründung (vgl. Bond, 111-113) – und beläßt damit seine Reflexionen in den eingeschliffenen theoretischen Bahnen der Johnson-Exegese, die er ansonsten mit interpretatorischem Gewinn zu verlassen sucht. Für die Untersuchung der Struktur kann m.E. eher ein Modell Gültigkeit beanspruchen, das geschichtsphilosophische Orientierungen, wie sie etwa durch die Begriffe Benjamins von Beginn an in die Interpretation eingehen, vorerst suspendiert und im Sinne des Strukturalismus erst einmal darauf zielt, »ein ›Objekt‹ derart zu rekonstruieren, daß in dieser Rekonstruktion zutage tritt, nach welchen Regeln es funktioniert«.[15] Erst die funktionale Bestimmung der Form, die wesentlich für Sinnstiftung und Sinnverweigerung verantwortlich ist, kann ein Verständnis dafür liefern, worauf Johnsons Basisstruktur überhaupt referiert. So bezeichnet der verwirrende Titel eines Teils des Kalender-Kapitels, »The calendar as anniversary«, *den* Punkt in Bonds Arbeit, an dem eine Ausweitung des Untersuchungsansatzes möglich wird:[16] »The calendar embodies [...] the repetitive« nature of the act of remembrance« (Bond, 99); »the date in the present is linked with a date in the past and thus a sense of history is established« (Bond, 98). Diese Kommentare zu Funktion und Funktionieren des Kalenders sind treffend, lassen aber in ihrer Kürze wichtige Fragen offen: Wodurch entsteht diese Verbindung, wer realisiert sie und warum? Wie und für wen wird dadurch historischer Sinn etabliert? Und – wie wird die Wiederholung dieser Etablierung gesichert? Anhand einer der von Bond in diesem Zusammenhang als »key examples of this structure« (Bond, 99) interpretierten Tageseintragungen soll hier wenigstens partiell auf diese Fragen eingegangen werden: gemeint ist der Todestag von Lisbeth Cresspahl »around midnight on 9

Bond kritisierten Teil seiner Arbeit wenig überarbeitet, wie der überholte Forschungsstand zeigt, jüngst veröffentlicht: Ders.: The Influence of Walter Benjamin's Notion of Allegory on Uwe Johnson's »Jahrestage«. Form and Approach to History, in: The German Quarterly 66, 1993, S. 318-329.

15 Barthes, Roland: Die strukturalistische Tätigkeit, in: Kursbuch 5, 1966, S. 190-196, hier: S. 191.

16 Ein Vorhaben, das im Rahmen der Rezension nur kursorisch behandelt werden kann, jedoch Gegenstand einer umfangreicheren Untersuchung zu diesem Thema ist.

November 1938« (Bond, 100). »Lisbeth's death represents an anniversary of immense importance« (Bond, 102). Bond betont die enorme historische Aufladung dieses Tages weit über den Roman hinaus bis hin zum Mauerfall im Jahre 1989 und zeigt auch, daß das Datum des 9. November, mehr als irgendein anderes, »has come to symbolize German treatment of the Jews during the Nazis years, and it is still a potential cause of controversy« (Bond, 100). Evident für die Interpretation ist jedoch – und darauf geht Bond nicht ein –, daß Johnson gerade für Lisbeths Todestag die »repetitive nature of the act of remembrance« *nicht* nutzt. Die aus der Chronologie der Vergangenheits-Erzählung herausfallende »jährliche Rede« auf Lisbeths Tod wird erst zwei Tage nach ihrem Todestag mit der Begründung gehalten: »Es kommt auf den Tag nicht an« (JT, 286). Das einzige, worauf es beim kalendarischen Erinnerungsmechanismus nun aber wirklich ankommt, ist der Tag und sein Ausweis, das Datum. Das ist seine Spezifik, die ihn vor anderen Anlässen des Erinnerns auszeichnet. Die Differenz zwischen Todesdatum und Totenrede ist um so augenscheinlicher, da Johnson die Tode von Gesines Vater und von Jakob an den entsprechenden Tagen – außerhalb der Erzählchronologie und in signifikanter Benutzung des kalendarischen Mechanismus' – durch die Anwesenheit der Themenfelder Tod und Gedächtnis würdigt, ohne diese als Erinnerungstage explizit auszuweisen.[17]

Einige Bemerkungen zum kalendarischen Erinnerungsmechanismus: Der Ursprung des Jahrestages ist im Kult zu suchen. Dessen Zeitpunkt wurde anfänglich durch die Beobachtung kosmischer und natürlicher Vorgänge auf Grundlage der Erfahrung ihrer regelmäßigen Wiederkehr bestimmt, was freilich mit dem Heraustreten des Menschen aus seinen naturwüchsigen Bindungen zur Bestimmung des *richtigen* Moments für soziales Handeln nicht mehr ausreichte und eine Systematisierung forderte: die Länge des Zyklus wurde festgelegt (Jahr) und der Zyklus in Abschnitte (Monate, Wochen) unterteilt, deren natürliche Grundeinheit der Tag ist. Dieser wird identifiziert durch das Datum. Das Datum bezeichnet also einen Ort im Zyklus, nicht mehr und nicht weniger.

Der Kalender wies auch dem Kult einen sicheren und relativ beobachtungsunabhängigen Platz im Zyklus zu; d.h., nicht mehr primär über die Beobachtung von Natur und Kosmos, sondern über das Datum wurde der Zugriff auf die sinnstiftende Funktion des Kultes vorgenommen. Dieser Mechanismus wird, nicht zuletzt vorbereitet durch die

---

17 Vgl. dazu Fries, Ulrich: Uwe Johnsons »Jahrestage«. Erzählstruktur und Politische Subjektivität, Göttingen 1990, hier v.a. das Kapitel »Tod und Struktur«, S. 77-95.

Historisierung der Naturfeste, auch von Jahrestagen übernommen, die sich nicht auf einen natürlichen und/oder religiösen Hintergrund zu ihrer Legitimierung berufen können. In ihnen repräsentiert sich der Rückgriff auf Vergangenes durch die scheinbare Identität der gleichen Orte im Zyklus rein formal, legt damit aber auch den Jahrestag als kulturellen Mechanismus frei. Wissen, oder besser kultureller Sinn, kann also an einen bestimmten Ort im Zyklus, meistens an das Datum, aber auch an eine Mischform zwischen natürlicher Konstellation und kultureller Konvention, wie z.B. Ostern, gebunden und durch dessen zyklische Wiederkehr regelmäßig abgerufen werden; ein Mechanismus, der auch im privaten Rahmen seine Anwendung fand. In Frage steht nun in bezug zum diskutierten Thema, wie sich das durch den Kalender aktivierte Wissen zum historischen Prozeß selbst verhält.

Der Kalender ist eine Apparatur der Erinnerung, die auf kultureller Ebene arbeitet. Erinnerung aber, ob individuell oder kollektiv, ob neuronal oder kulturell, ist auf Rekonstruktion der Vergangenheit gerade nicht angelegt. Der Kalender als Erinnerungsapparatur aktiviert sowohl für Individuen als auch für Kollektive Wissen, das der Ausprägung aktueller Sinnhorizonte dient. Kalender sind damit beteiligt an der Produktion und Stabilisation von Identität. Anders als für die individuelle Identität ist dieser Mechanismus für die kollektive, deren Evidenz »einer ausschließlich symbolischen Ausformung«[18] unterliegt, von größter Tragweite – auch für die Konstellation im Roman –, denn Wissen von Gruppen über sich selbst ist nur kulturell vererbbar und aktivierbar. Das kulturelle Gedächtnis muß sich also bestimmter Techniken wie der des Kalenders bedienen, um dieses aus individuellen Gedächtnissen ausgelagerte Wissen zu aktivieren, zu semiotisieren und zu übertragen.

An diesem Punkt erweist es sich als Nachteil, daß Bond keine Begriffe etabliert, die seine Untersuchung von (deutscher) Identität im Roman tragen und den Blick auf die im Roman vielfältig vorgeführten Formen von Identitätsschaffung und -zerstörung lenken könnten. Wenn er etwa in der Einleitung nach der Diskussion von Adorno, den Mitscherlischs und Christa Bürger ohne Bezug auf die *Jahrestage* feststellt: »the alternative is one between a critical and rationalist view of history in the spirit of the Enlightenment, [...] and a mythical view of history, which obscures true origins and creates false identities« (Bond, 13), so mag das auch für den Roman in Anschlag zu bringen sein; geht es jedoch wie in diesem Fall der Untersuchung voraus, engt es den Interpretationsrahmen entscheidend

---

18 Assmann, Gedächtnis (Anm. 13), S. 132.

ein. Faßte man Identität nicht a priori als falsch oder richtig, sondern vorerst als geordnete Selbstzuschreibung von Individuen oder Gruppen, so ließe sich eine Qualität des Romans herausarbeiten, die Bond bedingt durch die vorgeführte Präformierung seines Ansatzes nur vermuten kann. Die Funktion des Jahrestages ist weniger auf die Rekonstruktion des Vergangenen abgestellt als vielmehr darauf, welches Wissen vom Vergangenen der Gegenwart zur Verfügung gestellt wird und – bezogen auf kollektive Identität – welches Bild eine Gruppe daraus von sich erlangt. Exemplarisch dafür kann ein Ereignis der Kalendergeschichte stehen, das geradezu idealtypisch den »ideologische(n) Eifer vieler Kalenderstreite«[19] zeigt und das Bond, ohne es zu interpretieren, via Benjamin zitiert: der französische Revolutionskalender. Dieser war als »antichristlichste Maßnahme der Revolution«[20] Teil der Kampagne von 1793/94, die unter dem Begriff »déchristianisation« Geschichte machte. Mit einer gänzlich geänderten Jahreseinteilung (z.B. Eliminierung der Woche) und durch neu installierte Festtage sollte er das Wissen, das an die Jahrestage des alten Kalenders gebunden war, zerstören und durch ein neues ersetzen. Stiftete doch der bisherige Kalender im alljährlichen Durchschreiten des Lebens Christi immer wieder von Neuem den Bezug zum christlichen Wertesystem.

Kalender und deren Jahrestage waren immer auch Machtinstrumente. Sie wurden gezielt eingesetzt, um Macht zu stabilisieren, um Identität zu verteidigen, zu zerstören und um neue Identität zu schaffen. Ein Hinweis auf die Gegenwartsbezogenheit der Debatten zum antifaschistischen Widerstand aus Anlaß des 50. Jahrestages des 20. Juli 1944 scheint da eher müßig. Jahrestage sind demnach nicht nur Instrumente der Erinnerung, sondern als Instrumente gegenwärtiger Interessen auch solche der Verdrängung und Manipulation. (Der gesamte Komplex der Verbindlichkeit bzw. Interpretierbarkeit des aktivierten Wissens muß hier ausgespart bleiben.) Ganz allgemein läßt sich sagen: Ein Jahrestag ist eine auf willkürliche Festlegung, auf religiöses, politisches, kulturelles oder privates Interesse gründende konventionelle Exponierung eines standardisierten Zeitabschnittes, dessen Stellenwert sich nach der Relevanz des ihn veranlassenden Ereignisses oder Wissens innerhalb der jeweiligen symbolischen Ordnung richtet und bei historischen Ereignissen zusätzlich durch das Dezimalsystem bestimmt wird. Die Etablierung von Jahres-

---

19 Wendorff, Rudolf: Tag und Woche, Monat und Jahr. Eine Kulturgeschichte des Kalenders, Opladen 1993, S. 110.
20 Aulard, Alphonse: zitiert nach Markov, Walter/Soboul, Albert: 1789. Die Große Revolution der Franzosen, Berlin 1989, S. 318.

tagen ist das »Ergebnis eines rigorosen Selektionsprozesses«,[21] denn je mehr sich das ausgewählte Datum mit gegenwärtigem Sinn aufladen läßt, desto größer wird die Normativität des dadurch aktivierten Wissens und damit der Zwang zu Interpretation und Entscheidung. Dieser »act of remembrance« ist also ein Verfahren wiederholter und wiederholbarer Selbstzuschreibung; es dient der Stabilisierung symbolischer Ordnungen.

Zurück zu Gesines Totenrede auf ihre Mutter: Der funktionale Aspekt der Differenz zwischen Jahrestag und Gedenken erfährt m.E. weder durch eine fiktionsimmanente Argumentation eine Klärung, die den Tag der Totenrede knapp 500 Seiten später als Lisbeths Geburtstag identifizieren kann (vgl. JT, 752), noch ist dafür ein biographischer Hintergrund erheblich, wie ihn Colin Riordan – freilich aus anderem Anlaß – heranzieht.[22] Auch die von Ulrich Fries angebotene Interpretation der Differenz durch ein auch in der »aggressiv[en]« Diktion Gesines greifbares unterschiedliches Verhältnis der Protagonistin zu Mutter und Vater[23] ist trotz ihrer Evidenz hier wohl nicht hinreichend, denn im Unterschied zum Todestag ihres Vaters ist der der Mutter an ein historisches Ereignis gebunden, das selbst wiederum Anlaß von (kollektiv-öffentlicher) Erinnerung ist. Die Position der Deutschen zum Pogrom vom 9. November 1938 bestimmt ganz wesentlich das Bild, das sie sich selbst und anderen vom Umgang mit ihrer faschistischen Vergangenheit geben. Dazu gehört die jährliche Erinnerung am entsprechenden Datum ebenso wie die aus diesem Anlaß geführten Debatten in der Öffentlichkeit. Angesichts politischer Interessen, diese Schmachstelle zu tilgen, läuft der Bezug zu dieser Vergangenheit immer wieder Gefahr, uminterpretiert oder gar gekappt zu werden. Durch Lisbeths Tod und dessen Umstände während des Pogroms verschränkt der Roman privates Totengedenken und öffentliches Erinnern. Das hat eine Personalisierung und Individualisierung des Erinnerns und damit auch die Möglichkeit zur plausiblen Etablierung moralischer Kriterien zur Folge. Daraus läßt sich folgern: Untersteht das historische Erinnern für jeden einzelnen auch moralischen Kriterien,[24] dann eben kommt es »auf den Tag nicht an«. Erst in diesem Zusammenhang ist »Reichskristallnacht« ein Jahrestag, »which

---

21 Wülfing, Wulf: Historische Mythologie der Deutschen: 1798–1918, München 1991, S. 210.

22 Riordan, Colin: The Ethics of Narration. Uwe Johnson's Novel's from »Ingrid Babendererde« to »Jahrestage«, London 1989, S. 123.

23 Fries, »Jahrestage« (Anm. 17), S. 88.

24 Uwe Johnson hat jenseits des Kalenders und des Jahrestages schon in *Das dritte Buch über Achim* dargestellt, wie gegenwärtiges Interesse zur (Fehl)Konstruktion der

ought to be remembered« (Bond, 102; Hervorhebung T.S.). Da der Jahrestag als kultureller Mechanismus eben nicht darauf angelegt ist, verdrängtes Wissen vom Vergangenen zu aktivieren, fordert der Roman vom einzelnen eine »attitude to history«, die der ideologischen Anfälligkeit manipulierbarer kollektiver Erinnerung eine Erinnerungs*arbeit* entgegenstellt. Das ist zugleich der politisch-moralische Anspruch, den das signifikante Meiden des Erinnerungsmechanismus' am 9. und 10. November als solchen ausweist. Auch Bond formuliert »Johnson's major moral concern« in der Forderung, daß »horrific anniversaries which are difficult or even impossible to bear [...] be taken seriously« (Bond, 98). Nach den obigen Überlegungen halte ich dafür, daß der Roman diesen Anspruch auch formal einzulösen versucht. Bonds problematische Benjamin-Adaption »Geschichte schreiben heißt, Jahrestagen ihre Physiognomie geben« (Bond, 110) läßt also genau die Fragen offen, die hinsichtlich des »principle of remembrance« dessen Funktion im Roman erhellen könnten: die Frage nach dem Subjekt der Erinnerung und die Frage nach dem Verhältnis von Geschichte, Erinnern und Identität. Genauer, aber eben auf Kosten der Sentenz, müßte es wohl heißen: So Geschichte zu erinnern, wie in den *Jahrestagen* unter Ausnutzung der Kalenderstruktur, heißt, Jahrestagen eine Physiognomie zu geben, die gegen ideologische Verformung widerständig ist.

(Hier nur am Rande festzuhalten ist die Tatsache, daß der Kalender auch die Möglichkeit gibt, kollektive Identitäten aus ganz verschiedenen Traditionszusammenhängen zusammenzuführen; d.h., über ihn ließe sich auch das Interkulturalitätskonzept der *Jahrestage* untersuchen, das sich in den im Roman durch Gesines Perspektive exponierten Jahrestagen unterschiedlicher ethnischer oder kultureller Provenienz zu erkennen gibt.)

III. »*Each of these stories makes its own independent contribution to his writing of history.*«

Ganz im Sinne der tendenziellen Substitution der Erzählanalyse durch die (Kalender)Strukturanalyse betont Bond »the relative independence of the chapters of *Jahrestage*« (Bond, 117). Aus diesem Grunde führt er u.a. vor, wie die gewählte Kalender-Struktur als ein tragfähiges Gerüst für die Konstitution des *Gesamtwerkes* die anderen längeren Prosawerke Johnsons

---

Vergangenheit führt und daß der moralische Impetus des Erinnerns einer der Genauigkeit und der angestrengten Suche ist.

zusammenzuführen vermag und wie Johnson frühere und bei anderen Gelegenheiten entstandene Texte über New York in den Roman einbettet. Ein zumindest heikles Oszillieren zwischen Produktions-, Text- und Rezeptionsseite nimmt Bond in Kauf, um die These zu stützen, daß »the episodic form of *Jahrestage* derives from Johnson's desire to write about history, and from the need to do this in a way that must transcend the one story of Gesine. [...] by using so much documentary material in *Jahrestage*, ranging from the *New York Times* to works on German history, Johnson is attempting to secure the reliability of his novel as a work of historiography« (Bond, 127). Beispielhaft kann dafür die Interpretation des Tageskapitels vom 5. Mai stehen, die zugleich eine große Stärke der Arbeit Bonds repräsentiert. Hier wie auch in den zahlreichen subtilen Analysen anderer Tageseintragungen – es sind mehr als zwanzig – wird mit einer exakten Analyse der Textbefunde und einem ausgeprägten Wahrnehmen der Differenz zwischen Romantext und von Johnson benutztem Material eine stichhaltige Grundlage für die Interpretation gelegt. So gibt der detaillierte Vergleich des Kapitels vom 5. Mai mit dem teilweise als Vorlage dafür dienenden Buch von Rudi Goguel Johnsons Geschichtsbild frei: »Whereas Goguel is concerned to distinguish between German victims, such as himself, and the perpetrators, Johnson is determined that he should not allow there to be a chance that the national responsibility for the concentration camps be ignored, and thus emphasizes that the Third Reich was not just the work of few Nazis« (Bond, 148). Diese Bearbeitung Goguels ermangele aber »any obvious fictional perspective« (Bond, 144) und könne somit als selbständig angesehen werden: »The fictional reintroduction of Gesine is even less convincing when Johnson's meticulous use of Goguel is noted, for this is research which Gesine, in 1968, simply could not have undertaken: she would have had to know details which had not yet been published« (Bond, 150). Das freilich, so muß eingewendet werden, ist für die Fiktion unerheblich, da dieses Wissen gerade durch Gesines dargestellten Erfahrungshorizont legitimiert ist. Denn anders als der Autor, den Bond zum Beleg zitiert,[25] lebte sie 1945 an der Ostsee. Bonds obstinate Trennung zwischen Struktur und Erzählsituation gründet also v.a. auf der Intention, einen eigenständigen Beitrag Johnsons zur Geschichtsschreibung herauszuarbeiten. Das nur zu unterstützende Insistieren darauf, daß der Roman nicht nur »a work about

---

25 »Ich bin ja darauf angewiesen, einen großen Teil meiner Erfahrungen von anderen Leuten zu bekommen, denn ich war 1945 soundso alt, ich war damals auch nicht an der Ostsee.« Durzak, Gespräch (Anm. 1), S. 457.

history«, sondern auch »a work about attitudes to history« (Bond, 34) ist, läuft dieser Trennung m.E. entgegen, denn »a work about attitudes to history« kann der Roman nur dann sein, wenn er solche Haltungen auch mit seinen Mitteln vorführt, nämlich mit der Einbindung der Geschichtsdarstellung in die Figurenperspektive. Johnsons eigenständiger Beitrag zur Historiographie bleibt aber auch unbestritten, wenn man den historischen Erzählungen ihren Platz in der Fiktion beläßt. Oder anders: gerade aus ihrer fiktionalen Legitimierung gewinnen sie ihre Stärke. Damit wird Geschichte noch lange nicht zur Fiktion, wie Veronika Albrink in ihrer profunden Deutung der Protagonistin als Historiographin in der Nachfolge antiker Geschichtsschreibung gezeigt hat.[26]

Die Frage nach Johnsons historiographischer Leistung führt zu der von Bond selbst dafür in Anschlag gebrachten Struktur des Kalenders zurück – und damit auch zu einer prinzipielleren Kritik. Bond nimmt auch für bestimmte Jahrestage in Anspruch, sie unabhängig von Gesines Geschichte sehen zu können, »for these anniversaries are collective and historical« (Bond, 99): »the title *Jahrestage* indicates an aspect of the structure of the novel which need[s] not be considered in terms only of Gesine's life and experience. This is the treatment of history« (Bond, 98). Wurde oben die Differenz zwischen »treatment of history« und »anniversary« schon thematisiert, so soll hier das Beispiel eines kollektiven Jahrestages zeigen, wie schlüssig auch solche Jahrestage mit der Erzählsituation verwoben sein können.[27]

Im Kapitel »The Dead« identifiziert Bond den Tageseintrag des 3. Oktober als einen Kristallisationspunkt der Todesthematik im Roman; dieser Tag »combines important themes concerning the dead with a narrative structure which can be taken as embodying that of the novel as a whole« (Bond, 132). Gesine gedenkt hier aus Anlaß der Rechnung der in Jerichow mit der Grabpflege beauftragten Emmy Creutz der eigenen Toten und stellt diesen die durch politische Gewalt und Grausamkeit Getöteten, die Opfer von Ideologie und Herrschaft, an die Seite. Wie Bond feststellt, vermischen sich Vergangenheits- und Gegenwartsebene absatzweise; es wird nicht wie sonst üblich in großen Blöcken über die Jerichow-Vergangenheit erzählt. Aber dieses Kapitel hat noch weitere Auffälligkeiten. Es ist zudem auch streng symmetrisch aufgebaut. In die Reflexion über die alljährliche Friedhofsrechnung werden an diesem Tag

---

26 Vgl. Albrink, Historiographie (Anm. 3), u.a. S. 171.
27 So kann man z.B. mit Recht auch fragen, warum über »das schönste Land in der Welt« (JT, 1495) gerade am amerikanischen Nationalfeiertag erzählt wird.

Zeitungsmeldungen eingeschoben, die alle den Tod thematisieren und die wesentlichen der von Gesine schmerzhaft wahrgenommenen geschichtlichen Ereignisse aufführen: Holocaust (Babi Jar, Rajakowitsch), Stalinismus (Beria, Poskrebyshew) und den Krieg der USA gegen Vietnam. Eingebettet in und abwechselnd mit Gesines Reflexion über die Toten der Familie und die Hintergründe der Friedhofsrechnung haben die Absätze über je eines dieser Themen eine spiegelbildliche Reihenfolge: Vietnam, Holocaust (Rajakowitsch), Stalinismus, Stalinismus, Stalinismus, Holocaust (Babi Jar), Vietnam. Ein Stalinismus-Artikel fungiert dabei als eine Art Symmetrieachse. Vor seinem *natürlichen* Tod erzählt Stalins Handlanger Poskrebyshew dort eine Geschichte, die diametral zum moralischen Anspruch von Gesines Erinnern steht. Der Tod eines Stalinopfers löst bei ihm noch Jahrzehnte danach »brüllendes Gelächter« (JT, 139) aus. Dem Thema des Tages wird dieses Lachen mit diesem Kommentar zugeordnet: »Seine Erinnerung war ungetrübt« (ebd.). Signifikanterweise – und das ist der erste Punkt – geht es Gesine in dieser Eintragung sichtlich um *Vollständigkeit* der Gräber der Familie, nicht nur um die in Jerichow: »Dann haben wir noch das Grab von Marie Abs in Hannover« (JT, 140). Und – das ist der zweite Punkt – die Eintragung endet mit einer mundartlichen Wendung, die, im Textzusammenhang ziemlich abrupt placiert, einen *Abschluß* beschreibt: »Wenn de Sünn von'n Himmel föll, set wi all int Düstern« (JT, 140). Doch gerade die schlagende Assoziation zwischen diesem Satz, den Bond als »indicating Gesine's state of mind« (Bond, 133) kommentiert, und dem Anfangssatz des folgenden Tageskapitels setzt beide Tageseintragungen in eine Beziehung zueinander: »Heute mit dem Sonnenuntergang beginnt das jüdische Neujahrsfest, Rosch Ha-Scha'nah« (JT, 140). Auch die Juden gedenken am Tag vor Rosch Ha-Scha'nah ihrer toten Angehörigen, und zwar auf den Friedhöfen.[28] Ein Gang auf den Jerichower Friedhof ist für Gesine Cresspahl nicht möglich, wohl aber ein Geschichte und Familie einbegreifendes Toten*gedenken*, das sich gerade an der jüdischen Thematik *eintrübt* und eben nicht »ungetrübt« ist. Ohne daß der jüdische Kontext benannt wird, realisiert die Protagonistin an diesem Tag eine kulturelle Anpassungsleistung. Durch die Wahl des Kalenders schafft Johnson demnach für seinen Text neben der intratextuellen (Todestage von Heinrich und Lisbeth Cresspahl und Jakob Abs) auch eine extratextuelle Verweisungsmöglichkeit. Deren Leistungsfähigkeit ermöglicht die Verbindung von Fiktion und Realität. Oder anders: »In der Tat drängt dieser

---

28 Vgl. de Vries, S.Ph.: Jüdische Riten und Symbole, Reinbek 1990, S. 87.

Roman zur außerliterarischen Realität und bezieht diese so weit wie möglich in sich ein«;[29] eine der Membranen dafür ist der Kalender. Wie berechtigt daher Bonds Kritik am Versuch Bakers ist, die Kalenderstruktur als direkte Umsetzung des Benjaminschen Allegoriebegriffes zu verifizieren, belegt Bakers mit Siegfried Kracauer vorgetragene These: »Johnson approached the calendar as ›an empty vessel‹, which he filled with the events and memories that played a role in the life of Gesine Cresspahl«.[30]

Jene »aspects of structure« aber »over which a character, be this a narrating character or not, can clearly have no influence« (Bond, 93), die Bond von der Story Gesines trennen will, können sehr wohl Einfluß auf die Erzählsituation selbst haben und zeigen, daß die Verschränkung von Fiktion und Realität nicht für eine isolierte Sicht des Geschichtsbildes, so evident diese auch vorgeführt werden mag, preisgegeben werden sollte. Vom Erinnerungsmechanismus des Kalenders ist die Basisfiktion, das Vertragsverhältnis zwischen Gesine und dem Genossen Schriftsteller, genauso betroffen. Ihr können sich beide nicht nur nicht entziehen; nein, wie sie sich zu ihm verhalten, bestimmt ganz wesentlich den Interpretationsrahmen des Romans. Die kalendarische Grundstruktur eröffnet dem Romantext also eine Referenzebene, die nicht der Fiktion angehört, diese aber über die Erzählperspektive vehement zu beeinflussen scheint. Grundlage der Interpretation müßte in diesem Zusammenhang wohl die vorgängige Klärung des Verhältnisses zwischen Erzählinstanzen, Textstruktur und Sinnerzeugung sein. – Bedauernswert ist in diesem Zusammenhang, daß Bond nicht auf sein Argument zurückkommt, gerade die formale Innovationskraft der Literatur vermöge, ihre geschichtsdarstellende und erfahrungsvermittelnde Kraft zu erhalten. Es ist eine ganz wichtige Fragestellung, ob sich in der Wahl der Kalenderstruktur eine solche Form ausmachen läßt.

Die der Strukturanalyse vorausgehende Favorisierung einer politisch-moralischen Haltung zur Geschichte als Grundaussage der *Jahrestage* und ihres Autors verleitet Bond des öfteren, andere Interpretationsansätze und -erkenntnisse zu vernachlässigen oder abzuweisen, die seinem Konzept und seinem Interesse in keiner Weise widersprechen würden. Das betrifft – wie gezeigt – die Erzählsituation, aber ebenso eine wie auch immer

---

29 Gerlach, Ingeborg: Auf der Suche nach der verlorenen Identität. Studien zu Uwe Johnsons »Jahrestagen«, Königstein/Ts. 1980, S. 7.

30 Baker, Allegory (Anm. 14), S. 322. Ohne einen der vielen Jahrestage des Romans überhaupt zu erwähnen, behauptet Baker, »Gesine's anniversaries are the results of allegorization« (ebd.).

theoretisch faßbare Darstellung individuellen Erinnerns auf neuronaler Grundlage, das am Roman vorzugsweise mit Proustschen Begriffen beschrieben wurde: »The use of the calendar as history is far weightier than the aesthetic experience of ›mémoire involontaire‹« (Bond, 115). Daß es wie bei Erzählperspektive und Kalenderstruktur auch hier weit erfolgversprechender ist, das Verhältnis beider dargestellter Gedächtnisformen, auf neuronaler oder kultureller Grundlage, zu klären, als sie gegeneinander auszuspielen, zeigt Auerochs: »Anders als bei Proust ist die ›mémoire involontaire‹ [...] bei Johnson nicht schon deshalb die Wahrheit, weil man tiefer als in der unwillkürlichen Erinnerung gar nicht in die Wirklichkeit eindringen kann. Sie kann und muß sogar korrigiert werden, weil die letztverbindliche Instanz für das, was Wirklichkeit ist, bei Johnson die intersubjektive, gemeinsame geschichtliche Welt ist.«[31]

IV. »Facing German identity in the light of the Third Reich«

Bond baut seine Untersuchung von »German Identity« nicht auf einem elaborierten Identitätskonzept auf. Das hat den erwähnten Nachteil, daß er bestimmte Konstellationen des Romans vernachlässigen muß, um seinen eigenen Intentionen gerecht werden zu können; es hat aber den Vorteil, daß in seinen Interpretationen die Vielfalt der »cross references« der *Jahrestage* nicht durch die begriffliche Kraft eines theoretischen Konzeptes beschnitten wird, und er das ganze Spektrum Johnsonscher Texte voll einbeziehen kann. So setzt auch sein die Untersuchungen zum Roman abschließendes Kapitel »Identity« auf die Kraft des Vergleichs, der das Identitätsproblem der *Jahrestage* durch die Konfrontation mit *Skizze eines Verunglückten* erhellen soll. *Skizze*, deren Analyse den größten Teil des Kapitels ausmacht, sei »a kind of antithesis and yet also complementary work to *Jahrestage*« (Bond, 175, vgl. auch 195), denn während die Identität der Protagonistin im Roman von ihrer Nationalität bestimmt ist (vgl. Bond, 171), gelte für die Erzählung: »Unlike those of all of the exiles in *Jahrestage* Hinterhand's misery and poverty are not a result of German history, but of a personal crisis« (Bond, 194).

Bonds Interpretation der *Skizze eines Verunglückten* kann für die in den letzten zwei, drei Jahren stark dynamisierte und ausgeweitete Beschäftigung mit Uwe Johnsons Werk stehen, wie sie auch im Laufe der Rezension mehrfach festzustellen war, denn ihr gesellen sich gleich vier

---

31 Auerochs, Gesellschaft (Anm. 4), S. 209.

weitere, annähernd parallel entstandene Aufsätze zu diesem bisher größtenteils biographisch rezipierten Text zu: Ebenso wie bei Peter Ensberg und Emery Snyder,[32] rückt auch bei Bond – gegen eine vordergründig biographisch argumentierende Interpretation – die Intertextualität der *Skizze* in den Mittelpunkt des Interesses. Während Ensberg sich dem Bezug zum Androgynen-Mythos Platons widmet und Snyder – Peter von Matts Analyse erweiternd – die vielfältigen Bezüge zwischen Johnson und Frisch und weiter über letzteren zu Tolstoi untersucht, gründet Bond seine »critique of Hinterhand's anachronistic view of marriage« (Bond, 188) nachhaltig auf die *Effi Briest*-Bezüge. Darauf und auf den im Text vorfindlichen Relativierungen der ›männlichen‹ Positionen Hinterhands basiert das Resümee: »in order to secure identity for himself he creates an image of his wife which derives more from his reading of the classics than from reality« (Bond, 189).[33] Zudem: Die historische Einbindung der Erzählung konkretisiert auch die abstrahierende Lesart von Matts, denn Bond legt die humanistische Fragestellung des Textes frei, die einen von politischer Gewalt Bedrohten als privaten Gewalttäter exponiert. Die überarbeitete und seperat veröffentlichte Fassung dieses Kapitels[34] gewinnt noch dadurch an Argumentationskraft, daß Bond dort das Sujet des Ehebruchs in Relation zu einem Topos des Romans im 19. Jahrhundert setzt; dort hatte Ehebruch unweigerlich soziale Konsequenzen, hier liegen die Folgen allein in der Entscheidung des einzelnen. Auf den biographischen Hintergrund zurückkommend schlußfolgert Bond, daß Johnson seine eigene Position, nach allen Befunden in Form und Inhalt der *Skizze*, kritisch gesehen haben muß.[35]

---

32 Ensberg, Peter: Identitätsfindung und ihre Ambivalenz in Uwe Johnsons »Skizze eines Verunglückten«, in: Carsten Gansel/Bernd Neumann/Nicolai Riedel (Hg.), Internationales Uwe-Johnson-Forum. Beiträge zum Werkverständnis und Materialien zur Rezeptionsgeschichte. Band 2 (1992), Frankfurt am Main 1993, S. 41-73; Snyder, Emery: Johnson's »Skizze« and Sketches of Johnson, in: Fries/Helbig (Hg.), Johnson-Jahrbuch 1 (Anm. 3), S. 58-72. Während v.a. Snyder seine Interpretation theoretisch von einer Bindung an die Biographie abgrenzt und überzeugend als »Johnson's contribution to the whole tradition of polemic about marriage« (ebd., S. 71) liest, will Bernd Neumann die Erzählung in ein Konzept »biographischer Hermeneutik« gerade einbinden (Ders.: Über Uwe Johnsons »Skizze eines Verunglückten« und einige Beispiele einer biographischen Hermeneutik, in: Forum 2 [s.o.], S. 13-39, hier v.a. 24ff.).

33 Vgl. auch: Ensberg, ebd., S. 63.

34 Bond, D.G.: Reading Uwe Johnson's »Skizze eines Verunglückten«. A Writerly Text, in: Arthur Williams/Stuart Parkes (Hg.), The Individual, Identity and Innovation: signals from contemporary literature and the new Germany, Bern 1994, S. 17-38.

35 Vgl. ebd., S. 30. Im Unterschied dazu untersucht Stefanie Golisch anhand der

Das Kontrastverhältnis von Identität in *Skizze* und *Jahrestage* findet sich in der Überarbeitung nicht wieder, wohl aber ein Faktum, das sich latent auch durch Bonds ganzes Buch zieht: Sein Interesse und damit auch seine Argumentation bewegen sich an der Grenze zwischen der Aussage des Textes einerseits und der des Autors andererseits:[36] »I take the ›wir beide‹ here to signify more than just the narrative fiction of the contract between author and character. On another level it also indicates the common identity of Johnson and Gesine as Germans« (Bond, 171). Es sind demnach Facetten individueller und kollektiver Identitätsbestimmung und -suche, die Bond mit einem zu Beginn der Rezension dargelegten politischen Interesse aufzeigen will;[37] eine Position, die sich auch in einem letzten Zitat spiegelt, das die Fäden seiner Untersuchung zusammenführt: »Johnson is not only hard on the older generation, he is also hard on himself, taking on the task that should have been theirs of facing German identity in the light of the Third Reich. His cameo appearance in *Jahrestage* should be seen in this light, for its significance as a comment on German identity is perhaps even greater than what it has to say about the narrative form of the novel« (Bond, 170).

Thomas Schmidt, Kunitzer Str. 15, 07749 Jena

ästhetischen Struktur des Textes, ob *Skizze* als gelungener Versuch der Versöhnung von Autobiographie und Kunst gelten kann; nach ihrer Meinung ist dieser Versuch gescheitert (Dies.: Die notwendige Niederlage. Zu Uwe Johnsons »Skizze eines Verunglückten«, in: Forum 3 [Anm. 5], S. 11-24).

36 Anzumerken ist das Problematische des Versuchs, zurückgreifend auf einen ungenauen Vergleich aus Christa Bürgers Johnson-Aufsatz sowohl das Leben Gesines als auch das Joe Hinterhands im Sinne Peter Weiss' als »Wunschautobiographie« zu sehen (vgl. Bond, 173 u. 178). Zum einen hat Weiss diese von der Literaturkritik dankbar aufgenommene Selbstcharakterisierung der *Ästhetik des Widerstands* später als den Gehalt des Textes verdeckend zurückgenommen. Zum anderen ist doch, selbst wenn man mit Bond konform geht und wenigstens Hinterhands unsichere jüdische Herkunft als Element einer erwünschten eigenen Vergangenheit akzeptiert, der Weiss'sche Begriff wesentlich anders gelagert: Weiss zielte dabei auf eine projizierte soziale und politische Herkunft, die dem Autor zur Zeit seiner Jugend fern war und zu der er sich erst im Augenblick seines Schreibens bekannte.

37 Daß *Jahrestage* auch etwas zum Wissen der Briten über sich selbst beitragen und geschichtliche Erfahrung mobilisieren kann, und zwar auf gleiche Weise wie für die Deutschen, offenbart sich in Bonds Hinweis, von den britischen Bombenangriffen auf die KZ-Schiffe auch erst durch den Roman erfahren zu haben (vgl. Bond, 143).

Holger Helbig

Vertane Versuche
Zu: Wolfgang Strehlow, Ästhetik des Widerspruchs

> Sprechen Sie eine Wahrheit aus, an deren Eroberung und Besitz Sie vielleicht eine gewisse jugendliche Freude haben, und man wird Ihre ordinäre Aufgeklärtheit mit einem ganz kurzen Entlassen der Luft durch die Nase beantworten ...
>
> Thomas Mann; zitiert von Wolfgang Strehlow auf S. 169

Mit der vorliegenden Untersuchung wird erneut der Versuch unternommen, wichtige Stationen im Schaffen Uwe Johnsons nachzuzeichnen und so die Entwicklung einer allen seinen Romanen unterliegenden Poetik deutlich werden zu lassen. Strehlows Buch trägt deutliche Spuren gewisser jugendlicher Freude, und ein verantwortungsbewußter Lektor hätte sie tilgen müssen. Vielleicht nicht alle, aber die Mehrzahl von ihnen. Viel zu groß allerdings ist die Zahl jener Stellen, an denen auch ein wohlwollender Verweis auf den Verfasser des *Tonio Kröger* nichts entschuldigt: die Wahrheit wird erst gar nicht ausgesprochen. Das hat verschiedene Gründe, einer davon ist sprachliches Unvermögen.

Die große Anzahl sprachlicher Mängel beschädigt die Darstellung Strehlows erheblich. Das beginnt bei fehlerhaften Konstruktionen, unfreiwillig komisch im besseren Falle, manches Mal auch sinnentstellend, und führt, über häufig falsche Bezüge innerhalb längerer Sätze, bis hin zu krasser Sorglosigkeit beim Formulieren – die Verwendung unmotivierter Vergleiche etwa, oder umgangssprachlicher Ungenauigkeiten. Besonders letzteres scheint jener jugendlichen Freude geschuldet, die weder als Nachweis wissenschaftlicher Arbeit (es handelt sich um eine Dissertation) noch als Belebung der Forschung gelten kann.

Das beginnt bereits in der Einleitung mit dem *fragwürdigen* Satz: »War im *Dritten Buch über Achim* der Kampf um die Fragwürdigkeit von Identität noch auf dem Boden gesellschaftlicher Realität ausgetragen und sollte er in *Jahrestage* in selbstquälerischer Erinnerungsarbeit bestehen, so könnte man sagen, daß die *Skizze eines Verunglückten* sich in hoffnungslose Abgründe hineinbewegt.«[1] Später ist »das durch das Schreiben Geschaffene [...] weiterhin begehbar« (75), die Geschichte Ali Babas wird zur »Halserzählung« (97, was ist das?), kurz darauf »verschiebt sich der Bereich gesellschaftlicher Zeiterscheinungen in die Distanz geschichtlicher Relativität und wird auf seine Vorläufigkeit und Veränderbarkeit hin zurechtgewiesen« (100). »Johnson, wie James Watt einst am Dampfkessel seiner Tante, erschaut sich früh die Methode seiner Erfindungen« (122). »Die Kritik [...] lief dabei nicht auf der Schiene des beim Wort genommenen marxistischen Parteijargons« (130). »Das Gerücht vom ›deutschen Faulkner‹ war in aller Munde, ohne allerdings Genaueres in Umlauf gebracht zu haben« (133). Was soll man von einem Kapitel »Poetologie des Titels in der Romankrise« (186) erwarten? Und was entnimmt man folgender ›Analyse‹: »Karschs Abhängigkeit von der Zustimmung seines biographischen Objekts und die wunderbare Disproportion zwischen kameradschaftlicher Geste Achims und ikonoklastischer Wut machen es ihm schwer zu widersprechen« (225)? Diese Beispiele sollen auch verdeutlichen, welche Mühe des öfteren erforderlich ist, um dem Gang der Argumentation zu folgen.

Strehlow geht von der Annahme aus, es sei grundsätzlich möglich, »Johnsons Schreibweise als Anverwandlung von Brechts ästhetischen Überlegungen auf die Verhältnisse der Prosa« (11) zu betrachten. In der Einleitung wird diese grundlegende These präzisiert. Johnsons Schreibweise, deren zentrale Kategorie der Widerspruch sei, wird als Ergebnis einer Lösung von den Theorien Lukács' verstanden, die sich unter dem Einfluß von Brechts epischem Theater und Faulkners Romanen vollzogen hat. Die Untersuchung der Romane soll jeweils ihre (sich aus diesen Einflüssen ergebenden) spezifischen poetologischen Prämissen sichtbar

---

1 Strehlow, Wolfgang: Ästhetik des Widerspruchs. Versuche über Uwe Johnsons dialektische Schreibweise, Berlin 1993, S. 12. Bei Zitatnachweisen im Text und Bezugnahmen auf diesen Titel in den Anmerkungen werden nur die Seitenzahlen angegeben.

machen und so die Entwicklung Johnsons nachvollziehen. Damit hat Strehlow ein höchst anspruchsvolles Programm formuliert.

Schon die beiden folgenden, noch den Vorüberlegungen gewidmeten Kapitel lassen ahnen, daß der Verfasser seinem Vorhaben nicht gewachsen ist. Strehlow versucht, die Bezeichnung »dialektische Prosa« auf Johnson anzuwenden. Die zweifellos interessante These von Johnsons Schreibstrategien als Versuch der Rettung »dialektischer Ästhetik aus den hölzernen Vorstellungen des *sozialistischen Realismus*« (22) läßt sich aus dem zuvor Gesagten kaum ableiten. Eine philosophische Grundierung des Begriffes von Dialektik wird ausdrücklich vermieden, stattdessen verspricht der Verfasser, sich »an die eingeschliffenen Termini der Philosophen und Nicht-Philosophen, wie sie als Sedimente in Bereiche der literarischen Ästhetik des 20. Jahrhunderts eingedrungen sind« (ebd.) zu halten. Das ist so verschwommen wie möglich formuliert[2] und wird durch folgenden Satz ergänzt: »Johnsons Schreiben vor dem Hintergrund marxistischer Ästhetik zu erfahren, dem [sic!] das Konzept vorliegender Arbeit, grob gesehen, zugrunde liegt, ist jedoch nicht neu« (23). Das ›grobe Sehen‹, dies sei vorab mitgeteilt, macht sich immer dann bemerkbar, wenn die Verallgemeinerung der Einzelbeobachtungen erforderlich wird; den theoretischen Abstraktionen fehlt es an präzisen und detailgenauen Formulierungen.

Nach einem Überblick über die wichtigsten Untersuchungen zum Verhältnis Brecht – Johnson werden die Strategien dialektischen Schreibens zusammengefaßt: »Methoden der Verfremdung und Diskontinuität, der Konfrontation von Vergangenem mit Gegenwartshandlung« (27). Durch sie wird die Prozessualität von Geschichte betont. Johnson knüpfe an Brecht an, indem er das komplexe Sehen zur Voraussetzung seines Erzählens mache. Der Einfluß Faulkners werde am konkurrierenden Nebeneinander mehrerer Geschichten sichtbar, am Erzählen im »subjunctive mode« (28).

Die sich anschließenden 25 Seiten zu »Lukács als Schulmeister und Maßstab« der sozialistischen Ästhetik[3] kommen ohne einen einzigen Verweis auf die Forschung zu diesem Thema aus. Der Umstand ist verwunderlich, nicht nur, weil große Teile der recht umfänglichen Literatur zu Lukács durchaus lesenswert sind. Da eingangs von Johnsons Brecht-Rezeption die Rede war, und Strehlow die politischen Differenzen

---

2 Auf S. 17 wurde pauschal »für die philosophische Seite« Andreas Arndts Abhandlung *Dialektik und Reflexion. Zur Rekonstruktion des Vernunftbegriffs* empfohlen.
3 Vgl. S. 32-57.

betont, hätte z.B. der Hinweis auf David Pikes streitbare Thesen in *Lukács und Brecht* nahegelegen.[4] Auch die Arbeit Eugene Lunns[5] wäre für den Ansatz Strehlows von Bedeutung gewesen. Lunn versteht die Auffassungen Lukács' und Brechts als Varianten marxistischer Ästhetik und vergleicht sie auch hinsichtlich ihrer politischen Implikationen.[6] Bei der Darstellung der Argumentation, die *Erzählen oder Beschreiben* sowie *Es geht um den Realismus* zugrunde liegt, verweist Lunn auch auf Lukács' Dialektikbegriff. Die Arbeit Strehlows hätte durch die Einbeziehung solcher Überlegungen an theoretischer Schärfe, die Begrifflichkeit an Konturen gewonnen.

Strehlow verweist auf die Weserich-Episode in den *Jahrestagen* und benennt das zentrale Moment ihrer Deutung, den Zusammenhang zwischen Parteilichkeit und künstlerischer Meisterschaft. Die detaillierte und problembewußte Kritik Johnsons an Lukács ist allerdings komplexer als Strehlows Überlegungen. Lockenvitz »in seinem spielerischen Übermut« (36) präsentiert dem Lehrer mit dem ästhetischen Dogma nämlich unvermeidbar auch dessen politische Konsequenzen. Die ganz auf das Werk gerichtete Interpretation Weserichs kann unter solchen Umständen nur als falsch, wo nicht gar als staatsgefährdend gedeutet werden. Und wenn Johnson an dieser Stelle Lukács nicht korrekt wiedergibt (wie Bond in seinem Aufsatz nachweist, aber nicht ausdeutet),[7] dann ist eben jenes Verhältnis von Politik und Ästhetik gemeint. Das wird um so deutlicher, wenn man weiß, weshalb das Beispiel Balzac bei Lukács unvermeidlich ist und worin die Bedeutung des Engels-Zitats besteht, in dem Balzacs Werk als einer der größten Triumphe des Realismus

---

4 Pike, David: Lukács und Brecht, Tübingen 1986.

5 Lunn, Eugene: Marxism and Modernism. An Historical Study of Lukács, Brecht, Benjamin and Adorno, Berkeley 1982.

6 Vgl. ebd., S. 75-145.

7 Bond stellt nach einem Vergleich verschiedener Fassungen des Fontane-Aufsatzes von Lukács fest: »Offensichtlich konnte Lukács es aber nicht bei seinem Lob des bürgerlichen Schriftstellers belassen.« (Bond, Greg: Die Klassengesellschaft und die Dialektik der Gerechtigkeit. Uwe Johnsons DDR-Erfahrung und seine Lukács-Lektüre, in: Roland Berbig/Erdmut Wizisla (Hg.), »Wo ich her bin ...«. Uwe Johnson in der D.D.R., Berlin 1993, S. 217-239, hier: S. 224.) Dann versäumt er es allerdings zu sagen, wo die Gründe für das Offensichtliche zu suchen sind. In der Instrumentalisierung jener ästhetischen Überlegungen nämlich, wie Johnson nur zu gut wußte. Das Bild von Lukács in den fünfziger Jahren, von dem Bond spricht, ist ohne diesen Umstand kaum verständlich. Im übrigen beachte man Weserichs sinnigen Verweis auf Herwegh, der auch so einer sei. Das meint nicht nur Mirabeau (vgl. Johnson, Uwe: Jahrestage. Aus dem Leben von Gesine Cresspahl, Bd. I-IV, Frankfurt am Main 1970-1983, S. 1706).

bezeichnet wird. Parallel zur Debatte um den Formalismus wurde in der Sowjetunion bis 1936 die Diskussion um die sog. Vulgärsoziologie geführt. Ein wichtiges Argument der Voprekitski, die die Ansicht vertraten, es sei möglich, trotz falscher Weltanschauung große Kunst zu schaffen,[8] war jenes Zitat aus dem Brief an M. Harkness. Nicht die literarische Kenntnis Engels, sondern seine Autorität als Klassiker sozialistischer Gesellschaftstheorie ließ sie immer wieder darauf zurückgreifen. Auch in dieser Auseinandersetzung waren die ästhetischen Argumente den politischen untergeordnet.[9] Von alledem ist bei Strehlow nichts zu lesen, und so bleibt die These, Johnson habe Lukács' Poetik »aus der doktrinären Sackgasse herausgeführt« (38) schlichte Spekulation anläßlich der Überlegungen von Peter Demetz.[10] Die Behauptung schließlich, Engels Realismus-Definition habe in Johnson einen »dauerhaften Anhänger« (49) gefunden, ist selbst dann noch problematisch, wenn man die Bedeutung des Engelsschen »typisch« möglichst weit faßt – wie es Strehlow tut. Inwieweit ist Gesine Cresspahl ein exemplarischer Charakter in »Lebensumständen und Beziehungen« (ebd.), und was bleibt von Engels' Überlegungen übrig, wendet man sie konsequent auf eine Figur wie den Radfahrer Achim an? Diese Fragen sollen zumindest andeuten, wie spannend sich Strehlows These, die »Wahl des Beispielhaften und Repräsentativen wird in Johnsons Prosa zum Movens der Erkenntnisfunktion« (ebd.) hätte umsetzen lassen.

Im Kapitel zu Lukács hat Strehlow viele Möglichkeiten ungenutzt gelassen. Der Versuch, von den grundlegenden gattungstheoretischen Überlegungen des Ungarn auszugehen,[11] erscheint dennoch lohnend: wenn er nämlich zur Analyse der konkreten erzählerischen Implikationen führt. Das Kapitel zu *Ingrid Babendererde* zeigt, wie ergiebig und erhellend ein solches Vorgehen sein kann. Es ist der beste Abschnitt der Arbeit, eine anregende Studie über die frühe Ausformung poetologischer Grundsätze.[12] Die Rekonstruktion der Entstehungszusammenhänge der drei er-

---

8 Daher ihr Name, von russisch »trotz«.
9 Die entscheidenden Aufsätze dieser Debatte schrieb im übrigen Michail Lifschitz, einer der engsten Freunde Lukács' während seines Exils in der Sowjetunion.
10 Vgl. Strehlow 37ff. und Demetz, Peter: Uwe Johnsons Blick in die Epoche, in: Michael Bengel (Hg.), Johnsons »Jahrestage«, Frankfurt am Main 1985, S. 194-200.
11 Vgl. S. 39-41.
12 Es ist das einzige mit einem Resümee versehene Kapitel der Arbeit; nicht nur deshalb wirkt es in sich geschlossen und hebt sich deutlich vom Rest der Arbeit ab. Strehlow hat seine Magisterarbeit über dieses Thema geschrieben.

haltenen Fassungen[13] des Erstlings läßt den mühevollen Arbeitsprozeß und die ihm zugrunde liegenden Überlegungen deutlich werden.

Johnson erprobt nicht nur verschiedene Perspektiven und Figuren, er verändert auch den Schluß der Handlung, und somit also die Bedeutung der Republikflucht von Klaus und Ingrid. Die damit zusammenhängende Veränderung der Zeitstruktur des Romans ist grundlegend für eine »analytische Erzählweise«, durch die »die Aufmerksamkeit des Lesers auf die Ereignisse selbst« (114) und nicht zuerst auf deren Resultate gelenkt wird.[14] Strehlow deutet die Überarbeitungen völlig zu Recht als »unentwegtes Ringen um den passenden Erzählmodus« (98). Das wird besonders an der Figur des Zeugen Erichson deutlich, der als »Erzähler ohne Auftrag, Handelnder ohne Spielraum«[15] treffend gekennzeichnet ist. Die Modifikation, der die Figur im Verlauf von zwei Fassungen unterzogen wird, und schließlich ihr Fehlen in der vierten Fassung zeigt, wie weitgehend die Umarbeitung war – und welche grundsätzlichen Eigenheiten des Johnsonschen Erzählens hier angelegt sind.

Die bei Hans Mayer angefertigte (und von diesem abgelehnte) Examensklausur, in der der Student anläßlich des IV. Schriftstellerkongresses sein in Arbeit befindliches Manuskript paraphrasiert, verdeutlicht schließlich den engen Zusammenhang zwischen den zeitgenössischen kulturpolitischen Diskussionen und den poetologischen Überlegungen Johnsons. Die Aufmerksamkeit für die Behandlung ästhetischer Fragen in politischen Zusammenhängen findet auch im Roman ihren Niederschlag, so wenn Klaus im Deutschunterricht Brechts *Über Schillers Gedicht ›Die Bürgschaft‹* vorliest. Strehlow stellt die Episode in den Zusammenhang der »Erbeproblematik« und markiert hier den Einfluß Brechts.[16] Die Ausführungen zu *Ingrid Babendererde* lassen deutlich werden, welch große Bedeutung dem frühen Roman im Kontext des Gesamtwerks zukommt.

Vor die Behandlung der weiteren Romane ist eine Betrachtung zur Sprache Johnsons gesetzt. Ihr Platz ergibt sich aus der These, daß das »frühe Bewußtsein einer verkommenen Sprache« (122) ein wichtiges Kriterium der Johnsonschen Poetologie sei. Die Untersuchung knüpft an die Ergebnisse Kolbs und die Kritik Alewyns[17] an und deutet die Beispiele

---

13 Die erste, 1953 entstandene Fassung, gilt als verschollen.
14 Vgl. S. 92-98.
15 Vgl. S. 98-104, hier: S. 98.
16 Vgl. S. 86-92.
17 Kolb, Herbert: Rückfall in die Parataxe, in: Neue Deutsche Hefte 10, 1963, Heft 96, S. 42-74 und Alewyn, Richard: Eine Materialprüfung. Bei der Durchsicht eines sechs

in ihrem jeweiligen (situativen) Kontext. Von den besonderen sprachlichen Konstruktionen wird auf ihre Funktion geschlossen; Johnsons eigenwillige Formulierungen dienen der Figurencharakterisierung ebenso wie sie präzise Zustandsbeschreibungen sind.[18]

Die im wesentlichen auf die Faulkner-Rezeption Johnsons konzentrierte Untersuchung der *Mutmassungen* will Strehlow als Kritik an den Thesen Bernd Neumanns verstanden wissen; und zwar auch an dessen *Faulkner*-Lesart.[19] Um dies gleich vorwegzunehmen: Angesichts der zweieinhalb Werke aus der Faulknerforschung, die Strehlow aufbietet, ist es nur zu verständlich, weshalb es bei der bloßen Ankündigung bleibt.[20] Über die Erkenntnisse aus Sara Lennox' Dissertation zu Faulkner und Johnson[21] geht Strehlow im wesentlichen nicht hinaus.

Anhand eines Briefes, in dem Johnson seinem ehemaligen Lehrer Wilhelm Müller über seine Faulknerlektüre berichtet, kommt Strehlow zu einer plausiblen These: »Johnson begreift an Faulkner einen Realismus, der die zeitliche Logik der Bewußtseinsprozesse einer objektiven, an Uhr und Kalender verifizierbaren Chronologie überordnet« (140). Auf die *Mutmassungen* übertragen bedeutet dies, daß die chronologische Anordnung der Geschichte durch den Erinnerungsvorgang bestimmt wird. Etliche der im Anschluß daran vorgetragenen Beobachtungen

---

Jahre alten Romans, in: Rainer Gerlach/Matthias Richter (Hg.), Uwe Johnson, Frankfurt am Main 1984, S. 238-247.

18 »Die Sowjets ließen Kliefoth ziehen mit dem Bescheid, er möge seine Mutter ficken, und der Offizier klopfte ihm mehrmals auf die Schulter.« Strehlow zitiert den Beginn des Satzes als »prominentes Beispiel« für die ironischen Fähigkeiten Johnsons. Er zitiert unvollständig, weil ihm entgangen ist, daß der Autor an dieser Stelle mimetisch exakt gearbeitet hat. Die entsprechende Wendung ist fester Bestandteil des russischen Repertoires an Flüchen, von deren Drastik das Deutsche weit entfernt ist. Vgl. S. 128 und JT, 1174.

19 Vgl. S. 135. – Dem Verweis auf Walsers Roman *Brandung*, dem Strehlow etlichen Platz einräumt, wäre eine Anmerkung angemessen gewesen; der spekulative Charakter des Bezugs macht ihn als Argument untauglich. Die Behauptung, Walser habe sein Beispiel zur Beschreibung der Johnsonschen Schreibweise schlecht gewählt, weil *The Hamlet* ja »rezeptionsstrategisch harmlos« sei, illustriert allerdings ein grundlegendes Mißverständnis Strehlows. Nicht nur ein methodisches. Vgl. S. 136f.

20 Das aktuellste davon ist Martin Christadlers *Beiheft zum Jahrbuch für Amerikastudien* von 1960. Kritisch erwähnt in einer Anmerkung. Ebenfalls dort der Satz: »Nach Warren wurde das Thema ›Dialektik‹ bei Faulkner bis in die jüngste Kritik mehrfach aufgegriffen.« Strehlow spricht von der zweiten Auflage von Robert P. Warrens *William Faulkner – Two Decades of Criticsm*. Sie erschien 1954. Vgl. S. 135f., Anmerkung 10.

21 Lennox, Sara Jane King: The Fiction of William Faulkner and Uwe Johnson. A Comparative Study, Diss. masch. Ann Arbour (Michigan) 1973.

erscheinen zu pauschal, als daß sie zwingend überzeugen könnten. Die Zuordnung des *Stadtbahn-Essays* zu den *Mutmassungen* bleibt im Allgemeinen; und die Behauptung, »der nach Aufklärung drängende Schock einer fremden Wirklichkeit« (153) sei die Geste, aus der heraus die *Mutmassungen* und das *Dritte Buch* geschrieben seien, verdeutlicht noch einmal die Gefahr dieser verallgemeinernden Betrachtungen. Der Schock als Erzählantrieb mag eine originelle Überlegung für die *Mutmassungen* sein, von fremder Wirklichkeit dagegen kann kaum die Rede sein. Und umgekehrt ist die permanente Konfrontation mit fremder Wirklichkeit durchaus ein Erzählantrieb im *Achim*-Roman; von einem Schock zu sprechen, wäre freilich deutlich überinterpretiert. Zur Figur des Jakob liest man zuerst von dessen »pädagogischen und libidinösen Fähigkeiten« (163). Dann heißt es: »der Hoffnungsträger Jakob stirbt ganz im Sinne der Dialektik der Aufklärung« (ebd.) und man erfährt: »Jakobs Verhältnis zum Sozialismus ist ohne gesellschaftliche Praxis überhaupt nicht vorstellbar, und diese verlangt Entscheidungen, um nicht in Handlungsunfähigkeit zu erstarren« (165). Schließlich wird noch die »Bewegung TheseAntitheseSynthese« (166) eingeführt, und es kommt, wie es kommen muß: »Jakobs persönliche Variante von gelebtem Marxismus wandelt durch den Roman wie eine verlorene Utopie« (173). Die bedenkenswerte Deutung von Jakobs Entscheidung, den Militärtransport nach Ungarn nicht zu behindern, droht angesichts solcher Passagen unterzugehen. Jakob habe der Verlockung eines (vermeintlich) historischen Eingriffs widerstanden, stattdessen den Feierabendbetrieb aufrechterhalten und die Brigade so vor der Verhaftung bewahrt. Die hier verborgene Fragestellung hätte vor dem Hintergrund der Romane Faulkners einer gründlicheren Analyse bedurft: In welchem Maße beschädigt die Erkenntnis subjektiver Grenzen die gesellschaftliche Utopie? Strehlow zeichnet zumindest die Grundzüge der damit im Zusammenhang stehenden Lebensentwürfe nach, wenn er den Ansichten Jakobs die von Jonas und Rohlfs gegenüberstellt.[22] Die folgerichtige Frage »Welches sind also die [Zukunfts-] Aussichten, die der Jakob-Roman zu bieten hat?« (175) bleibt unbeantwortet, stattdessen ist noch einmal von Halms Faulkner-Lesart die Rede (aus Walsers *Brandung*), worauf der Benjaminsche *Angelus Novus* zitiert wird.[23]

Das *Dritte Buch über Achim* wird von Strehlow »als Idealfall an Brecht

---

22 Vgl. S. 165-173.
23 Vgl. S. 175ff. Die ganze Passage ist höchst unsauber gearbeitet, bis hin zu der Anmerkung 68, die auf der falschen Seite steht.

geschulten dialektischen Schreibens aufgefaßt, weil der Schreibprozeß innerhalb der Produktionsbedingungen offengelegt und nebenher eine widersprüchliche Geschichte erzählt wird« (218). Das »nebenher« steht sowohl Strehlows vorhergehenden Ausführungen als auch den von ihm zitierten Aussagen Johnsons entgegen. Ein ebensolcher, im Zusammenhang der Untersuchung gravierender Formulierungsfehler unterläuft ihm wenige Sätze später, wenn er schreibt, daß »Erzähler und Karsch nicht identisch [sind ...], so wie auch Achim sich nicht identisch zeigen will mit seiner von Karsch recherchierten Vergangenheit« (219). Das heißt ja nichts anderes als: Karsch wolle nicht für den Erzähler angesehen werden, so wie Achim nicht für den, der er einst war, gelten will. Hier wird nicht nur die Personalunion von Erzähler und Karsch wieder suggeriert,[24] es werden vor allem zwei gänzlich verschiedene Sachverhalte denkbar unangemessen zusammengeführt. Daß Strehlow für die Beschreibung der narrativen Verhältnisse kein Konzept gefunden hat, liegt unter anderem daran, daß ihm wichtige Zusammenhänge innerhalb des Romans entgangen sind. Der Hinweis auf den bereits gelesenen Text wird völlig mißdeutet: »Es war eigentlich der Text, den du jetzt als Antwort auf die Frage ›wer ist denn Achim‹ gelesen hast [...]«,[25] heißt es im *Dritten Buch*. Strehlow nimmt diese Szene zum Anlaß für den Entwurf einer quasi-realistischen Erzählsituation: »Es scheint vielmehr, als säßen Autor-Erzähler und interessierte Fragesteller, offensichtlich Bekannte (Anrede ›du‹ und ›ihr‹), gemeinsam an einem Tisch, denn einem Fragesteller liegt schon ein Text von Karsch vor [...]« (202). Zum einen haben diesen Text *alle* gelesen, wenn sie im Roman bis zu dieser Stelle gekommen sind, zum anderen ist er ja deutlich verändert worden, wie noch im selben Satz mitgeteilt wird: »[...] der erste Absatz ist neu, überhaupt war Karin da nicht erwähnt und der Geburtstag ausführlicher.«[26] Demzufolge kann es kein Text von Karsch sein, den *wer auch immer* vor sich liegen hat. Und drittens ist nicht einzusehen, weshalb von den Thesen Migners, auf die in einer Anmerkung verwiesen wird, kein Gebrauch gemacht wird.[27] Diese

---

24 Das ist auch schon früher der Fall, so auf S. 183, wenn es heißt, die Biographie des Rennfahrers »scheitere lediglich als DDR-Buchprojekt« und fortgesetzt wird: »Karsch gelingt aber die Biographie in der Beschreibung ihrer Inkonsistenzen.«
25 Johnson, Uwe: Das Dritte Buch über Achim, Frankfurt am Main 1973, S. 41. Strehlow benutzt die Ausgabe von 1961, daher die andere Seitenangabe.
26 DBA, 41.
27 Vgl. S. 202; Migner versucht keine Personalisierung der Fragesteller, sondern faßt die Fragen als Strukturelement auf. Vgl. Migner, Karl: Uwe Johnson. Das dritte Buch über Achim, München 1966.

Zusammenhänge werden hier so ausführlich behandelt, weil die angemessene Beschreibung der Erzählstruktur Voraussetzung für die Weiterführung der Argumentation gewesen wäre. Denn tatsächlich ließe sich eine Verbindung zu Johnsons Entscheidungen beim Umarbeiten des *Babendererde*-Manuskripts herstellen. Das hätte, angesichts des erneuten Bezugs zu Brecht, nahegelegen.

Zweifellos berechtigt ist die Aufmerksamkeit, die Strehlow sodann, deutlich angelehnt an Bernd Neumanns Überlegungen, den Lukácsschen Ausführen zur Biographie widmet. Doch bleiben wichtige Fragen offen. Zum ersten wäre das, was Strehlow den »neuralgischen Punkt des Lukácsschen Paradoxes« (42) nennt, zu bestimmen gewesen: die Konsequenzen, die sich aus dem Umstand ergeben, daß die Ausführungen zur Biographie Bestandteil einer Abhandlung über den historischen Roman sind. Im Anschluß daran wäre es möglich gewesen, Johnsons sorgfältig gearbeiteter Kritik am sozialistischen Realismus nachzugehen. Denn Strehlow bemerkt sehr wohl einen bedeutsamen Widerspruch: »Lukács hatte also – im Gegensatz zu Karschs Auftraggebern – keine großen Erwartungen an die Möglichkeiten einer Biographie« (181). Ist es tatsächlich eine Bestätigung seiner Ansichten, wenn Karschs Biographievorhaben scheitert? Und wird Lukács tatsächlich durch Johnson bestätigt, dem es gelingt, einen Roman über das Scheitern einer Biographie zu schreiben?[28] An diesem Punkt wäre das Verhältnis von Roman und Biographie bei Lukács und das seiner Theorie zur ihrer Anwendung durch Frau Ammann und Herrn Fleisg zu bestimmen gewesen. Strehlow kommt über das Ansammeln von Material kaum hinaus.[29] Das kann als Versuch nicht gelten.[30] Stattdessen faßt er zusammen: »Von Ungereimtheiten der Wirklichkeit als Erkenntnisanlaß wurde in eher formaler Hinsicht gesprochen. Die Anlage der Erzählstruktur, der Handlungsmotivation auch der sprachlichen Wendung wurde interpretiert auf der Basis von Widersprüchen. Das Auseinanderklaffen von Begriff und Wirklichkeit wurde philosophisch definiert als Aufdeckung des Nichtidentischen unter dem Aspekt der Identität« (210, ungekürzt).

---

28 Vgl. dazu S. 181.
29 Vgl. die Abschnitte »Karschs Mühen 1, Fleisg als Lektor«, S. 220f., und »Karschs Mühen 2, Frau Ammann als Lektorin«, S. 221-223.
30 Es sei denn, man begnügt sich mit dem Satz aus dem Kapitel über *Lukács als Schulmeister und Maßstab sozialistischer Ästhetik*: »Lukács konnte nicht verhindern, daß seine Theorie zur gattungsgeschichtlichen Rechtfertigung einer Kitsch-Ästhetik des Happy-End-Optimismus verwendet wurde« (S. 41).

Die Ausführungen zu den *Jahrestagen* sind über weite Strecken ein Ärgernis: uninformiert über Hintergründe und Zusammenhänge; häufig ignorant gegenüber der Forschung; Stückwerk, was den erzählerischen oder motivischen Zusammenhang der zitierten Belege betrifft; belanglos (wo nicht wiederholend) in der Deutung und sprachlich – wie gehabt.[31] Gesines Auseinandersetzung mit dem Brief Enzensbergers wird u.a. mit dem folgenden Satz kommentiert: »Es ist also eine Loyalität zu den Menschen, die dort mit Gegebenheiten leben müssen und sich nicht ›Weltreisen‹ leisten können, wenn ihnen ihr eigenes Land nicht gefällt« (284). Geradezu eine Groteske ist inmitten der Auswertung des Forschungsstands zum Erzählen in den *Jahrestagen* die Feststellung: »Johnson hat für die Niederschrift [der *Jahrestage*] etwa fünfzehn Jahre gebraucht. Offenbar muß also getrennt werden zwischen dem Johnson im Buch und dem außerhalb« (249).[32] Das Bild des Schriftstellers, das hier entworfen wird, kann unmöglich Uwe Johnson meinen: »Johnsons Methode war ja immer rein dialektisch-streitsüchtiger Natur: dem Gegner die ihm eigenen, besten Argumente zu widerlegen« (237). Damit ist das Wort *dialektisch* noch einmal untergebracht, und ein weiteres Mal illustriert, welch schlichte Semantik sich bei Strehlow hinter der Vokabel verbirgt.

Nicht weniger naiv und fern jeglicher Forschung sind die Ausführungen zum Geschichtsverständnis Johnsons. »Neben der ›ehernen‹ Gesetzmäßigkeit ist der Zufall ein nicht unerheblicher Faktor der Geschichte« (260), heißt es, »und neben den gesellschaftlichen Massenphänomenen steht – wenn auch bescheiden – der persönliche Entwurf als historische Kraft« (ebd.). Ralph Giordano wird als Beleg für eine »konjunktivische historische Darstellung« angeführt, kein Wort von LaCapra oder Hayden White.[33]

Die Komplexität der erzählerischen Zusammenhänge wird ignoriert, eine Folge der offensichtlich oberflächlichen Lektüre. Daß die Annahme des Auftrags von einer Figur (Genosse Schriftsteller und Gesine) eben

---

31 Die Ausführungen unter der Überschrift »Wassertonnengeschichten« sind – bloßstellend; und woher die Tante vor der New York Times kommt, das zumindest hätte man der Sekundärliteratur entnehmen können. Vgl. S. 266f. und 271.

32 Es ist schwer vorstellbar, daß Kurt Opitz das gleiche Buch gelesen hat, eine »souverän geschriebene und angenehm lesbare intelligente Interpretation des Erzählwerks«. Vgl. die Kurzbesprechung in: Germanistik. Internationales Referatenorgan mit bibliographischen Hinweisen 34, Tübingen 1993, Band 2, S. 280f.

33 Um zumindest zwei prominente Vertreter der Debatte um den Zusammenhang zwischen Erzählen und Geschichtsschreibung zu benennen, deren Überlegungen nachhaltigen Einfluß auf die Literaturwissenschaft haben.

weit mehr als nur ein ironisches Spiel mit dem Auftragswesen der DDR-Literatur ist, liegt auf der Hand, gerade im Anschluß an das *Dritte Buch*. Die von Strehlow vorgetragenen Beobachtungen (allesamt weder neu noch originell dargestellt) provozieren geradezu eine Untersuchung der Umstände, die nun erneut einen Vertrag zustande kommen lassen: einen Vergleich von Achim und Gesine etwa als Figuren, die ihr Leben zum Aufschreiben (nicht) erzählen, und ihr jeweiliges Verhältnis zu dem beauftragten Schriftsteller. In der Folge einer solchen Untersuchung ließe sich dann auch präzisieren, in welcher Weise das Konzept des *Achim*-Romans aufgenommen und weitergeführt wurde. Die bloße Feststellung, beide Male sei die dialogische Grundsituation inkonsistent, ist eine Binsenweisheit.[34]

Johnson habe in den *Jahrestagen* das »Kardinalproblem des 20. Jahrhunderts« behandelt, schreibt Strehlow, nämlich »auf welche Weise die Aufklärung in der Massengesellschaft sich selber abschafft und daß sich ethisches Handeln nur im schwebenden Widerspruch halten kann« (275). Adorno? Lukács? Brecht? Johnson?

Das Buch hat keine Zusammenfassung, und das ist gut so.

Holger Helbig, Universität Erlangen-Nürnberg, Institut für Deutsche Sprach- und Literaturwissenschaft, Bismarckstr. 1B, 91054 Erlangen

---

34 Vgl. S. 251.

Jens Brachmann

Die Hoffnung ist tot. Es lebe die Hoffnung?
Ergebnisse eines Uwe Johnson-Symposions

> Es gibt gewisse Sachverhalte und Situationen, die ich nur auf Englisch benennen kann. Das ist mehr als bloß Vorliebe, das ist eine Denkungsart – ich bin so etwas wie ein Überläufer.[1]

Das Institute of Germanic Studies der University of London am Russell Square konnte kein würdigerer Ort sein, Uwe Johnsons zu gedenken; nicht nur liegt es lediglich elf Pfund und keine zwei *Underground* und *Network Southeast* Stunden von 26, Marine Parade, Sheerness-on-Sea[2] und jener einsam zugigen Ecke des Maidstone-Vinters Park entfernt, auch gewannen die Schwerpunktlegung auf die *Jahrestage* und das Spiel mit der Pointe dieses Titels von hier ihren Sinn. Im Germanic Institute hatte Uwe Johnson sich vor zehn Jahren selbst noch verabredet, um eine Lesung zu halten. Seine Leser kamen damals trotz oder gerade wegen jenes tragischen Ereignisses in der Nacht vom 23. zum 24. Februar 1984.

An drei Jahrestage also wollten die Veranstalter, neben dem gastgebenden Institut das *Johnson-Jahrbuch* und das *Centre for Contemporary German Literature, Swansea*, erinnern: den 60. Geburtstag, den 10. Todes-

---

1 Schwarz, Wilhelm J.: Gespräche mit Uwe Johnson, in: Eberhard Fahlke (Hg.), »Ich überlege mir die Geschichte ...«, Uwe Johnson im Gespräch, Frankfurt am Main 1988, S. 234-247, hier: S. 242.
2 Vgl. Unseld, Siegfried/Fahlke, Eberhard: Uwe Johnson. »Für wenn ich tot bin«, Frankfurt am Main 1991 (Schriften des Uwe Johnson-Archivs 1), S. 9f.

tag und an jenes Treffen am Russell Square, das sich nun auch zum zehnten Male jährte.

Vom 19.-21. September 1994 trafen sich ein Teil der Johnson-Forscher unter dem Motto »*... und hätte England nie verlassen*«, jener den *Jahrestagen* entlehnten Erwiderung Gesines auf die von englischer Syntax entstellte Frage Maries, ob sie es denn vorgezogen hätte »geboren zu sein in Richmond«;[3] gewiß rückten die Organisatoren mit diesem Zitat auch den Veranstaltungsort in das Zentrum der Aufmerksamkeit, doch sollte das Motto vor allem Klammer sein zwischen einem Werk und der ihm eingeschriebenen Topographie. Damit wurde auch öffentlich anerkannt, was die frühe Johnson-Forschung unterschätzte, oder nicht zur Kenntnis nehmen wollte: die Bedeutung von Landschaften als strukturbildenden Elementen des Erzählens. Gerade diese Spezifik der Johnsonschen Poetik hatte dazu gedient, den Autor zu diffamieren, indem er in eine Traditionslinie gestellt wurde, der er schon aus weltanschaulichen Gründen nicht angehören konnte. Doch davon wird noch zu reden sein.

Zentrales Thema der Tagung, und dies mußte aufgrund neuester Diskussionen und sich abzeichnender Fragestellungen innerhalb der Johnson-Philologie eigentlich erwartet werden, waren der vierte Band der *Jahrestage* und deren potentieller Gehalt an Utopie. Die Gründe dafür liegen auf der Hand: nach dem Verfall der Staatssozialismen in Osteuropa bot das Werk keines anderen deutschen Schriftstellers so viel Anlaß, den Unterschied in den Mentalitäten der so gegensätzlichen Staatsbürger zu beschreiben und dieser Differenz einen für die Gegenwart relevanten Sinn abzugewinnen. Die Frage nach dem Nutzen solcher Diskussion erübrigt sich mit der Feststellung, daß Johnson noch immer ein bevorzugtes Thema des gesamtdeutschen Feuilletons ist.

Colin Riordan (Swansea), der erste der Referenten, beschäftigte sich in seinem Vortrag mit *Uses of Imagery in Jahrestage* und schloß seine Ausführungen mit Blick auf Gesine und deren Intention, nach Prag zu fliegen, mit den Worten: »there is no place to go which would solve her problems. The question is how to survive, and the answer is by story telling.« Er folgerte dies aus der Metaphernstruktur des Romans, die am Beispiel der images *bodies of water* (»which conceal and divulge elements of the past in ways which Gesine cannot control«), *cats* (»evoking the retrieval function«) und *enclosures* (etwa die »Regentonne«) untersucht wurde. Zwar stellte das Auditorium Riordans These, daß »Gesine's story-

---

3 Johnson, Uwe: Jahrestage. Aus dem Leben von Gesine Cresspahl, Bd. I-IV, Frankfurt am Main 1988, S. 183.

telling a kind of retreat« sei, nicht in Frage, doch das Instrumentarium der Metaphernanalyse war Gegenstand heftiger Diskussion. Besonders kritisiert wurde Riordans *imagery*-Definition: »a range of literary devices from apparently incidental isolated metaphors via leitmotifs to the extended metaphors which have a crucial structural and interpretative function«, die sowohl symbolische als auch allegorische Elemente ausschließt, und wenig tauglich scheint, gerade beschreibende Passagen der *Jahrestage* interpretieren zu helfen.

Näher am Text arbeitete Holger Helbig (Erlangen) in seinem Referat zu den vier letzten Tageskapiteln des Romans: *Last and Final – Die Jahrestage: Ein Roman ohne Ende?*

Zwar muß die Germanistik rein faktisch mit dem offenen Schluß nach 1891 Seiten leben, doch werden vorher, so Helbig, zwei Enden eingelöst, die im Roman angelegt waren (»eingelöst, was zuvor zukünftig erschien«): Maries »Endlich sind wir angekommen, wo meine Erinnerung Bescheid weiß. Welcome home!«[4] nach 1875 Seiten (und nicht zufällig wird Kliefoth ein Manuskript mit exakt dieser Seitenzahl übergeben) sei der »Anfang vom Ende«. Mit der Eintragung des 17. August werde eine Klammer geschlossen, die am Ende des ersten Bands geöffnet worden ist; das Ende des letzten Tages löse dann mit Maries »Ich verspreche es«[5] auf Kliefoths Frage »Will you take good care of my friend who is your mother and Mrs. Cresspahl?«[6] ein, was am Ende des zweiten Bandes angelegt sei. Helbig arbeitete dies, auch anhand von Archivmaterial, philologisch sauber heraus. Allerdings kommt auch er nicht umhin, ähnlich wie Riordan, zwar einer sozialen Utopie abzusagen, eine neue im Narrativen freilich entwerfend: »Daß die Geschichte vor der Zerstörung der Hoffnung endet, zeigt auch, daß das Erzählen jenes Moment von *noch Hoffnung* bewahrt: und zwar im Bewußtsein ihrer Gefährdung. [...] Diese geringe Hoffnung ist aufgehoben in einem poetischen Moment.«

Mary Stewart (Cambridge) beabsichtigte, unter dem Stichwort *Dialogism* die Komplexität und Vielfalt der Stimmen in Johnsons Werk aufzuarbeiten. Erhellend an diesem Referat war, daß ein auf die Theorien Dorrit Cohns und Bachtins gestützter Ansatz dieser Prosa schon gerecht werden könnte, wenn man ihn nur konkret auf die zu untersuchenden Texte bezöge. Immerhin war die sich anschließende Diskussion frucht-

---

4 Ebd., S. 1875.
5 Ebd., S. 1891.
6 Ebd.

bar und nahm Thesen vorweg, die später in den Ausführungen Norbert Mecklenburgs und Emery Snyders wieder aufgegriffen werden sollten.

Johann Siemon (Limerick) knüpfte mit seinem Referat zu *Marie als Hoffnungsträger in den Jahrestagen* an Helbig an, war aber deutlicher in seinen Folgerungen. Zwar negiert auch er die These vom Ende der Geschichte, immerhin sieht Siemon in Marie aber jene Figur, die Gesines Muster übernimmt und notwendigerweise sich den Unsicherheiten auszusetzen gezwungen sein wird, da all ihre Hoffnungen bereits zerstört sind (wie dies etwa durch D.E.s Tod kenntlich gemacht wird). Interessant war auch, daß Siemon in seinem Referat eine These der frühen *Jahrestage*-Rezeption widerlegte, wonach Marie als Figur erzähltechnisch überfordert sei, denn »es kommt nicht darauf an, ob das Kind die Fragen stellen kann, doch darauf, wie der Dialog die Beziehung Marie – Gesine beleuchtet. [...] Es geht darum, die Differenzqualität zwischen Gesines Kindheit und der Maries herauszuarbeiten.«

Den Abschluß des ersten Tages bildete Horst Turk (Göttingen) mit einem Vortrag zum *Gegenwärtigen und Erinnern in den Jahrestagen*.

Vor dem Hintergrund neuerer Ergebnisse der Gedächtnisforschung rekonstruierte er, was Gesine eigentlich zu erinnern in der Lage ist, und welche Folgen dieser Vorgang für ihre tatsächliche historische Existenz hat. Nach Turk konstituiert Gesine ihr Ich mnemotechnisch, indem sie sich selbst merkt für den nächsten Augenblick. Damit hält sie sich aber gleichzeitig aus dem Augenblick heraus (»das, was ich als diesen Augenblick erinnere, kann mir vorgehalten werden, als moralisches, politisches Versagen«). Turk nennt, woran Gesine leidet, folglich »Traumatisierung durch den Augenblick der Ich-Konstitution«. Kritisiert wurde an dem Ansatz, daß man damit der Spezifik der *Jahrestage* nicht gerecht wird und nicht erfassen kann, was im Roman auf Zukunft ausgerichtet ist. Turks Erwiderung, daß die Erinnerungstechnik, die er ausführte, nicht um der Zukunft willen da ist und die *Jahrestage* im übrigen »ein Erinnerungsroman mit soviel Utopie sind, wie man fürs Erinnern braucht, was darüber hinausgeht, wird weggestorben«, sorgte nicht nur im Auditorium für Erheiterung, es waren dies auch die eindeutigsten Worte zum Thema.

Auch die Liste der Referenten machte die Absicht der Organisatoren (Fries, Helbig und Riordan) deutlich, das Symposion nicht nur zum Forum der akademischen Wissenschaftler werden zu lassen. So eröffnete der Schriftsteller und Essayist Uwe Grüning (Neumark) den zweiten Tag. Er beschrieb in einem stimmigen Vortrag, der auch in der Argumentation stringent war, seine Eindrücke über die Annäherung an die Figuren Johnsons, vom Jakob aus den *Mutmassungen* bis zur Gesine der *Jahrestage*.

Was Grüning an allen als Hauptzug findet, ist die Verlorenheit. Von eher textkritisch Arbeitenden der akademischen Germanistik wurde ihm »Mangel an differenziertem Untersuchen der Diskurse«, so Norbert Mecklenburg (Köln), vorgeworfen; und sicherlich ist dieser Einwand aus akademischer Sicht berechtigt. Der Bedeutung von Literatur als wirkendem Medium, und damit der Einbindung des Lesers in den Funktionszusammenhang von Textproduktion-Textrezeption wird solche Kritk allerdings nicht gerecht.

Mecklenburg selbst referierte im Anschluß über den »dokumentarischen Realismus« im Werk Uwe Johnsons. Exemplarisch untersuchte er die Nachlaß-Texte *Versuch einen Vater zu finden* und *Marthas Ferien*. Deutlich wurde daran auch die Tendenz der Forschung, sich zunehmend diesen kleinen Skizzen und Vorarbeiten zuzuwenden, die bisher weitgehend unbearbeitet blieben. Charakteristisch für die im Zentrum stehenden Texte ist, nach Mecklenburg, die parataktische, montageartige Schreibweise, die dokumentarisches Material integriert, jedoch so, daß dies nicht an Eigengewicht verliert und dem Erzählen untergeordnet wird (»Die Parataxe schneidet dokumentarisches Zeugnis und kritischen Kommentar gegeneinander und verbindet dokumentarische und fiktionale Narration«). Johnson stehe damit in der Tradition von Fontane und Thomas Mann, unter den deutschsprachigen Gegenwartsautoren jedoch allein. Gerade weil Regionales Eigenständigkeit behält, wird Geschichte als Zusammenhang von Kontinuität und Diskontinuität dargestellt. Die soziale Redevielfalt, Dialogizität und Intertextualität ansprechend und am konkreten Textmaterial analysierend löste er ein, was Mary Stewart lediglich angedeutet hatte.

Einen interessanten und bedenkenswerten Ansatz stellte Greg Bond (Nottingham) vor. Er beschäftigte sich unter dem Titel *Postmoderne Geographie und kognitive Kartographie?* mit den Raumverhältnissen im Œuvre Johnsons. Die Menschheit des ausgehenden 20. Jahrhunderts, dies die grundlegende These, lebt nicht mehr in der Epoche der Zeit, sondern der des Raumes. Demzufolge wird historisch bedeutsames Wissen über diese Zeit zunehmend auch von der Geographie zur Verfügung gestellt. Gerade diese Disziplin bietet Technologien, um die Raumstrukturen, und damit zugleich die gesellschaftlichen, zu untersuchen, »weil das ein Abbild der politischen Welt ergibt«. Bond nennt diese Methode in Anlehnung an Frederic Jameson *cognitive mapping* (»the phenomenon by which people make sense of their urban surroundings«). Die *Jahrestage* nun seien, so Bond, Ausdruck der Verknüpfung lokaler, urbaner Erfahrung und weltpolitischer Zusammenhänge. Im Roman werde mit Hilfe der synchronen und diachronen Erzählstruktur und durch das Agieren der Protagonisten eine Ordnung in die Räume projiziert. Ein auf Jameson zurückgehender Ansatz kann somit wie keines der traditionellen Verfahren der Textanalyse gerade der geschilderten Eigenart des Johnsonschen Erzählens gerecht werden. Bond konnte auch nachweisen, daß die Frage nach dem *cognitive mapping* schon bei der Interpretation der *Mutmassungen* nützlich sein kann. Jakob, Cresspahl, Rohlfs, Blach und Gesine sind Figuren, die in »inkommensurablen Räumen« leben, und gerade weil sie diese nicht verlassen können und keine Interaktion zwischen diesen herzustellen in der Lage sind, steht am Ende zwingend das »wohin nun gehen«.[7] Die Anwendung dieses Verfahrens auf die Figuren der New York-Ebene der *Jahrestage* ist sogar noch produktiver. Gesine und besonders Marie lassen sich damit kennzeichnen als ›moderne‹ Figuren, die sich deutlich von den ›vormodernen‹ der *Mutmassungen* unterscheiden und deren ganzes Tun darauf gerichtet ist, sich in ihrer Lage zurechtzufinden. Mit Bonds Methode wird auch das ungewisse Ende der *Jahrestage* erklärbar, ohne eine Utopie im Narrativen suchen zu müssen: Gesine kann weder in Prag, noch irgendwo sonst ankommen, weil ihr in der geschichtlichen Situation des Jahres 1968 die Orientierung fehlt. Freilich könnte sie sich in/mit ihrer Funktion als Abgesandte des Finanzkapitals arrangieren, doch diese Einsicht um ihre tatsächliche Rolle bleibt Gesine wegen ideologischer Vorbehalte und mangelnder Entscheidungskraft versagt.

Bonds Überlegungen sind deshalb so produktiv, weil sie von völlig anderen Voraussetzungen als der *mainstream* der Johnson-Forschung ausgehen und deren Ergebnisse in einem anderen Licht erscheinen lassen. Es wäre zu wünschen, die vorgetragenen Überlegungen könnten in einer größeren Arbeit konkretisiert werden. Sie würden nicht nur neue Bereiche für die philologische Kleinarbeit erschließen, sondern gleichzeitig den fälligen Paradigmenwechsel in der Johnson-Forschung vorbereiten.

Ein Beispiel für die Rezeption Johnsons über die Grenzen der germanistischen Akademie hinaus – und damit einen Beleg für die Wirkung seiner Romane – lieferte Jürgen Grambow (Rostock). Aus dem Blickwinkel der DDR-Intellektuellen im Nachwendedeutschland entwarf er das Bild der eher marginal scheinenden Karin aus dem *Dritten Buch über Achim*. Er brachte seine Überlegungen auf die Formel: »Was wäre

---

7 Johnson, Uwe: Mutmassungen über Jakob, Frankfurt am Main 1974, S. 251.

heute aus Karin geworden? Sie wäre sicherlich abgewickelt.« Ausgesprochen wurde auch, in eine Anekdote gekleidet, daß bei aller Vielschichtigkeit der Romane Johnsons von einer Totale der Gesellschaft nicht gesprochen werden kann. Das Fazit, sicher nicht ohne Blick auf das eigene Leben gesprochen, von Schriftsteller und Lektor, stellvertretend: »Wir kommen in seinen Büchern nicht vor.« Das Publikum reagierte mit Schweigen. – Auch das hatte seinen Platz auf dieser Konferenz.

Von Eberhard Fahlke (Frankfurt) hätte man sich gewünscht, er stellte die neue Johnson-CD vor. Johnson für den PC, doch der blieb im ledernen Köfferchen, gleich neben dem Referenten. Stattdessen plauderte der Archivar nicht ohne Ironie von »seinen Schätzen« (O-Ton Fahlke) und zeigte auch deren drei: ein Johnson-Portrait von Otto Dix, gemalt in der Villa Massimo, einen Brief Johnsons an Max Frisch und einen an einen Jugendfreund. Mehr gab's nicht zu sehen. Dafür aber zu hören. Ausführlich referierte Fahlke über die Schwierigkeiten dessen, der all die vielen Dokumente sichten und verwalten muß.

Den Abschluß des zweiten Tages bildete Günter Kunert mit einer Lesung des Johnson-Kapitels aus dem *Englischen Tagebuch* und des Johnson-Poträts *Ein Fremdling*. Beide Male anekdotische Skizzen, beide Male jedoch zugleich ein so bescheiden formuliertes wie scharfes Psychogramm Johnsons, das das durch die moralisch integeren Figuren transportierte Bild vom Autor der *Jahrestage* relativiert.

Den letzten Tag eröffnete Ulrich Fries (Kiel) mit der Aufarbeitung der Auseinandersetzung Johnsons mit Lukács. Er stellte sowohl die Komplexität der (Ideologie-) Kritik Johnsons, als auch die Bemühungen um die Möglichkeiten der Biographieschreibung im *Dritten Buch über Achim* im Kontext gesellschaftlicher Zwänge dar. Die Gegenüberstellung von geschichtlichen Hintergründen und epischer Verarbeitung beleuchtete auch kritisch den Verlauf der Johnson-Rezeption. Daß Johnson das Thema Lukács ernst nahm, und daß es ihn noch in den 80er Jahren beschäftigte, zeigt die *Schach*-Episode im Tageskapitel zum 2. August 1968 in den *Jahrestagen*. Fries ist der Ansicht, Johnson habe sich weder Illusionen über die tatsächlichen (aktuellen) Machtverhältnisse, noch über die (historischen) kulturpolitischen Debatten gemacht. Auch bei Fries ergibt sich daraus, ähnlich wie bei Turk, die Einsicht, daß in den *Jahrestagen* keine genuin utopische Dimension zu finden sei.

Den sich anschließenden Vortrag von Peter Horst Neumann (Erlangen) über die *Trauer als Text*, hätte man sich gern als den letzten der Veranstaltung gewünscht. Johnson hat wiederholt Nekrologe auf Kollegen geschrieben; drei davon machte Neumann zum Gegenstand seiner

Untersuchung: *Ich habe zu danken* auf Hannah Arendt, *Eine Reise nach Klagenfurt* auf Ingeborg Bachmann, *Einatmen und Hinterlegen* auf Günter Eich. In jedem dieser Texte findet der Autor, so Neumann, eine sehr persönliche, durch die jeweils ungewöhnliche Form – sowohl im Hinblick auf das Genre des Nekrologs als auch auf Johnsons Stil – sehr spezifische Art der Danksagung an den Verstorbenen; eines jedoch zeichnet alle aus: die tiefe Trauer, das Verbergen von Schmerz, die Diskretion. Der Vortrag, selbst ein Nachruf besonderer Art, ist in diesem Band nachzulesen.

Das letzte Referat war Emery Snyder (Princeton) vorbehalten. Aus der Perspektive der Narratologie (insbesondere der Genette-Schule) untersuchte er, wie Mecklenburg, die Nachlaß-Texte *Versuch einen Vater zu finden* und *Marthas Ferien*. Während letzterer die Komplexität des Erzählten ausgehend von den verwendeten Dokumenten entwickelte, fragte Snyder nach dem Sinn dieses erzähltechnischen Aufwandes und konnte nachweisen, daß es z.B. in *Versuch* nicht allein um die Darstellung historischer Fakten geht, sondern daß durch die Verschränkung verschiedener Erzählmodi das Erzähl-Material direkt problematisiert wird. Offensichtlich wird der Zusammenhang zwischen Inhalt und Erzählstruktur in *Marthas Ferien*, da der intradiegetische Dialog des auktorialen Erzählers in diesem Text die Zugehörigkeit zu sozialen Gruppen thematisiert. Snyder führte ausgehend von dieser Analyse die Begriffe *overhearer* (Clark/Carlson) und *side-participation* (Gerrig) in die Diskussion ein, um die Beziehung der dominierenden Erzählsituation zu den kleineren textlichen Einheiten zu konkretisieren. Im Anschluß stellte Snyder seine Ergebnisse in einen größeren Zusammenhang und berührte damit indirekt wiederum Probleme der Utopie. Er forderte jedoch keine textimmanente Klärung dieser Fragen, sondern bezog den Rezipienten in seine Überlegungen ein: Johnsons Erzähltechniken in *Jahrestage IV, Versuch* und *Marthas Ferien* lassen erkennen, daß die Auseinandersetzung der literarischen Figuren mit der Vergangenheit ebenso monologisch ist, wie die Sinngebung eines Textes durch den Leser. Auskunft darüber, ob sich wirklich Hoffnung auf einen besseren Ort in Johnsons Werk findet, wird die Forschung demnach nur erhalten, wenn sie sich demjenigen zuwendet, für den der Autor eigentlich schrieb: dem impliziten Leser.

Ein Fazit?

Ein hohes Niveau. Sicherlich.

Eine würdige, symbolträchtige Aura. Sicherlich.

Dennoch, zehn Jahre nach seinem Tod holt die Forschung den Autor an dem Ort (und auch in der Sprache) ein, an dem er sich zu verbergen suchte, in einer neuen Heimat sich einrichtend, um über die eigentliche schreiben zu können. Ein Überläufer.

Er hätte England wohl trotzdem nicht verlassen.

Und er hat England nicht verlassen.

Zur Neuauflage des Johnson-Symposions im Jahre 2004 am gleichen Ort, wünscht man sich jedoch, die Lettern auf jener Grabplatte auf der Isle of Sheppey, die an die Einsamkeit und Tragik dieser Existenz erinnert, nicht erst unter Schichten kleingehäckselten Grases suchen zu müssen.

Daß dies sich ändere, ist zumindest eine Hoffnung, die bleibt.

Jens Brachmann, Nordstr. 3, 07616 Bürgel

Ina Krüger

Zum Internationalen Uwe-Johnson-Symposium in Neubrandenburg

Im Dezember 1990 richteten die Mecklenburgische Literaturgesellschaft und der Fachbereich Neuere und Neueste Literatur der (damaligen) Pädagogischen Hochschule Neubrandenburg einen Uwe-Johnson-Tag aus. Er sollte Ort der Begegnung für Kenner, Interessierte und einfach neugierige Leser sein. Vor allem jedoch sollte er dem ostdeutschen Publikum Gelegenheit bieten, Zugang zu dem Dichter zu finden, der in so vieler Hinsicht mit Land, Leuten und Geschichte Mecklenburgs verbunden ist. Vier Jahre später ist Neubrandenburg erneut Ort einer Johnson-Veranstaltung. Nun hatten die Mecklenburgische Literaturgesellschaft e.V., Neubrandenburg, und das Institut für Deutsche Philologie der Universität Greifswald in Verbindung mit den Herausgebern des *Internationalen Uwe-Johnson-Forums* zu einem Syposium in die mecklenburgische Kleinstadt eingeladen. Vom 22. bis 24. September 1994 stellten 22 Referentinnen und Referenten aus Europa und Übersee ihre neuesten Forschungen zu Johnsons Werk und Wirkung zur Diskussion. Ein großangelegtes und engagiertes Unterfangen, dem in organisatorischer Hinsicht durchaus Erfolg beschieden war. Das straffe Programm zeigte jedoch schon am ersten Tag der Veranstaltung seine negative Kehrseite: Den Vortragenden wäre mehr Zeit für das Referat und dem Auditorium mehr Gelegenheit zur Diskussion zu wünschen gewesen. Doch gerade dieses wichtige Anliegen, die unmittelbar anschließende Verständigung über die gehörten Beiträge, ließ das dichtgedrängte Programm der Tagung kaum zu. Zum Vergleich: Bei der Londoner Tagung zu Uwe Johnson, die unmittelbar zuvor stattgefunden hatte, boten 15 Referenten in der gleichen Zeit ihre Ergebnisse zur Diskussion – wesentlich günstigere Bedingungen für eine fruchtbare und intensive Auseinandersetzung.

Zurück nach Neubrandenburg: Neben so renommierten und bekannten Johnson-Forschern wie Norbert Mecklenburg, Bernd Neumann und Manfred Durzak waren erfreulich viele Wissenschaftler der jüngeren Generation zusammengekommen. Erstaunlicherweise waren ostdeutsche Literaturwissenschaftler nur spärlich vertreten. Erstaunlich und bedauerlich, zumal es eines der Anliegen der Veranstalter war, die auf DDR-Boden gewachsene Germanistik stärker in den Diskurs mit einzubeziehen.

In diesem Bericht kann der aktuelle Stand der Johnson-Forschung, wie er sich in den Referaten des Neubrandenburger Symposiums widerspiegelte, schwerlich vollständig referiert und kommentiert werden. Dies verbietet allein die Fülle des Stoffes und die Begrenzung des Umfangs. Stattdessen sei auf den geplanten Band mit den Beiträgen des Symposiums verwiesen, den Carsten Gansel, einer der Organisatoren der Veranstaltung, ankündigte. Der folgende Abriß über einige Themenschwerpunkte und vielversprechende Forschungsansätze soll auch Neugier auf diese Veröffentlichung wecken.

Norbert Mecklenburgs Ausführungen über die Schwierigkeiten beim Schreiben eines Beitrags zum Thema *Die Erzählkunst Uwe Johnsons* bildeten den Auftakt der Vortragsreihe. Anhand eines bislang unveröffentlichten Fragments aus *Versuch, einen Vater zu finden* wies Mecklenburg erzähltechnische und semantische Strukturen und Mittel nach, die kennzeichnend für Johnsons Verfahrensweise insgesamt sind. *When I was very young* – so die Überschrift des knapp eine Seite umfassenden Textes – zeigt die Welt der fünfjährigen Gesine, ihre Beziehungen zu den Eltern, zu ihrer Umwelt, den Tieren, der heimischen Landschaft. Die wichtigsten Erzähltechniken und poetischen Konstruktionen, wie sie bestimmend für die Konzeption und Durchführung der *Jahrestage* sind, lassen sich in diesem Fragment wiederfinden. Parataxe, Polyphonie, harte und schnelle Schnitte werden miteinander verbunden. Dokumentarische Passagen sind durch solche Verfahren mit lyrischen Beschreibungen verwoben. Mecklenburg hob in seiner detaillierten stilistisch-semantischen Analyse einen Aspekt von Johnsons Werkentwicklung hervor: den der Ausdifferenzierung und Entfaltung.

Die Untersuchung von Walter Benjamins Einfluß auf die Werke Uwe

Johnsons scheint seit dessen Bemerkung in *Begleitumstände*,[1] den Kauf der Gesammelten Werke Benjamins betreffend, vom Schriftsteller selbst autorisiert zu sein. In zwei Vorträgen wurden auf dem Hintergrund Benjaminscher literaturtheoretischer Standpunkte und Termini konträre Annäherungen an die zentralen Themen- und Problemfelder des Johnsonschen Werks formuliert.

Wiederholte Spiegelungen, Metamorphosen, correspondances – Zuordnungsprinzipien im Werk Uwe Johnsons – so der Titel des Referats von Bernd Neumann, der jüngst auch außerhalb des Wissenschaftsbetriebs durch die bewegte und publicityträchtige Vorgeschichte seiner Johnson-Biographie zu Berühmtheit gelangt war. Neumanns Vortrag war daher vor allem von der Presse mit Spannung erwartet worden. Allein, er konnte zumindest das Fachpublikum nicht mehr erstaunen. Neumann griff auf frühere Veröffentlichungen zurück[2] und baute seine darin vertretenen Thesen mit Hilfe von neugewonnenen Erkenntnissen aus der Arbeit an der Biographie aus. Auf der Grundlage der nachdrücklich verfochtenen Engführung von Biographie des Autors und Fiktion seiner Werke arbeitete Neumann einen Entwicklungsprozeß von der »wiederholten Spiegelung«, wie er sie im Frühwerk *Ingrid Babendererde* und den *Zwei Ansichten* analysierte, über die »Metamorphose« bis zur »Correspondance«, wie sie, Neumann zufolge, die *Jahrestage* kennzeichnet, heraus. *Zwei Ansichten* und *Ingrid Babendererde* als Variationen des Romeo-und-Julia-Themas; *Zwei Ansichten* aber zugleich als Gegenspiegelung der »Erotik-Utopie« der *Ingrid Babendererde*. Schließlich Correspondances in den *Jahrestagen*, jenes Zuordnungsprinzip, das als »eine im Geiste Benjamins variierte Montagetechnik«, eine Verbindung von Vergangenheit und Gegenwart kennzeichne, die auf Walter Benjamins Geschichtsbegriff verweise und in den Gesprächen mit den Toten ihre höchste Form finde. Dieser Verweis geht nach Neumann gar auf eine Form der »Allversöhnung«, der Apokatastasis hinaus, die sich als »Wiederbringung aller« deuten lasse.

---

1 Vgl. Johnson, Uwe: Begleitumstände. Frankfurter Vorlesungen, Frankfurt am Main 1980, S. 140.

2 Vgl. u.a. Neumann, Bernd: Utopie und Mimesis. Zum Verhältnis von Ästhetik, Gesellschaftsphilosophie und Politik in den Romanen Uwe Johnsons, Kronberg/Ts. 1978, S. 302; ders.: »Heimweh ist eine schlimme Tugend.« Über Uwe Johnsons Gedächtnis-Roman *Jahrestage. Aus dem Leben von Gesine Cresspahl*, von seinem vierten Band her gesehen, in: Michael Bengel (Hg.), Johnsons »Jahrestage«, Frankfurt am Main 1985, S. 263-280, hier: S. 267ff.; ders.: Korrespondenzen. Uwe Johnson und Hannah Arendt, in: du. Die Zeitschrift der Kultur, 1992, Heft 10: Uwe Johnson, Jahrestage in Mecklenburg, S. 62-66.

Mit »Johnsons literaturtheoretischem Eideshelfer Benjamin«[3] beschäftigte sich auch Ralf Zschachlitz. Ausgehend von einer kritischen Analyse der Anwendung Benjaminscher literaturtheoretischer Positionen auf Johnsons *Jahrestage* in der Sekundärliteratur[4] diskutierte er die umstrittene Frage nach der offenen oder geschlossenen Form des Romans und seinen auratischen Aspekten. Ist die Rettung des Romans als Medium der Erfahrung gelungen, wie es Storz-Sahls Untersuchung nahelegt? Mit der Wiederherstellung der von Benjamin als ideale Erzählsituation bezeichneten Konstellation von Erzähler und Zuhörer, mit Marie in der Funktion des stellvertretenden oder besser des idealen, modellhaften Rezipienten, glaubt Storz-Sahl eine ›Rettung‹ ganz undialektisch, so Zschachlitz, realisiert. Zschachlitz widerlegt diese Annahme, indem er Storz-Sahls grundlegenden Fehler in ihrer Interpretation der Benjaminschen Position aufdeckt: ihre Vermutung, Benjamin wolle den Begriff der Aura für die rettende Kritik erhalten.[5] Storz-Sahl sieht dies mit dem Begriff der *Correspondance* aus dem Baudelaire-Aufsatz Benjamins verwirklicht. Hier kommt Zschachlitz zum zentralen Punkt seiner Ausführungen. Gegen die seiner Meinung nach fälschliche Übertragung des Terminus im Sinne Benjamins,[6] die, wie im Baudelaire-Aufsatz nachzulesen, doch gerade ein Zeichen des Verfalls der Aura sei und somit ganz und gar nicht »zum Garanten einer Reauratisierung moderner Literatur« (Zschachlitz) transponiert werden könne, setzt er den konträren Begriff der Allegorie, entnommen hauptsächlich aus dem *Passagenwerk*. Die Allegorie als Form des Fragmentarischen, des Gebrochenen, als Zeichen der Nicht-Identität von Form und Inhalt sei signifikant für die Moderne. Während die Correspondances Formen der »geheimnisvollen Vermittlung zwischen montierten Assoziationen darstellen«, zerstöre ihr Widerpart, die Allegorie, jenen geheimnisvollen Aspekt durch ihre Offenheit und die Visualisierung der Brüche. Die Allegorie wäre damit auch als ein Zeichen oder Produkt der Krisis bzw. des Verfalls der Aura im Zuge der gesellschaftlichen Entfremdungsprozesse der Moderne zu sehen.

---

3 Neumann, Korrespondenzen (Anm. 2), S. 65.

4 Vgl. v. a. Storz-Sahl, Sigrun: Erinnerung und Erfahrung. Geschichtsphilosophie und ästhetische Erfahrung in Uwe Johnsons *Jahrestagen,* Frankfurt am Main 1988.

5 Ebd., S. 50.

6 Zschachlitz verwies auf die Herkunft der Anwendung des Begriffs *Correspondance* auf Johnsons Werke und damit auf Neumann, Utopie und Mimesis (Anm. 2), S. 302; gleichzeitig wies er auf Neumanns Herleitung des *Correspondance*-Begriffs von Adorno hin, der diesen wiederum, laut Zschachlitz, in ungenauer Verwendung von Benjamin übernommen hatte.

Zschachlitz kam zu dem Schluß, daß die *Jahrestage* als ein auch im strengsten Sinne moderner Roman zu bezeichnen sind. Die immer wieder kontrovers diskutierte Frage nach der Stellung seines letzten Romans im Verhältnis zu seinem Frühwerk – Rückfall in die klassische Vormoderne oder klassizistische Postmoderne, offene oder geschlossene Romanform und »Züge von Mythisierung«[7] oder nicht – sieht Zschachlitz durch seine These zur allegorischen Form eindeutig geklärt. Uwe Johnson habe mit seinem Roman ein offenes und in jedem Fall modernes Kunstwerk geschaffen, das den Verfall der Aura in der Moderne kenntlich mache, das den Leser zur kritischen Rezeption treibe, und sich letztlich erst in der Auseinandersetzung einer kritischen Rezeption in seiner ganzen komplexen Struktur als Roman der Moderne zeige. Nur die kritische Rezeption und Analyse können eine mißverständliche Mythenbildung um New York und Mecklenburg, um Erinnerung und Erfahrung auflösen. In der Kürze der anschließenden Diskussion gelang es Zschachlitz jedoch nicht, die Kritik an der Verwendung des Terminus Allegorie, als einem Begriff aus dem Barock, der auf die Literatur der Moderne angewandt wird, überzeugend zu entkräften.

Ausgeprägte Gegenpositionen, wie sie Bernd Neumann und Ralf Zschachlitz mit ihren Interpretationen von Correspondance und Allegorie bezogen, waren die Ausnahme im Neubrandenburger Symposium. Zu heftiger Kritik sah sich niemand so recht veranlaßt. Zumindest nicht spontan an Ort und Stelle. Man war sich offenbar mehr oder weniger einig; hier und da waren lobende, bewundernde, gar überraschte Äußerungen zu vernehmen.

Mit der knappen Vorstellung einiger Untersuchungsergebnisse zur englischen Version der *Jahrestage* gelang es Peter Ensberg, das Auditorium auf die Veröffentlichung seiner vollständigen Analyse neugierig zu machen. Auf Druck seiner amerikanischen Verlegerin Helen Wolff habe Uwe Johnson beträchtliche Kürzungen für die amerikanische Ausgabe am Text vorgenommen. Welche Konsequenzen sich aus diesen Kürzungen im Vergleich zur deutschen Fassung für den Roman insgesamt ergeben, welche Textpassagen zum Teil oder vollständig wegfallen mußten und aus welchen Gründen – Fragen, die Ensberg mit seinem Forschungsbeitrag zu lösen versucht. Man darf auf die Veröffentlichung seiner kompletten Untersuchung zu den *Anniversaries* gespannt sein.

Ein weiterer, bislang wenig beachteter Themenkomplex stand im Mittelpunkt von Stefanie Golischs Referat *Weiblichkeit als Metapher*. Mit

---

[7] Durzak, Manfred: Der deutsche Roman der Gegenwart, Stuttgart 1979, S. 384.

ihrer Untersuchung zum Frauenbild in Johnsons Romanen schafft Golisch Ansatzpunkte für einen hoffentlich fruchtbaren und kontroversen Diskurs zum Thema. Warum entscheidet sich der Autor für eine weibliche Protagonistin, und welche Konsequenzen hat dies für das Werk? Erst durch Gesines spezifisch weibliche Sichtweise könne sich die charakteristische Erzählperspektive der *Jahrestage* entfalten, der Autor habe sich mit der Wahl seiner Protagonistin den Standpunkt des anderen Geschlechts zu eigen gemacht. Golisch sieht Johnsons Roman damit im Kontext einer literarischen Tradition »all jener Romane, die den weiblichen Blick als Organon der Kritik an der von Männern beherrschten Welt einsetzen, ohne dadurch die von ihnen so kritisierte Ordnung bereits überwunden zu haben«. Gesine Cresspahls »interesseloses Interesse« an der Vergangenheit zeichne sie als krasse Außenseiterin, die in einem fatalen Maße vom vornehmlichen Interesse der Gesellschaft an einer möglichst reibungslosen Verdrängung des Gewesenen abweicht. Im Gegensatz zu ihren männlichen Mitfiguren sind es, so Golischs These, stets die Frauen, die sich handelnd für einen klaren Weg entscheiden und die Konsequenzen aus ihren Entscheidungen ziehen. In der Imagination einer solcherart idealisierten Frau – einer Frau, die das Ideal der Einheit von Sein und Idee zu leben versucht – finde der Schriftsteller ein ihm adäquates Gegenüber als Projektionsfläche seiner eigenen utopischen Seinsentwürfe. Was passiert, wenn das idealisierte Wesen Frau nicht mehr den Vorstellungen des männlichen Schriftstellers entspricht, ist in der *Skizze eines Verunglückten* wenig verschlüsselt festgehalten. Stefanie Golisch schloß ihre Bemerkungen mit der Beobachtung, daß sich im gesamten Werk Johnsons eine Linie ausmachen lasse, die von der idealisierten, konsequent handelnden Frau sukzessive zum Gegenteil – die Verräterin der *Skizze* – führt. Das Ideal wird zum Haßobjekt. Golisch sieht die Bedeutung der Frauenfiguren in Johnsons Romanen insbesondere durch ihre Kontraposition zu den männlichen Figuren definiert. Als Ausdruck des spezifisch »Anderen« seien sie von existentieller Notwendigkeit für Johnsons Werk. »Ohne die Frau, welche ihn befähigt, das richtige Leben im Falschen zu versuchen, wird die Utopie schal. Resignation macht sich breit.«

Hatte Stefanie Golisch mit ihrem Referat die Aufmerksamkeit auf Bereiche gelenkt, in dem weiterführende Untersuchungen noch ausstehen, so gelang es Thomas Schmidt mit seinem bescheiden als *Bemerkungen zur Darstellung der jüdischen Kultur in den Jahrestagen* angekündigten Referat, das Auditorium von seinen Prämissen zu überzeugen, welches dann auch seine exakte Ausarbeitung und Beweisführung honorierte. Ziel seiner Ausführungen war es, anhand von philologischer Detailarbeit die

Bedeutung des jüdischen Kalenders als Referenzebene in den *Jahrestagen* nachzuweisen und daraus Konsequenzen für die kulturgeschichtliche Einbettung der Erzählsituation abzuleiten. Schmidts Ausführungen ließen einmal mehr deutlich werden, daß eine philologisch exakte Vorgehensweise Voraussetzung für eine wissenschaftliche und schlüssige Beweisführung sein muß.

Weniger philologische Detailarbeit als vielmehr komparatistische Ansätze standen im Vordergrund einiger Referate, die Johnsons *Jahrestage* mit anderen Romanen konfrontierten. Manfred Durzak konzentrierte sich auf die unterschiedlichen New-York-Wahrnehmungen in Jürg Federspiels Roman *Museum des Hasses* und den *Jahrestagen*. Dirk Sangmeister referierte über die *Jahrestage* und Raymond Federmans *Double or Nothing* – der Versuch einer Differenzierung moderner und postmoderner Elemente in den Romanen. Michael Hoffmann schließlich suchte mit seiner Analyse Ansatzpunkte für einen Vergleich von Peter Weiss' *Ästhetik des Widerstands* und Johnsons großem Roman.

Auf dem Weg zum Klassiker? lautete der skeptische Titel eines Beitrages von Thomas Schmidt im ersten *Johnson-Jahrbuch*. Tatsächlich sprechen die Zahlen, die Nicolai Riedel aus seiner Arbeit an der demnächst erscheinenden aktuellen Uwe-Johnson-Bibliographie entnahm, für diese These. Allein nahezu 3600 Veröffentlichungen zu Uwe Johnson lassen den Dichter zum gesamtdeutschen Nachkriegs-Klassiker avancieren. Damit scheint der Aufstieg in den Olymp der deutschen Nachkriegsliteratur geschafft. Grass und Böll sind eingeholt, vielleicht bald überholt. Denn, so Riedel weiter, während das Interesse an Grass und Böll eher rückläufig zu sein scheint, stehe die Johnson-Forschung erst am Anfang. Das Symposium zeigte vor allem mit einigen Beiträgen der jüngeren Wissenschaftler, daß dieser Anfang durch heterogene, vielversprechende Ansätze die Chance birgt, sich die Werke des Schriftstellers Uwe Johnson zu erarbeiten, ohne auf mythisierende oder mystifizierende Elemente der Biographie zurückgreifen zu müssen.

Auf dem Weg zum Klassiker? Was den Literaturbetrieb betrifft, ist dieser Weg schon längst beendet, das Ziel erreicht. Spätestens mit der Verleihung des ersten Uwe-Johnson-Literaturpreises im Rahmen des Symposiums ist Johnsons Klassikerstatus festgeschrieben. Ein Dichter, der sich vehement gegen die Etikettierung als »Dichter beider Deutschland« gewehrt hat, wird nun postum von West wie Ost aufs eilends erbaute gemeinsame Podest gehoben. Zu hoffen bleibt, daß sich die Kritikfähigkeit der Forschung unbeeinflußt zeigt von solcher *Klassifizierung*.

Das Internationale Uwe-Johnson-Symposium in Neubrandenburg endete nach zweieinhalb Tagen, ohne daß einer der Referenten oder Organisatoren sich in der Lage sah, ein Fazit der Veranstaltung zu ziehen. Was bleibt? Zunächst die Erkenntnis, daß weniger mehr gewesen wäre. Weniger Referate und mehr Zeit zur Diskussion hätten Sinn und Zweck eines Symposiums sicherlich eher entsprochen. »Forscher, eingeschlossen im fensterlosen, schalldichten Saal«, wie es treffend in einer großen Berliner Tageszeitung zu lesen stand. Dennoch: Schall und Echo waren gelegentlich wohl zu spüren – trotz der knapp bemessenen Zeit. Und trotz der fensterlosen Umgebung gelang es einigen Referenten, neue und neu perspektivierte Aussichten auf das Werk Uwe Johnsons zu eröffnen.

Ina Krüger, Feurigstr. 56, 10827 Berlin

The Sheerness Project
An Unfathomable Ship

In the summer of 1995 a group of artists from the fields of performing, time based and visual arts will collaborate with shipbuilders from the Sheerness Dockyard on the Isle of Sheppey, Kent. The common ground for the collaborations will be the themes of Flood and Fire – the dual concerns of Uwe Johnson's essay *Ein unergründliches Schiff*. The results of the collaboration along with an original theatre text by Ewan Forster and Alan J. Read will be a unique theatre event taking place in the disused Dockyard Church on the edge of the town Sheerness. The figure of Uwe Johnson will be at the heart of the work.

For the last two years Forster and Read have researched the problematic island history, its relationship with the sea that has flooded it three times this century and with the wreck of the Wartime munitions ship *The Richard Montgomery* that poses an explosive threat to the inhabitants of Sheerness.

The collaborators on the project include composers Louis Andriessen and Graham Fitkin, film maker Christopher Forster, installation artist Richard Wilson and performer Hans Kremer. From amongst the fomer workforce of Sheerness Dockyard the project will involve engine fitter Jim Buttonshaw, welder Albert Snelling and shipwright Norman Silverstone. Artists and artisans will work together to transform the interior of the disused church with a design, a score and three film projections for a performance to be entitled *An Unfathomable Ship*.

For further information please contact:

The Sheerness Project
45 South Worpel Way
Mortlake
London SW14 8PB
England